典藏新版

汪政權的開場與收場

上

朱子家◎著

自序

對日抗戰時期，由汪精衛所領導而在淪陷區建立的一個政權，當其存在的時候，人們對它有過那樣多的揣測；於其覆亡以後，仍然會有那樣多的傳說。歷史上很少有一個政權，會像它那樣給予世人以如此不確定的觀念！到今天為止，這政權已經消逝了十四年，在事諸人，且已泰半物化，大體早因成敗而蓋棺論定，但留駐在人們心理的一項微妙感，似乎並不曾完全祛除。

當兩年前姚勵頗兄創刊春秋雜誌時，認為汪政權不論其本質如何，目的如何，歷史終將寫下這一頁。不管是讓後人齒冷；或者是供後人嘆息。而戰後尚無人比較完整地寫過這一段往事。他希望我以此中人寫此中事，為讀者打破這一個謎樣的疑團。我卻不過他的盛意，事前也來不及作一個寫作的準備，糊裡糊塗就寫好了第一節交給了他。

直待春秋出版以後，才看到他代我安上了一個大題目「汪政權的開場與收場」；而又為我安上了我這幾年常用的筆名——「朱子家」。無可諱言，這題目在我來說是不夠莊重的。而且以我當時見聞的狹陋，我也不至於狂妄地竟會用這個包羅太廣的大題目。雖然我也曾受過有類於蠶室腐刑之痛，但我決不敢以太史公自居。用筆名寫實事，也容易引起人家藏頭露尾的誤會。然而一切既然已經決定了，在過去兩年中，我只有勉力做去，在我的筆下，盡力求其能做到「信」與「實」。

在連續寫作期內，因為忙於筆債，事前既沒有預先擬定一個大綱，更以記憶力的減退，參考資料的全付闕如，事實上連一個大綱也竟然無從立起。到每期春秋的最後截稿期，就隨便抓上一節往事，完篇塞責，所以前後每多倒置，次序也見凌亂。又因為我力求想做到信實，僅就我親見親聞的事實為根據，每以孤陋，失之瑣碎。假如有一天我還能重回故土，將以我的餘年，搜集資料，重為改寫，這只有期之於渺茫的將來了。這一本書，只能說是我參加汪政權的個人回憶錄，也是我流浪中的一份紀念，假如謬承讀者以史料相視，將會愈增我的慚愧。

雖然和平以後，我有過太不幸的遭遇：籍沒、羈囚、以及一頂脫不掉的帽子，但我全沒有後悔，因為我明白本來這就是叫做政治！

西元一九五九年七月飄零第十週年

金雄白自序於香港旅次

汪政權的開場與收場 上

目次

汪政權的開場與收場 上

汪政權的開場與收場 上

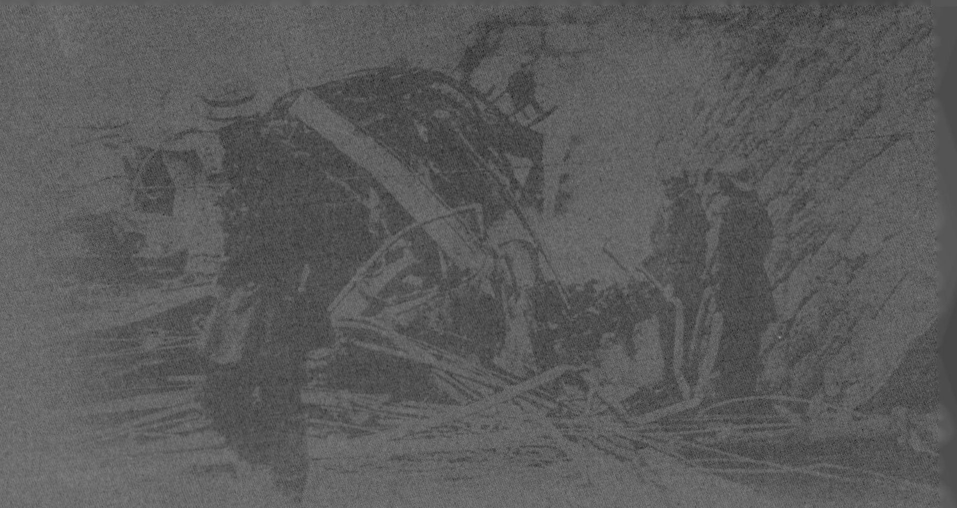

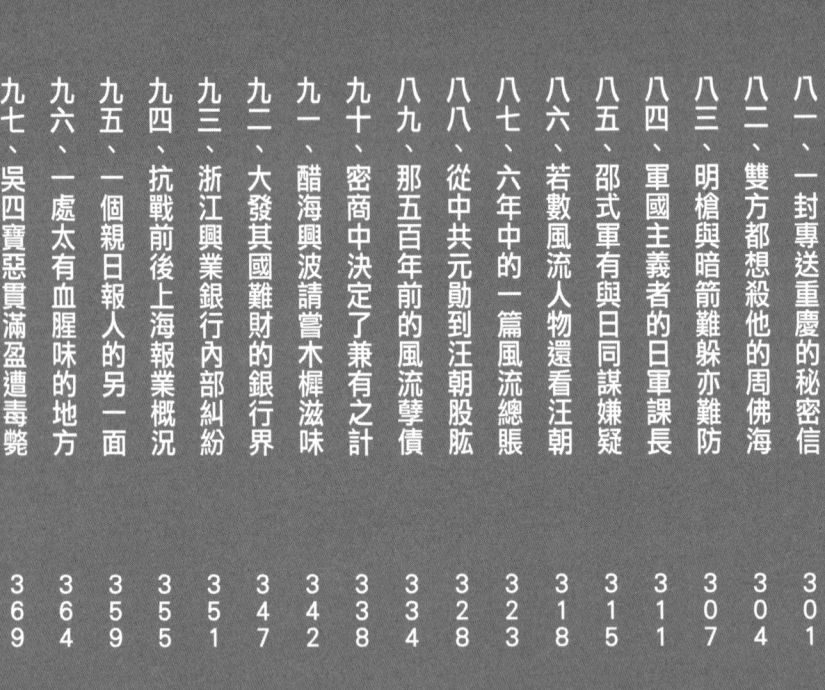

汪政權的開場與收場 上

【附錄】

一、身歷了一幕歷史的悲劇

我曾經目擊過一個政權的創建，以迄其沒落；而且我身親了這個政權的籌備、創建、發展，直到最後的消散。

這是一幕我自己的悲劇；朋友們的悲劇；也是中國歷史的悲劇！

到現在，事情已經過了十多年，過去的一切，也如塵、如夢、如煙般地逝去了。而曾經使我激動、使我憂傷、使我痛苦的往事，卻永遠牢繫在我心的深處。

從一九三七年至一九四五年，是中國前所未有遭受外族侵略的一個大時代，而我剛剛生長在這一段不平凡的時間，而又身歷了其間一幕不平凡的悲劇。

每個中國人一定會記得一九三八年，中國對日抗戰，已由武漢撤守而退往四川，戰局陷於極度困難與極度悲觀的時候。突然，一個曾因革命而行刺前清的攝政王幾罹大辟、有著半生光榮歷史的人物；一個曾經是中山先生的左右手；那時又是執政的國民黨的副領袖；一個曾領導過抗戰的行政首長；而且還是號稱最高民意機關——國民參政會的議長，他就是汪精衛！而他竟毅然脫離了中樞，由重慶，而昆明，而河內，而上海，而南京。在東南的一片廢墟上，在敵人槍刺下的佔領地區，樹起了與國民政府同一的旗幟，奉行同一的主義，採取了同一的政治制度，更叫著同一的名

稱，但建立起基本政策絕對相反的另一政權！

這一個政權，自一九四〇年三月的三十日創建，以迄一九四五年八月十日沒落，其間經過了五年四個月又十二天的壽命，失敗了、消散了。於是在成王敗寇的原則下，一般人對之蓋棺論定：「汪政權的創建，是醜惡的活劇，其性質是被敵人驅策的傀儡。」但是仍然也有人發生了疑問，像汪氏這樣的人，真會為了利祿或者為了意氣，甘心於出賣國家民族，以自毀其半生光榮的歷史嗎？這一群被指為國家的叛逆者們，當時做了些什麼？與想了些什麼？或許真如人們對他那樣地想像，但畢竟經過了五年多的一段時期，以及佔據有廣大地區的一個空間，歷史終將寫下這一頁。我不想為自己辯護，為朋友們洗刷，為失敗的政權文飾。我願意憑了我的良知，就記憶中所留存的一點一滴，儘量忠實地，寫出身親目擊的真相，作為後人的殷鑑與嘆息！

我自信應該有資格寫這一段沉痛的回憶，因為在這一個政權中，在黨，我是中委；在政，我的官階是特任，而最重要的一點，我又參加了汪政權台柱周佛海的最機密部份。而在政權沒落以後，我又能躬與其盛，被籍沒了所有的財產，以漢奸罪判處了十年徒刑。唯一可以引為安慰與認為僥倖的，是法院莊嚴的判決書中，竟然確認我有「協助抗戰，有利人民」的事實和證據，「法外施仁」，竟邀末減，以徒刑兩年半的一紙判決書，代替了一枚勝利勛章。因此，讓我能終始其役，目睹了這一幕不平凡悲劇中許多重要腳色，當初怎樣忍淚登台，最後又怎樣從容赴死。從鑼鼓登場，直至曲終人渺。

在寫出這一幕往事之前，我所認為值得遺憾的，當一九四九年，又一個大時代來臨的時候，我深怕捲入了另一次漩渦，拋妻別子，倉皇南來，臨行前把一切文件，包括書函、紀錄、照相、密件、報刊、都把它焚棄了。現在只能純憑藉記憶來追寫。其中特別關於人名、時間等，相信一定會發生很多錯誤。同時，我也不否認人總是容易被感情所支配，有主觀，也會有恩怨，雖然我將儘量不向壁虛構，不顛倒黑白，我仍然期待讀者們的指教、糾正和原諒。

二、一個似曾相識者的出現

一九三八年的冬天，上海四周的炮聲，早已趨於沉寂。而租界裡卻呈現著一片畸形的繁榮，市民們驚魂初定，轉而耽於逸樂。也有人於悵惘咫尺之間的南市、閘北、浦東，敵人騎鐵縱橫，姦淫燒殺，漢奸們所組織的維持會更助紂為虐。同胞們的血淚灑遍了各處，但祖國離他們卻一步一步地遙遠。對抗戰的最後勝利，每個人雖然仍抱著殷切的期望，但誰也不敢預料抗戰將再經過多少的時候，與將在怎樣狀態下取得勝利。淪陷區民眾的心理是複雜的，正在危疑震撼之中，而一個突如其來的消息，使市民們感到驚愕。前行政院院長汪精衛忽然從重慶出走，抵達了越南的河內，而且於一九三八年十二月二十九日，發出了豔電，響應日本首相近衛文麿「調整中日邦交根本方針之聲明」，即所謂善鄰友好、共同防共、經濟提攜的「近衛三原則」。

這一個消息太突兀了！使上海所有的市民紛紛猜測。而接著，上海各報又接到了中央對汪的行動暫時不許攻擊的通令。於是，在無法獲得真相以前，上海的市民們相信蔣汪之間是在玩著一面抗戰一面談和的雙簧。這傳言是夠厲害的，我竟也是被迷亂者之一。做久了記者的我，窺探秘密的好奇心，已養成習慣，但是當時在淪陷了的上海，卻怎樣也法無證實這一項傳說的真偽。

幾個月過去了，汪精衛已經由河內到達上海，中央且已通過了對汪開除黨籍的決議，汪的言行也一天一天趨於明朗，汪派的中華日報，且已在滬復刊，而人們心理上的雙簧陰影，卻仍然無法消滅。

直至一九三九年八月的一個中午，我正在上海南京路冠生園三樓午飯，當飯畢行經二樓時，新聞界的舊友葉如音也正在進食，他起來向我招呼，旁邊還坐著一個白淨面孔的人，我向他瞥了一眼，好似有點面熟，但我已完全記不起他是誰了，他也望著我，只微微的一笑，他沒有開口，我就先走開了。

隔了一天，如音忽然同了那位似曾相識的人到我家裡來，一開始就由他自我介紹說：「我是羅君強，恐怕你忘記了我。十年前，周佛海先生兼總司令部政治訓練處長時，我是他的主任秘書，在周先生南京舒家花園的公館，你和布雷、力子先生不是還和我打過好幾次麻將？」我才記起了確實有一個他。接著，他開門見山地對我說：「周先生已隨汪先生來到了上海，現在暫時住在虹口江灣路，他說在漢口時曾經接到過你的去信，你說希望能轉至後方為抗戰效力，他本想在中央宣傳部中，請你擔任新聞處長一職，後來剛因戰局不利，政府退往重慶而作罷。今天他要我來看你，希望你能約定一個日期，和他談一次。」

我被出於意外的談話所驚住，一時不知應當怎樣答覆。不錯，我與佛海之間，過去十年中存有相當的友誼。民十八，我正擔任京報採訪主任一職時，奉派隨蔣先生北上赴平，在蔣先生的專車中，陳布雷、邵力子等，都是多年的同業；孔祥熙、趙戴文（那時的內政部長）、熊式輝等因採訪關係，也早已認識。而當時隨節諸人中，不認識的還是很多。

當專車開行以後，我們正聚在起居室中閒談時，蔣先生從前一節車過來了，他問我同車的是不是都相熟。我指指周佛海，表示我與他並不相識，這樣蔣先生為我們介紹了，友誼也就這樣的開始。

在北平的一周中，我們每天共遊宴，周氏有湖南人爽朗的脾氣；也有書生的性格，因此談得很投機。以後回到了南京，我們來往得很密，而且他為我在政治訓練處掛了一個上校秘書的名義，按月由他所主辦的新生命書店送給我一份乾薪。自政府西撤以後，就僅僅通過幾封信。睽隔多年，在情感上，我無可諱言希望能見他一次；而且我知道他與蔣先生間關係之深，而此次竟會隨汪出走，這是政治上的一個謎，引起了我的好奇。我脫口而出的說：「當然，我也希望與他談談，但是我不願意過橋（指外白渡橋）向敵軍除帽鞠躬。有負他的盛意，恐只能期之於異日了。」君強說：「那容易辦，假如他到租界來時，再約你見面何如？」我不能推卻，事情也就這樣的決定了。

三、大雨滂沱中重晤周佛海

四五天之後，民國二十八年的八月中旬，一個天低欲壓而又大雨滂沱的下午，葉如音又匆匆而來，說汽車已等在外面，佛海特地由虹口來到滬西，在極司斐爾路七十六號專誠等我，希望能立刻去與他談一談。我什麼準備也沒有，就匆匆地隨著他上車，不到二十分鐘的行程，已經到達了那裡。極司斐爾路本是外人的越界築路，馬路歸公共租界工部局管理，而兩側的房屋，則是華界的主權，滬西一帶那樣許多越界建築的道路，就是一個舉世所無的特殊狀態。

汽車到了門口，門外靜悄悄地什麼聲息也沒有，鐵門緊緊的關閉著，我仰頭一望，恍然於這原是前山東省政府主席陳雪暄（調元）的別墅。房屋建造得並不華麗精緻，但所佔據的地位卻相當廣大。就在抗戰前兩三年，陳雪暄曾在那裡為他的母親祝壽，那時賓客如雲，連天的盛大堂會，為上海稀有的場面，我曾經為那裡的賀客之一。不料幾年之後，陳雪暄死了，他那清幽的別墅，竟然成為一幕歷史悲劇的孕育之處。

汽車的喇叭聲響了幾下，鐵門上的一個小洞拉開了，司機把我的名片遞過去，並且說明了要見的是什麼人，警衛室事前似已預先接到了通知，衛兵向車中注視了一下，大鐵門就呀然而啟。汽車緩緩前進，一個武裝衛兵立上了車外的踏腳板，指揮汽車在一條平廣的水泥路上，經過了第二道鐵門，直向一所廣廈駛去。

雨下得很大，四周的景色在雨點中顯得模糊一片，但氣氛令人感到緊張。兩面的衛兵們五步一崗，十步一哨，一身給黑色的雨衣雨帽連頭裹住，樣子像照片上看見的美國三K黨，手裡更持有長短的槍械，像隨時防備突然事變的發生。我情緒上有些不寧，已很有多此一行的後悔。如音看看我，我發覺他與我有同樣的感覺，我輕輕的問他：「你來過嗎？」他搖了一下頭，像陷入於沉思，默默地一聲不響。我們在對視中，車停止了，車邊的衛兵跳下來告訴屋前的另一衛士，開了車門，導引我們進入一間陳設簡陋的會客室。

兩分鐘以後，周佛海已微笑地出現在我的面前，蓬鬆的頭髮，微帶蒼黑的皮膚，穿一件藍綢長衫，幾年不見，比從前豐腴了一些，但臉上顯出有疲勞的神態。他的外表不必恭維，他有讀書人的風格，至多他像一個樸實的中小學教員。從他的面貌以至與人晉接的態度來看，他絕對不像是一個政客。誰會想到他以一個窮學生，民十（一九二一）還在日本西京帝國大學留學時期，已經是中共第一次代表大會的十個代表之一，而且被選為黨中央的副主席，某地位僅次於陳獨秀。後來佐蔣先生的戎幕，前後二十年中，儘管職務有過許多變動，自黃埔軍校的教官起，一直到他離渝前的代理中央宣傳部長為止，除了寧漢分裂一段時期他留在漢口外，其餘的時間，他都朝夕不離的隨侍在蔣先生的左右，有許多重要文告，都出自他的手筆。而且是CC的最高幹部與黃埔系的指導階層。闡揚孫文學說的所有著作中，也以他所寫的《三民主義理論的體系》為最權威的著作。但在他的形態上，找不出一絲這種氣息。我從民十八與他交遊起，十年之中，只覺得他具有豪爽的性格，以及親切的談吐。現在立在我們面前的他，已成為一個傳奇性的人物，卻依然如十年前初見時完全一樣。

四、德大使調停失敗的秘聞

佛海與我們熱烈握手，他似乎有些感喟地說：「我想不到你竟然到這裡來看我，這是我到上海後第一個看到的故人了。」看樣子，他也還是第一次來到這裡，目光向四周掃射了一下，發現後面牆壁上，還掛著當年他送給陳雪暄母親的一副湘繡壽聯，他停視了一下，又接著說：「短短幾年中，連這裡的情形也完全改變了！過去雪暄一切的陳設，已蕩然無存，而獨獨留著這一副我所送的壽聯，一飲一啄，豈不莫非前定？誰想到最後勝利的來臨之前，我會間關萬里的舊地重遊，而又親見了當年我自己的舊物！」

我不知應當如何答覆他言下的無窮感喟，我與如音都以微笑來代替言辭。

他從回憶中猛然地醒過來，單刀直入說：「我叫君強找你的原因，我是隨了汪先生來創造一個局面，但隨我來的除了我太太與兩個孩子以外，只有君強與惺華（楊惺華是他的內弟）。汪先生已決定如全面和平絕望，為了拯救國家，將另行組府，還都南京。舊日的朋好，都在重慶，上海的一切情形你太熟悉，憑了我們十年的交誼，這次非請你幫忙不可。」

我夢想不到他竟會直截了當提出這樣一個問題。我覺得再不能含糊了，我也老實地說：「雖然在友誼上，我希望能與你見一面，此外，汪先生的行動，引起了外界的揣測，尤其你與汪先生向無淵源，何以會忽然合在一起？做慣了新聞記者的我，好奇心驅使我想解開這一個謎。過去，我沒有搞過政治；現在，我更無此興趣，況且我目前從事的一項自由職業律師職務，業務還不錯，溫飽有餘以外，還足夠供我的揮霍，你們此來預備建立政府，這或許有你們的作用，但我以悠閒之身，無意於捲入為國人所不諒的政治漩渦之內。」

「我不會讓你糊裡糊塗的參加，希望你能靜靜地聽了我告訴你前因後果之後，再作鄭重考慮。今天，我並不勉強你立時有一個決定。」「說來真是話長了！」他又嘆了一口氣，「國事不是兒戲，也不應當純憑一時的意氣。當年日本的步步進逼，遲早會有這一天的；但抗戰前夕的形勢，顯然還不宜輕於言戰。自從北伐以後的幾年中，國力都消耗於內戰，當時空軍未曾建立，軍備也還不足與強大的日本為敵，但是純潔的民眾與別有用心的黨派、政客，正在大唱抗日的高調，蔣先生是清楚知道這一點的，他既無法抑制當時激昂的民氣，又不能宣洩國家實力的秘密。抗戰固然無可避免，但不應當在準備未完成前，作冒險的嘗試。你也許知道當時政府高級人員中，文的如汪先生，武的如何××（應欽），也曾提出過審慎的意見。尤其我在南京西流灣的寓所中，許多比較知好的朋友，時常聚談有關國家興亡的當前局勢。如胡適、陶希聖、梅思平等，曾就一般的實際問題，不時加以討論，加以分析，我們曾經自稱之為『低調俱樂部』。而七七事變之後，以日本的得寸進尺，國內民情洶洶之勢，終於無法挽救這一次空前浩劫！」

他停頓了一下，又繼續著說：「在過去的一段戰爭過程中，日本顯然已有過兩次的錯誤。在開戰以前，日本過於低估了我們的實力，他真以為三天可以佔領松滬；三個月可以掃平全國。日軍打到南京，國軍在大潰退以後，顯然一時已喪失了鬥志，但日本以為我國政府一定會屈服，只顧肆行屠殺，按兵不動。假如當時他們乘勝追擊，抗戰的能否持續，還是一個絕大的疑問。而日本犯了兩次重大的錯誤，曠日費時，他們有了前途茫茫之感；而我們也有其不可終日之勢，但最後錯過了德國駐華大使陶德曼調停這一個機會以後，雙方儘管都已筋疲力盡，事實上還必須僵持下去。」

「陶德曼大使為中日調停的一幕，是太足令人惋惜了！民國二十六年（一九三七）十一月下旬，陶德曼送來了日本議和基本條件七項，大體是這樣的：日本答應分期撤兵，與放棄賠償。華北一帶，恢復七七事變前何梅協定的原狀，唯一的要求，是要承認『滿洲國』。我們接到了上項條件以後，就在那一年的十二月六日，在漢口中國銀行，召集了一次國防最高會議第五十四次常務委員會議，在會議中雖然有不同的意見，但終於正式通過了有條件的接受日本停戰條件。當時蔣先生正在鄭州部署軍事，國防會議推孔庸之（祥熙）代表向蔣先生報告，以作最後決定。」

「會議以後，孔庸之就在電話中，就陶德曼轉來日本條件的內容，國防最高會議中委員們個別的意見，以及最後的決議，向蔣先生詳述了一遍，請其裁決。蔣先生當時的意思是：除了承認『偽滿』以外，日本的條件不能算太苛，他說：『如此，日本又何必輕啟釁端？可照國防會議的決定，依外交途徑去進行。』通話本已告一段落，而蔣先生忽又說還是把全部文件送給他，讓他再作一度的考慮。電話就這樣結束。而雙方卻因匆匆通話，未注意到最重要的一點，那就是日本所定最後答覆的期限，竟然沒有報告蔣先生。那時日本內閣首相林銑十郎已因外交政策解組，復由近衛文麿組閣，廣田任外相，日本所提議和基本條件七項，廣田本限年終答覆，後經德國駐日大使狄克遜之要求，始允延長至二十七年（一九三八）一月十日。」

「漢口方面自孔庸之與蔣先生通話後，立派專人把有關陶德曼調停的重要文件，送給蔣先生。

專人到達鄭州時，蔣先生已轉赴洛陽，再追蹤到洛陽，時間畢竟已有些耽誤了。蔣先生最後的指示，仍然依照國防會議的決議，與他在電話中所決定的一樣願與日本談和。政府立刻通知陶德曼大使正式表示中國政府的意見。陶德曼發覺中國政府的答覆，顯已超過了日本所定的最後限期。但他仍然把答覆轉達了德國駐日大使狄克遜。」

「當陶德曼轉到德國駐日大使館時，德駐日大使狄克遜急忙趕去訪問那時的日本首相近衛，希望對期限的延遲有所解釋，但當他到達外相官邸時，才知道近衛正在出席一項重要會議。狄克遜一直坐候他回來，才把中國政府的覆文當面提出，近衛皺著眉頭說：日本政府因為得不到中國政府有關停戰條件的答覆，在期限屆滿以後，立即舉行了剛才我所出席的御前會議。鑑於中國政府沒有談和的誠意，已有了一個決議，這決議是在御前舉行的，是無可挽救的決議。這就是民國二十七年（一九三八）一月十六日『永不以國民政府為交涉對象』的近衛內閣聲明。陶曼德大使的調停，至此乃完全絕望。」

五、近衛三原則是怎樣來的

周佛海一口氣講完了這一節故事，雖然我來此見他的目的，並不為了聽聽還是漢口時期的陶德曼調停經過。我呆呆地坐著，在猜想他何以要告訴我這些故事的原因。他好似看出了我的神情，繼續又說：「希望今後不再提這些舊事了，但我既要你幫忙，我願意趁今天大家都有閒空的一個下午，把『和平運動』的前因後果，說個暢快。」我說：「上海離開後方太遠了，我們只知道政府是拒絕了德國大使的調停，原來中間還有那麼多的曲折。任何有關戰局的事，都是我所關心，我所願意知道的。」

佛海在微喟中，又道出一段當時的秘聞，他說：

「陶德曼大使的調停，既然陰錯陽差的無疾而終，戰爭也只有延長下去了。那時日軍發動的攻勢，較前更加猛烈，衝破了武漢外圍長江的馬當和田家鎮的封鎖線以後，一向作為行都的漢口，無法再守，政府就一直撤守到重慶。國際形勢顯然對我不利，許多人對最後勝利的信念起了動搖。戰局上，北起渤海灣，南至廣州灣，完全被日軍佔領而封鎖了。我們已再沒有通達國際的海口，英美對我的幫助，卻遠不如以物資運往日本那樣的多，靠自己的國力來支持抗戰，所有補給軍需，當然是不可想像的。給我國最大的一項打擊，是僅餘的一條國際通道緬滇公路也被英國宣布封鎖了，這予士氣與民心以最嚴重的影響。政府也為了當前的局勢所困擾，汪先生等許多政府的重要人士，不得不把抗戰前途重加考慮，在考慮中，自然而然會想到漢口時代陶德曼大使所提出的日本停戰條件，假如日本仍然維持原來條件的話，國家還不至於滅亡。不如先保全一線生機，以期之於異日的發奮圖強，湔雪前恥。況且最高國防會議既然曾經有過接受的決議，在危急中何妨作再度的試探。

「那時汪先生把試探日本關於戰事意向的責任，付託於當時外交部亞洲司司長高宗武的身上，高是著名的『日本通』。他奉命後，從重慶秘密飛往香港，再轉赴日本，與日首相近衛晤見之後，就帶回來對兩國停戰問題的三項原則，即所謂：『善鄰友好、共同防共、經濟提攜』的近衛三原則。宗武回到重慶，首先呈給汪先生，汪先生認為大體上可以同意，遂把宗武攜回的近衛原則拿去見蔣先生，蔣先生素來對汪的態度是相當客氣的，當時表示經過縝密考慮後，再給日本答覆。

「據說，中樞為此曾召集過若干重要文武大員，徵詢對日停戰意見，並以近衛三原則為藍本，而作進一步的研究。當時在座的人都僅在聽取蔣先生的意見，持異議的只有陳××、××等數人，他們基本上有一個觀念，以為假如終止抗日，是給予國內反政府份子以藉口，不論為共產黨、桂系、馮系，都將振振有辭地以行動來反對政府，另一次的內戰，勢將不可避免，因此，他們認為一旦停止抗戰，結果必然將禦侮之戰變為鬩牆之爭，中樞若抗戰到底而成功，無疑領導抗戰者將為名垂青史的民族英雄；即便抗戰失敗，而領導抗戰者為國禦侮的精神，仍將永垂青史。在座諸人既未有再發表意見，便在這樣的結論下，結束了這一次談話。為蔣先生個人計，停了抗戰，再打內戰，這算盤無論如何是打不通的。自然，這消息也傳到了汪先生的耳裡，他正在將信將疑之間，蔣先生派人與汪先生約晤，率直地表示了拒絕近衛所提出的停戰原則。

「那時國家的實力是這樣，而希望得到國際間的援助，又是那樣。汪先生對於抗戰的看法是，除非產生奇蹟，否則前途是黯淡的。何況汪先生又十分瞭解蔣先生的個性，既經決定了的事很難變更，但他仍然想如何說服蔣先生。對於日本，因此並未立刻予以答覆。在這中間，我（周自稱）奉命與汪先生談過幾次，汪先生有很沉痛的意見，以為在國家的存亡關頭，不應當以一二人的成敗毀譽作為決定國家命運的標準。他目擊中共借了抗戰的機會，在擴充實力，志不在小，即使抗戰能夠獲得勝利，但國軍於抗戰中是在消耗，而共軍是在增強，戰後的內亂，同樣不可避免，肘腋之患，國家的未來命運，更在不可知之數。我與汪先生的觀點，不期而有若干相同之處。

「然而，當時的輿論，似已為有作用的野心份子所左右，高調仍然是奉為最高原則，有人主張談和的，就成為攻擊的目標；就是漢奸！日本的意向，一般人固然不知道，而我國軍事上劣勢的機密，政府也不能宣之於國人。汪先生是決定抗戰政策的最高首長之一，在國策未變更以前，他不能發表與國策相反的言論，而且周遭的形勢，也不許可他那樣做。他經過了幾度的躊躇，終於決定了離開職位，離開重慶，以一個黨員與一個國民的身分，為了國家前途，向政府提出建議，提出個人的主張。這是汪先生要脫離重慶的真正原因。」

六、汪精衛怎樣脫離了重慶

佛海為我追述那一段經過時，情緒很激動，但我說不出他是興奮還是傷感。過去我與他交往中，平日所談，多關風月，很少牽涉到國家大事，他總是很風趣，也很輕鬆，因此，那一天特別顯出了他態度的鄭重。

他接著說：「汪先生對抗戰前途另有看法，為表示他對於國是的意見，自願以在野的國民身分，向中樞提出和平建議。他明白那樣的建議，在重慶決沒有接受的可能，而且不會有公開發表的機會，所以他決定相機出國，再把與日人交涉經過，訴之國人，以待民意的公決。他第一個目的地是越南，赴越也必須經過雲南，他先派汪夫人單獨秘密赴昆明，以期取得龍雲的諒解。迨汪夫人去後返渝覆命，說龍雲很同情汪氏為國家犧牲一己的精神，假如他決定取道滇境出國，他願意負安全與便利的責任。

「恰巧那時蔣先生離渝出巡去了，汪先生打電話給交通部長彭學沛，要他預留幾個最近飛往昆明的飛機客位，並且把飛機票直接送給汪先生。那時中樞要人離開重慶，若非因公，必先獲得最高當局的批准。但是汪先生地位不同，而且彭學沛又是汪先生一系的人物，他除了唯唯聽命以外，自然不敢問搭機者的姓名。同時，他也夢想不到搭機的就會是汪先生。在這一段時間中，沒有人發覺汪先生的動態，機票也由彭學沛於班期的先一日送到。戰時一切處於特殊狀態之下，政府所預定的客位，乘客姓名照例不通知航空公司，航空公司即使知道，因為預防敵機襲擊關係，也照例保持機密。汪先生的能夠順利離渝，就是得了這一個便利。

「那天，離飛機起飛前三分鐘，汪先生、汪夫人、曾仲鳴等趕到了，僅攜著簡單的行李，一到機場立刻登機，派在機場負監視責任的保密人員，平常照例需要查驗搭客離渝手續，但是他們對汪先生儘管感到突兀，不敢問，也不敢阻止，飛機飛航在即，連保密人員向上級請示的時間也沒有。起飛時間到了，汪先生很從容地脫離了重慶。時為民國二十七年（一九三八）十二月十八日，以後我也以視察黨務為名，追蹤前往。

「汪先生離渝前，留下了一封長信給蔣先生，大意是分析當前的國際環境，指出抗戰前途的形勢，要求蔣先生能諒解他的苦衷。最後有兩句話，記得原文是『今後兄為其易，而弟為其難。』汪先生的意思，彼此為了國家，原則上決無二致，但所定的策略與應取的途徑，一時容有歧異。汪先生所說的難與易，就是指的抗戰與和平。因為不論其為勝為敗，凡獻身於抗戰陣營者，無疑都將成為民族英雄；但要保全國家元氣，與敵言和，則頭緒萬千，事繁責重，尤其軍事處於劣勢狀態之下，日本以戰勝者之地位，未必肯真心讓步，和談條件，就很難饜國人之望，措置稍有不當，條款稍有出入，則以苦心為國始，而以千古罪人終。但汪先生認定前方的軍事，與滇緬公路的封鎖，抗戰有難乎為繼之勢，及今談和，國家尚可免於糜爛，而蔣先生抗戰到底之意，既然一時無法動搖，則如其最後勝利，仍然屬我，則國家一切，自有蔣先生。如不幸而抗戰被迫作城下之盟，則汪先生與日本媾和在前，日人自難反汗，今後一切，有汪先生來擔當周旋的大任。和戰並進，為國家打算，不能不說是一條萬全的計謀。或許外間所傳蔣汪雙簧之說，即淵源於此。我前後十餘年中受蔣先生推心置腹的知遇之隆，不論從任何方面講，均不應背棄蔣先生，因此，我在離渝以前，也留了一封信給布雷，請他等蔣先生回渝後轉呈，除聲述離渝苦衷以外，我同蔣先生矢言得當以報的決心。

「迨我們先後到達昆明，龍雲果然能克踐前言，在我們留滇之時，一連幾天，彼此談得都很投契。以後我們離滇赴越，他還派了人沿途妥為保護。抵達越南的河內以後，汪先生就暫時卜居在高朗街二十七號，準備向中央提出和戰意見。因為日本近衛內閣曾經有過今後不與國民政府為交涉對象的聲明，因此汪先生要求近衛如要談和，首先必須取消這一項聲明。也因此，近衛復於一九三八年（民國二十七年）十二月二十二日，重新發表『調整中日邦交根本方針之聲明』，即所謂善鄰友好、共同防共、經濟提攜的三原則，而自動取消前一聲明。汪先生也於同月二十九日通電響應，此即豔電是矣。」

七、河內高朗街的槍聲血痕

「豔電發表了，汪先生離渝的目的，可說已經完全達到。」佛海又繼續告訴我過去的一切，他說：「中央的反應，起初是通過私人關係，勸他放棄和平主張，回渝共襄大計。經汪先生拒絕以後，重慶作了一連串的措施，黨籍被開除了，與政府有關報紙的猛烈抨擊也展開了，最後，由蔣先生自己正面發表了演講。這一切，都在汪先生意料之中，他本已在作赴法的摒擋，正倚裝待發。突然，河內的行刺案件發生了，曾仲鳴因誤中而慘死，這是有關汪先生中途變計的一個重要關鍵。他以國民身分與黨員身分，提出國是意見，是否採納，權在中樞，暗殺手段，激使汪先生大怒，他決定改變出國的計畫，考慮由他自己來擔當收拾殘局與實現和平的責任。」佛海一口氣說到這裡，頓了一下，又說：「我已告訴了你所有過去的內幕真相，現在，我再重申前意，希望你能幫忙，假如你還有疑問的話，我仍然願意掬誠奉告。」

事實確是如此，河內的行刺案件，是促成汪政權直接的與主要的原因之一，雖然那天佛海沒有告訴我當時的情形，而在以後數年中，我從林柏生等許多人口中知道了比較詳細的經過。對此關係重要而又不幸的一幕，我先在這裡對佛海的談話，作一簡略的補充。

汪氏由滇赴越，抵達河內以後，以高朗街二十七號朱培德公館作為寓所，那裡是一所兩層的普通小花園洋房，沒有甚麼特別的警戒，當然，汪氏也從沒有夢想過竟然會有人向他行刺。

當他把豔電發表以後，除了中樞要人不斷有函電挽勸外，中央也兩度派了谷正鼎到河內。第一次是那年二月中旬，希望汪先生打銷原意，仍回渝供職。汪氏表示對抗戰政策既已與當局發生了不相容的歧見，即不宜再廁身其間，徒然引起不必要的糾紛。他的離渝，只希望公開發表對於和平的主張，而能否採納，則權操中央，他之不願勉強中樞遷就他的意見，正如他希望中央不要勉強他今後的行止。如果中央堅持抗戰到底，他決定偕同其夫人陳璧君與周佛海、陶希聖、曾仲鳴等五人赴法，等國家一旦需要他回來的時候，他依然願意為國家效力。汪並託谷氏轉致幾句話，汪說：「我不離開重慶，豔電不能發出，離重慶已經很痛心的了，何況離國？我之所以願意離國，是表明主張如得蒙採納，個人都不成問題。」

他聲明他之出此，只是對國是的意見，並不夾雜其他任何個人的意氣之爭，他並希望中央能給予他們以出國的護照，請求中央諒解，不必強其所難。谷正鼎即將汪氏的意見返渝覆命。迨第二次到河內見汪，是一個月以後的事，他攜來了汪氏等所需要的出國護照。並且還帶來了一筆政府所給汪氏等的旅費。本來汪的和平主張，至此已可以完全告一段落，不料谷氏於是年三月二十日再回重慶的翌日（即三月二十一日），行刺事件發生了，使汪氏的整個行動也隨之而中變。

高朗街二十七號住的人很簡單，除了汪氏夫婦、曾仲鳴方君璧夫婦以外，僅有朱執信的女公子，與汪氏的秘書陳國琦等數人（陳為陳璧君之侄）。那裡的房屋，是兩開間的三層樓，樓上向街一連兩間，較小的一間，是汪氏夫婦的臥室，較大的一間，是曾仲鳴夫婦的臥室，白天就作為汪氏會客起居之所。而行刺他們的人，卻處心積慮地早已有了周密的佈置。在汪氏寓所的對面，於汪氏抵達河內以後，賃定了一所房屋，朝夕有人隔街向汪寓遙窺。他們見到汪氏每天在這較大的一室與周佛海等聚談，而且裡面還有床鋪的設備，因此推定這必然是汪氏的臥室了。

一九三九年三月二十一日的午夜，所有汪寓的人，早已熄燈就寢。有人就從花園後面踰垣而入，撬開樓下的門，躡足登樓，直抵曾仲鳴臥室之外，臥室門是玻璃的，至臥榻的位置，行刺者也早已在隔街看得很清楚，所以行刺的人把臥室的玻璃門擊破之後，即將手提機關槍伸入門內開火掃射。首當其衝的是曾仲鳴，他在開槍以前，已聽到有人登樓的聲息，剛好起床察看，而無數的槍彈，就直接命中在他的胸部，尤其腹部給打得彈洞密如蜂房，當場倒地。曾的夫人方君璧（女畫家，曾在港日開畫展，現僑寓法國。）也身中數槍，幸而躲在床下，雖受傷而所中尚非要害，得免於死。

最幸運的是朱執信的女公子，她聞到槍聲，急起躲在門後，那裡剛好是一個死角，乃得平安無事。刺客聽到室內的倒地聲、呼號聲，以後除了呻吟聲以外，一切又歸沉寂，以為任務完成，汪氏定已命中，遂攜槍下樓準備離去。而睡在樓下的陳國琦，已聞聲上樓赴救，刺客在黑暗中看到人影，再度開槍轟擊，陳國琦被擊中腿部受傷倒地，刺客們乃得以從容逃逸。而汪氏夫婦，因為睡在隔室，雖受虛驚，未損毫髮。

雖然這行刺的一幕，結果是誤中了副車，但所給予汪氏精神上的影響很大，他認定這是重慶特務人員所為，而絕不是私人的仇殺。汪氏本患有嚴重的糖尿病，自從中央黨部被刺中槍以後，一彈尚留體內，益發容易動肝陽。經此刺激，更引起了他很大的衝動。尤其曾仲鳴是他最親信的部下，他的姊姊曾三姑——曾醒，是同盟會的老會員，與汪氏夫婦有深厚的感情，而曾夫人方君璧又是黃花崗七十二烈士之一方聲洞氏的胞妹。基於這兩種淵源，汪之對曾，一向視同己子，仲鳴很早就留學法國，雖然就讀於里昂大學，但中文則出之汪氏的親授，隨汪諸人臨摹汪的字跡能維肖維妙的有林柏生、陳春圃等諸人，獨曾仲鳴所寫幾可完全亂真。仲鳴自學成以後，始終隨侍在汪之左右。

當汪氏於九一八事變後返國，出任中央政治會議主席兼行政院長時代，曾氏是中政會的副秘書長、鐵道部次長，以及最高國防會議秘書主任。事無大小，汪一以委之。曾在中彈後彌留時，尚說：「國事有汪先生，家事有我妻，我沒有什麼不放心的。」仲鳴之終於不起，實給汪以無限的悲傷與刺激，所以行刺案件的發生是民國二十八年的三月二十一日，而汪在同月二十七日就發表了一篇題目叫「舉一個例」的文件，雖然表面上在證明他的和平主張，曾經最高國防議會的正式通過，而最主要的目的，卻是為了曾仲鳴之死，對中央起了絕大的反感，激使他有自組政府之意。

汪在河內時就說：「曾先生臨死的時候，因為對於國事尚有主張相同的我在，引為放心。我一息尚存，為著安慰我臨死的朋友，為著安慰我所念念不忘的他，我應該盡其最大的努力，以期主張的實現。」在這寥寥幾句中，已充分表現了汪氏的內心。

行刺一幕的禍闖大了！本來已預備赴法的汪氏，因此而打銷原意，曾仲鳴代汪而死，竟直接促成了汪政權的出現，這是人謀之不臧呢？還是造化小兒在暗中作弄？

八、香港成爲最早的發祥地

當汪氏還留駐在河內的期內，香港成為汪系活動的最早發祥地。周佛海等也已先後由越來港，陳璧君則不時往返於港越之間。那時陳璧君是住在九龍漢口道二十六號三樓。陳公博、周佛海、陶希聖、梅思平等則合住在九龍約道五號。汪系在港的原有機構，一是創刊於民國十八年由林柏生主持的南華日報（社址在香港荷李活道四十九號）；一是華人行六樓六號A的蔚藍書局，本是國民政府戰時研究國際情勢的機關，亦以林柏生為主任，梅思平、樊仲雲、胡蘭成等為幹事，李聖五、朱樸等為研究員。其性質也就等於漢口時代由周佛海、陶希聖主持的藝文研究社，而且林柏生、梅思平兩人當時還是駐港的中宣部特派員。所以汪的豔電發表，港方就由林梅兩人具名負責分送，幾乎所有的港報都一律全文照登。

汪既然決意從言論而改取行動，就由在港的梅思平與高宗武著手積極活動。影佐禎昭所主持的特務機關梅機關，立刻與梅高取得了聯繫。經初步談判協議，梅機關方面派出犬養健親赴河內與汪氏作進一步之商談，（犬養健為日本前首相犬養毅之子，戰後吉田茂內閣時代之司法大臣。）犬養健抵達河內以後，為避免國際注意，經常扮作越南的漁夫，在河畔垂釣，把文件放在不注意的地方，由汪方派人取送。經過了相當時期的秘密接觸，汪決計由越直接赴滬籌備組織政權，日期定為一九三九年的五月七日。汪於上一日離開了高朗街寓所，避居在山上一所秘密的房屋中，那天搭了一艘一百多噸的小船，在東京灣行駛了一百多海哩，那裡早由影佐與山下汽船會社商定派一艘貨船「北光丸」迎候，遂直駛上海。

同時，汪方在宣傳上，也以香港為根據地，展開活動，所有有關汪氏之主張，完全由南華日報為大本營，向國內外發表。南華日報林柏生為社長，顏加保為經理。在這一個短時期中，社論則由周佛海、陶希聖、梅思平輪流負責。因為一切對外是由林柏生出面，於是在汪河內被刺前後，林柏生在香港也遭到了襲擊。一九三九年三月的某一日，剛好陳璧君邀請周、梅、陶、林等中午在其寓所午飯，而本港警察局的政治部，也約了林柏生於下午四時談話。林於汪宅午飯後逕赴政治部，談話完畢，因梅思平、陳春圃、顏加保等約在告羅士打飲茶，當他步行經過現在的歷山大廈門前時，忽然有兩個大漢以鐵鎚從後向林氏頭部猛擊，林受傷倒地，而暴徒仍繼續向其額部面部痛打，林已奄奄一息，幸而有兩個外國水手經過，當場將一名叫陳林的兇手擒獲，另一名則被乘間逃逸。林經警察送往瑪麗醫院留醫達一月有餘，始逐漸痊可。陳林則被判處了十五年徒刑。

在汪氏由越南去滬以後，留港的人，也先後於那年的初夏，紛紛搭輪追蹤而往，汪政權之開場，至此幾已完全成為定局。

九、我提出了一連串的疑問

那一天，我和周佛海在這一次冗長的談話中，他雖然已告訴了許多使我驚詫的內幕，但談話卻並未就此終止。他既已決心幫助汪氏一面努力促成全面和平，一面準備全面和平失敗後建立政權，而所有籌備與折衝的重擔，又統統落在他的身上。做事就需要人，而且既以上海為根據地，更需要熟諳上海情形的人，而我是那裡的土著，占了地利與人和之宜。因此，他期待我的應承，更表示願意答覆我任何所提出的疑問。

我那時的心理很複雜、很微妙，我無法懷疑他告訴我的話不是事實，而我那時內心卻仍然很堅決，並沒有絲毫動搖。既然如此，談話本該可以告一段落，即使我不願意使他難堪，也儘可運用讓我從長考慮等一類的外交辭令來推搪。而做慣了記者的我，由於好奇心的驅使，忍不住又提出了一連串的問題，下面是當時我們之間的談話內容：

「汪先生與日本之間，就建立政府一點上，所有基本問題，有無取得原則上的協議？」

「沒有。」

「那是否你們的來滬，是表示不問將來結果如何，政權將一定建立？」

「我們的立場，剛剛與此相反，假如日本政府堅持不肯讓步，而條件又足以妨害我國的獨立自主，我們認為完全無補於國家民族時，我們隨時會毅然離開這裡。所以，我們初步的宣布，僅是展開全面和平運動，而不是籌備建立政府。」

「在日軍的佔領地區中建立政權，你相信會有不致於喪權辱國的奇蹟發生嗎？」

「我們從不加以過高的期望。初步，我們只要國家不亡，我們願意忍辱負重去做，這也就是汪先生離渝時留信中所說『為其難』的意思。」

「除了渺茫的國家前途以外，你以為在敵人的槍刺下可以做些什麼事？」

「無可否認，日人在淪陷區是可以任意地掠奪與任情地殘殺，現在他們要拿走一百分就是一百分。以後，盡了我們的能力，即使只能拖住一分，少拿走一分，就是為國家保存了一分元氣！說得更明白一些，我們是要為了自己的國家，給他們以牽制與阻止，而不是協助他們得到更多的便利。」

「你以為有此把握？」

「應該說：我們有此決心。當然，一切還待我們的努力，以及集合許多實心為國，不問個人成敗毀譽的朋友，一起來幹。」

「從事政治活動，即需要經費，和平運動的經費，是不是由日人所供給？」

「你真以為我們會受日本的豢養嗎？」

「如其可能的話，我想先知道這一個秘密。」

「如其你答應我不向外界洩露，我可以坦白告訴你。在香港時代的活動費用，一共只五萬元，是周作民、錢新之、杜月笙三人以友誼關係所自動資助。來滬以後，我們用的是日人應該交還我們存在正金銀行的關餘。這完全是中國的關稅收入，抗戰以後給日本凍結了的，現經交涉後解凍，交還我們作為活動經費。」

「我相信你不會是為了利祿，必有如你所說的苦衷，但表面上與敵人合作的行動，將為國人所不諒，我不敢說自惜羽毛，我的律師職務足夠維持生活而有餘。我無力幫你，我也不想捲入這一個是非的漩渦。」

「假如在國家危急的時候，每個人只為自己的利害毀譽打算，國家的前途是可以想得到的。我很遺憾於你竟會這樣地斤斤於小我，當然，個人的問題，也應當在考慮之列，你或者知道法國的××（我忘記了他當時所說的名字），當普法戰爭的時候，他單獨提出了與一般相反的意見，這自然是有利於國家的意見，當時曾引起了民眾的不滿，詬罵他，甚至在他所住的四周，用石塊投擲。然而百年之後，證明了他的心跡，稱他為偉大的愛國者。我並不為了身後是非，才說這樣的話，至少，在國家與同胞在目前的處境下，稍有良知的人，應該以但求無愧之心，各人盡一些各人的能力。」

「那你以為抗戰前途，是完全絕望了？」

「目前的看法是如此，但抗戰如有一天真能得到最後勝利，國家有救了，個人的成敗毀譽，還值得顧慮計較嗎？那時我願意含笑接受法律的任何制裁。」

話講到這裡，已無可再講，我向他告辭，他諄諄地囑咐我經過考慮以後，於短時期內，給他一個確實的答覆。

一〇、形勢迫得我作一個選擇

告別佛海回來，我好像做了一場夢，心裡極度紛亂。自從抗戰發生，我一直熱血沸騰，對於最後勝利，雖然因戰事的後撤而感到渺茫，但從來沒有認為絕望，聽了佛海的話，使我精神上受了一個很大的打擊。平時我很少在家，而在家時也總是有說有笑，那天回到家裡，窗外的雨聲還在淅淅瀝瀝地落個不停，我意興闌珊地和衣睡在床上，妻顯然看出了我懷有極大的心事，她溫柔地坐向床邊，問我是否身體上有什麼不舒服，我微微地搖了一下頭，她又問：今天下午葉先生（如音）約你到那裡去的？我不得不簡單地告訴她這一個下午的經過。我說佛海的勸我幫他，也不能不說自有其相當理由。我們目擊淪陷區的老百姓，在敵人鐵蹄下水深火熱，汪先生是有過光榮革命歷史的人，佛海的為人我是可以相信的，但為自身計，我又不想搞，因此使我躊躇，我不能立刻下一個決定。

妻為突如其來的消息所驚愕，一反她平日安詳的常態，急忙說：我一向不干涉你的任何行動，但這次我堅決反對你去做那樣的事。想想你自己的前途，也為家庭和孩子們想想，沒有人會諒解與敵人合作的任何動機！我知足，但求有一個平凡的丈夫，我不忍你給人罵漢奸，我也不稀罕你成為什麼英雄，不要再胡思亂想，把今天的經過儘量忘記。我無可奈何地點了一下頭，她仍然凝視著我，深恐我是表面在敷衍她。

第二天起，我真的不再考慮這一個問題，我如常地忙著我的律師職務。大約在一個星期之後，我正在法租界薛華立路第二特區地方法院為了一起案子出庭。一個新聞界的同業，倉皇地奔來看我，在律師休息室一看到我，就一把拉我到外面，低聲而焦慮地說：「你膽子真大！你真不要命？」我聽了他的話，正如丈二和尚摸不著頭腦，不曉得他說得那樣嚴重為了什麼？我說：「到底是什麼事，值得你如此為我張惶？」他說：「某一方面對你的助汪行為，很不諒解，我從可靠方面得來的消息，已經準備對你採取行動了。而你，仍然照常出入，毫無顧忌！」我以為我與周佛海見面的消息，已經為某方面所知道，我理直氣壯地說：「不錯，我們見過面，但考慮結果，我並不準備參加。」他說：「中華日報的復刊，你不是出過很大的力嗎？」我說：「我僅是為了友誼，毫無其他政治作用。」他說：「夠了！誰能夠原諒你、相信你？現在已錯過了辯白的機會。我特地來通知你，希望你有個防備，不要以自己的性命作兒戲。」說完，他望著我嘆了一口氣，又匆匆地走了。

朋友說的話是不錯的，當民國二十一年汪氏從海外回國，我以記者職務關係，到意國郵船「康脫羅素」號訪問的時候，我又遇到了隨汪氏回來的曾仲鳴。民十六汪氏住在上海善鐘路七十七號，我與仲鳴相處得很好，幾乎是朝夕相見的人，在那時，我們建立了深厚的友誼，自從他隨汪去國，已幾年不見，這一天在甲板上見到我，他為我介紹一位我所沒有見過的人，那是林柏生。他說柏生奉汪先生之命，來滬創辦中華日報，他是廣東人，對上海情形不熟，希望我給以協助。此後，在中華日報創刊前後，柏生經常為了報務與我聯絡，我盡我所知道的告訴他，盡我所能做的幫忙他，我之如此，純粹為了仲鳴的囑託。我既沒有參加汪系的政治組織，也沒有受過中華日報的酬勞，事實上，我僅是中華日報的一名技術顧問。

到了民國二十七年淞滬抗戰，國軍後撤，中華日報停刊了，柏生也回到香港。在他離滬的前夕，他到我家裡來向我辭行：他說中華日報只有經理葉雪松等寥寥數人留守，他再三託我就近予以照顧。中華日報的經濟一向不太好，到二十八年的春天，已經積欠了房租七八個月，業主起訴的結果，判令遷移，並將中華日報自置的德國高速度「伏美」牌輪轉機拍賣抵償。到那時，雪松才來找我。打官司既是我的職業，我就為他提起了執行異議之訴，以機器為蔚藍書店所有為理由，反對以之拍賣抵償中華日報的欠租。異議之訴終於獲得了勝訴的判決，房屋與機器，也幸而得以保全。

直至民國二十八年的夏季，林柏生電葉雪松將中華日報復刊，以響應汪氏的和平主張。雪松又來找我，要我幫他做兩件事：代請幾位有經驗的編輯，以及疏通望平街報販發行復刊後的中華日報。一向沒有政治頭腦的我，自然沒有考慮到政治上的問題，僅僅想到了應該為朋友解決困難，我就毫不遲疑地答應了，而且也如他所願的替他辦到了，料不到竟因此而可能召來殺身之禍。

那天聽到朋友的警告，我自己悔恨天真與鹵莽，沒有人相信我除了友誼以外，的確毫無其他作用，同時也沒有地方可以聽取我的辯白。外面風聲一天緊似一天，若干報紙上還隱約登出了我是中華日報的總編輯。在我住所的四周，也不時發現有形跡可疑的人在徘徊，而同業中如申報的錢華等，已被人暗殺身死。無可否認，我內心有些惶懼，我自己不知道應該怎樣去做。我也得承認，佛海的談話，給了我相當的影響力，正當我徬徨中，離開與佛海的那次談話，已有一個月的時間，他等不及我的答覆，又來信約我見面。那時，他已從虹口搬到愚園路一一三六弄五十九號居住。我立刻回信約定日期，事實上，在與他見面以前，形勢逼上梁山，我已決定參加這幕歷史性的時代悲劇。

十一、上海愚園路一一三六弄

第二次與佛海見面，因為他先聽到我答應參加，談話就顯得輕鬆得多。我並不諱言我所以願意參加的原因，我承認受到了他上次談話的影響，而朋友所告訴我潛伏在我四周的生命危機，是促成我立刻作一個決定的主因。我向佛海聲明了兩點：我的參加，與其說是為了政治，不如說是為了友誼。以佛海豪爽坦白的性格，我相信他不可能繪影繪聲地捏造出許多史實，他也不需要浪費許多時間來欺騙像我那樣一個無足輕重的人。所以我希望能多做一些為他分勞的事，儘量不給我擔任實際的職務。葉如音與羅君強曾告訴我，正在籌備一張報紙，假如建立政權實現的話，就將在新政權登場的一天，在南京出版，以代替「維新政府」所辦的「南京新報」。那天我說明我對報紙的厭倦，不願再投身在最易招惹是非的場合。並且我強調對於與日人合作一點，毫無信心，自己的立場就有些曖昧，也決不可能辦出一張符合他希望的報紙。

佛海完全接受了我的要求，在我談話的時候，不住的點頭。等我一切都講完了，佛海即表示，辦報的事已有君強與如音在負責，不必再強我所難。但他很關心我的安全問題，他勸我立即停止律師職務，暫時離開家到別處去住幾天，現在他住處的隔壁一所房屋，目前還空關著。羅君強由渝追蹤來滬以後，仍寄寓在呂班路的呂班公寓中，也不是長久之計。他預備立刻飭人裝修佈置，一星期後可與君強一同遷入，作為我與他共同的住所。如此安全上可以得到保障，而與他之間的聯絡，也可得到便利。就這樣，我後半生的悲劇命運就這樣完全決定了。我也於一星期後，拋棄了原有溫暖的家，放棄了固有平穩的職業，攜了一肩行李，遷住到那邊，開始為「和平運動」奔走。

有著兩個租界的上海，本來已經是一個畸形的世界，而滬西愚園路、大西路，以至極司斐爾路一帶，尤其是畸形世界中的畸形地區。在靜安寺路以西，統稱為越界築路，道路的警權，屬於公共租界，而路側的房屋，則屬於華界。汪精衛、周佛海等由僻遠而且是日本軍事地區的虹口搬到愚園路，目的就是得到畸形上的一切便利。他們形式上脫離了日人的控制，用自己的警衛力量來保護自己；向正金銀行提取被凍結的關餘，作為活動經費，分配職務，展開籌備工作。這是汪政權在上海所建立的最初雛型。

汪氏夫婦所居愚園路一一三六弄口的一所大宅，原是前交通部長王伯群的私邸，當王氏出任上海大夏大學校長時，與該校的校花保志寧由師生戀愛而結婚，於是鳩工興建此美輪美奐的大廈，作為藏嬌的金屋。國軍西撤以後，一直空關著，在汪氏遷入以前，更在花園四周裝置了瞭望亭，牆垣上加築了鐵絲網，利用為在滬發縱指揮與安身立命之處。

一一三六弄是一條長長的里弄，只有一個面向愚園路的出口，很幽靜，也很隱僻，弄內另有十餘宅獨立的小花園洋房，事前，把原有的居戶全部遷走了。就由周佛海、褚民誼、梅思平、陳春圃、羅君強等一批人分宅而居，有百來名武裝警衛，嚴密地日夜保護著，沒有所發的臨時證件，或者預先通知的特定賓客，完全無法進入弄內。當時參加新政權籌備工作比較重要的人物，只有極少數不住在裡面，除了岑德廣、林柏生等以外，就是陶希聖與高宗武。

一切籌建政權的工作，也在那裡開始展開了，除了汪自己主持「大計」而外，那時陳公博還沒有到上海，財政與對日交涉的重責，都落到了佛海的肩上。大致上職務的分配是：褚民誼與陳春圃分任「中央黨部」正副秘書長，梅思平、朱樸任組織；陶希聖、林柏生任宣傳。除了上述諸人外，由香港去的有李聖五、陳君慧、樊仲雲等，代表國社黨的有諸青來、陸鼎揆等，代表青年黨的有趙毓松等，軍人有劉郁芬、鮑文樾、楊毓珣、葉蓬等，無黨無派的有趙正平、傅式說等。而以原上海市黨部的舊人參加的為最多，有蔡洪田、汪曼雲、顧繼武、凌憲文、黃香谷等。

一一三六弄裡，不時有你所夢想不到的人物進出，他們是來講價，來當面歌頌汪氏的「遠見與毅力」，以及明白表示他們所希望將來在新政權中的地位。有的在汪政權成立以後躍居了高位；有的因為斟盤不成而未曾實現。幾乎那時閒廢在上海各朝各代的過去文武大員，自北洋政府一直到國民政府的人，都直接間接有過接觸。甚至遙遠的重慶與香港，也有不斷的魚雁往來，我不想在這裡指出誰曾想謬附為汪周等的知己，以及誰曾經對於汪政權表示同情與希冀。假使這真是一齣歷史上醜惡的活劇的話，那末那時的人心，是太值得慨嘆了！

十二、七十六號中的丁李搭檔

從正金銀行提來整箱交通銀行發行的十元新鈔，是有它無比的力量，「和平運動」的潛勢力，
立時在上海社會上發生了巨大的作用。每一家報館中，不問是商辦的或官辦的，都已有了汪方的地
下份子潛伏著，報館中的動態，重慶來的指示，每一個人的言論，每天都有詳盡的報告。若干報紙
在消極態度中逐漸轉變，對汪方減輕了抨擊的成分。甚至幫會方面也發生了關係，青幫如張嘯林、
季雲卿、張德欽等；洪幫如徐朗西等，每個月都送去一筆可觀的數目。公共租界與法租界政治部的
主要人員，也先後有了默契，避免了無數工作上的困難。上海社會之間，有人竟然偷偷摸摸地鑽尋
門路，有人竟然洋洋得意地告訴別人將不日飛昇。任何一個政權的創建，定然會有大批攀龍附鳳的
人。汪政權在未成立之前，已經有了一個在淪陷區中的有利環境，以及足夠的經濟力，這種現象，
應該也同樣不足為奇。

但是汪方最重要人物所聚居的一一三六弄，知道的人反而並不普遍，「七十六號」才是被認為
汪方最重要的所在。一直到戰後，還有人提起了「七十六號」而為之談虎色變的，而且在若干書報
上，還有要證明其為魔窟而作了完全不實的記載。

所謂「七十六號」，就是滬西極司斐爾路七十六號。我已在前面說過，這原是前山東省政府主

席陳調元的一所別墅，與一一三六弄同樣處於畸形的越界築路上。主持的人物是丁默邨與李士群，正式的名稱為「中國國民黨特務委員會特工總部」。周佛海是特務委員會的主任委員，而實際的權力則操諸丁李兩人之手。「七十六號」雖然地方很大，但房屋卻並不太多，於是像一一三六弄一樣，把毗連的一條名叫「華村」的弄堂，劃入了「七十六號」範圍之內，把原有的住戶迫走，讓許多參加人員遷入居住。

這一個特務組織的形成，事實上還遠在汪氏等抵滬以前。李士群是浙江人，本為一個留俄學生，而且是一個共產黨員。在清黨期內，曾經有過七次入獄的紀錄，反正以後，隸屬於「中統」擔任一個中級幹部。在一次因違反紀律而將遭到嚴重處分的時候，竟然給他逃到了香港，並且很快與日本的特務頭子土肥原發生了關係。隨後由土肥原派他到上海做情報工作。就在國軍撤退後梁鴻志等所組織的「維新政府」時代，他早已在滬西億庭盤路諸安濱十號建立起特務機構，不時往返於港滬之間。他年輕有活力，那時還不過卅一二歲，而且受過蘇俄的特務訓練，他對工作表演得很好，頗得土肥原的信任，同時也引起了重慶的注意。

民國二十八年的春季，中統的第二處處長丁默邨奉命來港，目的要把李士群勸回去。丁在中統中是李的上司，兩人間過去的感情還不壞，滿擬以私人的情誼，阻止李士群為敵人所利用。當默邨抵港以後，士群卻又已去了上海，默邨摸索不到士群在港的線索，而那時周佛海還留在香港，周是CC十個最高幹部之一，這一點默邨是清楚的。他在無法覆命的尷尬局面之下，他想到去問一下周，而又不知周的地址，他到香港荷李活道四十九號南華日報去訪林柏生，而剛巧柏生被狙擊後正在療養時期，於是由該報經理顏加保代見後，丁留了一封信給佛海。結果在兩人會面幾度晤談以後，丁反而放棄了原來勸李回渝的任務，隨周赴滬，而且負起汪方特工的大任。他將士群的原有組織改組，由他出任主任，而以士群為副，地點也從億庭盤路諸安濱十號遷至極司斐爾路七十六號，性質也從秘密一變而為公開。

「七十六號」是一個龐大的組織，丁李又是特工中的老手，他們搜盡了三山五嶽的人物，弓上弦、刀出鞘，威風凛凛，殺氣騰騰，六年中在上海製造出不少令人震慄的血腥事件，假如汪政權六年中的措施，最值得令人詬責的話，「七十六號」的所作所為，至少應該負起很大的責任。

「七十六號」除了丁李而外，有主任秘書黃敬齋，辦公廳主任傅也文，其下的所謂行動大隊，有投順的軍統大將林之江、王天木、陳恭澍、萬里浪，中統的胡均鶴等；有原來公共租界的特別警察潘達、戴昌齡等；也有幫會中人的夏仲明、楊傑、吳四寶等。

特別是吳四寶，更為滬人所切齒、他原是一個黑社會中的流氓，一個汽車司機，識不了斗大幾個字，但是有魁偉的身體，體重最少在一百五十磅以上。他是江蘇南通人，卻像是燕趙間的產物，他生成粗鹵野蠻的性格，但知道怎樣對上司恭順，只要能博得他上司的歡心，他毫不考慮，毫不遲疑去執行，別的行動大隊所不肯做或不敢做的事，他奮勇當先，做得徹底，做得乾淨。什麼江蘇農民銀行職工宿舍的集體槍殺事件，中國銀行的定時炸彈慘案，都是他的「傑作」。凡是給「七十六號」所拘捕的人，只要撞在他手裡，沒有問一句話，先給他一頓皮鞭打得血淋淋的下馬威。他的妻子佘愛珍，倒是在啟秀女校受過中等教育的人，但她也相夫「有道」，能夠親自審訊女犯人，也能夠攜了槍械出去行動，當時人們對「七十六號」的畏懼，並不下於日本的憲兵隊。他的參加七十六號，因為他與李士群都是拜青幫季雲卿為老頭子的同參弟兄。

十三、在滬積極展開政治活動

汪氏在上海那一段時期，儘管對外標榜的是和平運動，但敏感的上海人，都明白將是在淪陷區建立政權的前奏。丁默邨與李士群所主持的「七十六號」，雖然是一個特工機構，但開始所吸收的各階層人物，卻並不限於從事特務工作的人員。「七十六號」除了擔負特務工作以外，也成為對外最活動的公開機構。許多不甘寂寞而希冀得道飛昇的人，都在輾轉設法，鑽頭覓縫地尋覓門路。一向冷落的極司斐爾路，頓時顯得熱鬧起來。平時高喊抗戰到底的人，有時出乎你意料之外，會在「七十六號」的會客室中出現。租界以內的渝方報紙，逐漸展開了猛烈的抨擊，但若干編輯與記者，卻又於暗中取得了默契。汪方的中華日報，也已經恢復出版，由梅思平等輪流主持著社論。在特工戰之前，當二十八年的秋季，首先展開的是與重慶方面的言論戰。

汪氏除了較有分量的人物予以接見而外，那時他本人很少直接出面，一切對日本的交涉責任，都由周佛海負責。每週僅有一兩次在汪氏的寓所中召集周佛海、褚民誼、梅思平、陶希聖、高宗武、林柏生、李聖五、陳春圃等舉行幹部會議。以後與日方正式接觸之後，問題就顯得漸趨複雜，「政府」的組織、名稱、權限、國旗，以至對於「維新」與「臨時」南北兩政權的處置等等，與日本之間，都有著很大的距離。代表軍部的犬養健，不斷奔走於影佐與周佛海之間。而汪周等所希望的「全面和平」，同時也仍在暗中進行。

周佛海曾經派遣張彬人（即影星葛蘭之父）赴日試探日政府的意見。留港與重慶有關係的人士，也不斷有信使往還，傳達消息。但這一切都成為徒勞之舉。首先，重慶對汪予以永遠開除黨籍，及解除一切職務之處分。當是年（民國二十八年）六月，汪氏赴日與日首相平沼會見以後，中樞更對其明令通緝。之後，又通緝了陳璧君、周佛海、褚民誼三人。至八月間，又有梅思平、林柏生、丁默邨、羅君強、金雄白等二十三人被明令通緝，處處顯出雙方已無妥協餘地。抗戰期中不幸的內部分裂，至此到了無可彌縫的狀態。

籌組政權工作與對日交涉對渝談和同樣地在積極進行，汪系的親信人物，陸續由港粵行抵上海。周佛海已確定了將在新政權中擔任僅次於汪的重要角色，他更亟亟於在滬搜羅人才，因此，設立了類似漢口時代他在宣傳部長任內的藝文研究社組織，暗中在威海衛路的太陽公寓內成立了機構，委派羅君強與我分任總幹事與總秘書。直接投效或經人介紹的，經過填寫一紙履歷，即每月給以相當的生活津貼，留待政權成立時量才錄用。短短數日之內，人數已超過五百以上，其間如陳之碩、易次乾等，以後都與汪政權相終始，也有填過履歷，收過津貼而為了別的原因，中途變計的，如賈××、潘××等。過去在軍政界有過地位的人，有的通過岑德廣等的關係，而與周直接見面的。每當薄暮以後，常有知名的人物、偷偷摸摸地進入一一三六弄與周閉戶傾談。另外，傅式說在亞培爾路一號接待許多教授，學者與專家，劉星辰、阮毓麒、張素民、徐季敦等，數十人先後參加。上海立時成為雙方作政治鬥爭最尖銳的地區。

是年八月下旬，我又突然收到了一封參加「中國國民黨第六次全國代表大會」的通函。汪氏在創建政權以前，決先利用黨的名義，作一次更廣泛的宣傳，也使新政權之建立有所依據。這一次會議的召開，使人們知道這一幕歷史性的戲劇，勢將於不久揭開序幕。

當我收到這一紙通告之先，我覺得有一些驚異，因為，雖然從北伐抵達東南地區以後，我以職務上的關係，一直自動為國民黨效力，但我始終並不是一個黨員，這代表資格，來得未免有一些突兀，而在召開大會以前，我又忙著藝文社的事，也很少與佛海見面，故事前對此一無所知。直至收到通告以後，我去問他，他承認是由他保舉我為江蘇區代表，希望我能參加那一次的會議。

十四、登場第一聲的六全大會

民國二十八年九月一日，汪氏所召集的「中國國民黨第六次全國代表大會」（第五次大會係於二十七年四月，在武昌舉行，即汪當選為副總裁之一次），在上海極司斐爾路七十六號舉行。當我驅車到達那裡的時候，公共租界攜著長槍的巡捕以及印度籍的馬巡，幾乎立滿了半條馬路，形勢顯得十分緊張，「七十六號」的兩扇大鐵門，緊緊的關閉著，開著的只是一扇小門，讓「代表」們進去。「七十六號」的武裝人員，密密層層地佈滿著通道的兩側，虎視眈眈地注視每個人的行動。

一個招待員引導我到代表報到處，我發覺了以一個不是國民黨員的我，而竟然具有兩個地區的「代表身分」，因為林柏生也保舉了我為廣東區的代表。我內心雖然感到一絲尷尬，終於簽了一個名，完成了報到手續。廣場上已聚集了不少「代表」，一簇一簇地在分別談話，每一個人的進來都會引起彼此間的驚詫。這樣多與汪系素無淵源的人參加了！這樣多在今天以前還在激昂地高呼抗日的人改變了！上海社會上形形式式的份子，都成為「和平運動」的擁護者。我感到政治可怕的魅力，我又為熱中的人發出了微喟！我無可奈何地與他們握手，彼此之間，似多少懷有些沉重的心境，心不在焉地講一些不著邊際的話。

時間到了，樂隊奏起莊嚴的國歌，「三民主義，吾黨所宗……」的歌聲，似乎特別嘹亮，一面青天白日旗冉冉升起，這是上海淪陷以後，在中國土地第一次重新見到的國旗。我看到許多人在流淚、在飲泣，大家木然地站在那裡，直到升旗禮完成，才魚貫進入會場。

汪氏無疑是主席，他經過了冗長的一段演講，當他講到國勢的阽危，以及未來任務的艱鉅，在聲音漸漸地抽咽中結束。接著是主席團宣布了近百名的「中央委員」，現在我已不能憑記憶指出正確的數字與列舉全部的名單，我只記得舊中央委員，只有汪氏夫婦、陳公博、褚民誼、周佛海、克興額（？）、何世楨（後來何世楨又聲明否認了）等寥寥數人。大會再宣讀了一紙長達萬言的宣言，就匆匆地結束了那一次會議。

我不想再在這裡引用宣言全文，因為汪氏對於悲觀的抗戰論調，已給歷史全部否定了，汪氏所希望於日本軍閥的誠意謀和，也於六年中的體驗證明是錯誤了。但汪氏在抗戰期中所提出的「和平反共建國」的論調，在那一紙宣言中，今天讀來，覺得猶有餘痛。這一個歷史上的文獻，我覺得還有摘錄的價值：

「在此次戰爭中，……日本深切認識中國民族意識之盛，與建國信念之堅固而不可拔，雖抗戰以來，中國喪師失地，然全國人民犧牲決心，久而彌厲，將士效命，前仆後繼，合於正義之和平，一日不達，則抗戰一日不懈。……所可痛心者，去歲四五月間，共產黨人所秘密傳授『中共的策略路線』一書，已被發覺。其所謂『一切以抗日為前提，在抗日口號掩護之下，進行階級鬥爭，土地革命』，已定為信條。其見之於行事者：假藉抗戰，以削弱國民政府之力量，使之繼續不斷，喪師失地，以促成其崩潰之勢；假藉抗戰，以實行民窮財盡政策，所至焚殺，使所謂中小資產階級歸於掃蕩，且使大多數人皆成為無業遊民，供其使用；假藉抗戰，以實行愚民政策，剝奪所謂知識階級之一切自由，使全國陷於精神破產，不識不知隨而盲動；假藉抗戰，以擴大邊區政府之勢力，謀於相當時機取國民政府而代之，夷中華民國永為蘇聯之附庸；假藉抗戰，使中日兵連禍結，使蘇聯得安坐而乘其敝。凡此種種，無不根據已定之策略，為有系統的進行。……其在國民政府所在地，則隱身於擁蔣抗日口號之下，使人民為之側目，將士為之離心，同志為之解體。……蓋和平所以順利建國之進行，反共則所以掃除建國之障礙。……」云云。

汪政權雖對國際情勢因估計錯誤而覆亡，但對國內未來的發展，宣言中無不洞若觀火，至著者執筆時為止，為期適為廿年，而國共的進退成敗，無不一如這次大會宣言所指出，汪氏等其能瞑目於九原耶？

這次會議，是汪政權開場的第一聲，自此以後，政權的建立，已勢成騎虎，與重慶之間，壁壘更為分明，而汪方在上海的活動，也更為積極。但周佛海所負起與日方的交涉，很少有進步妥協的跡象，原定雙十節「還都」南京的日期，不得不推延至翌年元旦，更自元旦推延至不可知之歲月。汪政權的最重大錯誤，雖然有近衛聲明為其根據，但日本軍部與日政府之間，先存在著錯綜複雜的種種因素，而與汪方直接聯繫的卻是軍部的特務機關，影佐禎昭主持著這一件事，而又無權作決定性之主張。影佐所提出的條件，竟然以「滿洲國」的一切為藍本，而汪方則以自主獨立為原則，要恢復九一八以前的一切現狀，談判時斷時續，始終未能取得結論。

十五、陳公博決心一死酬知己

汪政權除汪氏外，以陳公博、周佛海兩人為兩支最重要的台柱，兩人同為出席中共第一屆全國代表大會的代表，為中共元勛，而又是最早脫離共籍者。他們雖省籍不同（陳是廣東而周為湖南），又同具豪爽勇毅的性格。對於汪政權的建立，一樣懷有知其不可為而為之的精神，但兩人對於汪政權之做法與看法，卻有很大的歧異。

在抗戰發動之前，陳周都是政府中的重要人物，陳氏不但是中央民訓部長、實業部長，而且與顧孟餘為汪氏左右的輔弼。周為代理宣傳部長，而又兼任軍事委員會委員長侍從室的要職，兩人處於不同的派系，而對於抗戰則具有同一的觀點，認為以當時日本軍閥的得寸進尺，咄咄逼人，最後的一戰將遲早無可避免。但如立即抗戰，當時剿共的工作，非但將功虧一簣，而由於中共與附共份子對於抗戰的叫囂，意味著共黨的目的，不僅在藉抗戰以圖存，而是要借抗戰求發展。同時，與日本軍備的比較，一旦戰端既起，國力懸殊，很難樂觀。所以最早他們同樣認為蔣氏所主張安內攘外的政策，不失為明智的決策。但陳周兩人，論其當時之地位與環境，都還沒有足以左右當局的力量。佛海最多在其「低調俱樂部」中唱其低調，而公博則連此種興趣也沒有。

陳公博自汪氏在中央黨部遇刺以後，更有一個新的感覺，他認為國民黨內部的派系糾紛，將削弱黨的力量，與召致黨的解體。所以他希望從他本身起，不再搞派系。對於「改組派」，更希望從無形的存在，進而為無形的結束。但一切並不能如他的心願，因西安事變而對於抗戰政策的急轉直下，因抗戰而黨的暗潮愈烈，雖然他仍在中樞服務，態度上已經顯得很為消極。

抗戰初期的淞滬撤退，德國大使陶德曼的出面調停，已啟和談之端。至首都淪陷，武漢危急，戰局證明了抗戰前途的黯淡，最高國防會議接受調停的決議，如前文所述，更可窺見當局對和戰問題的態度。一直至退處重慶，高宗武的所以亟亟奉命試探日政府意見，當時的危疑震撼，也不言可知。汪氏對於抗戰，自始就抱著悲觀的看法，政府遷渝以後，軍事的節節失敗，緬滇公路的突被封鎖，英美態度的曖昧，共黨勢力的膨脹，當前的種種事實，無時不在加深他主和的主張。但是很早便附和汪氏和運的，不是關係極深的陳公博，反而是向乏淵源的周佛海。

周於代理宣傳部長任內，在漢口時代，已有「藝文研究社」之設立，為對外宣傳抗戰爭取國際同情的機構，他與陶希聖分任總幹事與總秘書。陶是老改組派，向得汪氏寵信，與周同事以後，朝夕相見，私誼日深，周與汪的發生關係，陶應該是在中間拉攏的主要人物。汪有和平的主張，而當時尚無和平的行動，正式向日本的試探，也顯然出之陶與高宗武的主動與促成，但是陳公博那時方任四川省黨部主任委員，遠處成都，事實上對此是一無所知。

汪氏離渝的日期，為二十七年十二月十八日，汪與蔣氏最後之一面，則為民國二十七年十二月九日，而汪在河內發表豔電，為同年十二月二十八日。蔣氏於九日拒絕了汪氏的和談建議，他才決心離渝，在離渝之前一星期，始去電召陳氏由成都回重慶。當時在汪的私邸談話，在場的也只有汪氏夫婦與公博三人，汪氏告訴他關於國際形勢的看法（參閱附錄「汪致中常會最高國防會議書」），戰局前途的估計，與當局爭議的經過，以及日本談和的條件。以當時國內外的情勢而論，陳氏雖同意汪氏的看法，但認為在對外抗戰的時候，內部不宜分裂。為了國家，應該以最大的忍耐來說服當局，遲以有待，俾歸於一致。陳氏曾經以爽直坦白的態度，反覆陳辭，而終未得汪氏的首肯。陳璧君當時以公博不同意汪氏的辦法，竟至這樣說：「你反對，那你做你的蔣介石的官去。」那一次的談話，非但沒有獲得任何結果，反使陳氏感到很大的痛苦。

在公博回到成都以後不久，就接到了汪氏離渝赴越的消息，那時曾使他陷於非常焦苦的境地，他一度擬擺脫所有的職務，上峨嵋山去韜光養晦，但他與汪氏多年共同致力革命的關係，以及私人間深厚的情誼，他都覺得無法置身事外。考慮再三，乃借赴昆明演講為題目，也由滇入越，在河內與汪氏會面。在他臨行之前，曾留書給張群，表示他之赴越，目的在拉住汪氏不再有進一步的發展，請張岳軍也勸阻蔣氏勿有過分的措施，以免雙方各走極端。陳氏到河內以後，請汪氏珍惜其過去的歷史，儘管他是實心為國，但談和的結果未可知，日人的用心不可測，未來局勢的變化不可料，國內別有用心之輩，正希望蔣汪之間有裂痕，而不知虛實的民眾，對於和談也可能召致不諒的輿論。在民主國家中，提出國是主張，是光明磊落的事，無人可以疵議，但希望汪氏以從前和平運動為止，主張既已提出，只有靜候國人的公決。汪氏也很以陳之意見為然，且表示已向中樞特派來越之谷正鼎要求政府發給護照，如主張不被接受，即隨時準備出國。

公博也即轉道來至香港，為暫居之計。到翌年（民國二十八年）三月二十一日，河內突然發生了汪寓行刺事件。曾仲鳴因而殞命，不久，汪又離越赴滬，周佛海、梅思平、陶希聖等也由港追蹤而去，陳公博知道事已決裂，汪政權之建立，亦將不可避免。二十八年的冬，公博赴滬力阻汪氏組府，至於聲淚俱下，而未為所動，又黯然返港。翌年初，高陶攜走了汪與日方交涉的日本所提條件草案，離滬來港發表。

公博是一向很重情感的人，深以高陶由和運之主動者忽變而為和運之破壞者，已使他感到憤怒，且此舉將陷汪氏於狼狽之境，他深覺義難袖手，因立即買棹赴滬。抵滬之後，默察當時的形勢，知已騎虎難下，口頭的勸阻已對事實無補，他淒然對汪氏道：「九一八事變後，你以跳火坑的精神，回國供職，現在抗戰到了艱險關頭，你又以跳火坑精神想旋乾轉坤。你既決定犧牲一己，我只有為你分憂分勞。」這樣，公博就參加了汪政權，一直到他的死，他臨難前向陳璧君訣別時有一句話：「我此去有面目見汪先生於地下了！」這是公博參加汪政權的全部心境。

十六、汪日對全面和平之幻想

汪方於民國二十八年九月所舉行的「第六次代表大會」，不啻是建立政權的先聲，也是政權最初的雛型。汪的舊日親信人員，以形格勢禁，大多數留渝不及同來，即左右的兩大將，顧孟餘既拒絕參加，陳公博雖一度到滬，又重去香港。其最親信的曾仲鳴，復在河內刺汪一役中誤中殞命。褚民誼雖與汪有姻婭之誼，則親而不信。所以一切對日的交涉，對內籌備的責任，都由周佛海擔當，而以陶希聖與梅思平兩人為之輔。每周在汪之私邸舉行一次幹部會議，以決定進行方針。

「第六次代表大會」以後，首先成立了「國民黨中央黨部」，因陋就簡，辦公地點，就在愚園路一一三六弄內的各人寓所，組織亦不完備。僅有秘書廳，及組織、宣傳、社會三部，加上財務、特務兩委員會。就我記憶所及，人事支配，約如下述：

秘書長：褚民誼，副：陳春圃、羅君強。

組織部：梅思平，副：朱樸。

宣傳部：陶希聖，副：林柏生。

社會部：丁默邨，副：汪曼雲、顧繼武。

周佛海則身兼財務、特務兩委員會的主任委員。汪等於這一段時間內所以不亟亟於所謂「組府還都」，雖然為與日方正積極交涉，以期取得更有利之條件。而最大癥結，還是為了貫徹離渝時的最初目的，期待全面和平。汪周等抱著一項決意，如果重慶願與日本談和，汪即放棄「組府」計畫。

至對重慶的全面工作，係分三方面進行：

（一）由華北的多田與王克敏，通過當時留平的燕京大學校長司徒雷登（勝利後出任美國駐華大使），於其赴渝時，請其晤蔣先生直接談商。民國二十九年二月，司徒雷登曾由平到滬，周佛海亦曾與之晤見，據周之二月二十四日日記云：「晚晤司徒雷登，托其赴渝謁蔣先生時，表示政府即組織，但決不為東京重慶間講和之障礙，並勸蔣先生勿因日本困難，過於輕敵；勿因個人恩怨，決定大計。並表示余只為和平，當犧牲一切」云云。

（二）由周派段運凱數次赴港（按段運凱為段祺端之侄，人稱為段老二，生前頗得段芝泉之寵愛，與渝方當局人物頗多熟識。段在汪政權中，始終未擔任正式職務，僅三十三年中交兩行復業，小四行改組，由周派段運凱、蕭迺震（即童星蕭芳芳之父）暨著者三人，出任中國實業銀行官方常務董事）與錢永銘、杜月笙接洽，轉向重慶談商。周所提出之意見，「汪之組『府』，如和談實現，立即停止，即使因不及等待而組織在先，但中國仍不能不謀統一。可由蔣先生停戰，由汪先生議和，佛海負責要求日本打消蔣氏必須下野之議；短時期內，國府遷回南京，軍委會仍在重慶」。必要時並請段赴渝傳達此意。

（三）由日本軍部直接尋覓通向重慶的門路，談商全面和平。負責此項談判的，是今井武夫（後任日本駐華派遣軍總部的第二科科長，即勝利後首先赴芷江接洽投降手續者）及參謀本部之第八課課長臼井大佐，在港與自稱宋子良者會見。汪政權於二十九年三月三十日成立，而遲至三月十九日，日方還由犬養健正式通知周佛海，謂今井與臼井在港商談，已有眉目，停戰可於一周內實現。所以當時他曾主張汪政權有再延期成立的擬議。

關於上述的三項全面和平談判，其實都是出於汪方與日方的片面幻想，尤其今井等在港與自稱宋子良的接洽，更是一幕滑稽的插曲。記得一天於閒談中，佛海突然提起了日方進行的所謂和談。周謂當今井等在港與自稱宋子良的人密談之際，日人在門外從鑰匙眼中偷偷地攝到了一張照片，曾將相片攜滬給他看，周一看照片中人，決非宋子良，而日人卻堅信其決非冒充，周最後尚指日人之低能與幼稚，為之嘆息。

以周的推測，認為係重慶特工人員向日方取得直接情報的一種手段。周並謂即使真是宋子良，要談如此重大的問題，分量也嫌不夠。但是不問是司徒雷登、段運凱，或今井，結果都成為一場夢想，而周所派的代表，也不僅段運凱一人，如王宏實，如陳警洲，甚至還有些人利用周之心理，設辭以騙取一筆旅費的。汪方雖用盡了種種力量，結果戰爭仍然進行，汪政權也終於出現，在對外戰爭中，國家終於分裂，這真是近代史中一件最不幸的大事！

十七、高宗武陶希聖何事叛汪

在汪政權建立以前，發生了轟動一時的高（宗武）陶（希聖）出走事件，給汪氏以一個沉重的打擊。陶是改組派的老人，而且汪向予以腹心之寄。抵滬以後，汪因嫡系人物都不在左右，對之更加倚畀。高則於汪兼外長任內，為亞洲司司長，向以日本通見稱。近衛三原則，即由高自渝經港，再親往日本取回。汪之決心談和，以及決心離渝，高陶兩人，事前均曾向汪極力慫恿，高陶可說是汪政權之原動力，而結果在汪騎虎難下之時竟叛汪而去，所以周佛海曾因此表示極大之憤慨，詈之為陰險，稱之為人心難測。

陳公博周佛海兩人離渝以後，僅提出和戰意見之不同，而對蔣氏個人，則從無一語之攻擊。在周所公開發表的文件中，且始終稱蔣先生而不名，即在私室談話，亦滿口蔣先生，對日人亦且毫不避忌。但高陶對蔣的態度，比陳、周反要激烈得多。那時高是幫助周作對日交涉。陶希聖擔任「中宣部長」後，登場伊始，即積極對蔣先生攻擊，據本港創墾社印行之《周佛海日記》中所發表陶手訂之宣傳大綱，一開頭即這樣寫：「蔣以國殉共，以黨殉人，挾持軍民，誣主和者為漢奸，以暴力相摧毀」云云。他兩人對「和平運動」的熱心，最初表演得卻比其他任何人都更要精彩萬倍。

汪等於民國二十八年底以前，經不斷與日方接觸後，開始與日方正式談判所謂「調整中日邦交條件」，地點就在上海愚園路一一三六弄六十號，即我與羅君強的寓所所在。當時雙方出席代表，日方為影佐、犬養健，其餘似為晴气、谷萩。而汪方初為周佛海、梅思平、陶希聖及高宗武四人，高陶在當時所處地位之重要，於此可見（高陶出走後，改由林柏生與周隆庠代之），會談一開始，先由日方以油印的具體條件，向汪方提出，等待汪方逐條研究後，再提對案，舉行正式談判。高陶攜港後，在各報發表的，即為此項日方最初所提出的草案，雖然僅是草案，但以日本條件之苛刻，頗使全國震動，而予汪方以最嚴重之打擊。

說到日方片面所提出的所謂「調整中日邦交基本條件」草案，事實上並不是一件什麼奇貨。因為會談的會場，就是我住居地方的一間大會客室，一切會場佈置等等，都由我指揮部署。當第一天開會之先，我還進去照了一張相，這是僅有的一張歷史性的留影，一向什襲珍藏。這次離滬南下，深恐貽累家人，忍痛毀去。

當時會議一開始，影佐即以事前油印好的草案一大疊，在會場分發，非但正式參加者之高陶，自然應得一份，即散會以後，多餘的仍留置在會談桌上，並未攜去。因為日方明知這不過是一張估價單，憑天索價，汪方勢必著地還錢，內心上就對之並不重視。又因會場與後面的小會客室，僅有一重絲絨的門簾為隔，聲浪可以清楚的傳入，我在小會客室中靜聽，佛海首先大聲表示日方條件如此苛刻，則一切將無從談起。影佐的答覆則是汪方可以另提對案。中間又夾雜了犬養健調停的話，第一天的會談，就匆匆散會。不料高掏竟挾之以為邀功之具，港渝亦且視為瑰寶，可哂也！

如前文所述，高陶抵滬以後，始終不肯住於保護周密之一一三六弄。那時上海暗殺案件，已層見疊出，汪周等很以他們的安全為慮，屢屢勸其遷入，高陶則一味托詞延宕，重慶特工人員之得以達成目的，汪方於出走前的絕未發覺，此為最大之原因。因為高陶事前表演得既積極而又出色，又加上與汪之私人關係，所以從無人對之發生懷疑。但可以斷言高陶之出走，絕非簡單的所謂「深明大義，幡然變計」。以高陶的對於和運，均以勞苦功高之開國元勛自命，對權位志不在小，那時對日的談判雖方在開始，但政權成立後之重要人事，已擬有一個大概的輪廓。汪所內定的，是政權成立以後，陶除「中宣部」外，兼任政府方面的「宣傳部長」，而陶則不願任空洞的「宣傳部」，志在取得「實業部」。但實業部汪曾面許由梅思平擔任，已無可變更。至高宗武汪認為其資歷不夠，只能任「外交部次長」，高則以為近衛三原則且由其一手取來，且以後汪政權之外交對象，也不過著重在日本，外長一席，自非其莫屬。但兩人心中雖不滿意，而又不敢與汪面爭。「壯志」難酬，渝方特工人員乃得乘其觖望之際，一經誘勸，自然很容易取得成功。

事前，周佛海對他們的不滿情緒，也有些發覺，所以曾一再以溫言相慰，但空言無補，終無法挽回叛離之決心。高陶之出走日期，大約為民國二十九年一月三日或四日，由滬秘密搭輪來港，而汪直至五日才知道這一個消息。當高陶行前之兩三日，高尚與周佛海作一度密談，周一月一日日記云：「宗武來談，兩人相約以國家為前提，個人成敗，不應計及，中央政府（按指汪政權）必須成立，重慶必須設法打通，兩人分工合作，異途同歸，總以全國停戰和平為目標，努力前進。兩人發誓各自努力，各自諒解。」云云。高陶的手段，真無愧於為一翻雲覆雨的能手！

可以斷言高陶的決心離滬，已有相當時日，其所以遲遲不走，必以出走的條件未曾成熟，即可以作為反正之贄禮尚不夠鄭重，故俟日方提出之條件一經取到，立即倉皇登程。

事前尚有一段小事，應加追述的，周佛海一到上海，立即籌備擬於汪政權成立之日，在南京創刊一張日報，當時係由羅君強與葉如音積極進行（即後來之「中報」），陶希聖為「中宣部長」後，一再與君強商酌，欲改為「中央日報」，置於「中宣部」管轄之下，君強堅拒，至起齟齬。在高陶臨走前數日，君強且抵書陶希聖痛罵之。陶極氣憤，曾以君強之原函哭訴於汪。故當高陶離滬後，於一月八日舉行擴大幹部會議時，汪猶對陶多方袒護，而陳璧君則明白說：陶之去，實為羅君強所迫成。羅為周之親信，當場曾予周以很大的難堪。

陳公博於汪抵港之後，雖於二十八年底曾一度秘密到滬，但其目的是在阻汪懸崖勒馬，停止組「府」，以免使國家陷於分裂。汪雖頗為所動，但已騎虎難下，公博留數日，又匆匆返港，自陶希聖之不告而去，周梅均非汪之嫡系，輔弼無人，頗感惶慮，陳璧君乃親自去港，責陳以友朋之義。公博為性情中人，躊躇再四，卒恐汪之陷於孤立，毅然偕陳璧君赴滬，結果終以身殉。假如陶不走，陳亦決不參加。陶及今清夜捫心，對公博其亦有我不殺伯仁之感耶？

十八、公館派與CC間的暗潮

天下的是是非非，正是難說！有時至蓋棺而仍不能下一定論，千古亦安從得一完人？有人以一瑜而掩百瑕；也有人以小疵而沒大醇。汪氏最初以對於國際情勢以及抗戰局勢判斷之錯誤，尤深懼中共之坐大，繼之以重慶當局處置之不當，又加以日本特務機構之從中煽誘，遂使國家於對外作戰之時，陷於分崩離析之局，漸至政權對峙，同室操戈，暗殺盛行，多人殞命。汪政權之不為國人所諒，至抗戰之終於獲得最後勝利，成王敗寇，已屬百喙莫辭。汪政權首要諸人，無可否認其中不免雜有權位之欲與意氣之爭，但也不應完全抹煞其家國之痛與禾黍之思。而在政權建立之前，即不能以孤臣孽子之心，同心同德，覆巢之下，暗中居然已醞釀起派系糾紛。

羅君強有過這樣一句話：「只要有三個中國人在一起，一定分成兩派。」而汪政權中，也的確明爭暗鬥，各自為政，仍然是一個黨外有黨，黨內有派的傳統現象。

第一：重慶的宣傳是成功的，到今天，有人一提到漢奸政權，大家明白就是指的「汪政府」。但是汪政權中人，對「維新政府」諸人，普遍還存在著羞與為伍的心理，以為我們是有所為而來，而你們是徒為一己之利祿，甘作日敵之鷹犬。所以，當汪氏在滬召開「第六次代表大會」前夕，許多國民黨的老黨員，聲淚俱下的向周佛海提出了兩個要求：（一）「維新政府」中人，不許當選為

「中央委員」；（二）曾經參加過「維新政府」的國民黨黨員，即不得充任為「代表大會」的「代表」。

周佛海以形格勢禁，謂維新政府既向在日人卵翼之下，我們今天表面上要與日人合作，如其連形式上也將維新中人摒棄於新政權之外，則今後一切，勢將無從談起。故力勸大家要隱忍，要退讓，結果成為一場不愉快而無結果的爭論。當時即有人淒然地說道：「與變相的『維持會』同流合污，將何以自解於國人？豈非『維新政府』是前漢，而我們竟成為後漢？」終「汪政府」之局，梁鴻志雖任「監察院長」，而詩酒自娛，甘於伴食。任「司法院長」的溫宗堯，早已老朽昏庸，尸素其位。此外在「汪政府」中仍在活躍的人，如任援道、陳群、鄧祖禹之流，雖其後貴為「部長」、為「省長」，陳周諸人，或虛與委蛇，仍隨時提防，目的求其不從中向日人作梗，而心理上則始終存有「非我族類」之感。

就是「汪政府」的從龍諸人中，所謂公館派與CC之間，也復壁壘森嚴，暗潮迭起。汪氏離渝赴滬，其舊日幹部，都未同來，參加「汪政府」的亦僅寥寥數人。所謂公館派，是指林柏生、陳春圃、褚民誼、陳耀祖、周隆庠、陳君慧諸人而言。事實上的所謂公館派，僅基於歷史上的淵源，而是一種心理上的形成。其中大部份在行動上並無表露，比較突出的是林柏生，與周佛海之間，也不時發生一些小磨擦。

就以我為例，像本文前面所述，我與柏生有過一段相當密切的友誼，上海中華日報的創刊，我曾經盡過力，抗戰期中國軍撤退後休刊期間，因欠租涉訟，法院已命令拍賣執行，我又曾經保全過該報的房屋機器，迨汪氏之「和平運動」發軔，中華日報復刊，我又冒大不韙而助其實現。事實上柏生的對我也並不錯，在「第六次代表大會」前，他並未徵求我的同意，由港來電，保舉我為廣東代表。自他抵滬以後，也有過好幾次歡愉的晤談，但以我允周在先，不便捨周而就林，因此，終以派系觀念的作祟，其後數年之中，我與柏生始終弄得格格不入。

當佛海邀我參加之始，我就強調不再擔任有關報紙方面的工作。但不幸得很，在港時即與佛海談定，「汪政權」出現之日，同時在南京創刊一張新報紙問世的葉如音，當佛海到滬以後，如音也追蹤而來，與羅君強共同負起籌備的責任，時法幣猶未貶值，如音先後領到了約十萬元的鉅款，一事未辦，即不辭而別。這事使佛海弄得萬分狼狽，因為辦報的經費是公款，而並非出於佛海的私囊，開頭第一件事，就使他無法向汪氏交代，所以一時情感很衝動，意欲得如音而甘心，我力為緩頰，佛海就提出了由我續辦為條件。事實上佛海的左右，的確也沒有對報紙略有經驗的人，在此情勢之下，我只有違背我最初的本願而勉為其難，這就是其後在南京發行的「中報」。

報紙真是一件最容易招惹是非的東西，中報還在籌備期中，即已發生了無數的麻煩，起初陶希聖要求羅君強把他改為「中央日報」，經君強堅拒之後，且貽書詬責，曾成為一軒然大波。陶希聖出走之後，林柏生繼陶為「中宣部長」，又向我重申前議，希望改組之後，由我出任「中央日報」社長，我轉商之於佛海，佛海倒並無一定成見，「三個人就成兩派」的羅君強，卻力持反對，以為我們辛苦經營，何苦讓柏生坐享其成。當我向柏生婉言答覆的時候，他非但對佛海顯出有了芥蒂，連對我也表示了從未有過的冷漠。

在汪政權「還都」的前夕，正在安排各「院」「部」的人事時，一天，佛海忽然問我：「你希望擔任什麼職務？」我當時說：「我願意以友誼幫忙，我過去一向從事於自由職業，閒散已慣，不希望因有職務而受到拘束。」佛海說：「不在其位，不謀其政，沒有名義，也就不能做事。我的意思，你最好擔任宣傳部次長，兼中央通訊社社長，再兼中報的副社長（社長由羅君強擔任），較為合適。況且你與柏生為老友，他既希望過你幫他忙，更是一舉兩得，你先去與他商定了我再報告汪先生。」當我銜命去會晤柏生，道達來意之後，不料柏生竟爾率直拒絕，他說：「宣傳部次長人選已決定，為了國際宣傳，將由湯良禮（現在印尼僑居）任政次，『維新政府』的『新聞局局長』孔憲鏗，由日人推薦為常次，無法拒絕，人事已定。政府一切都由周先生主持，難道他竟然能不安插像你這樣的一個人？」我碰了一鼻子的灰回去，佛海聽見了又是一度衝動。

二十九年三月二十五日，佛海的日記中有一段云：「旋謁汪先生及夫人，談一般問題，切陳不可有小組織，以召內部分裂。並坦白直陳林柏生組織小團體，排斥異己為不當。」云云，計其日期，大約即為此事而發。終汪政府之局，公館派與CC之間，明爭暗鬥，相處從未融洽。

幸而汪氏對周，真能推心置腹，視同股肱，周也能任勞任怨，始終對汪無異志。公博既以與汪氏的私誼而來，對汪政權也一直採取消極態度，在名義上是陳高於周（汪政權建立以後，陳初任立法院長兼上海市長，周任行政院副院長，兼財政部長），在實權上，則周重於陳。外交、財政、金融，以至軍事、特務，無不叢集於其一人之身。直至勝利為止，兩人如水乳交融，相處無間。此則不能不說由於汪之優容，陳之氣度，以及周之才能，始克相安於無事。

十九、周佛海左右之十人組織

佛海本為ＣＣ系最高幹部之一，過去與汪系絕無淵源。在汪政權中，所謂公館派者，對佛海也仍然以ＣＣ目之。周平時與梅思平、岑德廣（字心叔，前清兩廣總督岑春煊之子）往返較密，過從幾無虛日。當周來滬之始，同來者僅其舊部羅君強與其內弟楊惺華（兩人迄今仍繫滬提籃橋獄中，消息不明），一信而一親。丁默邨與李士群兩人，本為ＣＣ的中統舊人，亦被視為周系人物。但汪政權六年之中，梅思平一度曾擬離周而獨樹一幟，中間屢有不洽。丁李之間，丁之資歷遠過於李，而李與土肥原之關係，則較深於丁。當汪政權建立之前，丁李為爭「警政部長」一席，勢成水火，周初則袒丁，終以丁出任「社會部長」，由周自兼「警政部長」，爭端始泯。以後周丁之間又不睦，而李忽有向周表示效忠之意，一度成為周左右紅人，有駕君強而上之之概。迨周讓以「警政部長」，又推薦為「江蘇省長」，李漸有跋扈之狀，甚且於李所主辦之「國民新聞」上，對周公開攻擊（周為該報董事長），使周難堪達於極點。以後李之為日人所毒斃，雖為羅君強與熊劍東合謀而成（經過詳後），一切則靡不種因於此，而周李之間的感情，亦從此成凶終隙末之局。

周佛海對汪氏雖事之維謹，對於小團體亦屢以不得群眾之利，反受群眾之害為言。但過去於黨同伐異中浸染已久，實亦未能超然於派系之外。尤其羅君強朝夕在旁絮聒，以為欲展其抱負，竟其事功，不能不有赤心輔佐者收指臂之效，一再進言，周卒為之意動。在民國二十八年九、十月間，君強曾就周左右較親密者數十人，擬一名單，呈周核定十人，以擁周為目的，結為金蘭之誼，俾成為周系之核心。擬於汪政權建立以後，分任為十部次長，俾周之耳目，得分佈於各個部門。後來由周圈定易次乾（後任中央儲備銀行發行局長，旋病歿）、耿嘉基（三十三年以受日人迫害，憤而自殺）、羅君強、汪曼雲（後任農礦部暨司法行政部等次長，現為中共拘押）、蔡洪田（後任江蘇民政廳長，現在港）、章正範（後任浙江省政府委員，中共南下，被槍殺於杭州）、周樂山（後任安徽明光區專員，為羅君強所逼，在獄中仰毒自盡）、張仲寰（後任江蘇教育廳長，現在海外）、戴策（後任中央黨部副秘書長，現留大陸）、金雄白（後任中央委員、憲政實施委員會委員、中政會法制專門委員會副主任委員等職，現留港），其後，十人出任十部次長之計畫終未實現。

佛海亦深以構成份子分量不夠，於民國二十九年十二月下旬重加改組，其新組織之名單如下：李士群（後任警政部長、江蘇省長等職，三十三年為日人毒死）、羅君強（後任司法行政部長、安徽省長、上海市政府秘書長等職，現繫滬獄）、汪曼雲、蔡洪田、戴英夫（後任教育部次長、上海市教育局長等職，現在滬）、金雄白、周學昌（後任南京市長）、沈爾喬（後任浙江民政廳長、代理省長等職，現在滬）、朱樸（後任交通部次長，現在港）、王敏中（後任教育部內政部次長、江蘇財政廳長等職，現在港），而以梅思平為顧問。其中李士群、羅君強、汪曼雲、蔡洪田、金雄白、周學昌、朱樸為與周之直接關係。王敏中、沈爾喬由梅思平所推薦。時周丁之間已失和，戴英夫被利用為刺探丁方之消息者。儀式係在七十六號舉行，備極隆重，即周佛海日記中十二月二十三日記云：「晚，赴七十六號，約集士群、君強、曼雲、洪田、英夫、雄白、學昌、爾喬、樸之、敏中十人作懇切之談話，勉以顧全大體，以事業為重」云云。即指此結盟之一幕也。

二十、鄭蘋如謀刺丁默邨顛末

在汪政權中，太多醇酒婦人之道，而「七十六號」的特工首領丁默邨，尤其是一個色中餓鬼，他雖然支離病骨，弱不禁風，肺病早已到了第三期，但壯陽藥仍然是他為縱欲而不離身的法寶，他當年與女伶童芷苓的繾綣，早成公開秘密，而鄭蘋如的間諜案，更是遐邇喧傳。海外書報中曾有不少記述此案的經過，可惜有些是語焉不詳，而有些則與事實相去太遠。

鄭蘋如是江蘇高等法院第二分院首席檢察官鄭鉞之女，生母是日本人，她在上海法國學校讀書，家住法租界法國花園附近的呂班路萬宜坊。萬宜坊中有著上百家人家，其中活躍如鄒韜奮，豔麗如鄭蘋如，都是最受人注意的人物。我也有一段時期住過那裡，每天傍晚，鄭蘋如常常騎了一輛腳踏車由學校返家，必然經過我的門口，一個鵝蛋臉，配上一雙水汪汪的媚眼，秋波含笑，桃腮生春，確有動人丰韻。不知她怎樣竟加入了軍統任間諜工作？又不知怎樣竟然會與汪方的特工首領丁默邨發生了曖昧關係？

丁鄭之間的往來，已經有了好幾個月，丁默邨是個特工首領，處於那時的環境中，對事事物物，樣樣提防，而唯獨對於鄭二小姐卻十分放心，數月之間，也從沒有發現她任何可疑之點。一天，默邨在滬西一個朋友家裡吃中飯，臨時打電話邀鄭蘋如來參加。飯後，默邨要到虹口去，鄭蘋如也說要到南京路去，於是，同車而行。

從滬西至南京路或至虹口，靜安寺路都是必經之道。當車經靜安寺路西伯利亞皮貨店門口時，鄭蘋如忽然要向西伯利亞買一件皮大衣，夥著默邨同她一起下車幫她挑選。特工人員知道到一個沒有預先約定的地點，而停留不逾半小時，認為決沒有發生危險的可能。默邨以為她的邀他同去，目的不外是一種需索的手段而已，於是坦然隨她下車。

汽車是停在西伯利亞馬路對面的路側，該店是兩開間的門面，當他們兩人穿過馬路到達店門時，默邨看到有兩個形跡可疑的彪形大漢，腋下各挾有大紙包一個，裡面顯然是藏的武器，知道情形不對。而默邨在此緊要關頭，能持以鎮靜，毫不慌張。仍昂然直入店內，而一轉身即毫不停留，撇開了鄭蘋如，由一扇門狂奔而出，穿過馬路，躍上自己坐來的保險汽車。兩大漢以為默邨進店，至少要有幾分鐘的停留，突然看到他已跑過馬路上車，立刻拔槍轟擊，但為時已晚，只車身上中了十幾槍，彈痕斑斑，而默邨則毫髮無損，汽車也疾馳而去。

他回到七十六號以後，已清楚必然是鄭蘋如出的毛病，既然她能佈置得那樣周密，那樣從容，不露一毫破綻，知道必然是有組織的特務工作。默邨也不動聲色，毫不採取行動，以鬆懈她的警覺。事隔數天，鄭蘋如也滿以為事非預約，對方決無懷疑之理。第三天還親自打電話給默邨慰問。默邨自然假意敷衍，依然柔情一片，還約了鄭蘋如下次的幽會日期。她為了表示坦白，居然遵約而至。一到，自然給默邨預先埋伏的警衛立刻把她扣留了。

在審訊中，鄭蘋如承認了為重慶工作，而且是奉軍統之命行事。然默邨為追查有關線索，發交給原軍統四大金剛之一的林之江看守盤問。拘留的地點，也就是林之江的滬西家裡。鄭蘋如真有本事，她對林之江（林於前數年，在香港病死），眉挑目語，獻盡殷勤，一再誘林相偕私逃。林事後告訴我，以鄭蘋如的煙視媚行，弄得他盪氣迴腸，曾經幾度為之意動。而丁默邨最初也餘情未斷，頗有憐香惜玉之心，並不一定欲置之死地。

一天在佛海住宅中午飯，我也在座，許多汪系要人的太太們紛紛議論，事前都曾經到她羈押的地方看過，一致批評鄭蘋如生得滿身妖氣，謂此豸不殺，無異讓她們的丈夫更敢在外放膽胡為。默邨的太太當然是醋海興波，而其餘的貴婦人們尤極盡挑撥之能事，當時我看到這樣的形勢，早知鄭蘋如之將必難倖免。

果然，幾天之後，槍殺的命令下來了。由林之江押著她到中山路旁的曠地上執行，上車時告訴她是解往南京，不久即可開釋。車抵中山路，要她下來時，她才知道這已是她的畢命之地。但是她依然態度從容，下了車，仰著頭，向碧空癡癡地望著，嘆一口氣，對之江說：「這樣好的天氣，這樣好的地方！白日青天，紅顏薄命，竟這樣的撒手西歸！之江！我們到底有數日相聚之情，現在要同走，還來得及。要是你真是忍心，那麼，開槍吧！但是！我請求你，不要毀壞了我自己一向所十分珍惜的容顏！」說完，一步又一步地走向林之江，面上還露出一絲微笑。

一向殺人不眨眼的林之江，對此一代紅妝，而又表演戲劇化的一幕，竟至手顫心悸，下不了毒手。他背過臉，指揮他的衛兵上去，他急忙走遠了幾丈路，槍聲起處，血濺荒郊，一個如花似玉的美人，就此為國殉身。到今天，還有誰想到她呢？似乎勝利以後，恤典中且並無鄭蘋如之名！亂世性命賤於狗，真不知曾糟蹋了幾多有為的青年！

二二、如此這般的雙方特工戰

在我開始寫本書時，我曾經指出，汪政權的一幕，是時代的悲劇。而重慶與汪方的特工戰，非但是悲劇中之悲劇，卻又是悲劇中的滑稽劇。雙方的同室操戈，流血五步，不論基於何種目的，在文明社會中，以暗殺為制裁或為報復的方法，總是太不光明與值得詬病的事。尤其淪陷區的民心傾向於抗戰，對於七十六號不擇手段的做法，特工人員的橫行閭閻，包庇賭窟，公然開設於南市與滬西區大規模的賭窟，有「好萊塢」等不下數十家，雖然背後有日本特務機關因籌措經費而為之撐腰，但直接使民眾對汪政權懷著最大的反感。周佛海雖是特務委員會的主任委員，而李士群等表面雖受命於周，同時也受命於土肥原的特務機關，且有晴气等的日本特務人員常駐七十六號發縱指揮，形成大權旁落之狀態。

周佛海在日記中一再對特工人員的無所不為，表示痛心疾首，然而形格勢禁，無法出以斷然的手段。加上丁默邨與李士群之間的爭權傾軋，周佛海只有用言語加以溫慰，以爵祿與金錢以為羈縻。然而丁滿足了，又引起了李的反感；李高興了，又難免使丁失望。周時常調停於兩人之間，他居主任之名，而不能對特務工作加以有效的控制。汪府平時固為此而困擾，而最後周丁之間，彼此既各懷不快，終汪府之局，始終處於貌合神離之境。而李士群既如上文所述，置於周之十人組織中，因曾融洽一時，卒以羅君強之專斷傲慢，更成凶終隙末之局。今佛海南京永安公墓之墓木已拱，我不必再為他諉卸領導特工之責任。此段所述，係就事論事，僅欲指出當時的實際情形而已。

暗殺手段，在抗戰之前，本早已蔚成風氣。始作俑者，固無可寬恕，而其後的變本加厲，甚至累及無辜，不論其出之那一方面，其罪均無可逭。戰前如汪精衛之遇刺於中央黨部，中委王樂平、外次唐有壬之被槍擊於寓所，已開風氣之先。迨國軍西撤，維新政權袍笏登場，重慶的軍統中統人員，愈趨活躍；日人也在七十六號之前，利用無知流氓常玉清組織「黃道會」從事暗殺。汪政權尚未建立以前，重慶與日方互以上海為展開廝殺的中心地區，如唐紹儀由軍統派遣林之江（那時林尚未投身七十六號）冒充古董掮客而以利斧劈死。「維新政府」綏靖部長周鳳歧，則乘其送客出外被槍殺於亞爾培路寓所門口（周死後，由「次長」任援道升任）。晶報三日刊主人余大雄（穀民）被斬斃於「維新政府」之上海大本營——虹口北四川路新亞酒店浴缸中。社會日報社長蔡釣徒（一個加入黑社會的文化流氓，現在中共宣布其為共黨黨員）被梟首後，將頭顱懸掛在法租界的電竿木上。中報記者錢華，乘人力車行經跑馬廳側的龍門路時，遭三彈擊斃。那時的上海早已陰風慘慘，人心皇皇，報紙上時常有大字標題的暗殺新聞。與政治有關的人物，不論是屬於那一方面的，都有人人自危之感！

而汪方特工與渝方的實行暗殺戰，是悲劇，是滑稽劇，也是想不到的奇蹟。因為，汪方特務工作的最高主持人周佛海，儘管他以汪氏對他信任之專，一直認為汪以國士待之，故有感恩圖報之心，但對他的故主蔣先生，在在流露眷戀崇敬之意。以處於敵對的地位，非但未嘗有所詆毀，且毫無避忌的在嘴下筆下，尊稱蔣先生而不敢名。六年之中，初則千方百計於全面和平之促成，終且輸誠效命，冒萬險以貫徹中樞的任何指示。他日記中曾屢屢提到只要和平能實現，他願意束身待罪。

有一次我問他，我說：「你以為抗戰的國際形勢，不利於我，日人發動了侵略戰爭，結果亦證明泥足愈陷愈深，為了救國家於危難，拯陷區人民於水火，因此從事於這一個和平運動，但假如這判斷錯誤了，而抗戰有日終於勝利了，你又將如何呢？」佛海當時毅然的道：「只要抗戰真能勝利，國家前途有望，我們還有什麼遺憾？我願意含笑引頸就戮，又何必靳惜一身？」此數語不失為由衷之言。而且周助汪以後，他的岳父楊卓茂雖被關閉於息烽集中營，但予以充分優待。他的老太太被軟禁於成都，而日常費用仍由軍統供給，平時生活照片，也不時輾轉送周以安其心。以後秘密電台建立，更隨時以周老太太的近況報告。直至民國三十四年夏，周老太太病逝，當天即接到秘密電台的電告（當時滬渝間表面上電訊已中斷），而翌日滬上各報，即已遍刊訃告。

佛海既與重慶有默契、有諒解，而重慶的特工系統，也不外為中央黨部CC的中統，與軍委會黃埔系的軍統。而周在戰前南京時代，既是CC的最高十幹部之一，又是所謂藍衣社七個最高幹部之一（周畢業於日本京都帝大，回國後，赴粵出任黃埔軍校的政治教官，以此與黃埔系有直接淵源），與重慶的兩大特務組織有深切的關係，非迫不得已，即明知為渝方特務，亦決不予以捕殺。如其二十九年四月二十日日記中云：「晚約陳肖賜來談，陳為重慶任情報，因係老友，故大膽來此。」又如五月二十日日記：「（陳）警洲報告，在滬晤戴笠由港來滬之代表張某。」又九月九日云：「士群引見陸大槐，甫由閩來之渝方特工要員也。」而丁默邨則為中統創辦時的第二處處長（戴笠為第三處處長）。李士群留俄回國後，也一直擔任著中統的中級幹部，而士群先後投日靠汪以後，儘管一面與重慶方面，以槍還槍，大殺特殺，但與戴雨農氏之間，仍有電台聯絡，如周佛海日記九月二十日記云：「返寓後，接士群電稱：戴笠來電，謂不敢將余致蔣電呈蔣云云（按：指周有關全面和平之建議）。」所以在民國二十八、九兩年中，上海雖然表面上殺來殺去，而背地裡則聲氣互通。汪方特工既要祛除日人的疑心，又要獲得重慶的諒解，被殺者並非一定是國賊，或是頑敵，而只是行動人員的工作表演而已，此其所以為悲劇、為滑稽劇、為奇蹟也！

二二、追悼會竟然引開了殺戒

汪氏等抵滬後，儘管特務工作已有相當的實力，而且軍統中統重要人物，如林之江、王天木、胡均鶴、陳恭澍（即當時出版藍衣社內幕之作者）、萬里浪、謝叔銳等紛紛來投，事實上對於重慶方面特工人員並沒有出手還擊。到了二十八年的秋季，上海參加汪方工作、或與汪方有默契的，已有季雲卿（清幫通字輩人物，為李士群之老頭子）等十二人遭暗殺了。七十六號的大禮堂中，開了一個大規模的「十二烈士追悼會」，周佛海、晴气等紛紛致辭，會場充滿了一片悲哀的氣氛。

大會匆匆散會，周佛海也已回到他的辦公室，不料十二被害者的家屬五六十人，跟著一湧而進，孤兒寡婦，麻衣如雪，全部跪在地上，嚎啕痛哭，大呼「報仇」！「報仇」！佛海最初還百端勸喻，而家屬代表在情感極度衝動之下，高聲嚷著說：「我們幫你做事，被人殺了，你們不還手，是不是我們的丈夫、我們的父親該死？你是不是還希望別的人繼續做工作？我們有力量，為什麼不還手？」

那時情形顯得有一些混亂，我站在周的旁邊，看他舌敝唇焦盡力勸慰之後，家屬並未停止喧嚷，佛海臉上紅一陣、白一陣，呆呆的不發一語。

僵持了一小時左右，周的情緒也有些激動了，在稍一遲疑之下，終於提起筆來，批准在七十六號拘留所中的一個滬西惡霸，立即提出槍斃。不料由於這一個追悼會，從此引開了殺戒！當時我目擊這一幕，心裡真有說不出的難過，但在那時情況之下，誰也無力制止，就這樣糊裡糊塗莫名其妙的開始了自相殘殺！而且被殺的都是無足輕重的小人物，如蔣伯誠、吳開先等，拘捕後不但營救釋放，而且款為上賓。蔣還安閒地在滬照常指揮工作；吳則索性用專機送至邊界，安然返渝。汪政權的微妙，在特務工作一點上，尤其顯出了它的特色。

我不常到七十六號去，而且與特務工作毫無關係，僅偶爾從佛海口中聽到一些消息，或者在他臥室的小寫字桌上，有時看到若干七十六號呈報的公文。所以此後如中國銀行的集體屠殺案、定時炸彈案等，雖曾轟動一時，現在記憶中已無法追述當時詳細經過。下面所寫的一鱗片爪，僅就我所知道的，寫出當時的真相。

第一次使我最震動的，是二十八年耶誕夜的滬西賭場槍擊鉅案。我清楚記得，在那年耶誕之前，重慶國民政府最高檢察署發表了第三次的通緝名單。像我渺不足道的人，居然也列名在梅思平、丁默邨、羅君強等二十餘人之中。那時我看到了報上的消息，我說不出是驚愕還是奇異，我覺得有些茫然與憮然之感！在暗殺案件層出不窮的時代，被通緝的照例是格殺勿論，我真是一個叛國者嗎？我居然被指為國人皆曰可殺的傢伙嗎？如我這樣一個毫無作為的人，也值得政府的通緝嗎？而我，有生以來，心裡第一次有了「人生朝露」的陰影！

通緝令發表後的一兩日，就是耶誕前夕，我忽發奇想地向國際飯店十四樓的摩天廳，預定了二十個座位，抱定了「今朝有酒今朝醉」，「人生得意須盡歡」的宗旨。但我不知那是得意還是失意？但我想在未死之前，於佳節中盡一日之歡。認為較要好的朋友，以及來往較密的膩侶都約定了。

我那時和羅君強住在一起，他看到我的忙亂，看到我像是興奮又像是癲狂，而且電話中公然約人跳舞，他忍不住向我勸告了，他說：「不管你為了什麼原因，又何必冒此生命危險？倘然為了久蟄思動，真是腳癢了，我介紹你去一個地方，兆豐公園對過惠爾康隔壁的兆豐總會，是賭窟，也附設有舞廳，地點在滬西，為我們警衛力量所及之處。而且，有許多我們的自己人決定到那裡去玩，且已佈置了二十名攜槍的警衛，我堅決勸告你不去國際飯店，一定要散散心，不如到那裡。」我終於為他說動了，立即向國際飯店退了訂位。

就在那時，佛海夫人從隔壁過來了，聽見我們在爭論，她問明了什麼事，她說：「與其出外去冒危險，不如坐在家裡打麻雀。」就這樣，周太太、君強、以及我與忘記了是誰的一個朋友，一起到周家去打牌。

牌局繼續到凌晨四時，忽然電話鈴聲響了，傳來了驚人的消息。就是置有警衛的兆豐總會，當許多汪方的人員翩躚起舞之際，槍聲響了，拔槍的就是自己帶去的警衛，目標是相當重要的「和平軍」十三師師長何天風，當場中彈斃命（天風死後，由副師長丁錫山繼任，丁於勝利前反正投渝，後又投共，在戡亂初期，浦東作戰中陣亡，為國軍梟首，在青浦等縣城門示眾）。警衛得手後，乘間逃逸，問題是起於十三師內部人員的爭權，而又受到重慶方面人員的運動。這對汪政權是一個很重大的影響，使內部人人自危。而我初由君強的勸阻，幾乎躬逢其盛，卒以周太太的慫恿打牌，臨時變卦，否則即使不死，也要飽受虛驚了。從這一次起，我懷了戒心，非不得已，決不外出。在這六年中我能倖保殘生，無不得益於這一次的教訓。

二三、上海爲腥風血雨所籠罩

雙方展開暗殺最猛烈的時期，是民國二十八年與二十九年，也就是汪政權在滬醞釀與轉往南京建立的那兩年。雖然那時周佛海與重慶還未真正取得密切聯繫，但不能不說在特務工作上，雙方早已有了默契，表面上是做得勇猛殺搏，而暗地裡卻是聲應氣求。倒楣的是雙方沒有保護的低級人員，有人為了抗戰，有人為了和平，說穿了，大多數人是為了衣食，他們為一方面工作，因為是小人物又不能不拋頭露面，出外奔走，這樣很容易為特工人員造成立功機會。

如前所述，首先取攻勢的是重慶方面，軍統與中統做得都很熱鬧，除了所謂「十二烈士」之外，如「維新政府」外長陳籙被殺於寓所，公共租界總探長陸連奎被殺於他所經營的中央旅館門口，法租界政治部的×更生（他是雙方都稱為烈士的奇怪人物），大舞台老闆渾名阿富郎的，「三大亨」中之張嘯林，都因與日方有了關係，渝方採取了殺一儆百的手段。丁默邨接盤了上海四馬路石路口的文匯報，先後委劉吶鷗與穆時英任社長，報紙還未出版，而兩人又被人途次伺伏，乘機遭槍殺了。其他還有我已記不起名字的金融界二三人，都在街頭被狙擊殞命，全滬乃成為一片腥風血雨之場。

現在美國的所謂報復政策，倒是汪方特工發明在前，他們的還手辦法，是一個抵一個，你殺我一個新聞界人物，我也還你一個新聞界人物。你殺我一個金融界的，我也還你一個金融界的。最慘酷一次，自然是江蘇農民銀行與中國銀行的集體槍殺與集體綁架，血洗的結果，中國銀行屈服了，七十六號派了李祖萊進去擔任副理，為停止報復的交換條件。

同時，七十六號發表了一張通緝八十三人的離奇黑名單。大部份人是並不重要的新聞從業員。七十六號在申新各報中都潛伏著情報人員，成立了一個新聞小組，每週在七十六號開會彙報一次，租界內各報的動態，應該是清楚的。而這一張八十三人名單，非但連一個普通的外勤記者也列入於名單之內，甚至若干已經參加汪方的人，仍然是通緝的對象。舉一個例來說：新聞報的編輯陳達哉，早已在我所主持的南京「中報」擔任秘書職務，看到了黑名單中赫然有他的名字在內，非但他感到驚愕，連我也為之啼笑皆非。

雙方新聞界的浩劫，一直持續到太平洋戰爭日軍進入租界以後，才告停止。名單的所以會有此離奇現象，七十六號當局是情形隔膜，以耳代目，為七十六號工作的各報情報員，夾雜有私人恩怨在內，把平時不愜意的同事，不管人家的死活，隨便開一個名字上去，既可以塞責，又可以洩憤。亂世性命賤於狗，於此益覺信然！

因為我是報壇舊人，對於同業也就特別關心，不幸新聞界的朋友們卻死得特別多，我往往於見到報載後才爽然若失，自覺耳目較近，而竟至無能為力，看到同業們的先後殉職，不覺興兔死狐悲之慨，內心也充滿了歉咎之情。因此我時常與佛海力爭，以為新聞界的大多數人士，除敬業樂業之外，並不含有任何政治作用；即使言論稍趨激烈，也是憑了他們的良知，以發表其心聲。假如和運是為了救國，我們也不能不承認抗戰更是救國，對於手無寸鐵的人，因逞一時意氣，肆加殺戮，於心何忍？佛海也頗韙余說，深為我言所動，我也曾偷偷引若干地位較重要而與余關係較深的抗日記者與佛海見面，取得默契。佛海於接見之時，很直爽的說：「你們對日本人儘管罵，但我們有我們的苦衷，對政府，希望彼此精神上能獲得諒解，不要出以過分的攻擊。」那時留在上海的報館重要人員，幾無一不曾由我陪同與周見面的，這裡我不想列舉他們一向自以為忠貞者的姓名了。但我所能為力的，也僅如此而已。

經過了大難，會相信「生死有數」的迷信說法。譬如新聞報採訪部副主任顧執中（現在北平，被中共指為九三學社中之右派份子，曾於開會圍攻中撞柱求死），我與他是時報舊同事，他在白爾部路民治新聞學院門前被擊未中，後逃渝得免，而我事前確是一無所知。又如大美晚報記者程振章在辣斐德路的被殺，他是一個新進，決不應該是狙擊的對象，甚至我從未聽到過他的名字，而竟然枉送一命。

又如前申報記者張寄涯，那時在主持一家採取抗日立場的通信社，又大中通信社的吳中一（前民國日報記者，後病逝內地），事前七十六號呈報佛海，要對他們下手，我偶然在佛海書桌上看到了，暗中及時分別通知，才告無事。大美晚報總編輯張志韓（現在台灣報界任職），汪方特工已在佈置窺伺其行蹤，在情報上說他時常改穿了短衣，行走於棋盤街一帶，我直接用電話警告其防衛，而他反以為我在危言聳聽，而結果也終於無事。新聞報編輯倪灝深以及嚴諤聲太太遭拘捕後並沒有人請托，都由我自動設法保釋。

而其中有兩位送死與討死的人，當事發之時，曾經震動滬濱。一個送死的是想火中取栗的英文大美晚報的張似旭，據我所知道，他早與汪方接洽成熟，應允改變報紙立場，並且先後已收受過相當數額，而一再遷延，激起了七十六號的憤怒，張似旭也索性避不見面。結果趁他在南京路靜安寺路口的凱司令西菜館午餐的時候，在一陣亂槍下轟擊斃命。

另一位是中文大美晚報的朱惺公，他是個神經質的人，可以說他是名士派，也可以說他是狂士，喝喝酒，抽抽大煙，酒後興會淋漓，則寫幾篇憤世嫉俗的文章，以邀得讀者們的喝采，他的目的也不過如此。特別對汪政府不斷的謾罵，因為他知道上海大多數的市民是抗日的，而大美晚報的立場更是抗日的。起初，七十六號也目他為狂士，並不要置之於死地，曾經有人警告過他不必為過甚，而他在報上的公開答覆：「老子一定要罵，有本領就來打我。」他的態度，真是在討死，迫得七十六號不能不殺之以立威，於是趁他行過每日必經之天后宮橋堍時，派幾個打手掩襲其後，就輕輕的斷送了他一條生命。他狂得可驚可愛，但是太不智了，太歲頭上動了土，又不知如何隱藏行蹤，雖然人生自古誰無死，又何必定要如此毫無代價的白白送了一命？

二四、特工戰中申報首當其衝

申報記者金華亭非但是我的老同業、老朋友，而且從民國十三年起，我們同時分任上海兩家大報的政治新聞的採訪任務，我們都是上海報壇上的第一批專任外勤的記者，又同是北伐時期的隨軍記者。雖然我們之間，性格上並不融洽，而形跡一向相當密切。他是我的朋友，也是佛海的朋友。當民國二十七年國軍退往漢口後，佛海正代理宣傳部長職務（部長為顧孟餘，始終未蒞任視事），那時華亭去了漢口，他去看佛海，佛海知道他還是要回到上海的，立即派他擔任宣傳部駐滬特派員。他回滬以後，還與我見面，帶來了佛海的口信，希望我赴漢幫忙，去當宣傳部的新聞處長，我正因律師職務忙迫，接手的案件無法擺脫，兼以交通困難，及至想摒擋啟程，漢口又淪陷了，卒至因循未果。

不料二十八年秋，佛海隨汪氏來滬了，華亭的特派員職務，與那時佛海所擔任的角色，由隸屬關係一變而處於敵對的地位。佛海深恐他處境困難，由章正範等的接線，約華亭見面，同樣佛海坦率地告訴了他一些和運內幕，希望照常做他的特派員，但不要妨礙他個人部份的工作，並月餽五百元為津貼。當時談話的經過很和諧，以後也逐月由正範將津貼送去，只要華亭能夠稍善於應付，以他與佛海的私誼，決不至召殺身之禍。尤其該報主持筆政的潘××，也與佛海為老友，佛海曾經拉攏過他出任教育部長，彼此見過面，雖以條件不合，未成事實，但對於上海銷行最廣的申報、新聞報，在佛海心裡，則確無敵視摧殘之意。

華亭為人非但吝嗇成性，且好放言高論，一向人緣不佳，所有汪方所接情報，都對華亭不利。在二十九年，一次我去南京，往佛海公館，佛海一見面就說：「都是你一向為申新兩報說情，現在反而使我為難了。汪先生認為過去處置太寬，才弄成現在的狀態。」我聽了正在莫名其妙，佛海把汪氏的手諭拿出來給我看，那是一紙便條，我還清楚記得寫著如下的寥寥幾個字：「佛海兄：申報言論荒謬，請兄嚴厲制裁。兆銘。」

我呆呆的看了一遍，問他：「你預備怎樣呢？」他說：「昨天申報潘××所撰的社論，罵得我們太過分了，汪先生既有命令，我無法再為迴護，已去電七十六號立刻行動。」我懂得行動的含義，綁架、暗殺，也可能有更甚於此的事。我說：「我是望平街出身的人，我不能不替一班老朋友說話，我僅憑良心，並無作用。是不是能讓我再以私人資格去勸勸他們，在此期間，請你暫緩行動。」佛海說：「電報已經發出，一切已無從挽救，那只能看他們的命運了。」我垂頭喪氣地退了出來，為老友們無限擔心。

回到了我所主持的「中報」以後，我突然有了一個決定。因為那時南京只有兩家報紙，一是「維新政府」的，由老報人秦墨哂所主辦的「南京新報」，一是我主持的「中報」，本來在淪陷區報紙上，外電只准用德國的「海通社」，與日本的「同盟社」，我卻不管三七二十一，自己建立了一個無線電台，上海設立了一個辦事處，把反軸心的「路透社」、「美聯社」、「哈瓦斯社」（即現在的法新社前身）一古腦兒通過無線電台拍至南京照登，雖然用的是密電碼，但簡單得可憐，如以一字代三字，以四字代五字之類。我之所謂決定，即由自己電台上秘密通知申報加意戒備，電報由上海辦事處轉送給趙君豪（現任台灣新生報副社長）與嚴服周（和平後任申報副總編輯，現在滬）。

這一個電報居然發生了效力，七十六號原意要送一個定時炸彈進去大幹一下的，因為防範嚴密，未能得逞。僅由萬里浪在三馬路外國坟山申報外面投了一個手榴彈，輕傷了兩名路人，作為交賬。

但是事情還不能就此輕易了結，七十六號既不能深入申報內部，於是等在外面，把七八個排字工人拘捕了，又把副經理王堯欽（本在港，前數年曾佐史詠賡辦小畫報，近已病逝）、經理陸以銘（現任香港平和洋行買辦）的五六個孩子與一位古稀高齡的姨母一併捉來，關在七十六號。申報總經理馬蔭良與唐世昌一再求我從中設法，我費了幾多唇舌，總算把王堯欽與工友們保釋了。獨陸以銘的家屬，始終拒絕釋放，我當面向李士群說：「罪不及妻孥，又何苦把無辜的老太太與無知的孩子們糟蹋。」士群的答覆很妙，他說：「如果真是罪不及妻孥，為什麼重慶要把周老太太軟禁起來？」我說：「我們為什麼要學人家的壞樣？」士群答得更乾脆：「我不管這一套。」我受人之託的營救，至此已到了推車撞壁的地步。不料陸以銘再托唐世昌來逼我，問我是否因為與他不相識而袖手旁觀。其實，我與王堯欽及申報的其他工友，又何嘗相識？我受不了世昌的催問，又鼓勇再以同樣的理由向佛海說情，而佛海的答覆，還是如士群所說；我忍不住道：「重慶把你老太太軟禁了，你作何感想？為什麼連你也不能有推己及人的恕道？」他想了一想說：「你說得也對，那就由你出面去保吧！」說著寫了一張手令，由我親往七十六號保出後一直送回他們的家去。

不料，這事竟引起了七十六號的反感，傅也文、潘達、萬里浪等，同去見佛海，說他們以性命博來的工作（因為那時還是租界時代，他們只能用綁票手段，尚不敢明目張膽），全由我得錢買放了。他們向佛海表示從此停止行動。佛海找我去問，也有朋友為我證明可無愧衾影，佛海相信我不至如此無恥，其實托我的人也不過是利用我的傻氣而已。一場風波，總算不了而了。但是最後的目標，卻不幸轉注到了華亭身上。

二五、金華亭被殺是自取其咎

金華亭的宣傳部特派員為周佛海所委任，是盡人皆知的事實。他很以此名義為榮，平時開口閉口：「我是中央特派員」，對報館行政，也常以特派員身分盛氣干涉，因此招致了許多同事的不滿。但他與佛海的見面，以及收受津貼的事，是很少人知道，而華亭的心裡則懷著唯恐人知的鬼胎，於是平時調子越唱越高，言論也越趨越激烈，他的真意，無非要表示特派員的忠貞之氣，以祛除人家對他或有的懷疑。但他的一言一動，都經過潛伏在申報的情報員加油加醬，報告了七十六號，每天所接到的，儘是他的反汪論調，汪方特工乃決意下手翦除。

因為我與佛海貼鄰而住，時常有事接觸，有時他外出沒有回來，我就坐在他臥室中的小寫字桌上等候。他的公事，亂堆在桌上，我於無聊中隨手翻閱，往往發現我所意想不到的事。民國二十九年的春天，我去時他方在批閱文件，一眼我看到了最上面的一件，附著華亭的照片，我知道這決不會是好事，我指著問他華亭有什麼事，他把公事交給我看，原來是七十六號請求對華亭執行（暗殺）的簽呈。上面臚舉了華亭的「罪狀」，詳細敘述他出入的時間，以及寄往重慶信件的化名。

他那時住在華龍路，把他居住的位置畫了一張詳圖，並黏著他一張照片。佛海已經在簽呈批了「准予執行」四字。我一方面驚駭於特工調查的詳盡，同時為這二十年的老友無限焦急。我向佛海說：「你與他也是老友了，他的環境有困難，情報也許出之誇張，一時以情感衝動而殺人，事過境遷，你會後悔的，我希望你能給他一個機會。」佛海當時還很憤激，他說：「我對華亭要說的話當面說盡了，人情也做盡了，我要他做特派員，他就以這個來反對我，他受了我的錢，又做妨礙我的工作，他無情，能怪我無義？」我繼續為他爭，我說：「以你與他十載交誼，又何忍不教而誅？如我不知這一件事，本來與我無關，但既然知道了，良心上我不能不為老友說話。讓我以私誼向他再進一次勸告，無論如何，請你暫時不要動手。」佛海經不起我的再三央求，從我手中將公事取回，把原批的「准予執行」的「准予」兩字立刻改為「暫緩」。我為華亭鬆了一口氣。

回到我的住所，我急急打了一個電話給唐世昌（前申報夜班經理，為杜月笙門生，戰前專為杜聯絡新聞界者）。我坦率地告訴他有關華亭的一切，我又加上了明哲保身一類的話。最後我說：請轉告華亭，這是我對他所能盡的最大與最後一次的力量了。數天之後，世昌給了出乎我意外的答覆，我諒解華亭或許有他的立場與他的隱衷。當世昌把我的話轉告他時，他起初有一些驚呆，想了一想後說：「他自己（指我）做了漢奸，居然還公然來恐嚇我！我不受恐嚇！」我聽了雖然很難過，但不敢火上加油，把華亭的話去轉告佛海。但汪方的對付華亭的事，也就此無形中擱置了下來。

一年以後，中央儲備銀行上海分行開幕了，佛海認為他對申新兩報已盡可能地加以維護，加以寬容。因此在分行開幕的時候，兩報也應當破例為中儲刊一張開幕廣告。佛海特別找了我去，他說：你一直為申新兩報說話，儲備銀行滬行開幕，請你去交涉刊登廣告（那時日軍尚未進入租界，各報一直拒登汪方廣告），地位的大小可以不計。我分別以電話向兩報負責人接洽，得到的答覆是商量後再給我回信。翌日馬蔭良用電話通知我，代表重慶在上海作地下活動的吳開先，已嚴令兩報不得登載，請求我的諒解。一日之間，經過電話上的數度磋商，到傍晚我再去電話時，已無人接聽，接線生推說負責人不在。這樣，第二天開幕的中儲分行，除了汪系報紙以外，其他終於隻字未登。佛海為此感到憤怒，尤其對我以往一再為各報說情，表示不滿。幾天之後，他給我看一張情報，說申新兩報決然拒登的主因，是由於金華亭的力持反對，他揚言誰主張接受的，他將呈報重慶當局嚴厲制裁。

幾個月的時間又平安過去了，我幾乎已忘記了這一件事。那已經是二十九年的殘冬，我正去了南京，這一天我準備搭下午四時車返滬。中午時候，我去西流灣佛海的公館，向他辭行。他正在花園中背著手俯著頭，在陽光下散步，一等我說出下午要返滬的話，他急急地說：「回上海去，你千萬要當心！」我以為有什麼不利於我的情報。因為那時丁默邨接盤的文匯報，以劉吶鷗與穆時英於籌備時的相繼被殺，再無人敢在上海四馬路的熱鬧地區去冒險，出版陷於停頓。默邨順水推舟，就送給了佛海，因為我經辦的「中報」銷路已奠定基礎，所以他又要我去開辦「平報」。我啣命去滬，不到一月，報紙就出版了，但無日不在驚濤駭浪中度日。

我問他是不是有什麼消息，他說：「不，金華亭今日黎明時給打死了。」我一愣，問他在那裡出事的，他說：「在上海愛多亞路大華舞廳門口。」接著他嘆了一聲，又繼續說：「他究竟是我的老友，我因此又覺得很難過。現在的暗殺政策，是一個對一個，你是新聞界最顯著的目標，而且又具有最適宜的身分，我真為你耽憂，所以你要特別留神。」接著，他又問我坐的是什麼汽車，我告訴他是普通的「別克」車，他說：「那趕緊去買一輛保險車吧（裝有避彈玻璃與鋼板的）！需要錢，可以問我拿。」我聞到了華亭的噩耗，倒真有如他所說的難過，我惋惜地說：「華亭太糊塗了，這個時候，還去跳舞？」佛海答得聲音特別輕，他說：「那是我們派人引他出來的。」我在他那裡吃了午飯後，下午照常回到了上海。

到「平報」去時，已經在午夜，華亭的事，還盤旋在我腦際。我取了一份小報看，記得是盧一方寫的華亭出事經過。原來上一天華美晚報的主人朱作同邀華亭到他家裡吃年夜飯，飯後慫恿他去大華跳舞，到午夜之後，朱作同說有事先走。華亭興致勃然，一直跳到四點打烊前才挾了舞女阿二頭下樓。剛到門口，就被預伏的人出槍連發兩槍擊斃。華亭原也帶有自衛手槍，倉卒中竟來不及拔槍還擊。

當我看完了這一段消息，腦海中我立刻浮起了一項懷疑。因為朱作同與七十六號早有往來，李士群給過他不少錢，要他投靠過來，作同一再在推延。我去南京之前，已知道士群正在迫他表明態度，作同可能利令智昏，出賣了朋友，而且這可能性很大。第二天，我特地去了七十六號，一見士群，我立刻說：「華亭的事，你做得不錯，朱作同那裡你化了多少錢？」他問我「誰對你說的？」我說是「周先生」，他搖著手要我千萬不可告訴別人。這樣，我完全證實了我的懷疑，我認為朱作同太卑鄙可惡了！為了錢，竟然出賣朋友。我又打電話給唐世昌，要他暗中通知與朱作同來往的朋友，加意防範，不要糊裡糊塗再為華亭之續。這事傳到了中統耳中，一個月以後，朱作同也被人擊斃了，終算為金華亭報了仇。我所能無愧於老友者也止此而已！

二六、我逃過了五次危險關頭

和平以後，中統方面的人告訴我，華亭死後，他們本來的確以我為報復的目標，後來因由我口中證實了是由於朱作同的出賣，才改變而對他下手。無意中因此一言，卻救了我自己的性命。

但是汪政權六年之中，殺機四伏，我也先後逢到過五次危險，而卒能安全無恙，未傷毫髮。這是奇蹟，也是僥倖！

汪政權是廿九年三月三十日在南京建立。南京軍警林立，是認為最安全的所在，我代佛海辦的「中報」，是在城南的朱雀路，雖然是自己蓋的房子，但是毫無防暴設備。也就在汪政權建立後的第七日，突然從門口飛來一彈，總算手下留情，炸力不大，微損了營業部的牆壁，輕傷了一名車夫，這大約僅是示威示儆性質。

事發時，我剛到頤和路羅君強家去，離開報社不久，到達那裡的時候，就接到了報社來的電話，我與君強一同匆忙趕回去，已經軍警雲集，形勢緊張，因為這是南京的第一件事，也是汪政府六年中南京唯一的事，我竟然既未受驚，更未遇險。第二天報上還寫了一篇「迎彈辭」，吊兒郎當的寫了「無情一彈，受驚若寵」一類的風涼話，而結果這一件案子也始終未曾破獲。

我主辦的上海「平報」，地處四馬路石路口的繁盛地區（即和平後由吳紹澍接收而改為正言報），是一間普通市房，那裡行人絡繹，車輛輻輳，本是不容易戒備的所在，又有劉吶鷗、穆時英被殺在前，當我單身去接辦的時候，朋友們都很為我的安全耽慮，我自己也懷有戒心，所以我一到那裡，立把把面向馬路的窗口，裝上了鐵絲網，牆裡加砌了鋼板，每一個門口，也添加鐵柵，而且雇用三十六名武裝保鑣，作為警衛。館內職工的出入，都需經過檢查。當平報開辦的第一年中，我以社長兼任了總編輯與總經理，幾乎整整一年，寢於斯，食於斯，工作於斯，非有必要，決不輕出一步。要到別的地方去，也決不預約，且有保險車，與隨行武裝警衛人員。暗殺最厲害的時候，身上還穿了鋼絲背心。也幸而有這樣的戒備，雖然民國二十九年一年中，兩次在門口被人投擲炸彈，僅傷了幾個路人，略受虛驚，而全報人員未受絲毫損失。

那年的小除夕，我妻子因為我不能回家，帶了所有的兒女，到報館來吃年飯團聚一次。飯後，我催著她回去，她還有些不高興，我說：此是險地，我是沒有辦法，你何必要使一家同歸於盡？她才勉強的帶了孩子們離開了。她們走後還不到十分鐘，樓下機器房忽然起火，機器房就在樓梯邊，木梯是全報唯一的通道，火一起，頓時濃煙密佈，雜有令人暈眩嘔吐的藥味。我們都在三樓，已經無法衝下去奪門而出了，我與同人已準備一起化為灰燼。幸而機器房的工友們努力撲救，未成大患。

事後查出就是三十六名保鑣中的一人，帶進了裝滿化學品的玻璃瓶，裡面雜有磷質等，塞在報紙堆中，一去瓶塞與空氣接觸後，立刻因氧化作用而爆炸發火。那時危機四伏，防不勝防，而且報館同事中有兩人有為重慶作特務嫌疑，我曾坦白地與他們講過一些我的立場，一位採訪記者原洗凡自動離職了，而另一位編輯芮信容則堅決否認，後來七十六號破獲了一處特工機關，查出了他親筆所寫的情報，把我逐日的動態，詳細報告，於是七十六號把他羈押檢查，最後還是由我去保他出來。

最危險的一次是二十九年的中秋，因為我終年住在報館，晚上搞編輯工作，一直到天色微明第一張報紙印出，經過我親自過目後方才就寢，寫字桌旁邊的一只長沙發就是我的床鋪。每日十時左右就得起身，繼續處理營業部的業務，非必要時決不外出一步。但什麼都可以在裡面做，天熱，裡面沒有衛生設備，要沐浴，就不能不到外面去，而家又回不得。恰巧一位來自泰州的舊日同學，遷滬避亂，孑然一身，在法租界巨籟達路賃了一宅幽靜的小洋房，從家鄉帶來了一名男僕，他與政治絕無關係，而且因染有煙霞癖，終朝偃臥，與外界也無接觸。他來看我的時候，知道了我的困難，邀我隨時到他那裡去，為沐浴之需。當時他交給了我門上的鑰匙。我也認為地點與環境較為理想，以後每隔幾天，等午夜宵禁以後，路絕行人之際，乘車到他那裡，車停得遠遠的，連司機也不知我到那一家去。我一下車，車就開走，自以為十分安全可靠。

二十九年的中秋前，他約我中秋晚上到他那裡去聯床共話，同渡良宵。我嘴上雖然說到時再說，而心裡則的確已決定了去休息一晚。中秋的前一天，我去看羅君強，方才坐定，蘇州的長途電話來了。周佛海十人組織中的蔡洪田與張仲寰，正分任江蘇民政教育兩廳的廳長，那時的「省長」是高冠吾，而「省府」所在地的拙政園，頗擅亭台花木之勝，為蘇州名勝之一。「省府」預定盛開筵席，賞月飛觴。洪田要我與君強同去盤桓，盡一日之歡。君強說有事不能離滬，我也說他不去我也不去，電話收線了。我正將離去，不料接著又來了仲寰的電話，他說一切為我們準備好了，不去太使他們掃興。君強勸我不如我一個人去一次，我反正無可無不可，電話中就這樣決定了。

當天回到報社，料理了一些未了之事，第二天搭早車到了蘇州。因此我對巨籟達路朋友家的約，自然再無法分身。蘇州那晚的場面是夠熱鬧的，名園賞月，裙屐翩躚，大家興致很好。正在鬧酒的時候，忽然上海有長途電話來找我，一接聽是君強，他說：有一些要緊事，希望我明天早車回滬，車站上派人接我，直接先到他家裡，千萬不要到別的地方去。雖然我感到有些驚奇，但電話中不便詳問，我就說：「好吧，我一定明天早車回來。」

第二天，我如約回滬，一下車，他派了副官率領了二三十名警衛把我圍住了登車直駛愚園路，我覺得氣氛有些不尋常，問問君強的副官，他也莫名其妙。抵君強家時，他已等候著我。一開口就問我，是不是常到巨籟達路一家姓王的家裡去？我想不出他怎麼會知道的，隨身他取出一張草圖，那正是我那個朋友的住所，四周的形勢，房屋的方位，連我去睡的一間客房，都畫得清清楚楚。

他告訴我：「昨天士群四處找你找不到，問到我那裡，才知道你去了蘇州。他告訴我：他潛伏在重慶特務機構中的反間諜人員，前天突然奉到了命令，當晚要去巨籟達路打一個人。他與其他三人持槍出發，要等這人一下車，立刻襲擊。守候了半夜，卻始終沒有發現。他當時不知目標是誰，第二天（中秋）又奉令繼續再去，他拿到了地圖與照片，才知道是你（指我），因為時間充分，所以到七十六號去報告，要通知你那夜萬不能去。因此士群急得四處找你。」

我聽了這一夕話，一時目定口呆，到今天我還敢說我這個舊同學決不會出賣我，他的男僕連我的姓名也不知道，其他也別無可疑之處。重慶方面的特工，何以竟會知道得那樣詳盡？幸而我去了蘇州，才僥倖逃過了這一關。如不是朋友的一再以電話相邀，此日恐怕我的屍骨早寒了。

二七、日軍閥徘徊於和戰之間

從汪氏由河內抵滬，一度赴日與平沼內閣及前首相近衛，及當時的軍部首腦板垣陸相晤談之下，使他知道日本軍部和興亞院的真正意旨，在使汪氏建立一個與「滿洲」相似的傀儡政權，假手以代行日本軍閥的侵略政策。汪氏無可諱言在政治上有欲望，在私人間有恩怨，但到底還不是甘心於把國家斷送的人。汪氏由日返滬以後，表面上盤馬彎弓，為籌建政權而積極活動，然內心則已感到極度痛苦。那時國際形勢還未改善，在抗戰艱苦階段中：國際通道連僅有的滇緬公路也被英國封鎖，他清楚明瞭國軍的實力，認為戰既不可，和又不能，實已陷於進退維谷之境。中間又加上高陶的叛離，內部人事的磨擦，所以他那時肝火也就特別旺盛，時常對左右大聲斥罵，尤其對褚民誼更不稍假辭色。而他希望能實現全面和平，以挽救國家於萬一，此時顯得更真誠更殷切了。

汪氏左右的兩大將，陳公博對政權的建立，自始即不感興趣，他之從汪，基於兩人之間的感情，以及以東方道義精神為基礎。除幹部會議中，有時發言外，一切實際責任，均落於周佛海一人之身。我目擊佛海自民國二十八年夏以迄二十九年春「還都」前的一段時期中的辛勞憂傷，且不時抱病，內心也與汪氏同樣痛苦。唯一可給周以安慰的，僅是汪氏對他的推心置腹，而周之對汪，也確有感恩知己之意。

許多無法解決的問題都放在面前，而且極錯綜複雜之至。首先是日本的態度，提出所謂「三原則」的近衛文麿，在汪氏由越赴滬以後，早已辭去了首相的職位，繼任的平沼、米內等內閣，對汪政權之建立，態度上很淡漠。日本軍部與外務當局的意見，也不一致。日本軍閥們雖然仍然以「膺懲暴支」為口號，議會政黨等也附和強硬政策，但又不能不承認侵略戰爭，雖然軍事上節節勝利，而佔領的地區愈廣，防守愈困難，兵力愈感不敷；也不能不承認這一場戰爭，成為泥足之勢。

日本政府的態度是混亂的，但希望和平，則是一致的。日本軍閥一面從事戰爭，並且成立了職權龐大的興亞院，以後民間的政黨也合併成為「大政翼贊會」，推波助瀾，為虎添翼，充分表現出侵略的猙獰面目。但是一方面外相松岡洋右且親自到香港與重慶進行秘密和平談判。侵華大本營的「支那派遣軍總司令部」也派了今井武夫在香港與自稱宋子良的談得興高采烈。與後來國共戰爭的談談打打，打打談談，前後有異曲同工之處。

汪氏的心理更是矛盾的、複雜的，他親自赴日接觸的結果，已認識了日本內部的混亂，也體味出日本軍人並無悔禍之心。而同時他仍在認為抗戰的繼續，軍事實力上難操勝算，徒然給共黨造成坐大的機會。他在二十八年七月九日，作了一次「我對於中日關係之根本觀念及前進目標」的廣播中，曾經沉痛地暴露出他的心境。他說：

「（上略）十三年間，孫先生在廣州手定國民政府建國大綱，那時候對於中日關係，是照著上述方針進行的（按指孫先生所主張之大亞洲主義而言）。十四年間，孫先生逝世，我繼承遺志，主持國民政府，對於上述方針，不敢少變。十七年間，便不然了，濟南事件為中日關係惡轉的起頭，中

國此時只宜竭力忍耐，竭力解釋，使中日關係由惡轉而復歸於好轉。不幸當時國民政府計不出此，遂使中日關係由惡轉而更惡轉，由此一直至九一八事變發生。

「我說這話，並非有意責難當時主持國民政府的人，我是一個國民黨員，是一個與國民政府有關係的人，對於這種錯誤，我當然應該分擔責任。不過我在當時是一個亡命者，是一個被國民政府通緝而飄流海外的人。及至二十一年一月二十八日，我回到南京，擔任行政院院長，其後又兼外交部部長。我提倡『一面抵抗，一面交涉』，來矯正當時『反對直接交涉』的論調，……但是我必須反對一種論調。這種論調，就是當時所謂主戰派，試問一個剛剛圖謀強盛的中國，來與已經強盛的日本為敵，戰的結果會怎樣？這是不是以國家及民族為兒戲嗎？

「我當初以為蔣介石先生與我同心的，我看了二十年十二月蔣辭國民政府主席職後一篇告誡國人的文字，認為蔣與我同心，所以誠心誠意來與蔣合作。然而四年之間，我已漸漸的覺得不對了。及至二十四年十一月一日，我於大病之後，又受了傷，身體上支持不住。二十五年一年之內，我遠適異國，直至西安事變發生，方才趕了回來，則情形更加大變了。我當時只能認定剿共事業決不可中止，因為共產黨是只知有第三國際，不知有中國的。他受了第三國際的秘密命令，將階級鬥爭的招牌收起，將抗日招牌掛起，利用中國幾千年來的民族意識，挑動了中日戰爭，這種大當斷斷乎上不得的，我當時的言論方針，注意此點。自從蘆溝橋事變發生以後，我對於中日戰爭，固然無法阻止，然而沒有一刻不想著轉圜，對於共產黨的陰謀，也沒有一刻不想著抵制他、揭破他。直至最後最後，方才於十二月十八日離開重慶，二十九日發表和平建議。」（下略）

這一篇廣播辭，上面僅摘錄其中的一小段，雖然汪氏旨在為他自己的主和辯解，但字裡行間，洩露出他內心對於未來局面的看法。第一、他對抗戰結果的看法是悲觀的，他認定一個剛剛圖謀強盛的中國，不能與已經強盛的日本為敵。雖然誰也無法逆料日本軍閥以後竟然敢與英美為敵而掀起太平洋戰爭，自掘其墳墓；又誰也不會預知美國有驚人的原子彈發明，迫使日本軍閥投降。但他對戰局的看法，以後事實告訴我們，最後畢竟是錯誤了。最後的倖勝，這是天佑中國！

第二、汪氏的離渝東下，發動和平，還是繼續他「一面抵抗，一面交涉」的政策，他希望重慶以軍事抵抗，而由他來出面交涉，外間盛傳的所謂蔣汪雙簧，兩人之間，事實上雖無默契，而一切表演，即真像循這一條途徑而前進。周佛海時常很得意的說：中國於抗戰中將永遠立於不敗之地，抗戰如其失敗，有汪先生的和平政府在；和平如其失敗，有蔣先生的抗戰政府在。譬之賭大小，重慶押大，而南京押小，不管開出來的為大為小，總有一方面是押中的，而押中的也必然是中國。

第三、汪的主張和平，對於共產黨的謀略倒是看得準極了。他是與共黨打過數度交道的人，也因此他能洞察共產黨的居心與手段，抗戰的不論為勝為敗，替共產黨造機會也是必然的。而他終於不幸而言中，抗戰真是給共黨造成了機會。今天痛定思痛，也不能不認汪氏對共黨確有其見解。所以汪政權揭櫫的三大政綱為「和平、反共、建國。」他認為非和平即不能反共，非反共即無以建國。

汪氏一行於二十八年夏季抵達上海以後，歷九個月的時間，一延再延，而不立即建立政權，雖然原因很多，所遲以有待、所努力不懈的最大的任務，還是期待著全面和平的實現。

二八、青島會談後三政權合流

汪政權遲遲不克建立的另一個原因，是如何處置淪陷區的兩個既成的政權。當汪等去滬之時，變相的地方維持會，北方有「臨時政府」，南方有「維新政府」，早就建立。在汪氏等心目中，本打算新政權一旦實現，此等政權中人，自應悉予摒棄，而一般參加「和運」的人士，尤不甘於同流合污。但是南北兩政權各有其有力的背景，有著名特務土肥原及華北日本軍部等為之撐腰，非但無排除之望，而且強迫著汪政權與之合流。中間經汪周等的奔走交涉，終無法達成這一個起碼願望。淪陷區政權合併問題之解決，且為汪政權能否樹立之先聲。而汪等抵滬後居住的愚園路一帶，且還在「維新政府」的勢力範圍以內。

當汪氏召開的所謂「第六次代表大會」以後，為應付當前環境，汪氏終於在民國二十八年九月二十一日，不得不對臨時維新兩政權及其首腦人物王克敏梁鴻志發表聲明，為應付之謀。聲明係由周佛海與梅思平主稿，最後經汪氏改定，文字上雖寫得冠冕堂皇，而辭氣之間，頗多微辭，明眼人不難一望而知。當時周梅等主稿之際，頗有躊躇難以下筆之苦，特將原文照錄如下：

「自蘆溝橋事變以來，國民政府因軍事失敗，失敗後放棄北平南京等處，政綱解組，民無所依。王叔魯（克敏）、梁眾異（鴻志）諸先生等挺身亂離之際，相繼組成政權，以與日本為和平之周旋，使人民於流離顛沛之餘，得所喘息。苦心孤詣，世所共見。當時國民政府因主張繼續抗戰，對此舉動，自不免認為抵觸。惟待至今日，和平運動，已為刻不容緩之圖。最近中國國民黨第六屆全國代表大會宣言，以『和平反共建國』昭示國人，並鄭重聲明：『本黨願以至誠聯合全國有志之士，不分派別，共同擔負收拾時局之責任。』本黨為完成此重大使命計，對於既成政權，消除成見，更謀群策群力，共濟艱難，實為事理所當然。而既成政權，如王叔魯先生等，從前曾服官國民政府，投艱遺大，休戚相關。如梁眾異先生等，從前雖處於超然在野地位，然以段芝泉先生對於中華民國之勛勞，及對於國民政府之愛護，知必能繼其遺志，使國家民族得以轉危為安。兆銘承大會授權『延請國內賢智之士，參加中央政治委員會』，旬日以來，迭與王梁諸先生披瀝誠意，對於收拾時局具體辦法，已得切實之了解與熱烈贊同，深信從此必能相與致力於和平之實現，憲政之實施，此所引為欣慰者也。（二十八年九月二十一日）」

這聲明一發表，事實上三政權之合流，已成事實，所欠缺的僅是形式上的手續。

二十九年一月二十一日，汪氏率領了周佛海、梅思平、褚民誼、林柏生、岑德廣、羅君強等由滬搭奉天丸赴青島，與「臨時」「維新」兩政權舉行會議。一月二十四日上午十時開第一次談話會，汪方出席的除汪精衛本人外，有周佛海、褚民誼、梅思平、林柏生、劉郁芬。「臨時政府」方面有王克敏、齊燮元、王揖唐（朱深因事臨時返北平）。「維新政府」方面有梁鴻志、溫宗堯、陳群、任援道。日方有影佐禎昭、犬養健、谷萩大佐、清水董三等。蒙古方面雖不參加會議，但德王也派李守信趕來會晤。

翌日，第二次會談，決定了「中央政治會議」、「中央政治委員會」、「中央政府機構」、「華北政務委員會條例」，及「中政會」開會地點及日期，預定三月中旬在上海開「中政會」。三月中旬建立新政權。一切本屬形式，會議至是日中午即匆匆散會，「維新政府」雖決定歸併於汪政府，而「臨時政府」則仍然維持戰前華北政務委員會的形式，依舊是華北特殊化與獨立化。殷汝耕的「冀東政府」以外，日本人的蓄心把中國弄成四分五裂，於此又得一明證。

二九、吳佩孚汪精衛魚雁不絕

七七事變以後，華中、華北先後淪陷，「臨時」「維新」兩政權相繼出現。自汪政權建立，「維新」取消，「臨時」則沿戰前華北特殊化的往例，成立了「華北政務委員會」，王克敏、王揖唐先後任首長。雖與汪政權分庭抗禮，直接受命於華北之日軍，但在形式上不能不謂為汪政權治下之地方政權。本書既以追述汪政權之經過，關於華北部分，論理不應獨付缺如。而我雖於三十年曾以他事道出北平，且曾與王揖唐一度晤談，但對華北政權起迄的經過，道途遙遠，幾乎一無所知。在開始寫作本書中，且曾不斷訪問留居此間當日曾參加華北政權的朋好，而劫後餘生，胥已不能有系統地為我述其梗概。關於華北部份的材料，只有俟筆債稍暇，俟他日再為訪述。

當華北華中淪陷之初，日軍閥亟亟於扶掖地方政權。華北屬意於吳佩孚，而華中則寄望於唐紹儀。風聲稍露，唐即為渝方特工，用利斧斃之於寓所。吳佩孚寄居北平什景花園，土肥原等日軍渠魁，朝夕出入於其門，一度曾盛傳有立即登場之說。吳且曾由日軍陪同公開招待記者，表示親善，更使人相信其漸趨於成熟階段。而吳之終未入彀，傳者謂其倔強成性，與日軍所商之條件不洽，至成僵局，其言是否可信，未敢懸揣。但吳於是時，與日方交往甚密，不問其為作虛與委蛇之謀，或竟有久蟄思動之意，而吳之並未向日方斷然拒絕，則為無可置疑之事實。

汪精衛於二十七年冬，離渝赴越，即電致吳氏，聲述和平主張，即得覆電，表示贊同。旋汪去滬，一面繼續求全面和平之實現，一面著手為建立政權之籌備。乃專派趙叔雍專程赴平，攜其親筆函交換意見。我在撰寫本書時，與叔雍幾朝夕相見，不時閒談當年舊事，而從未及此一段經過。迨本港「聯合評論」刊載耘農先生「汲古書屋談薈」中發表汪吳於二十八年五月至十月中汪政權建立前往來函牘三通。始再詢之叔雍，謂確有其事。叔雍告我，當年啣命赴平，謁吳於什景花園，室內仍有八大處之存在，威儀無減，室中且懸有呂純陽降壇詩屏軸。吳出與叔雍寒喧並互道思念仰慕之忱後，概括吳之意見，和平固與汪氏不謀而合，合作亦有其可能，但宜由汪氏主黨，而由其主軍，殊不甘侷促於一隅云云。叔雍面呈書函後，即南返覆命。在吳氏覆汪氏函中，亦表示對和戰之局，謂史無久戰之理，宜矜恤同胞，戛然而止。對汪氏個人，自謂彼此有針芥之合，鶴鳴九皋，我道不孤之語，蓋未可全以客套視之也。三函誠為歷史上珍貴之文獻，特為轉而補錄於後，以實我書。

《汪精衛致吳佩孚書》

子玉先生勛鑒：

去歲冬間，曾致電左右，略陳悃愊，惟辭意未盡，而耿耿之誠，幸蒙鑑察。旋奉覆電，意味深長。循讀之餘，彌深嚮慕。中日兩國為敵則兩敗俱傷，為友則共同發達，其理自明。不幸數十年糾紛膠結，鬱結至於今日，遂敗壞決裂一至於此。欲謀收拾，且引之入於正軌，其事誠難，然又不可以已，且捨此實無他道也。國民黨人當此厄運，撫躬自責，不敢有一息之安，而旋乾轉坤，則非海內仁人志士之心力以共謀之，不能有濟。我公功在民國，蒿目顛危，誠知心惻然有動於中也。銘自去臘之末，發表艷電，棲遲河內，未嘗別有謀劃。蓋以此身曾參與重慶政府，雖諫不從，言不聽，而去國之際，深維孟子三宿而後出晝之義，不憚再三呼籲，以期重慶當局之最後覺悟。今此望已絕，不得不易地奔走，期與海內豪俊，共謀挽救。現在國難日深，而國際危難，又日趨緊迫，非恢復和平，無以內除共禍，外應世界大勢；非組織統一有力自由獨立之政府，無以奠定和平。公老成謀國，如有所示，極願承教。銘一得之愚，亦當作芻蕘之獻。但求有益於國，任何艱險，皆所不計。區區之懷，特託趙叔雍先生趨前面承，尚祈鑑察，是所厚幸！專此，敬請勛安！汪兆銘謹啓。

再者抵此間後，始聞公於二月間曾有賜電，道途阻隔，至今未獲拜誦，至深歉仄，謹此陳謝，並乞鑑原為荷！兆銘又及。

《吳佩孚覆汪精衛書》

精衛先生執事：

叔雍先生至，拜展手書，讀竟愴感不置。中日輔車相依，為友為敵，利害本自昭然。兩國當枋皆一時賢雋，智慮周遠，詎謂見不及此？徒因乘隙抵釁，積漸已久。吾國自甲午熸師，庚子喋血，迄於九一八事變，隱忍依違，專以不滋生事端為無上自全之策，敷衍因循，正如癰瘍附身，終歸一潰。而又內外情勢複雜，因風縱火，更有促使熾燃者。平情而論，國民黨不過適逢其會，儻亦國運有以致之，不必盡在人也。公怵惕危亡於喧豗抗戰之中，逕議寢兵，翰音登天，宙合皆曉，復眷眷於風雨同舟之誼，瘏口嘵音，冀反眾迷，終且險患親嘗，高振六翮，嚶求海內仁人志士，共計匡維。為國忠貞，至堪敬佩！並承謙柬見訪，履綦遠勞，翹企風猷，彌增感奮。竊謂中華民國四萬萬民眾，實為主體。民意趨歸，果以抗戰為然，則任何犧牲，均可弗計。若民眾厭戰，相戰之國復有感於窮兵黷武之非，即宜矜恤同胞，戛然而止。

有史以來，從無久戰不和之理。以德皇威廉第二之睥睨一時，鑑於大勢傾頹，至不惜敝屣尊榮，為民請命。誠知民為邦本，和與戰同一為民，則應戰應和，自不能不以民意之向背為準繩也。弟分屬軍人，昔亦誤以武力為萬能，經體察國情，默觀世界大勢，乃於太公所謂全勝不鬥，大兵無創，微通鬼神者，一以政治之原理，權衡其際，益憬然經國之略，初不盡恃藉於疆場之決勝也。故自蘆溝橋變起，兀坐故都，本所信念，日以啓導和平為事；和平要領，則以保全國土恢復主權為唯一之主張。區區此志，竊幸與公尚有針芥之合，九皋鶴鳴，敢云吾道不孤矣！尊論謂非組織統一有力自由獨立之政府，無以奠立和平，確為扼要之言，與鄙見亦正相符。蓋不如是，不但無以奠立和平，且無以見諒國人，並無以改國際之觀聽，願共本斯義，力圖邁進。友邦誠能具充分理解，悉予贊同，中日真正之親善，固可依次以舉，而被所揭櫫於世界之聖戰意義，並可即為事實之證明。近德意於西班牙撤兵，復歸其政權於弗朗哥，歐洲疑雲，因之頓消，此誠友邦之極則，尤望公切為正告也。弟委質國家，誓與國家同其命運，苟能山河無恙，自計已足，幸叨不棄，更當進附賢者，竭畢衷忱。如能教益頻施，資為針圭，更所欣盼而不容自已也。修牋奉答，未罄萬一，統希惠炤，維為國珍重千萬！敬頌勳祺！吳佩孚拜啓。」

《汪精衛再致吳佩孚書》

子玉先生勛鑒：

（陳）中孚兄來，獲誦九月二日大教，敬承一切，並稔福履綏和為頌！竊念銘之與公，為國為民，心事相同，而立場不無稍異。數月以來，雖屢通函札，而胸懷容有未敢盡吐者。顧國難日深，事勢日急，茹而不言，將來必有失人之悔。素仰公忠鯁正直，能受盡言，故終以一吐為快。十五六年間，公嘗與國民革命軍為旗鼓之周旋，勝負兵家之常，而公對國民政府始終抗節，天下共見。今者一旦以參加國民政府之說造於公前，誠有冒昧之嫌，此銘前此格格不吐之所由也。繼而念及國民政府統一中國，於今已十餘年矣！蘆溝橋事變以來，軍事挫敗，和平運動，隨之以起，不惟國民黨人力持恢復國民政府，以收拾時局；即國民黨以外之人，平日不滿於國民黨，不滿於國民政府，不滿於青天白日旗者，至今日而擁護之熱，不下於國民黨人，其故何哉？蓋對內為一事，對外又為一事。甲午戰敗，乙未議和，未聞易政府換龍旗也。庚子戰敗，辛丑議和，亦未聞易政府換龍旗也。上次歐戰，德國戰敗議和，亦僅威廉二世退位而止，易帝制為共和，待德人民之自決，而國旗之換，則遠在國社黨得政之後。蓋對外戰敗之結果，至於易政府、換國旗，則內政干涉，國將不國，不可不懼也。

為今之計，國民政府急需恢復，以當收拾時局之大任。林主席地位，在法律明文規定「不負實際責任」，故軍事當局宜引咎辭職，行政機關宜改組，而主席地位不宜更易，以省糾紛，而利進

行。至於國民政府之職權及名稱，以及種種制度，如有更改之必要，於國民大會中議定之。如此則對內對外不相混淆，國權民意兩得顧全矣！由是言之，今日國民黨人主張恢復國民政府，其為國民政府謀，忠也；非國民黨人亦主張恢復國民政府，其為國民政府謀，俠也；一忠一俠，其立場雖異，而為國為民之心事則同。銘竊願公以一忠字對民國，以一俠字對國民政府，則公之風節必照映宇宙，而旋乾轉坤之功業，亦必成於公手。銘之與公，並未謀面接杯酒之歡，而於公之人格，夙所傾仰，故敢以率直之辭，貢其誠悃，惟垂察之，幸甚幸甚！專此，敬請勛安，尚祈霽照不宣！汪兆銘謹啓。

再啓者：昨晤陶星餘先生，暢談一切，因託帶此函，藉塵清聽，尚祈亮詧為荷！兆銘又啓。

三十、爲民族英雄乎爲漢奸乎

假如汪精衛等一批人，真是僅僅為了一己的利祿，則汪政權之建立，儘可以隨時袍笏登場，大可不必一延再延。其所以遲以有待者，除了上文所述期望全面和平，與解決淪陷區的既成政權以外，與日本之間的交涉，發生了重重困難，在若干基本問題上，雙方的意見，竟至南轅北轍，有著很大的距離。

汪氏等由越南東下抵滬以前，初以為日本既陷於泥足，應該認識了中華民族的決不可以武力屈服，日本的軍閥們也可能有了悔禍之心，在近衛三原則下，既聲明撤兵與不要求賠償，而雙方對於反共的立場又復一致，大原則確立了，其他的枝節問題，不難迎刃而解。但一經實際上接觸，誰知竟大謬不然。在這一個時期中，汪氏等心境是沉重的、沮喪的、與焦慮的。他們想到：假如抗戰不能勝利，而和平又無成就，不但國家將陷於萬劫不復，連自己也將成為民族的千古罪人。

在周佛海日記中，一再表示了這一點，如二十九年五月十三日，他在漢口的日本陸海外聯合招宴中演說：「重慶各人自命為民族英雄，而目余等為漢奸，余等則亦自以為民族英雄。蓋是否民族英雄，純視能否救國為定。余等確信惟和平足以救國，故敢以民族英雄自命。但究竟以民族英雄而終，抑以漢奸而終，實繫於能否救國。如余以民族英雄而終，則中日之永久和平可定；如以漢奸而終，則中日糾紛永不能解決。」又九月二日在北平日本華北最高司令官多田席上演說有云：「一部份中國人欲殺余，一部份日本人亦欲殺余，均有證據，此正余之立場。中國人欲殺余，證明余非抗日主義者；日本人欲殺余，證明余非漢奸。使兩國能互信互尊互惠，乃為余之理想」云云。

汪周等一批人的心理，確是矛盾的、惶惑的，他們想不惜蒙一時之惡名，救國家於將墮，成為民族英雄；但環顧現狀，瞻望將來，有以漢奸而卒之可能。我清楚記得民國二十九年的農曆正月初八日，我去看佛海，剛巧那天什麼賓客也沒有，他獨坐在書室中正在呆呆地出神，他見到我就說：「你來得正好，我們隨便談談吧！」我說：「我正是專誠來和你談一件事的，我決意不幹了！」他一愕，接著說：「有什麼不如意的事，使你消極？」我說：「幾個月來，事實證明了日本人的蠻橫狡獪，決無悔禍之心；幾個月來的事實，也證明了許多和運同志利欲薰心，甘為虎倀，我不敢說自惜羽毛，但我不甘同歸於盡。」

佛海是一個極富情感的人，而我又是一個情感極易衝動的人，他聽到我提出了那樣率直得近乎譏諷與謾罵的話，他拉住了我的手，眼中流下兩行清淚，嗚咽著說：「正因為如此，彼此可以推心置腹的朋友又那樣少，死，也讓我們死在一起。」我料不到他的答覆是那樣地沉痛，那樣地毫無諱飾，「士為知己者死」的一句成語襲上我的心頭，我見他那樣地悲苦與激動，我放棄了我去看他的本意，不忍再過分的刺傷他。我與他緊緊地握著手，我也覺得喉頭有些硬咽，淒然地點了點頭，於相對無言中結束了那次的談話。

我在本書的第一節中，開宗明義就說：汪政權的建立，是我自己的悲劇，朋友們的悲劇，也是時代的悲劇，而最後，這一幕悲劇，也終於成為中國近代史上最大的悲劇。但，這豈是汪周等之始願；又豈是汪周等之始料所及？

汪氏想針對日本人軍事上泥足的心理，在日本佔領區的槍刺之下，建立政權，而存著近乎幻想的奢望。與日本之間，所謂調整兩國邦交，本希望確立平等互惠原則。在政權方面，規復戰前國民政府的舊制，即國民黨、三民主義、國民政府、五權政制，以及青天白日滿地紅國旗。所以這政權的建立，不曰創建，而曰「還都」。但是他想得過於天真，日軍於屢勝之餘，充滿驕滿之氣，一心將以關內佔領之區，盡成「滿洲帝國」之續，以實現其大陸一元夢。如日人真肯對中國平等互惠，將正如蔣先生因陶德曼調停而說的話一樣，「如此，日本人為什麼要打呢？」

前文已經說過，汪氏等抵滬以後，發表善鄰友好、共同防共、經濟提攜三原則的首相近衛已經下台。繼任的平沼與米內內閣，對汪政權之建立，既並不熱心，而軍人一方面希望汪政權成為「滿洲國」第二的傀儡政權，同時又深恐汪政權一旦建成，破壞了與重慶的和談機會。所以在討論調整兩國邦交的實質問題時，堅不讓步。甚至對於一手製造的政權形式上承認問題，也三反四覆，一變再變，汪方提出新政權既為原有法統的延續，日本不必再發表承認宣言，只須派大使呈遞國書已足。而日方的加籐公使，即謂可派特派大使，不派全權大使，也不呈遞國書。而周佛海以為若如此，則寧可不組織。既而汪方決定於政權創立之際，發表宣言，而影佐的意思，汪方發表宣言，日方不便阻止，但日本不發表宣言回應，既不表示同意，亦不否認。最後於二月十五日由影佐、清水、嵋場，直接謁汪，決定汪日雙方同時發表宣言，但不發表條件，惟保證條件不出近衛聲明以外。

但至月底，日方忽又變卦，仍主張擬派大使而不遞國書，直至汪政權建立前的半月，汪方讓步，日本先派特派大使，以為事實上之承認，再派全權駐在大使，以為法理上之承認。總之日方認為汪方諸人，並不能一味俯首聽命，對政權之建立，並不放心，因此處處表示無扶植其成立之誠意，枝節橫生，花樣百出。日本有自悔於一時鹵莽中選錯了對象之意，而汪方亦有貿然從事至進退維谷之心。原定最遲三月二十日「還都」的，先延至二十六日，又延至三十日，始克實現。而其間爭執最烈的則為青天白日滿地紅國旗這一個軒然大波。

三一、非驢非馬的青天白日旗

從國軍自京滬撤退，日方亟亟於傀儡政權之製造，形式上雖不同於「一二八」時期以漢奸胡立夫為首的所謂「閘北地方維持會」，而代之以莫名其妙的叫做什麼上海市「大道市政府」。日本特務頭子土肥原輩，在南方想慫恿唐紹儀，在北方脅誘吳佩孚，但對吳佩孚既功敗垂成，唐紹儀又被刺殞命，於是北力以王克敏為首成立了「臨時政府」，南方以梁鴻志為首成立了「維新政府」，雙方雖互不統屬，但旗幟則是相同的，除了上海兩租界以外，所有華北華中的淪陷地區，已被迫懸掛了北洋政府時代的五色旗。居民藏有青天白日旗的，日本即認為有抗日嫌疑，可以立召鉅禍。

汪精衛之一生，儘管有許多可以批評之處，但他對於中山先生的崇敬，在任何環境下，不易其志。他以為青天白日旗是中山先生所手定的國旗，在他所領導下的政權，也一定必須以青天白日旗為國旗。所以當他於二十八年夏由越南的河內抵滬，不久召開「第六次全國代表大會」，抗戰後第一次在淪陷地區升起的國旗，就是青天白日滿地紅旗。本港創墾社出版的《周佛海日記》附加的注解中，指為周佛海、梅思平曾經想以青天白日旗和五色旗混合起來，改為另一新的旗幟，誠不知其何所據而云然？

汪周等對於懸掛青天白日旗是堅決的，而日本方面反對新政權懸掛青天白日旗，也同樣是堅決的。日本方面的意見，以為日本的對華作戰，以打倒青天白日旗為目的，現在前方戰事尚在繼續，而自己的後方所懸掛的，正與前方攻擊的目標相同。如此敵我不分，勢將影響軍心。汪方以既然是繼承從前的法統，國旗決不能更易。在上海與影佐、佐籐等交涉，始終不獲結果。

周佛海在青島會談之後，親自赴日，與日本軍部以去就爭，始獲得了非驢非馬的折衷辦法。據他由日返國後告訴我此事談商的經過：周佛海雖是留日帝大經濟系畢業生，能夠講一口流利的日語，但他與日本正式談判，向來用國語，再由舌人譯為日語，那一次赴日，他的翻譯是彭盛木（曾任上海同文書院教授，且娶一日女為妻，與佛海素無淵源。佛海抵滬後，始由上海洪幫領袖徐朗西所介紹錄用，後來知道他是軍統派往汪方的潛伏份子，於國三十二年間病死。以後周即改以黃遠為翻譯），那次他與日本陸相會晤（我已不能真切記憶那時是東條英機還是荒木貞夫），主要談的就是國旗問題，當兩人爭執得最激昂的時候，佛海等不及舌人的翻譯，逕以日語相辯駁，兩人搞得面紅耳赤，佛海甚至表示如國旗問題不獲解決，則汪方即全部解散，將不問後果如何。更說明意大利方面態度，如國旗變更，意國將不予承認。

經過幾度的交涉，日方提出了在原有青天白日旗上，加縫一條黃色的橫布，佛海更以為國旗的形式，不容有絲毫改變，而日本軍部則以為為了避免作戰時的誤認目標起見，必須在形式上有明顯的分別，最後提出了暫時於青天白日旗之上，另加黃色三角形飄帶，上書汪政權的政綱「和平、反共、建國」，也不與國旗縫在一起，等情勢稍有改變，便於隨時取消，再回復原來的形態。但佛海仍然要求汪政府前所懸掛的旗幟，三角飄帶不在青天白日旗之上，而另以兩小竹竿交叉此三角飄帶，地位則置於青天白日旗之下，以示附加的飄帶並不是固定的形式，這問題才算獲得一解決。

但至最後汪政權建立之日，這非驢非馬的旗幟在街頭出現，中國人固覺得痛心疾首，而日本軍人則認為作戰三年，死傷累累，而打來打去，青天白日旗依然飄揚招展。當汪政權建立之日，京滬兩地，日本軍人險至發生暴動，如不是日駐軍盡力彈壓，可能釀成大禍。

汪政權的一延再延，已使汪政權的從龍群臣發生疑慮，連周佛海也無法確指新政權的能否實現。周佛海所提出的一旦新政權建立，最低限度，日本的派遣軍總部，即應遷出南京以外，而連這一個條件，也終為日方所拒。

民國二十九年三月十五日的晚上，我往佛海家中小坐，約十時左右，佛海醉醺醺地由外歸來，神情方面顯得有些激動，他劈頭第一句話就說：「政府還都的日期確定了，是本月三十日，汪先生定十七日飛京，我也已定十八日啟程，二十日舉行中央政治會議，三十日政府成立。」說完了，莫名其妙地又搖搖頭。我說：「那麼與日方的交涉，一切已獲得圓滿解決？」佛海作了一個苦笑，他說：「我們與日本合作，好像男女在談戀愛，我們東來一到他勢力範圍的上海，就好像女人已跟隨男人進入了旅舍的臥室，男人正在其欲逐逐不能自制的時候……」他說到這裡，伸出右手，把中指翹然一舉，以表示所說「其欲逐逐」的含義。頓了一頓，他又繼續說：「這時女人應該把握時機，提出愛情保證品的時候，而我們竟含羞帶愧，半就半推地自動的寬衣解帶了。羅襦既解，樊籬盡撤，這還有什麼可說！」

在滿室女客們吃吃笑聲中，他黯然地踱進了自己的臥室，我也悄悄地離開了那裡。

這一幕歷史的悲劇，終於無可避免了！

三二、同舟胡越淒其一紙名單

從汪氏於二十七年（一九三八）十二月十八日離開重慶，經過了一年三個月的時間，一面積極籌備建立政權，一面向日本作種種交涉，同時又期待於全面和平之實現，遲之又遲，終於在不利情勢之下，在南京草草登場。日期是民國二十九年（一九四〇年）的三月三十日。

三月三十日，剛是黃花崗七十二烈士為國捐軀的下一日；也是世人所熟知的萬愚節的前兩天，這意味著是一個歷史上不幸事件的延續呢？還是受人愚弄的先聲？是巧合？還是故意？總之，這一天，卻決不像是一個黃道吉日！

在此之前，汪氏率領了陳公博周佛海等一行，於三月十九日往紫金山謁陵，先向中山先生祭告，作為政權建立的序幕。那天正好漫天風雨，景色淒苦。汪氏步入靈堂，舉頭向中山先生的石像一望，禁不住兩行熱淚，簌簌直流。等到領導恭讀遺囑時，全場變成一片嗚咽之聲，這前奏曲，竟是淒涼的哀樂，是不祥的預兆！汪氏即使真是甘冒天下之大不韙而想對國家有所貢獻，從此也終將莫挽其精衛填海之恨了！

謁靈的第二天，真正的「還都」前奏曲——中央政治會議，在南京中山路的國際聯歡社舉行了，出席的人員，汪方與「維新政府」大致與青島會議時相同，又加上了所謂「社會上負有重望之人士」，北方的臨時政府出席的有王揖唐、齊燮元、殷同等人。會議自三月二十日至二十二日三天畢事，這本來是一個形式，一切早於事前商定。因此議程中的政綱、政府組織、「還都」日期等，都順利通過，而此會最主要的一項，則是各院部會的人選問題。茲就記憶所及，列表如下：

汪政權登場人物表

主席	林　森
代理主席	汪兆銘
文官長	徐蘇中
參軍長	唐　蟒
行政院院長	汪兆銘（兼）
副院長	褚民誼（後由周佛海繼）
秘書長	陳春圃
參事廳廳長	陳君慧
法制局局長	陳允文
印鑄局局長	李釋戡
立法院院長	陳公博

考試院院長　王揖唐
副院長　江亢虎
監察院院長　梁鴻志
副院長　顧忠琛
審計部部長　夏奇峰
司法院院長　溫宗堯
副院長　朱履龢
行政院內政部部長　陳　群
次長　李文濱
次長　張秉輝
外交部部長　褚民誼（兼）
次長　徐　良
次長　周隆庠
財政部部長　周佛海（兼）
次長　陳之碩
次長　嚴家熾
軍政部部長　鮑文樾
次長　陳維遠

次長　×××
海軍部部長　汪兆銘（兼）
次長　凌霄
次長　姜西園
教育部部長　趙正平
次長　樊仲雲
次長　戴英夫
工商部部長　梅思平
次長　蔡培
次長　湯澄波
宣傳部部長　林柏生
次長　湯良禮
次長　孔憲鏗
鐵道部部長　傅式說
次長　趙叔雍
次長　周化人
交通部部長　諸青來
次長　李祖虞

次長	朱樸
司法行政部部長	李聖五
次長	汪翰章
次長	薛典曾
社會部部長	丁默邨
次長	顧繼武
次長	彭年
農礦部部長	趙毓崧
次長	汪曼雲
次長	何庭流
警政部部長	周佛海（兼）
次長	李士群
次長	鄧祖禹
水利委員會委員長	楊壽眉
服務委員會委員長	岑德廣
僑務委員會委員長	陳濟成
邊疆委員會委員長	羅君強
衛生署署長	陸潤之

軍事委員會委員長	汪兆銘（兼）
副委員長	陳公博（兼）
副委員長	周佛海（兼）
委員兼辦公廳主任	楊揆一
委員兼第一廳廳長	臧　卓（原任陳欽若病故）
委員兼第二廳廳長	鄒敬芳
委員兼第三廳廳長	何炳賢
軍事參議院院長	任援道（兼）
參謀總長	楊揆一（兼）
軍訓部部長	蕭叔宣
次長	臧　卓（兼）
次長	鄭大章
政治部部長	陳公博（兼）
航空署長	陳昌祖
開封綏靖主任	劉郁芬
武漢綏靖主任	葉　蓬
上海警備司令	陳公博（兼）

以上所列的組織系統以及部次長人選，事隔二十年，記憶不真，頗有模糊彷彿之處，雖然我在初步列表以後，問過許多當年舊侶，其中獲得了不少補充與更正，但我仍然相信還會有錯誤與遺漏的。尤其次長之為政務抑為常務，更屬無從確記。

汪政權各院部長人選，事前的支配，煞費躊躇，理想中的人，有些不願參加，有些是負氣拒絕，而此攘彼爭，你搶我奪者，則實繁有徒。汪氏倒不失為一個有風度的領袖，一切的安排，一以委之周佛海，等佛海把整個名單請他核定時，幾乎全無更動。佛海曾以汪政權之由其一手組成，引為自豪自喜，而對汪氏也愈增其感恩知己之心。但在擬議的當時，使佛海常陷於幾面不討好的狼狽之境，他想使汪政權的名單，搜羅一些像樣子、有肝膽而真能做事的人；但力爭的與自薦的，又決不是他所理想中的人物。汪氏離渝以後，他追蹤而往，是孑然一身。以後跟著而來，與他私人關係較深的，也只有一個舊部羅君強，一個內弟楊惺華。羅君強桀驁不馴，常為周賈怨。他一開始即與陶希聖磨擦，即其一例。而楊惺華又年事太輕（那時還不到三十歲），不堪重用，只能為他做一些私人事務工作。梅思平雖然與他私誼甚好，但在滬九個月中，處處已顯出有獨樹一幟的企圖。陶希聖本與佛海私誼甚篤，中途叛離。那時使他很懷念到留渝的一班舊友，他常向我說：假如陳布雷、許孝炎、陳方等可以互寄心腹的朋友能來共同合作，則「和平運動」可能多一些成就，而汪政權或能真會有些表現，即在他私人方面，更可以得到許多助力。他於以後六年中，對此曾不斷努力，而他的殷望之終於成為泡影，那只是勝利來得太快了！

三二、千迴百轉中的人事安排

對於上述的登場人物名單，這裡不能不有所補充說明。首先，重慶的國民政府主席是林森，為什麼汪政權也片面的逕以林氏為主席。中間有著兩個原因：表面上汪政權的建立，號稱還都，而不是另起爐灶，所以名稱、政制、主義、國旗、首都，均要一仍其舊，為對外裝點門面計，連主席也依然不加更動。而內在的苦衷，則汪政權建立以後，仍希望全面和平的能夠實現，重慶與南京合併，則元首問題虛席以待，不至成為未來的障礙。汪氏本身，亦欲表示其並無欲為領袖的欲望。故主席問題確定以後，且曾由汪氏出面，去電重慶，向林氏促駕，結果當然如石沉大海，毫無反應。

其次的問題，就是「維新政府」的人事安排，汪政權中人的希望，即使不能完全把他們排除，也想減至最少數，但「維新政府」自有日人撐腰，形格勢禁，於是把無足輕重的監察、司法兩院位置「維新」的巨頭，劃清界限，等於各立門戶。在行政院各部長中，只陳群一人任內政部長，陳老八（陳字人鶴，行八）外表似乎吊兒郎當的一副玩世不恭樣子，其實工心計、有手腕，與佛海等也敷衍得很好，汪政權中人也深怕他向日人面前搗鬼，破例任為「內長」，正所以示羈縻也。任援道則以握有華中軍隊的實力，得為軍事參議院長，以後又調任為海軍部長，資歷而外，善於應付，雅擅辭令，尤為其特長。其他次長中，除內政部由陳群推薦，自然為「維新」舊人外，其餘鄧祖禹以與周佛海李士群的人事關係而得任警政部次長；孔憲鏗原為「維新」宣傳局長，以日人堅持而為宣傳部次長。但如此安排，已屬煞費苦心。另一維新舊人而在「行政院下」為首長者，則為楊壽眉（即楊翰西）。

五「院」之中，記得「立法院」最初不設「副院長」（其後繆斌南下歸汪，曾任此職。），王揖唐為「臨時政府」要角，給他一個「考試院院長」位置，表示華北政權同樣隸屬於汪政權之下，但王揖唐始終並未到任，「副院長」江亢虎後由代理而至真除。

另一點值得一提的，行政院各部長中，除汪方人員外（包括汪之嫡系與所謂CC在內），趙正平傅式說兩人為無黨無派人士。而國社與青年兩黨，居然也大唱雙簧，玩兩面手法，初國社黨由諸青來、陸鼎揆兩人為代表；青年黨以張英華、趙毓崧兩人為代表，且謂均得各該黨之承認而以黨代表身分參加。青年黨首領曾琦，且曾親往南京，為汪氏私邸之上客。兩黨中伍憲子、毛以亨等人，均曾赴寧觀看風色。在汪政權建立之前，兩黨且各發宣言，表示擁護。佛海初擬以司法行政部長一席與國社黨之陸鼎揆，會陸病卒（曾一度擬請羅家衡出任，羅又不就），乃改以諸青來出任交通部長，交通部長一席原已答應給青年黨之趙毓崧，轉給諸青來後，得趙之同意，以農礦部長一席相酬，汪政權之建立，除國民黨外，於是乃包括：「臨時」、「維新」、「國社黨」、「青年黨」以及無黨無派之人士，可謂形形式式，魚龍混雜。

參加汪氏「和平運動」諸人，皆認汪政權中，以財政、實業兩部為肥缺。汪等抵滬以後，即面允以「財政部長」屬之周佛海，以佛海當時之權勢，自無人敢與之爭衡，因此亦無人敢加以覬覦。「實業部長」則為第二優缺，雖早已內定為梅思平，但陶希聖曾以薄「教育部長」而不為，明言欲為「實業部長」，汪又不許，乃成為其出走原因之一。又一人則為潘××，亦以任「實業部長」為參加汪政權之條件。而汪氏既以梅思平為最先參加之一人，周又力為之支援，乃終得不為他人所搶走。但在政權建立的前夕，終以人事支配關係，將「實業部」分為「工商」、「農礦」兩部，而交通部亦分成「交通」、「鐵道」兩部，以饜足一般人的飛昇之願。

又一趣聞是「海軍部長」一席，汪氏本已決定為褚民誼。而陳公博周佛海兩人，以褚過去唱大花面，打太極拳，拉馬車，踢毽子，放風箏，以大官而有此行徑，已顯得滑稽，如再由他出任「海軍部長」，更將為世人所騰笑，陳周向汪再三力爭，始改任為「外交部長」。但那時外交對象，也僅日本一國，事實上一切對日交涉，均由周佛海負其實際責任，褚不過素餐劃諾而已。

從「七十六號」開始，以迄汪政權的顛覆，丁默邨與李士群兩人之間，久成水火，尤其在「還都」以前，互向佛海面前攻訐，對於警政部長一席，都志在必得，使佛海朝夕調處其間，難作左右袒，佛海本已內定以丁默邨為「警政部長」，而以士群為政務次長，士群堅拒。最後特設社會部予默邨，佛海則自兼「警政」，而由士群以「政次」攬其實權，其事始寢。佛海在「還都」前認為內部有兩件事使他傷透腦筋，其日記有云：「前有高陶之出走；後有李丁之爭執。面子丟盡，氣亦受夠！」曾致其無限憤慨之意，也可以說明當時丁李傾軋情形之激烈。

當時從龍諸人，在新政權中，都唯恐官階不大，但有一個冷衙門是例外，就是「行政院」的「邊疆委員會」。汪政權中人，就有過一句笑話，說汪政權的邊疆，即為南京的城門，蓋諷其號令不出城外也。雖然話是說得過分了一些，但是也大足以反映當時日軍的專橫情形。所以當「邊疆委員會」委員長決定人選時，先定「上海市黨部主任委員」蔡洪田，而蔡不屑就；再屬意於汪曼雲，而汪又寧願為其他一部的次長，而不當「特任」的「委員長」。正當懸缺未定之際，一次在上海愚園路一一三六號汪邸開幹部會議時，對於未來新政權的人事，也有所討論。

周佛海的心理，以其嫡系部下「十人組織」，初步一律分任為各部次長，表面上並不偏袒大用，而實際上能收到明瞭各部真實情形的效果。佛海在民十八出任民眾訓練部長與江蘇教育廳長之前，久任總司令部政治訓練處處長，而羅君強是他那時的主任秘書。那天的幹部會議中，佛海提出以君強任「軍委會政治部次長」，俾駕輕就熟，為公博之助。公博當場笑著說：「君強那麼壞的脾氣，我不能要他，你為他另謀高就吧！」高宗武與陶希聖雖中途離汪而去，但汪氏夫婦對高陶仍不盡有眷念與曲諒之意，尤其認為陶之所以出走，實由於君強一函所激成，汪夫人餘怒未息，那天卻站起來說：「誰也不能與君強共事，『邊疆委員會』人選未定，不如讓君強去，『邊疆委員會』與各部無關聯，就讓君強去關門做皇帝吧！」

就憑陳璧君這幾句話，決定了君強以後的出處。人棄我取，君強聽到了這個消息，卻沾沾自喜，以為雖無事可做，官階到底是「特任」，以後他的得為「司法行政部長」、為「安徽省長」，也無不由此而來。宦海浮沉，冥冥中豈真有前定歟？

汪政權的「中央政府」院部人選雖然確定了，原「維新」舊人，幾乎都處於伴食之列，而日政府對於佔領區的地方官吏，則堅持必須逐步更動。所以當汪政權創立之時，除「廣東省長」派出陳耀祖（陳後遇刺殞命，由陳春圃、褚民誼先後繼任）以外，其他如「江蘇省長」陳則民（以後繼任的有高冠吾、李士群、陳群、任援道諸人），浙江省長汪瑞闓（以後繼任的有梅思平、傅式說、項致莊、丁默邨諸人），「安徽省長」倪道烺（以後繼任的有羅君強、林柏生諸人），「湖北省長」楊揆一（以後由葉蓬繼任），「南京市長」高冠吾（以後由蔡培、周學昌等繼任），「上海市長」傅筱庵（以後由陳公博、周佛海繼任），「漢口市長」石星川，「廣州市長」彭東原，全部都為「維新」舊人，甚至日人所寵信的「蘇浙皖三省統稅局長」邵式軍，周佛海初雖欲全力去之，而終未成為事實，日本人仍然想統治中國，無處不暴露其不可理喻之野心。今天雖已時移勢易，而對二十年前不可與為友的舊事，還是值得讓每個中國人重溫一下。

汪政權在此數年中，因不斷與日人力爭不屈，情勢也逐漸改善，如江西派出了鄧祖禹任「省長」（後由黃自強繼任），以華北一部份土地劃出而成立淮海省，由郝鵬任「省長」（後由郝鵬舉繼）。蘇北也設立了行營，統一指揮，由臧卓出任行營主任，以後改為蘇北綏靖主任，由孫良誠繼任，這都是後話。

三四、揭開了歷史悲劇的序幕

民國二十九年三月三十日，倒是一個溫暖晴朗的天氣，醞釀了一年三個月的汪政權終於成立了。原來的國民政府在淪陷中給日軍搗毀得像故國山河一樣的支離破碎，汪氏的「國民政府」，遷到了戰前考試院的舊址。那天的清晨，警察已督促南京的市民們重新掛起青天白日滿地紅國旗，只是上面加了一條三角黃布飄帶，寫著「和平、反共、建國」六個大字。市民們有一些欣喜，因為五色旗又匿跡了，中山先生所手定與革命先烈們以鮮血換來的國旗，又見飄揚在中國自己的土地上。但市民們也有一些辛酸，這一條黃布飄帶，是玷污了中華民國，玷污了中華民族！

所有汪政權的登場人物，衣冠趨蹌，分乘著簇新的汽車，馳向新的「國民政府」！門前是一條橫亙著的火車軌道，越過軌道，遠遠就望到大旗杆上一面青天白日旗在臨風招展，上面並沒有黃布飄帶，是換了一個方式，改變用兩根小竹竿交叉在國旗的下面。意思僅在告訴人，旗上的黃飄帶不是固定的形式，將來隨時會撕去的。禮堂裡已擠得滿滿的，彼此相見也只是交換著點一下頭，每個人全沒有熱烈高興的神氣，全場是一片冷靜。汪氏出現了，許多居高位的武官是軍裝，文官是藍袍黑褂，唯有汪氏穿著一套禮服，仍然如當年的丰采，但顯得開始有些蒼老，有些憔悴了。他，面上全沒有一絲笑容，嚴肅地悄然走上主席台，眼光向四面掃射了一下，微微聞到嘆息之聲。在「三民主義，吾黨所宗……」的國歌高奏聲中，他俯下了頭，面上現出了勉強的一笑。汪氏的演說，一向是充滿煽動性，生動而有力。記得我第一次聽到他的演說，那是民十六他脫離了武漢政府來到上海，地點在善鐘路七十七號，他的講題是「分共以後」。

事前我為他想，他參加了左傾的武漢政府，又曾與陳獨秀發表過聯合宣言，這篇演說，他將怎樣自圓其說？而他的演講，一開始就說：「我為什麼要容共呢？那是遵奉總理的遺教；那末，我們為什麼又要分共呢？這是尊重總理的精神！」寥寥幾句話，先把自己的立場站穩了。他總是對的，並且說得無懈可擊，我佩服他的辯才與機智。三十餘年來，這幾句話，永遠留在我心裡。而汪政權建立那一天他的演講，似乎並沒有使我留下特別的印象，他聲音很低，講話無力，可能是他一生中最失敗的一次。我只約略記得他的大意：（一）大亞洲主義是中山先生北上過日時所提出的最後主張；（二）歷史上決無百年不和之戰；（三）收拾山河，拯救蒼生。典禮在他講完以後，匆匆地結束了。在禮堂門口，全體合攝了一張照片，就完成了歷史上悲劇的序幕。

這樣一個重要的節日，連充任最重要配角的周佛海，在他的日記中，也只寥寥記了兩行：「七時半起。旋赴國民政府舉行還都典禮及各院部會長官就職典禮，在隆重嚴肅空氣中完成。」而且「隆重嚴肅」一字樣，還是文人筆下的辭藻。一切外交上常例的各國使節的祝賀形式也沒有，日本也並沒有像周佛海所力爭的派出了常駐大使。連日本駐華最高司令官西尾等也到了翌日上午，才往汪政府作形式上的周旋。石頭城畔，是一片何等淒涼的景色！

為這一個節日作點綴的倒有兩件事。

同日，重慶國民政府又發表了一百零幾人的通緝名單，自汪精衛起，包括汪政權的院部會長副院長以及所有次長在內，一網無遺。最感奇怪的，我並不在汪政權中擔任任何重要職務，自從林柏生拒絕了我任宣傳部次長以後，我倒有失馬塞翁的欣喜，佛海屢屢示意我表示我的願望，而我一直聲明願意不拘名義，以友誼關係從旁幫忙。雖然他終於安插我為中政會法制專門委員會的副主任委員（主任委員是梅思平），那是一個無足輕重而僅有名義的職位。汪政權六年之間，我真是從未去出席過一次。何以重慶把我的名字也列入其內？而且前後四次通緝令中，我居然已經是第二次獲得了這個「不虞之譽」。反正是緝而不通，我也再度有了受驚若寵之感。

那天，南京城裡，是夠熱鬧的，雖然也照例有「維新」時代「大民會」策動的民眾慶祝遊行之類的玩意，每個政權的創建，也必然會有這一套，人民在被統治之下，也一定會乖乖兒的聽從支配，高呼擁護，這一類戲在我過去半生中是習見了的。但那一天的遊行行列，確真是並不熱鬧。熱鬧的倒是日本軍人到處對青天白日旗當攻擊目標，有些有毆打懸旗居戶的暴行事件發生。在鼓樓與新街口等處，擠滿了洶洶的日兵，更有釀成暴動之勢。原因有兩個：日本軍人以為三年來作戰傷亡累累，是要把青天白日旗打倒，現在相反地在侵華軍事大本營的南京，滿街滿巷，一夕之間，又復公然出現。在日本兵士的心理，不甘於有青天白日旗，殊不知中國的人民更不甘於國旗上再多出一條不倫不類的黃布條。因此，在懸旗的時候，許多人自動把黃布條取消了。於是日本軍人有了藉口，城裡到處亂烘烘地可以隨時發生大禍。汪政權的軍警與日軍部方面會同極力彈壓，總算安然過去，滿城小小的武劇，也成為這個節日中最熱鬧的點綴。

汪政權之建立，重慶是認為通敵叛國，而日本又以為非但是一個不受指揮的組織，反而是處處予以掣肘的一個累贅。雖然那時淪陷區的民眾，寄以若干希望，減少一些被蹂躪的實惠，但是這政權的命運，在兩面不討好中，其未來的結果，是注定為先天性的。

三五、汪精衛兩行酸淚立階前

汪政權之建立，既以日本前首相近衛文麿之三原則為依據，所謂善鄰友好、共同防共與經濟提攜，似乎表示得很明朗，而且日本更聲明不要求賠償，以及停戰之後限期撤兵。但一旦汪方與日方真正到了折衝的時候，方才發覺滿不是這麼回事，日本希望拔出泥足而渴望和平是事實，但近衛三原則，不過是和平攻勢中的香餌而已。但汪政權既經成立，無論在任何情況之下，必須先與日本弄好關係。

汪氏等一行於二十八年夏秋間先後抵滬以後，即不斷與日方接觸，非正式交換意見，汪日雙方以周佛海與影佐禎昭為交涉的對手。正式開始談判，則已在二十八年的歲杪，地點是愚園路一一三六弄六十號，也即是我與羅君強的共同住處。出席談判的人員等，我已在前文敘過。起初還是談的原則問題，到二十九年的新年，日方以油印的文稿，提出了整套的「調整中日間基本關係」草案，內容的苛惡，是可想而知的。

當與周佛海梅思平共同出席的高宗武與陶希聖取得了日方的提案後，汪氏正擬召集幹部會議討論對案時，於二十九年的一月四日派人召集高陶出席，才發覺了高陶已人去樓空，挾了日方提案高飛遠走，而且不久日方提案全文，在香港各報公開發表，條件內容既與善鄰友好相去甚遠，於是舉世大譁。但是高陶拿去的是日方的原稿，汪方連否認的餘地也沒有。周佛海日記中，認為受盡氣的是丁（默邨）李（士群）之爭，而丟盡臉的為高陶之走，也可見當時嚴重之一斑。

文件的發表，是揭開了日本並無悔禍之心的真面目。而周佛海即利用這一個機會，並且觸到了日本的痛處，對影佐說：如其要讓全世界相信高陶攜走的文件是出諸虛構，日本與我方合作確具誠意，只有雙方以未來的事實來證明。那末，條件方面，日本應該大大的讓步。影佐聽了雖很以為然，而日本政府與軍部方面，對汪方卻並不肯絲毫放鬆。

日本方面那時的情形怎樣呢？據重光葵所著《昭和之動亂》一書中所記，可以反映出日軍當時的真正動態。

事實有回溯之必要：對日抗戰始於民國二十六年的七月七日，即蘆溝橋事變是。至八月十三日松滬開戰，於是一發不可收拾。其間僅四個月的時間，於同年十二月十三日首都南京陷落。翌年十二月二十日政府復由漢口遷往重慶。前後一年四個月，日軍勢如破竹，已將中國的華北華中心臟地區全部佔領。日軍固然感到傷亡慘重，後果堪虞，但同時軍事上的勝利，也一時沖昏了日本軍人們的頭腦。那時華北由杉山繼寺內任司令官，華中由畑俊六接松井之任，華南更由古莊攻略廣州。

至民國二十七年底，日軍北進至山西，中抵漢口，南下廣州，全部海口遭到封鎖，這是汪氏基於戰事上失利的悲觀而脫離重慶的主因。日本朝野也志得意滿，因德國駐華大使陶德曼調停和平失敗，中國政府堅持不屈，近衛內閣且公然於二十七年一月十六日發表了「不以蔣政權為交涉對象」的聲明。而這一年中，也使近衛對戰爭發覺了有無限危機，為挽回過去的錯誤，於是發表了「三原則」，目的原是希望誘使重慶談和，而意外地發展為汪氏脫出了重慶。從汪之離渝，以迄其政權之建立，日本內閣已四易其人，由近衛而樞府的平沼，再由平沼而有陸軍的阿部，再由阿部而海軍的米內，可知日本的如何陷於手忙腳亂的境地。汪之脫離重慶，由滬赴日，經板垣陸相介見當時的首相平沼，而平沼竟會感到不知為何而來的驚異，更可見軍部控制了內閣，內閣成為軍部的傀儡。

第二次近衛內閣的實現，已在汪政權建立之後。近衛基於在他第一次任內所爆發之中日戰爭，有及早予以結束的責任感。但是軍部的「中國派」，還是一意孤行，積極進行「中國佔領政策」，創設興亞院，作統治中國的幻想，希望汪政權成為偽滿之續。興亞院在中國佔領區成為最高的統治機構，並且在北平設有「北支開發會社」，在上海設有「中支振興會社」，軍事侵略與經濟侵略雙管齊下。

汪政權成立之後，日本派出了前首相阿部信行大將為特派大使至南京，進行「中日間基本關係」之交涉，汪政權要求以平等、自由為原則，更進而廢除中日間的一切不平等條約。而日本則堅持完全相反的佔領政策，要求承認日軍廣泛的權益，差不多有半年的時間在爭執中，而在日軍槍刺之下，讓步的必然是汪政權。那時我看到過汪精衛、陳公博、周佛海等的絕望、痛苦與憤怒的情形。而所謂「中日基本協定」也終於民國二十九年十一月四日在南京簽署，日本正式承認汪政權，互派「大使」，聲明「尊重」中國主權，而汪政權也發表了「中日滿共同宣言」，並以影佐禎昭少將為最高軍事顧問，以日本前財相青木一男為最高經濟顧問。

到今天，我承認汪氏有意氣，看錯了局勢，走錯了路，但我仍然相信汪氏決不是一個甘心賣國的人，因為我目擊了汪氏於簽訂「協定書」時令人酸鼻的悲痛情形。

協定書的簽字地點即在汪政府的所在地，汪以「行政院長」的身分，代表政權在協定書上簽字。那天，他穿了一套禮服，當日方大使阿部行將抵達以前，他站立在禮堂前的階石上，面部本來已充滿了淒惋之色，他呆呆地站著，遠望繚繞在紫金山上面的白雲，忍不住兩行清淚，從目眶中沿著雙頰一滴一滴地向下直流。突然，他以雙手抓住了自己的頭髮，用力的拔，用力的拉，俯下頭，鼻子裡不斷發出了「恨！恨！」之聲，淚水漬滿了面部，他的悲傷，是僅次於搥胸頓足。所有在四周的人員，也為汪氏的悲苦，激起了國家之痛，與身世之悲，許多人的眼眶都紅了。那時，歡迎大使的軍樂起奏了，阿部已經緩緩地進來，立在汪氏旁邊任翻譯的周隆庠，低聲向汪氏說：「先生，阿部大使來了。」說著，一面從上衣袋中取出小梳，為汪氏整理著一頭亂髮，一面用手帕為汪氏抹乾了面部的淚痕。汪氏像瞿然從夢中醒來，面上重新露出了一絲苦笑，迎接阿部，同入禮堂，完成了簽署手續。這一幕動人的場面，十九年來，一直還在我夢境中出現。

三六、六年中的財政經濟概貌

經濟是政治的命脈，汪政權自然也不會例外。汪氏等一行脫離重慶到達河內之時，當時既未有作建立政權的打算，手頭當然不會有充裕的經濟。更以汪氏的地位，收受日本的餽贈是不可能的，所以在河內一段時期，汪氏發表豔電以後，如無行刺誤中曾仲鳴事件發生，本已決計啟程赴法。當中樞派谷正鼎赴越疏通之際，汪不但要求發給出國護照，而且希望補助旅費，汪氏斤斤於此戔戔之旅費，正所以說明其經濟情形支絀之一斑。

在河內還只須顧及私人生活。而自陳璧君周佛海梅思平等一行先後來港以後，展開政治活動，經費來源，係由若干銀行家或出於同情，或基於友誼，暗中資助。去滬以後，則仰給於關餘。所謂關餘，自清道光二十二年，以我關稅收入，作為賠償英國軍費之擔保後，嗣即陸續為外債暨賠款之保證。所有國家關稅收入，由稅務司存入匯豐銀行，儘先償還各國外債或賠款之本息，如有多餘，始撥歸政府收用。自抗戰軍興，國軍西撤，經日軍之要求，關餘改存於日本的橫濱正金銀行。民國二十六年以後的關餘，政府即無法動用。汪等抵滬以後，所需經費，即以此為挹注。但是數額有限，且日軍也時常出以延阻。

當汪政權建立之日，蘇浙皖三省當兵燹殘破之餘，又兼日軍的澈底搜括，已有民窮財盡之概。

那時市面上所流通的是三種貨幣：（一）法幣，事實上至二十八年，已貶值很多。（二）軍用票，日軍在淪陷區發行，雖與日元等價使用，但不能倒匯至日本國內，而且無限制發行，後來票上竟至不列號數。總數發出究有多少，除日本軍部外，無人能統計其總額。（三）華興券，維新政權建立後，創辦了華興銀行，以維新首長梁鴻志為總裁，表面上稱為商業銀行，事實上等於「維新政權」的「國家銀行」，日軍且賦予發行鈔票之權。

至於財政收入，汪政權成立以後，雖「維新」「臨時」兩「政府」已偃旗息鼓，「維新」重要人員為汪政權所吸收，「臨時」則依戰前何梅協定後華北特殊化的成例，改稱「華北政務委員會」，事實上——以徐州為界，劃疆而治，徒有隸屬之名，不受汪政權之直接管轄。湖北方面，日本軍人亦有割據之局，形成一片支離破碎。最初周佛海所編列的財政預算，收入部份為華北關稅二百萬元（仍以法幣為標準），江海關與華南關稅合計為六百五十萬元，統稅五百五十萬元，鹽稅二百萬元，華北鹽稅五十萬元，武漢各項稅收可解繳一百五十萬元，合共一千八百萬元。

而支出預算，以「維新政府」之支出為基礎，則只八百萬元，汪政權建立後，機構增多，追加一百五十萬元，另事業費五百萬元，軍事費五百萬元，國民黨黨費六十萬元，預備費五十萬元，合計為二千五百十萬元。收支兩抵，不敷約七百餘萬元。作為一個政府，這數目委實已小得可憐。

事實上，關稅既因國軍後撤，情形混亂，船舶之入口大為減少，收入亦因之隨而劇降。至太平洋戰爭爆發，關稅已等於零。鹽務初為日本軍人所把持，後日本成立興亞院以後，設立「華中振興會社」，下轄經濟侵略的各種國營公司，鹽務方面亦為華中鹽公司所把持。我國鹽產，以長蘆為最多，而又在華北地區，解交之稅款，年僅五十萬元，餞餘而已。華中方面，海州場歸日人以華中鹽公司直接經營，松江與淮南兩場產鹽不多，實際僅有一餘姚場。統稅則始終操於日本所委任所控制之邵式軍之手。

汪政權成立，財政部下三大署：「鹽務署」長阮毓祺（勝利後病死蘇北）。「關務署」長張素民（現在港），均為周佛海所自行物色，惟邵式軍則為日人直接關係，雖出任汪政權之「稅務署」長，暗中仍受日人之指揮。終汪政權之局，周佛海處心積慮，以去之為快，終未能如願。故其所收入之稅款，半飽私囊，半供日本軍用，交「財部」的不過是形式上的敷衍。又一大宗收入之鴉片稅，日人又以前清郵傳部尚書盛宣懷之侄盛文頤（字幼盦，滬人呼為盛老三而不名）創宏濟善堂經營其事，而以日浪人李劍甫負實際之全部責任。汪政權對之幾於不能問訊。直至太平洋戰後，始收回自辦，另立「禁煙總監部」，而由陳公博兼任總監。汪政權財政情形之複雜，就上面所述，已可知周佛海之如何難於措手足於其間了。

所以，汪政權一旦建立，在未曾開始收稅以前，支出即一無著落。那時代表日方聯絡經濟的是犬養健（即戰前日本二二六事件中被少壯派軍人所殺前首相犬養毅之子。戰後吉田茂內閣中曾出任司法大臣），由於他的接洽，向正金銀行借款四千萬元，始得勉渡難關。汪政權之成立為三月三十日，而於開張前一日即三月二十九日，汪政權財部之印信，首先即用於與正金銀行上海支店經理岸波簽署之借款條約上。佛海謂為實非佳兆，事非出於迷信，蓋誠有感而發也。

三七、法幣與中儲券兩度折換

汪政權前後六年之中，預算既捉襟見肘，又當戰時幣制不斷貶值，而始終能平穩渡過，其間向日本借款者似有兩次，而不敷之數，則另以所得稅、營業稅、印花稅以及田賦為之抵補。

我所知於汪政權之財經部份者，如此其少，而有三事則不能不就我直接所留之印象，於此作一概括的闡述。所謂三事，即「中儲券」與法幣之折算，金證券之發行，以及紗花之收購是也。茲先述「中儲券」與法幣之兌換與折算經過如次：

當周佛海擔任「財長」以後，日本派遣前財相青木一男為汪政權的最高經濟顧問（青木後回國出任大東亞相），以代表犬養健之任務。首先計畫設立「中央儲備銀行」，作為汪政權之「國家銀行」，佛海則以「財政部長」而兼任總裁，以錢大櫆為副總裁（錢為江蘇太倉人，字書城，本為金城銀行大連分行經理，雖出於日人之推薦，但佛海以其為周作民之代表，始予以大用。勝利後繫上海提籃橋獄，初判死刑，上訴減處無期徒刑。共軍南下，凡判處無期徒刑以上之汪政權人員，均未釋出，一律轉入於中共之手。前數年，錢為共黨所槍斃）。

佛海在「中央儲備銀行」籌備期間，屢以日本軍用票在淪陷區之無限制發出，無準備，亦無稽考，一旦戰爭結束，將貽民間無窮之害、更使國家蒙受無可計算之損失，深以為慮。故首先提出俟

「中儲」成立以後，新貨幣發行，日本應負責將軍用票與華興券掃數收回。這一項建議，對日軍來說，無異是與虎謀皮，而佛海則出之以堅持，而且以此為「中儲」是否成立之條件。前後經過約一年的交涉，日方終於讓步，接受了佛海的條件，這是汪政權對日本經濟作戰的一項重大勝利。

佛海更認為紙幣的發行，無論如何應該對人民負責，換一句話說，即不能不有相當之準備。所以當「中儲」成立之後，首先依照市價，大量收買黃金與英美外匯。同時並以原國民政府發行之法幣，亦為庫存準備之一。因之，在「中儲券」發行之初，市面上倒並未發生什麼波動。

最主要的問題，是國民政府原在淪陷區所流通的法幣，如何定出一個公允的兌換率。無可諱言，戰事經過了三年的時間（「中央儲備銀行」的成立，已在二十九年的秋冬之間，而收兌法幣更在翌年春夏之交），法幣已經貶值，如兌換率定得太高，則汪政權無力負荷實際之差額；定得太低，又將使民間蒙受重大之損失。日方最初提出為五十作一，即五十元法幣，兌換「中儲券」一元，而周佛海所訂出的兌換率原為平兌，後退而為兩作一，即兩元法幣，兌「中儲券」一元。其間經過了劇烈的爭持，日方始於無可奈何中以兩作一定案。但在正式實行的前夕，市面上已有了收兌的風聞，黑市曾到過十七元法幣換一元中儲券的價格，但這只是一兩日的情形。

在「中央儲備銀行」前後五年中，曾經發行過大量的鈔票（華北另有「聯合準備銀行」發行之「聯準券」），行使於蘇浙皖鄂粵區域，從中儲券之發行，日軍用票與華興券也同時由「財部」與「中儲」收兌，相信仍留存於民間者已為數很微。但是，「中儲」既始終沒有宣布過有沒有準備，或者有多少準備，民間大部份也以為「中儲券」與軍票相同，心理上肯定「中儲券」是並沒有準備的。

民國三十四年（一九四五年）的八月十日，首次傳出了日本投降，戰事結束的消息。旬日之後，總司令何應欽所派遣的冷欣等定一批受降先遣人員，飛抵南京，也帶來了若干關金與法幣。南京商會由於勝利所給予的欣奮，定出了二百作一的比價，在市面流通。因為數量不多，市面固未受影響，接收人員隨身帶來的關金法幣，也遠遠不敷應用。

八月十四日，軍委會已正式電委周佛海為京滬行動總指揮，那時「中儲」雖已停止營業，但中央仍責令負責維持市面，以及在青黃不接之際，仍以「中儲券」供給中央所派遣的軍政人員以一切需要，周佛海與錢大櫆也每日仍到「中儲」辦公。接收人員只憑一紙便條，「中儲」即照數付款。在這一二月間，「中儲券」增發的數字是可驚的。直至九月三十日周佛海由戴笠陪同乘機赴渝，錢大櫆將「中儲」庫存等移交後赴上海南市軍統局看守所束身待罪，始正式告一結束。中央銀行總裁陳行也已受命來滬，主持金融。並由他正式宣布中儲券與法幣之比值，即以南京的不成文規定，定為二百作一。無人知道這比額是怎樣一個計算方法，當然也無人敢予問訊。誰對「中儲券」出來說話，誰即被視為有「漢奸」、或袒護「漢奸」之嫌。

以後，在上海提籃橋的監房中，錢大櫆於初審被判處了死刑。我去慰問他。他神色顯得有些沮喪，但態度還很鎮定。他告訴我，在汪政權中他沒有做過別的事，判處極刑的罪狀，就是「中央儲備銀行」的「副總裁」，個人生死倒沒有什麼，但政府似乎夾涉了一些意氣，遺憾的是，健庵（陳行字）是金融界的舊人，對中儲券的比值，不該作出這樣不合理的決定，這是我不能瞑目的一點。

說著，他在身邊掏出了「中儲」移交的賬目，他一行一行指給我看，中儲券的發行總額是多少（包括勝利後接收人員取用的數額在內），庫存黃金若干噸，白銀若干噸，英美瑞士的外匯與美元英鎊及瑞士法郎以及法幣是多少。他說：把房產、股票以及其他貨物等財產一切都不算，即依照宣布兩百作一的當日重慶黃金白銀及外匯的牌價，我詳細地精確地計算過，中儲券的發行準備與其發行額，應該是二十八對一。兩百作一未免過分了，損失的是人民，而人民是無辜的。

當時，我曾經將數字完全抄錄下來，而這次南來，我什麼都沒有攜帶，在現在寫回憶錄時，深恨不能列出這寶貴的資料。但許多曾經參加過「中儲」接收工作的人，都還健在人間，他們應該相信我舉出錢大櫆口中的這個比值是正確的、合理的。而二十八比一的數字，也深深的記在我心裡。十餘年後，一切早已事過境遷，我還在寫這筆舊賬，其實也已是多餘的了。

三八、汪日經濟鬥爭又一回合

汪政權的處境，正如重光葵於其出獄後所著的回憶錄《昭和之動亂》中所說：日本的對華侵略戰爭，擴大為全面戰爭的時候，照甲午中日戰爭及甲辰日俄戰爭之例，在東京宮城設立了大本營，以陸軍部和海軍部為組成機構的中心。從此一般政治，都要依從統帥部的意旨，而軍部也完全被侵華軍閥勢力所支配。汪政權的財經處境，自然一切更受其牽制。

軍部當時已準備好佔領中國政策的具體方案，將中國全境使之「滿洲化」。對華問題已脫離了外務省，在軍部勢力之下組織興亞院，由興亞院來支配中國問題。這方案在內閣會議中，曾發生激烈爭辯，沒有軍部支持的宇垣外相，因反對而辭職，由有田八郎繼任，興亞院也終於成立。興亞院一共分為兩部：第一部管理政治；第二部處理經濟。並在北平、青島、上海、漢口、廈門、廣州分設聯絡部。廈門青島的聯絡部歸屬海軍，北平、漢口及廣州的聯絡部歸屬陸軍，上海則屬於陸海各半的勢力。為了作澈底的經濟侵略，在北平設有「北支開發會社」，上海有「中支振興會社」，下面有形形式式的所謂中日合辦的國策公司，對於主要物資的生產與運銷，加以全部的掌握。

關於日本軍部預算的配額，自二二六事件以來，內閣本已大量放寬，而自成立大本營之後，又變為戰時體制，對軍部預算，成為無限制供應。陸海兩軍互相競爭要索，大藏省既不敢拒絕，而又無力支付，只有以濫發紙幣來彌補，遂使日本國內經濟發生動搖，物資缺乏，物價暴漲。唯一挹注之方，只有在中國佔領區裡壓榨。一切戰略物資與原料，都是日軍搜括的目的，除了日本財閥所經營的三井三菱等大公司負起這任務外，軍部也索性直接徵購，例如江蘇境內的蘇松一帶產米區，就被全部劃入軍米區域，由軍部直接收購，中國人的民食，只限於貧瘠的長江以北一隅。

汪政權對於這方面非但感到痛苦，而且感到棘手，反抗是無此力量，而依從又絕不甘心。表面上日本要尊重汪政權為一個「獨立」「自主」的「政府」，汪政權也只有利用這一點予日方以掣肘。譬如說：在「中支振興會社」下的各個國策公司，照例董事長由華人擔任，儘管他並沒有實權，但形式上必須經過他的劃諾，所有「國策公司」的董事長，幾乎都是周佛海梅思平等的親信，因此可由周梅等指示如何採取消極的牽制行動。汪政權的六年之中，也無日不在與日方鉤心鬥角。

日本的國力，在戰爭中既有著驚人的消耗，到戰爭末期，早已呈現羅掘俱窮之象，至民國三十三年（一九四四年），以紡織馳名的日本，由於太平洋戰爭，美國那時已取得了制空權與制海權，幾乎完全遮斷了日本在南洋取得物資運輸的航路，甚至紗布也感到了匱乏。興亞院提出了在淪陷區全面收購紗布的要求，而且堅持這一個要求。本來，如紗布，如食米，如麵粉等早已在上海成立了各種的統制會，隸屬於「全國商業統制委員會」之下，主任委員原為上海三老之一的聞蘭亭，那時已經辭職，由復業後之交通銀行董事長唐壽民繼任。唐氏於太平洋戰爭前是交通銀行總經理（董事長為錢永銘），於太平洋戰爭香港淪陷後被俘，押解去滬，以出任汪政權職務為恢復自由的條件。唐又為周佛海之密友。當日本要求收購紗布，周唐計議對策，覺得斷然反對，反而激成日本的老羞成怒，不如改以延阻為緩兵之計。於是由周唐分別交涉，提出了兩點：

一、日本與汪政權不但為與國，而且為盟國（太平洋戰爭發生後，汪政權曾通電宣布參戰，其作用與經過，容後再詳），應該處於公平原則之下。日本在中國境內設有大規模的紗廠，如內外棉等（即勝利後接收合併而成的中紡），手裡有多於華人幾倍的紗布，為了表示中日之間的公平，也讓中國人看到日商的擁護日本政府的政策，收購應該由日商入手，次及華商。如日商的紗布已經夠用，則華商的應該留歸中國平民的日常需要。

二、戰時需要的是物資，日本既與英美等宣戰，則黃金已等於廢物，收購紗布，如以「中儲券」支付，將更使通貨膨脹，而使汪政權的財經趨於崩潰，因此，向華商收購紗布，必須以黃金為支付，而日本也必需於收購前將黃金由日本運來。

這兩點對策是相當毒辣的，不敢說日本不明瞭汪政權的真意，事實上，當時日本政局的處境之艱難也與經濟處境相同。他感覺到無力長期支持全面戰爭，尤其與英美在太平洋節節敗退中作殊死鬥時，迫切需要拔出在華深陷泥淖中的雙足。但是重慶堅決拒絕了百計探誘的全面和平，如再與他一手所支持的汪政權為此而鬧翻，不但將成為國際上的大笑話，日政府也將無以對國內人民作交代。周佛海正針對著日本這一個弱點，因此敢於毅然決然地提出，毅然決然地堅持。經過數月劍拔弩張的交涉，日本也終於勉強就範，一切照著佛海的意見辦理。

說到這裡，使我現在想來，還覺得汪政權真是一個奇怪的組織。他一方面對重慶作抗戰與和平的兩個不同政策鬥爭；一方面又與日本作權力上經濟上的鬥爭。同時汪政權既與日本攜手，而其主要人物，如陳公博周佛海等又與重慶直接間接有默契、有聯絡，甚至奉行重慶的命令。而另一方面，又組織了清鄉部隊，與中共在軍事上作鬥爭，這真是一幕戲劇，而我又要說：可惜結局是一幕悲劇！

三九、紗布收購後的三項去路

在紗布實行收購之前，由汪政權冠冕堂皇地發佈了明令；在紗布實行收購之時，也真是先由日商方面入手。等日商辦理完畢，所有華商所存儲的才全部開始登記，登記終了以後，算出應該折合的黃金數量。又通知日本整批運送來華。日本真也乖乖地由飛機一批一批地運抵上海，送交「中央儲備銀行」存儲。被收購的紗布車送至指定倉庫的時候，商統會就發給廠商領取黃金憑條。滿十兩的直接向「中儲」具領（上海一帶，黃金以十兩為一條，不似香港的以五兩為一條，但上海的十兩，只合香港八兩三錢三分），其不成條之零數，則委託全滬銀樓辦理。

日本與汪政權在這一次經濟鬥爭中，日本最後竟然是全軍覆沒。紗布收購集中倉庫以後，汪方又提出了另一個要求，理由是既然紗布全部收購去了，今後人民穿的將是什麼，處於「政府」的立場，應該給人民以最後購買的機會。理由很正當，日本想不出別的說辭反對，於是商統會公告，每人依收購價配給布料一丈三尺（即成人縫製一件長袍的尺度），於是從華商手中收購的紗布，一部份分散而仍然歸入於中國人民之手。這聰明的做法，也是汪政權獲得淪陷區人民諒解原因之一。

另一個有關紗布的插曲，也值得在這裡一敘。當時公開在租界裡做杜月笙代表的徐采丞（年前在港以神經衰弱自殺身死），等太平洋戰爭爆發，日軍開入租界，他非但沒有遭到意外，而且立刻取得駐滬日軍最高司令部「登部隊」陸軍部長川本的信任，委他做了囑托（日語，即顧問之意），更通過了我的關係，與周佛海取得聯繫。日本人注重中國人的資歷與既成勢力，認為杜月笙在上海有潛勢力，而采丞是他的代表，因此也對其重視，采丞的得以活動，大約就基於這個理由。

那時，重慶有一個專門爭取淪陷區物資的龐大商業機關，叫做「通濟隆」，由孔祥熙、顧祝同、戴笠、杜月笙等為董事。采丞在浦東設有一秘密電台與重慶通報，重慶交給了他一個使命，要他儘量把藥品、橡膠、紗布等抗戰區缺少的重要物資內運，以供戰時急需。而采丞也竟然能說服了川本，由「登部隊」付出四億「中儲券」作資本，成立了民華公司，與通濟隆為交易之對手，目的以上述物資換取抗戰區的礦砂鴉片等物。民華公司表面是以日本軍部為背景的大商業機構，佔據了上海四馬路建設大樓全層的房屋，以上海的名流們出任該公司的董事，就記憶所及的名單，其中有葉恭綽、聞蘭亭、林康侯、袁履登、唐壽民、吳震修、葉扶霄、朱博泉、周作民、吳蘊齋、汪曼雲、段宏綱等人。我則以周佛海的代表資格，任為該公司的常務董事。而且據采丞告訴我，全部名單經電告重慶軍委會核准備案。

收購華商紗布，經過汪政權的阻延，實行時期已在民國三十四年，即和平那年的初春，民華公司有四億元資本在手，果然也採辦了藥品橡膠等其他物資，陸續由京滬路轉津浦路，從界首方面內運，紗布則竟然由日軍部出面向「商統會」交涉，民華公司以現金及暫欠方式，取得了一部份運往抗戰區。本來原則上民華與通濟隆是物物交換，但是民華一批又一批地起運了，直至勝利為止，通濟隆卻並不曾有過任何物資運往淪陷區。這雖然完全是事實，但由我曾經參加過汪政權的人來說，我只能讓讀者作為「信不信由你」這一類的故事來看了。

除了上述配給與內運以外，其餘留存在上海倉庫中的紗布，直至勝利以後，全部由政府接收，供給軍隊與市民的需要。日本白送了一大批黃金，結果連一疋一縷都未曾運走。我不知這是日本人的愚蠢，還是被稱為漢奸者們手腕的巧妙？

此外可以附帶一談的，就是前面所說的金證券問題。到民國三十四年的春天，「中儲券」已有通貨膨脹的現象。而且這現象在急劇惡化中，周佛海又以「大東亞戰爭」應先以穩定後方金融的老調，要求日本再運國庫中的金塊金條，作為收回一部份「中儲券」之用。日本初時當然予以拒絕，但佛海以去就爭，說除此以外他已無力維持，今後也不再負汪政權統治區域的任何財經後果的責任，並且一度表示消極，不去「財部」與「中儲」辦公，日本方面由駐華大使暨軍部參謀長來與訪談，佛海竟一律擋駕。而最後，日本作了又一次的讓步，讓佛海得如願以償。

「中儲」於取得日本運來之黃金後，立刻宣布發行金證券。辦法是以當日掛牌價格，任由人民以「中儲券」現金交給「中儲」。兩個月後，不問以幣制貶值關係，黃金漲至任何高價，中儲仍以購買日約定之黃金，交付金證券的持有人。這一個辦法的宣布，「中儲券」又回復了穩定，上跳的幅度減低，購買金證券者也相當踴躍。前後共發行了七八期，最後一期應該是三十四年十月底到期兌換，但以日本投降，和平實現，「中儲」行且提前發給，了結了對民間的一項債務。

四十、汪周間僅有的一次誤會

汪政權中雖龍蛇混雜，派系紛歧，但汪氏對周佛海確能推心置腹，有股肱之寄；周對汪亦恭順不貳，有國士之心，在周之日記中，且不時流露感恩知己之意。雖其間公館派與CC時有不愉快之小磨擦，而裂痕始終未嘗表面化，終汪之身，與周亦呈水乳交融之象，雖周佛海之左右，有十人小組，而誓言中首列以擁汪為目的。六年之中，我與佛海朝夕相見，間聞對汪夫人陳璧君有不滿之辭，而對汪氏本人，則從無一語批評。汪之寬容，與周之守份，蓋兩得之也。

佛海與公博，昔雖處於絕不相同之兩個系統，但論私誼則為舊交。當民十陳獨秀發起中共時，陳周為出席在滬舉行之中共第一次代表大會之代表，其經過曾分別著於公博之《寒風集》與佛海之《往矣集》。當民二十八年夏秋之間，汪氏等一行，分道由越港抵滬，公博來滬勸阻汪氏組府不成，即離滬返港。此時改組派與CC間有門戶之見，佛海時常說：「假如公博在此，以他的深明大體，多一個可以商量之人，多一可向汪先生進言之人，一切事情或不至棘手至此！」佛海的思念公博，想與公博攜手，真是出於一片真心。以後高陶叛汪離滬，公博於民二十九年三月十一日毅然再度由港去滬。佛海在是日之日記中有云：「本日公博到滬，相見之下，悲喜交集。……」實在是出之心坎中的話。其後六年之中，汪政權遇有大事，公博、佛海、與梅思平、岑德廣等，必事前交換意見，取得協議，然後報告於汪氏。公博的退讓與佛海的爽直，是兩人免去隔閡的主要原因。而直至勝利後，即民國三十四年八月十三日，忽以一時誤會，在南京雙方派兵佈防，嚴陣以待，幾至用武。幸而懸崖勒馬，卒未釀成大禍，此事經過，容後再詳。

佛海對汪的戰戰兢兢，見之於他二十九年一月九日之日記：「返寓後約思平、默邨來商我輩之態度，因外間謂我輩為新ＣＣ，把持一切，故決定一切慎重，以免外間有此謠傳。對於君強之幼稚言行，加以制止。」寥寥數語，可見佛海對汪之一斑。

但汪氏以多病之軀（除嚴重之糖尿病外，在中央黨部遇刺之槍彈尚留體內，漸漸發覺已影響健康），加以建立政權後，百不如意，他本是易於衝動的人，一經左右的浸潤，肝陽上升，即不能自制，汪周之間，因此曾經有過一段波折。

如前所記，當汪政權之建立，除容納一部份「維新政府」人物外，其他各省市地方首長，日人希望保留一個短時期，暫勿更動。這自然是汪政權所絕不願意的事，所以只經過了兩三個月的時間，汪氏立即提出首先將江蘇省政府改組，舊「省長」陳則民免職，而代之以原為「維新」的「南京市長」高冠吾。當時汪氏要佛海擬一張各廳長的人選名單，佛海沒有好好的考慮，而以十人組織中的蔡洪田任「民政廳長」，張仲寰任「教育廳長」，更以顧祝同與陳果夫主蘇期間的往日同僚董修甲任為「財政廳長」（民國十八年佛海以中央民訓部長兼任江蘇教育廳長，時董修甲為建設廳長）。名單送呈汪氏，雖於行政院會議中照案通過，但汪氏對周一經他人的挑撥，亦認為其攬權位置私人，於是心懷不快。

至三十年春，汪政權舉辦清鄉，成立「清鄉委員會」，以李士群出任秘書長，駐紮蘇州，擬首先在蘇省境內實行清鄉計畫。李士群雖為周佛海十人小組之一，但此次的獲得兼任新職，非但經過與羅君強劇烈鬥爭，而且是出於汪氏的直接委任。二年中，周對他的一手扶植，李既以與丁默邨之間的磨擦，認為周不能對他完全偏袒而有所不滿，再以與羅君強間意見日深，權力上的衝突日烈，以為周之對羅，好過周之對他。何況，所有汪政權的特工組織，時已完全掌握在士群的一人之手，不時要索鉅大的經費，以為擴充他實力之需，周又往往難滿其意。士群時常公開對別人說：「我對周先生沒有什麼不滿意，只要錢給得痛快些就好了。」

士群是一個年輕而充滿野心的人，那時已頗想離周而自成一系。在當時環境中，惟一的途徑，必須與汪氏發生直接關係，同時也必先取得汪氏之信任。所以李自己也仿周之所為，暗中組織了一個十人團體，據我不完全的記憶，其中人物，為唐生明（唐生智之弟，年前由港返大陸投共）、汪曼雲、黃敬齋、萬里浪、胡均鶴、潘達、葉耀先、唐惠民、楊傑等人。以後周李之間的形成水火，李羅之間的勢不兩立，最後士群之被毒死，其間的曲折，殊非一言片語可盡。而事態的發展，起因都是為了羅李二人權力之爭，這是中國任何政壇上成為必有之可悲現象！而為此蘇省府人事的安插，竟引起了汪周之間的誤會，而且是僅有一次的誤會。

四一、周系十人組織暗潮初起

事有湊巧，士群鬥勝了羅君強，奉了汪氏之命，欣然去就任清鄉秘書長，一到蘇州，急急於想在工作上對汪有所表現，而清鄉委員會非僅機構龐大，職權方面也在在與「省府」衝突。士群為了取得工作上的便利，更因為「民政廳長」蔡洪田同是周系十人組織之一，因此約洪田兼任清鄉委員會的江蘇區「專員」，那時清鄉委員會秘書長辦公處，已成為事實上的「江蘇省政府」，而「專員」則是變相的「民政廳長」，士群以為洪田必樂於兼任。不料士群一經勸駕，而洪田竟然毫不考慮的加以拒絕，弄得士群太下不了台了。

洪田是一個頭腦比較冷靜的人，從北伐成功一直到抗戰為止，任上海市黨部委員達十餘年之久。國軍撤退以後，市黨部主要人物潘公展、吳開先、吳紹澍等先後轉往後方，洪田以代理書記長名義與汪曼雲潛伏租界，從事地下工作，那時李士群還是土肥原特務機關下的一個小組織，士群有時還想與中央取得聯繫，曾經幾度要與洪田、曼雲晤面，洪田都退在幕後，而由曼雲和李慮與委蛇。以後市黨部因內部的人事磨擦，蔡洪田、汪曼雲等留滬的市黨部委員幹事，全部附汪。而數年之間，士群騰踔一時，地位已遠在洪田之上，但洪田是有一些高傲的人，他既不願搞清鄉，更不願屈為李士群的部屬。這一來，引起了士群的不懌，可能士群在汪氏面前對洪田先已有所媒孽。

平心而論，洪田倒還不是孳孳為利的人，他很想為桑梓之鄉做出幾件事，以減少鐵蹄下人民的痛苦（洪田是江蘇南匯人），事有湊巧，江都縣長潘宏器，那時已逾花甲之年，胸前一部飄拂的白鬚，外貌很像是年高德劭的樣子，而他之所以能出任江都縣長，因為他兒子娶的是陳璧君的侍婢，完全倚仗的是這一重裙帶關係。戰後，淪陷區於疲蔽之餘，建築用的水木材料缺乏而昂貴，潘宏器以縣太爺之尊，竟拆除揚州李鴻章之舊宅，目的是因為中間的楠木廳所值不貲。事聞於洪田，派專員赴江都攝成照片，已準備提請「省政府」會議，對潘宏器免職查辦。消息傳到了潘宏器耳裡，他知道證據確鑿，萬難抵賴。適南京舉辦「縣長訓練班」，潘宏器已接到通知為本屆受訓學員。他起程赴京之前，先到了蘇州謁見洪田，要求為他彌縫，洪田卻不假以辭色，斷然拒絕，他在洪田那裡撞了一鼻子的灰。他知道「民政廳」的科長王春元是洪田的同鄉而又是幼年同學，洪田對他言聽計從。潘於是偷偷地約了王春元在酒樓中再度商量消弭之計。

王春元是一個見錢眼開的傢伙，當時兩人有沒有金錢上的要約，雖不敢肯定，但王春元之答應幫忙，則完全是事實。事後王春元代潘向洪田說項，又被洪田拒絕。潘宏器在絕望中到了南京，他以汪公館丫姑爺的家長的身分，晉謁汪氏，當汪氏問到江蘇吏治情形，潘宏器說：「地方上倒還沒有什麼，就是『民政廳長』要錢厲害，難於應付。」他反而把拆屋的事說成洪田勒索的藉口。這幾句話，觸動了汪氏對佛海擅權的不滿，又受士群浸潤的影響，立時大為震怒。於是不加考慮，打了一個電報給李士群，令將洪田扣押查辦。

一個午夜，我在上海家中已經睡了，因為第二天洪田要到南京去出席糧食會議，我也需要料理我的銀行業務，我們約好同車赴京，洪田就在蘇州上車與我會合同行，因此那天睡得特別早。正在朦朧的時候，床頭的電話鈴聲忽然大鳴，一聽是佛海的聲音，他說：「士群有電話給我，說汪先生有手令要他扣押洪田，不知為了何事，你今晚如來不及去看士群，明天早車士群要回蘇州去，你去蘇州與士群談一談，我以全權交託你斡旋此事。」聽了電話以後，我想不出為什麼形勢嚴重得要由汪氏親自下手令。這一晚，以我與洪田的私交，自然也就輾轉不能成寐。

翌日上午七時，我趕往北站，士群已坐在一間包房中，我說明受佛海之托，希望不使事件擴大。士群說：「今晨又接到汪先生的訓令，是為了關涉向揚州縣長索賄的事。汪先生的命令我雖不敢違抗，但弟兄的情誼，我也一定迴護，假如洪田也當我是弟兄的話，我決不使他為難。」我說洪田即將在蘇州上車，我們三個人當面談吧！

車抵蘇州，我與士群下車，洪田過來招呼，就在月台上，我先告訴了洪田此事的經過，士群接著說：「洪田兄，我希望你不要去南京了，留在蘇州，在我勢力範圍之內，我可以保護你。」不料洪田的答覆，硬得出人意外，他說：「假如我有此事，在蘇州也逃不了責任；假如我沒有此事，到任何地方去我也不怕。」說著，就拉了我上車，這一來，更使士群過分難堪了，我還在埋怨他，他說：「士群想趁機使我屈服，我決不示弱。」於是，問題也就成為僵局。

抵達南京以後，傍晚耿績之在天竺路的家裡宴請許多朋友，我與洪田都去了。入坐方定，「首都警察廳長」蘇成德、「南京特工區區長」馬嘯天相偕而來，起初我以為他們也是賓客，不料，他們向洪田作了耳語之後，三人就一起匆匆的走了。我知道是出了事，趕出去已不見影蹤。我往四處追尋，以後在馬嘯天家裡看到了洪田。馬嘯天說是依著士群蘇州的來電辦理，一切無能為力。第二天，洪田被押解赴蘇，在士群家裡軟禁了達一月之久。幸汪氏不為已甚，士群也算已顯過顏色，最後洪田丟了廳長的飯碗，得以恢復自由。他的科長王春元則羈押在南京地方法院，也以缺乏證據而無罪釋放。汪政權六年之中，汪周之間的不愉快，這是僅有的一次；而周李之間，感情卻從此永難恢復。

四二、三個人分成兩派的習性

羅君強時常說：中國人的習性，有三個人在一起，就會分成兩派，而他自己就犯準了這個毛病。在汪政權時代的周佛海左右，自以君強與他的關係為最深，而且也最得其寵信。他們是湖南同鄉，還帶著些世誼，君強在上海大夏大學未及畢業，就一直跟著佛海做事。佛海任總司令部政治訓練處處長時，他就是主任秘書。以後他的得任浙江省海寧縣縣長、南昌行營秘書、行政院秘書等職務，直接間接，都由於佛海的提攜與噓拂。至汪政權時期，君強尤其鋒芒畢露，由最早的「邊疆委員會委員長」，而「司法行政部部長」，而「安徽省長」，以至最後的「上海市政府秘書長」。其他如「中央黨部副秘書長」、「稅警總團副團長」等，兼職更不計其數，可謂烜赫一時。他借佛海以自重，也想包辦佛海的一切。任何人想與佛海見面，一定要通過他的聯繫，否則他就會中傷破壞。

當時佛海倒是真想搜羅一些人才，好好的做一些事。而以君強的狂妄、傲慢、偏狹，無形中不知替佛海得罪了多少人。佛海不是不知道他，無奈關係太深，過去信任又太專，雖有時對之厲聲叱責，而卒之倚畀如故。他認為君強固然有許多缺點，但是能幹、廉潔，與對他忠實。君強的辦事卻很能幹，做一樣像一樣，而且交托他一件事，總能表面上做得有聲有色。至廉潔與忠實，也只能說佛海尚不失為一君子，所以很容易可欺以其方了。在君強最得意的時候，不免有些忘形，且以佛海與他，自比於清室中興的曾左。但勝利以後，同押於南京老虎橋監獄時，時移勢易，即一反平時之恭順，竟至對佛海口出惡聲，而且終至相見不交一語，這真是世態炎涼中最可怕的一例。

最早佛海的確並無想搞十人小組之事，當二十八年秋君強由港抵滬以後，初寓呂班路呂班公寓。是年八月杪，佛海由虹口江灣路三號遷往愚園路一一三六弄五十九號，指定君強與我同住比鄰之六十號。君強那時，即日日向佛海進言，組織十人小組，以增加佛海之力量，佛海卒為之意動。實則君強是利用團體的力量，在佛海前增高其發言的地位。故二十八年先有羅君強、易次乾、耿嘉基、汪曼雲、蔡洪田、張仲寰、周樂山、戴策、章正範、金雄白等十人結為金蘭之誼。

至翌年，君強認為原有組織份子的力量不夠，又主張改組。他擬議的對象是梅思平、李士群與周學昌三人。但十人組織事實上為佛海之嫡系部屬，佛海不欲使思平列入，改請他為顧問。而以其連襟王敏中參加。李士群則以手中握有特工機構，是一個實力派，君強初意可以利用聯為臂助。至於學昌則在西安事變時，已任陝西教育廳長，資歷較深。故將第一次之小團體放棄，又另行改組，其名單為羅君強、李士群、周學昌、朱樸、汪曼雲、蔡洪田、戴英夫、沈爾喬、王敏中與金雄白。

君強雖是慫恿發起十人組織的人，也是第一個破壞十人組織的人，任何政壇的怪狀，本來只有利害，而無道義，上述的十人組織，彼此之間，本絕對沒有什麼情感可言。而且其中士群素有野心，無日不想獨樹一幟。他經君強拉攏，而欣然答應，在羽毛未豐之時，不過欲借佛海之實力，以達到其發展之目的。汪曼雲則與士群交誼較好，形跡較密。戴英夫原為丁默邨的一系。朱樸與梅思平的交情，與佛海正在伯仲之間。至王敏中與沈爾喬則完全是思平一派。以這樣不同的目的，不同的性格，複雜的關係，與不相容的利害，其結果固然可想而知，不特不能為佛海之助，且成為佛海之累。

照原來的計畫，第一個十人小組組成之後，在職務上分任十部的次長，以為佛海的耳目。在策略上，汪政權中有任何動態，由佛海召集十人組織徵詢意見，以定對策。而結果除了最初實行過幾次外，以後也無形中冷淡了下來。終汪政府之局，士群以親周始，而以反周終，且卒為羅君強熊劍東合謀毒死。汪曼雲因為既擔任了「清鄉委員會」的「副秘書長」，為士群的副手，見周時也往往為士群代為解釋，形成誤會。蔡洪田則以個性的落落寡合，尤討厭君強的飛揚拔扈，至受了一度軟禁之後，尤其顯得消極。戴英夫的加入十人組織，原意要在他口中知道丁默邨的動態，而更因他每有優缺空出，必向佛海絮聒要求，引起了佛海的反感。朱樸則後來鬱鬱不得志，卒離京赴平閒居。沈爾喬與王敏中，也始終不曾因十人組織而與佛海的感情能更進一步。僅沈爾喬自梅思平辭去浙江省長後，一度以「民政廳長」代理「省長」。敏中則由「教育部」「內政部」次長而得到「江蘇財政廳長」的好缺。能始終參與佛海一部份機密的，僅有羅君強、周學昌與金雄白三人而已。以這樣的締盟，自然是同床異夢，貌合神離。又加著君強的專恣，因此非但未收團結之效，先啟彼此傾軋之端。

再舉一個例來說：當第一個十人組織成立時，既預定於汪政權建立之日，各得一「次長」職位。而有一次十人組織在我與君強的寓所中商量汪政權建立後人事支配問題時，某人可當某部次長，都先有了一個擬議，獨獨沒有定出周樂山擔任什麼職務。樂山當時問了一聲：「我做什麼呢？」君強面色很難看，厲聲說：你最多能當一個「教育部司長」。這樣弄得樂山太下不了台，別的弟兄當次長，而他只能當司長。

幾天以後，剛好由重慶在滬地下工作者的勸誘，樂山在報上發表反汪宣言，悄然搭輪來港。但一到香港，也就無人理睬。他寫信給我又露了悔意，我向佛海一再解釋，得到了佛海的同意，又讓他回滬。他與君強是大夏大學的同班同學，又是十人結義弟兄，而最後君強當「安徽省長」時，樂山出任明光區專員，結果君強為要表示他的「公正廉潔」，竟活生生把樂山逼死。

四三、稅警團成爲內訌導火線

周佛海左右的十人組織，始終僅有形式，而且同床異夢，絲毫未曾發生過任何作用，以後甚至連聚商的形式也不再有了。在佛海的心理上，是未受其益，先受其累。其所以造成這樣的結果，羅君強應該負其全責，他既想包辦佛海的一切，他更想操縱這一個組織。其他的八個人都還無所謂，惟有李士群則與羅君強是同樣抱有野心的人物，自不甘受君強的擺佈。最初士群的加入，係由君強一手拉攏，那時士群還不過是特工總部的副主任（主任是丁默邨），而且還處處受制於默邨，雙方磨擦得正不得開交。「警政部」他是「政務次長」，「部長」由佛海自兼，並不能讓他為所欲為。士群正苦羽毛未豐，不能不找一個有力靠山。除了汪氏，佛海是最具實力的人物，君強一說，自然就水到渠成。

最初，君強幾乎沒一天晚上不到七十六號去，與士群有時密談到深晚，有時以雀戰來作消遣，雙方之間，表面上融洽無間，曾經有過一個時期，君強還拉著我同去。我所聽到的談話內容，不是各人炫耀過去的經歷，就是商量如何為擴張勢力、排除異己的策略，而想排擠的目標便是丁默邨。君強此時真是出了全力向士群表示好感，他先向十人組織個別疏通，在一次集會中，君強代表組織向佛海提出，要他培植幹部，把「警政部長」的位置讓給士群。當著那麼多人的面，佛海怎麼好意思說不讓。不久，「行政院」會議中，佛海以無暇兼顧為辭，聲請辭去「警政部長」兼職，並推薦士群繼任。汪氏對佛海任何建議，一向言聽計從，這一個提案也就照例被順利通過。君強對士群的這一份人情是賣足了，士群也感到一時躊躇滿志。羅李之間，也僅僅在這一段很短的時間中，雙方都表現得十分親熱。

可是好景不常，不久情形就變，可能是士群為了見好於佛海，向佛海獻議，援宋子文長財部時創辦稅警的舊例，成立稅警團。他對佛海的說辭，以為佛海在政治上有著無比的潛勢力，但沒有一個可以直接指揮的部隊。假如玩政治而不能掌握武力，無異築層樓於沙土之上。而且，上海是汪政權統治下的一個最重要地區，而又向無重兵駐防，要扼守這一個通向海口並控制南京的咽喉，需要有一支訓練優良與武器精良的軍隊。論佛海當時的地位，他不可能自己擁有正式軍隊，正好宋子文替他開了一個先例，大可援用。佛海對此舉，固然為之心動，委任士群來主持這一個計畫。但關鍵所在，不在汪氏而在日人，要實行這一個計畫，首先必須取得日軍的諒解。

支持佛海的日本軍人，有汪政權的軍事最高顧問影佐禎昭，有駐滬日軍最高司令部「登部隊」的陸軍部長川本，以及佛海的密友岡田酉次大佐。佛海向日軍交涉要成立稅警團的理由，固然為了鹽政的緝私問題，那時太平洋戰爭還未爆發，上海僅有公共租界（實際權力完全操在英人之手）與法租界。英國在鄧苛克港大撤退之後，正在戒懼德軍越過英倫海峽對英倫本島登陸作戰。法國又已經全境淪亡，在德國卵翼下貝當元帥領導的維琪政府，正不遑自保。英法都無力東顧，日本人又久想進駐租界，以攫取儲存在租界中的豐厚物資。佛海就針對了日本人這一個心理，他向日軍提出的理由是，租界必須收回，而租界究為中國的領土，應該由汪政權出面交涉，交涉而英法不肯就範，則以武力進駐，成立稅警團最大的作用，就是作為收回租界的武力。所以稅警團有成立的必要，而駐地應該在上海。

日本人到底是容易欺騙的，更何況佛海更有人為之奧援，立刻得到了日軍方面的同意，而且答應供給較其他「和平軍」更新式更犀利的武器，人數也可以擴充到三萬人以上，等於三個正規師的兵額。

士群的內心，則稅警團表面上是佛海的武力，既然由他來主持，實際上就成為他自己的武力，於是派出了「第十師師長」謝文達負責籌備，地址也選定了上海市陸家濱原由教會所辦的清心女中為團本部，在短短一月餘的時間中，一切已將次就緒。正在士群再度躊躇滿志的時候，忽然遭到了一個無情的打擊，打擊他的人就是稱兄道弟如膠似漆的羅君強。

君強看清了士群的心理，事實上，他也同樣覬覦著這一支實力，於是向佛海進言，以為不宜以如此重要的任務，交給關係不深瞭解不夠的李士群，一旦太阿倒持，勢將形成尾大不掉之局。佛海初意還不想使士群過於難堪，遲疑不決，而經不起君強的一再喋喋，終於通知士群把稅警團的籌備責任，移交給君強。士群儘管心中萬分不願，但那時的力量還遠不能與佛海抗爭，只有俯首聽命。忙亂多時，結果成為一場春夢！畫虎不成，士群是恨透了佛海，也恨透了君強。

佛海自己兼了稅警團團長，君強擔任了副團長職務。除了向各地陸續招募新兵外，日軍更以中條山作戰中俘虜而來的一批國軍精銳，移交給佛海，作為基本隊伍，並供給了最精良的配備。復在南京丁家橋「中央黨部」附近，成立了稅警團幹部訓練班，營長以上，一律須先受訓。我被拉去作了三個月的政治教官，講授租界沿革、洋涇濱章程以及有關租界內各種必要知識。如此轟轟烈烈的幹去，更使士群為之痛定思痛，而成為最後火拼的導火線。

那時佛海又突然加委了熊劍東為副團長（熊於勝利後經政府收編，後在江北與共軍作戰陣亡）。劍東原是國軍江蘇常熟一帶的游擊隊首領，作戰勇悍，又是一個日本通，後被俘向士群投誠，而士群又不能加以重用，兩人之間，本已時多齟齬。於是君強乘機把他拉了過來，推薦給佛海，就委任他為稅警團的副團長。這一下使士群更如火上添油，從此各走極端，士群也終於招來了殺身之禍。

周佛海對李士群數年之中的盡力培植，而且把「警政部長」的位置相讓，卻抵不過一次稅警團籌備工作的予奪。兩人之間，從此劃出了一道很深的鴻溝，尤其士群對羅君強恨之入骨。不過那時士群頭角初露，尚不敢對佛海公然反抗，僅在背後時常發洩他的滿腹牢騷。

士群知道佛海左右有君強在，論疏不間親之理，他終將不能成為佛海下面的第一紅人。一方面他仍與佛海在表面上敷衍，而暗中卻直接在密謀博取汪氏的歡心，尤其對陳璧君曲盡其聯絡的能事。一次陳璧君赴粵，士群即選取一批最新式犀利的槍械，呈獻她作為她的衛隊佩帶之用。士群的決心脫離周系而改入汪系，時機已漸趨成熟。但佛海為人比較率真，對於士群的暗中進行竟毫未覺察。

四四、關於清鄉的一幕爭奪戰

記得那是民國三十一年初夏的一個晚上，我到南京頤和路一號羅君強家裡去，會客室中正坐滿了許多人，現在我只記得有周學昌在。一進門，就聽到君強大聲的談笑，那天他顯得興致似乎特別好。他看見我進去，又放出了器小易盈的一副狂態，他對我說：「你來得正好，你是不是來向我道喜？」我卻如丈二和尚，完全摸不著頭腦，只呆呆地望著他。君強又說：「汪先生今天要我去談話，決定成立『清鄉督辦公署』，我就是第一任的清鄉督辦。今後，我既是羅委員長（指他的邊疆委員會職務），又是羅督辦了。哈哈……哈哈……」他的這一分得意，大有忘形之概！忽然，他又接著說：「我們正在起草督辦公署的條例，你是法學家，來幫忙參加一些意見吧！」我一向討厭他的迷於權位之思，唯唯地只隨口敷衍了幾句，就托辭引去。

日軍佔領東南地區以後，其力量只能勉強保持幾個重點，至面與線，都是游擊隊活躍的地區。日軍為了本身的安全，故向汪氏提出建議，實行清鄉辦法，汪氏也正想把淪陷區軍隊的行動權掌握在自己手裡，尤其耽心蘇北的共軍已在坐大，此舉正合他的意思，於是欣然予以接受。因為君強在辦理稅警，又是佛海的心腹，所以把這一項任命，內定落在君強身上。而君強又一向好大喜功，認為清鄉可以表現他的能力，增高他的權勢。無怪其如此地興高采烈了！以後我回到了上海，並沒有去問訊清鄉的事。我只約略知道君強在全力進行，內部人事的安排，各方面兵力的佈置，都經詳細規劃。在君強計畫中的清鄉機構，將是一個相當龐大的組織。

不久，我被派出席在廣州中山紀念堂舉行的東亞新聞記者大會。我由滬搭機赴穗，住在愛群酒店，整天忙於開會、演講與酬酢，對這一件不相干的事，已幾乎完全忘記了。就在會期的最後二天，我突然接到君強的來電，電文很簡單，僅有「要事待商，會畢即返」八個大字。我一時想不出有什麼大事發生。本來預定大會閉幕後，還有赴翠亨村瞻仰中山先生故居等許多節目，我擔任著代表團團長的職務，按理需要參加的，但為君強來電的關係，我一等大會閉幕，就匆匆地搭機返滬，而且覆電告訴了君強的歸期。

事情也真不湊巧，飛機由廣州降落台北，在機場午餐以後，再度起飛時，飛行還不到五分鐘，發覺機件損壞，機身搖搖欲墮，幸而那時離機場還近，趕緊折回緊急降落，幸未出事。但是台北沒有所需要的零件，要由東京運去，我們停留在台北兩天之久。等我抵達上海時，君強已經去了南京。他留著信要我一到上海，當日搭車赴京，我也來不及稍息征塵，又冒著酷暑連夜趕去。

當君強見到我時，面色很沉重，把我在赴穗期內的一段發展詳細告訴了我，最後要我表明態度，而且希望共籌對策。他的口吻並不像友誼的商酌，很有些咄咄逼人之勢。我當時有些難過，也有些氣憤，但我仍然壓抑住我的衝動，還希望能夠從中調解。

事情是這樣的：當二十九年君強以迅雷不及掩耳的手段，攘奪了李士群所發動所籌備的稅警團以後，面子上既予士群以極大的難堪，實力上也給士群以無情的打擊，士群是怎樣也咽不下這口氣的。君子報仇三年，雖然從此起與君強之間，早已形跡疏遠，不相往返，但到底還沒有發展到真正火拼的階段。清鄉的事，剛好給士群以一個反擊最有利的機會。

那時士群已經贏得了汪氏夫婦的信任。從汪氏那裡，他也知道了清鄉這一回事，於是向汪氏進言，認為清鄉是汪政權建立後首次的、也是最大的一次軍事行動，地區遍及汪政權統治下之蘇浙皖三省全境，軍力將牽涉所有的「和平軍」，茲事體大，不宜大權旁落，過分信任別人。他建議改「清鄉督辦公署」為「清鄉委員會」，由汪氏親自主持其事。士群的話也的確言之成理，汪氏果然為他所說動。而士群進言的初意，目的僅在破壞君強，尚不敢存取而代之之意。

不料汪氏對士群既已存有好感，又經陳璧君的暗中相助，汪氏竟通知了君強，停止「清鄉督辦公署」的籌備，明令成立「清鄉委員會」，自兼委員長，以陳公博、周佛海分任副委員長，而以李士群擔任秘書長，並且將秘書長辦公處設在那時江蘇省會的蘇州，就近規劃指揮封鎖游擊區以及進擊游擊區的軍事行動。汪氏自然無暇兼顧，士群的實際權力，乃超過了「江蘇省長」，而且又成為士群以後兼任「江蘇省長」的資本。士群這一手的反擊，與當年稅警團的爭奪，有異曲同工之妙，一下手就把君強打擊得一敗塗地。君強來電的所謂要事，原來僅僅是如此這般而已。

四五、我處身在內訌的夾縫中

士群那時還不過三十六七歲的年紀，年少氣盛，於志得意滿之餘，犯了一個最大的錯誤，他如僅以羅君強為磨擦的對象，或者還不至於有以後的結局，他以為時機成熟，更進而對陳公博、周佛海、梅思平等都展開正面攻擊，樹敵既多，而卒召來了殺身之禍！

原來那時上海的報紙，一共有七家，即：日軍直接經營的「新申報」；由日海軍管制的新聞報（社長李思浩）與申報（社長陳彬龢）；汪系的「中華日報」（社長林柏生兼）；周系的「平報」（社長金雄白）；興亞建國系的「新中國報」（社長袁殊，事實上是共黨地下份子潛伏的機構，如社長袁殊，經理翁永清，總編輯魯風，以及後為「解放日報」社長的惲逸群等，無一非中共人員），以及李士群系的「國民新聞」等。國民新聞由士群兼社長，而以胡蘭成（前為林系人物，曾任汪政權「宣傳部次長」，後附李，現在日本）黃敬齋為副社長。胡蘭成又兼主該報的筆政。而上述七家報紙中，周佛海卻兼任了「平報」「新中國報」與「國民新聞」三報的董事長。

也竟然就在周佛海所擔任董事長的「國民新聞」上，以社論毫不諱飾地猛烈攻擊了周佛海與梅思平等如何生活腐化，如何措施不當。這無異摑了周佛海一記。在社論發表後的第二天，士群還用長途電話給在南京的周佛海，說他在蘇州，文章是胡蘭成寫的，事前他未曾過目，要求佛海諒解

（而胡蘭成則告訴別人，社論是陶希聖所留下的學生鞠清遠寫的，不過經他看過而發排）。佛海當時在言語上並沒有追究到責任問題，僅輕輕悄悄地說，既然在報章上發現了攻擊我的文字，我當然無顏再擔任董事長了。事態弄得很尷尬，但還並沒有達到惡化的程度。而君強則認為士群已背叛了十人組織，背叛了佛海，他移花接木地把清鄉的目標移到「國民新聞」的事件上去。希望十人組織中人對士群群起而攻。他要我提前回來的目的，就是要幫他一起幹士群。

我聽了君強的長篇經過以後，我也看到他的劍拔弩張之狀，我相信兩虎相鬥，最後必有一傷。我不忍見自相殘殺的事情出現。因此我沒有正面答覆他要我表明態度的話，我嘆了一口氣說：「想不到這半月之中，還有這麼多的不幸事件發生。士群的公開抨擊周先生，使親痛仇快，無論如何是錯誤的。但是我卻發生了一個感想，覺得這是一個不祥的預兆，『政府』成立不過二年，而一切現象，何以酷似南明與洪楊的兩個時代？大人先生們動不動高張盛筵，窮奢極欲，又往往召名伶演劇，繼續至數晝夜，這樣的粉飾太平，醇酒婦人，與馬士英、阮大鋮輩在南京迎立福王之後，有什麼不同？現在更索性發展到洪楊定鼎金陵以後，立刻展開了同室操戈的內訌，我不忍再見楊秀清與韋昌輝的事重演於今日！國難至此，我認為還是息事寧人，大家來調停和解吧！」我的這一席話，自然不能為君強所接受，而且還疑我是偏袒著士群。

我在南京留了三天，又搭車回滬。車次蘇州，我正坐著看報，忽然有人向我肩上一拍，我回頭一看，卻是士群，他向我招招手，要我到他的包房中去。他與汪曼雲正一起由蘇州上車赴滬（汪曼雲那時任「情報事務局」局長兼清鄉委員會副秘書長，為士群之助）。我隨著他進入包房。方才坐定，士群板起面孔說：「好！我接到情報，你從廣州一回來，就連日在君強家裡閉門密商，將合而謀我，莫怪我不念弟兄之情，我要不客氣的先對付你了。」我聳了一下肩膀說：「假如有此事，做了也就無須隱瞞。但是我卻可憐一個從事於特務工作的領袖，對近在咫尺的情報，尚且如此其誤謬！」

士群又說：「假如你認為我的情報不正確的話，那麼，我倒願意聽聽你對此事的態度與立場。」我說：「我先願意問問你，當年我們的十人組織，為的是什麼？我相信你不會否認：組織十弟兄的真意，在擁周原則之下，則我們是弟兄；不擁周，就回復到通常朋友的關係；假如有人反周，將是組織上的敵人了。你與君強鬥，不應當以槍口移向周先生。沒有他，你以一個重慶時代的中尉，何以能於數年之間，身登『部長』寶座？如此的不分恩怨，至少已使朋友寒心！這是我的態度，但我既沒有對付你的力量，也不想捲入箕豆相煎的漩渦，能勸則勸，不能勸就置身事外，這不是我向你示弱，這是我自己應有的立場。」

士群想不到我說的話會如此硬直，他反而放下了示威的態度，又拍了我一下肩膀說：「好！你沒有被我嚇倒，你倒不失為一個好漢。我並不想與周先生開火，只要他今後在金錢上放鬆些，我將仍如以前一樣的擁護他。」我說：「但國民新聞的社論，無論如何是錯誤的。」士群說：「事前我真沒有看到，事後又已向周先生解釋，我不負這個責任。」我說：「我佩服你身為社長，倒推得一乾二淨。」

火車已經抵達了上海北站，我們也在彼此苦笑中結束了這一次的談話。雖然這事並未影響到我的本身，但羅李雙方之間，都以為我是左袒著對方，我很煩惱，煩惱處身於內訌的夾縫之中。

四六、李士群是怎樣被毒死的

以後，我就懶得再過問羅李之間的爭端。但我從間接方面知道，雙方演變得已到了短兵相接的程度。羅君強以稅警團做武力，李士群以七十六號的特工為工具，各有欲得而甘心之勢。士群的左右，自然慫恿士群於鬥爭中獲取勝利，脫離佛海的控制，君強的牽制，獨樹一幟。唐生明、黃敬齋等都曾發出最激烈的反周言論。君強則引熊劍東與袁殊為心腹、為謀士。這兩人都是由士群那裡改投到君強方面的。我每次到上海霞飛路口的牛奶棚對面君強家裡去的時候，看到牆內花園四周，放了步哨。我們在室內談話時，門口就站著兩名武裝衛士。這嚴重的形勢，從日本人進入租界，上海暗殺事件停止以後，是從來所未有的。我知道君強是在防備士群的突襲，恐懼士群會隨時派人去暗殺他。

有一天，我到居爾典路佛海家裡去，忽然佛海與我提到了士群與君強間的問題，我就見聞所及的情形說了一說，而我的結論則認為如此演變下去，徒然給外人好笑。佛海對士群倒並沒有怎樣的成見。我說：「即使你並不偏袒任何一方，但因為你與君強的關係較深，你不表明態度，已經可以使士群懷疑到你在暗中支持君強。我希望你能制止事態的惡化，讓雙方平心靜氣地先把理智恢復。」佛海恨恨的道：「君強一貫幼稚的行動，怎樣說也改他不過來，你替我去罵他，叫他不要再胡鬧下去。」我笑笑說：「君強現在的氣焰，我還敢去罵他嗎？」於是佛海取出了信紙，一口氣寫了八大張，要我送給君強，信裡對君強責備得很嚴厲。當我送給君強時，我發覺他一面讀，一面臉上一陣陣地泛出了青白。他沒有和我講什麼話，我也不便說破，就告辭而去。

第二天我又到了佛海家裡，佛海拉著我到他的臥室中去，他說：「君強什麼都不好，但對我到底是忠實的。」說著拿出君強的回信給我看，佛海在信上已經用紅筆劃出了最主要的一段，我記得信上的大意是「……我受你一手提拔，終身願供驅策。所做一切，也只是為你，假如你對我印象不好，我將全無生趣，假如有一天你不要我了，我願意自殺！……」佛海似乎很為這幾句話所感動。當然我也不便再表示意見，不過，我心裡在暗笑。

事情經過了已經一年，風波終未平靜。三十二年的夏天，我由滬赴京，行前的晚上，我與耿績之一同到了士群家裡，他正在打牌，看見我去停了下來，很輕鬆的與我談了一陣。怎樣也想不到這一次無異在與他訣別。我抵京的第三天，清早我還睡在銀行的臥室中時，一位行裡的同事來喚醒我，告訴我報紙上登出了李士群暴病身亡的消息。我與士群數年來相處還不壞，在情感上使我非常悲悼！但是我萬想不到他竟然會是給毒死的。

以後黃敬齋告訴我的經過是這樣的：士群在我離滬的第二天，虹口的一個日本憲兵隊長岡村中佐請到他家晚飯。那時七十六號與日憲之間，也有著不少派系上的磨擦，日憲與士群之間，相處也並不好，如對警衛隊長吳四寶的被逼下毒斃命，就是一例。雖然那個憲兵隊長與熊劍東有著很深的關係，卻並沒有引起士群的懷疑，尤其因為彼此常有不愉快的事件發生，士群更不能不去敷衍。晚飯並沒有別的賓客，也並沒有談到什麼重要問題，表面上僅是聯絡感情的杯酒言歡，兩人且不斷在以啤酒舉杯勸飲，又食著同一碟中的菜肴。宴會已將終了，廚房裡送出了一碟牛肉餅，憲兵隊長特別鄭重介紹，這是他妻子親自做的，希望士群能試試他妻子的烹飪手段。士群食盡了這一碟牛肉餅，才告辭回去。第二天又回到了蘇州。

當晚士群還要出席一次宴會，把衣服都穿好以後，忽然感到頭暈，用體溫表一量，已發生了高熱。等扶他到床上時，竟大量不停地流汗，遍體淋漓，病勢顯得很嚴重，趕緊請當地日本駐軍師團的軍醫來診治，說是中了一種細菌毒，搖著頭表示出絕望的意思。士群的汗水就像雨水那樣地從體內滲出，黃敬齋的太太金光楣與士群的太太葉吉卿在旁服侍，轉瞬買來的幾打乾毛巾，一條一條的為他揩拭得濕透。這時士群自己也知道了中毒，他說：「我是一個特工人員，竟然不能覺察到這一點，以後尚有何面目主持特務工作！」屢次要求家人給他一枝手槍讓他自殺，家人除了勸慰也別無他法。後來又請了平時為他治病的儲麟蓀醫生為他診治，竟然不知患的是一種什麼病症，無從下藥，只有灌注鹽水為治標之計。一天餘時間的輾轉床褥，直至體內的水份排洩盡了，才一瞑不視，整個軀體縮得又小又癟，變成一個孩子模樣了。

據事後的推測，這事是熊劍東與日本憲兵隊長的合謀。進食的毒物，是下在最後的牛肉餅中，而所下的是一種細菌，服食後二十四小時以後毒菌進入血管，才會發作，一發作即無藥可救，將體內水份大量排洩，直至死亡為止。因為實施的是日本憲兵隊長，自然沒有人敢追究此事。

勝利以後，羅君強在南京高等法院受審時，供認李士群是他主謀毒死的，他說：「翦除汪政權的特工首領，是他從事地下工作表現之一。」我很懷疑他的供辭，因為我深信佛海確沒有置士群於死地之意。君強不經佛海的同意，是否敢貿然出此？是不是君強在法庭上的供辭，意在邀功，以求末減？

四七、隔室中傳來的一陣哭聲

八一三全面抗戰以後，雖然國軍節節由松滬先退南京，再退漢口，最後退至重慶。但對東南心臟地區的上海，並沒有完全放棄。在太平洋戰爭以前，藉著公共租界與法租界的掩護，地下工作人員還在積極活動，有關政治、經濟、金融、文化等一切，仍然在暗中指揮控制。雖然地方軍政人員已全部隨軍後撤，黨務方面，潘公展童行白等也先後轉至後方。但重慶在上海有著一個統一委員會，詳細的名單，不得而知，就所知道的有杜月笙、徐寄廎、蔣伯誠、吳開先等人在內。每當上海有一個問題發生時，就近集商處理。對外出面的是蔣伯誠與吳開先。

尤其吳開先雖然行蹤極端秘密，但時常以電話向有關方面聯絡，還與若干較為接近的人預約見面，因此也引起了日軍方面的極大注意，對蔣吳兩人，乃佈置了廣大與嚴密的偵查網。結果，兩人都先後為日憲所逮捕，而最後都經周佛海全力奔走營救，蔣伯誠因病在纏綿床褥之中，終得恢復自由；吳開先迭經兇險之後，竟能專機送往抗戰區的邊界，安返重慶。蔣吳為潛伏於淪陷區的最重要之人物，日人久欲得而甘心，百計偵察，始得成擒，卒又縱之而去，其捉放經過，曾引起淪陷區的街談巷議，也使抗戰區震驚疑愕。其曲折的內幕，局外人自不易明瞭其真相。事隔十餘年，蔣伯誠既已病歿上海，吳開先迄猶閒居台灣。這兩件鉅案中，至少可以說明汪政權中人，還不是如世人所想像的那樣惟知媚敵，而叫著「和平」的人，還不至於對抗戰抱著真正的敵對態度。同時，我也感到日本人在戰爭時期，狂妄得意之中，處處顯出其愚昧與無知。

吳開先是江蘇省青浦縣人，上海大學出身，那裡是共黨最早的溫床，因此吳開先也很早就加入了ＧＹ。北伐以前，國民黨的上海市黨部還在陶爾斐斯路時代，當時的委員有吳稚暉、鈕永建、葉楚傖、邵力子、柳亞子等人，吳開先僅是交通科的一名幹事。國民革命軍底定京滬之後，在實行清黨以前，青浦籍的一名共黨主要份子高爾柏出任了青浦的首任縣長。吳開先也回到了家鄉，佐之任縣政府秘書，他曾經「轟轟烈烈」地以共黨手法，率領了群眾，用打倒土豪劣紳為名，把認為土劣的，上門打得落花流水，使地方秩序一時陷於極度混亂。

清黨開始，吳氏轉變了，在上海「民國日報」上登載了一篇反共文章，又回到市黨部，擔任很長一段時期的組織部秘書。自民十六到二十六年抗戰為止，十年之間，市黨部內部糾紛迭起，重要人員此起彼仆，冷欣、冷雋、陳德徵等先後離去，惟有吳開先自幹事而秘書，而組織部長，步步高升。一面得到ＣＣ陳立夫的賞識，又曾經一度擔任中央組織部副部長；一面又能拉攏上海的地方勢力，與杜月笙有水乳交融之狀。他先後兼任了上海市社會局長、教育局長等職務。上海先後發生的幾起大工潮，如法租界水電工潮，如英美煙公司工潮等，他都能與杜月笙合作，有過左右全滬的出色表演，手法所及，能使資方知所感激，也使勞方帖然就範。聲勢之盛，滬人且稱他為上海的黨皇帝，這是何等的威風！

在東南淪陷之後，因為他熟悉情形，繼續潛伏在上海租界內工作，各報社時常接到他打來的電話，指示登載新聞的應取態度，譬如「中央儲備銀行上海分行」開幕時，申報與新聞報本已決定接受刊登此項廣告，但吳去電話以嚴厲的口吻制止，始未實現。

那時他住在極為冷僻的法租界麥尼尼路的一所幽靜的小洋房中，深居簡出，非最有關係的人，不會知道他的居處，也不可能探索到他的行蹤。但是由於他的百密一疏，終於俯首入甕。原來為他供差遣的一名男僕，原是市黨部的多年工友，人家都叫他「癩痢頭」的，熟識他的人多，又有一顆明顯的癩頭做特徵，日本憲兵就以此為線索，派人跟蹤，於短時期內，就很容易證實了吳開先潛匿的處所，終於一舉成擒了。吳被捕後，由日憲寄押在「七十六號」偵訊。那事大約發生在民國三十一年的春間，正確的日期，我已記不真切了。

吳開先被捕的消息，報紙上固然並未發表，連我耳目較近的人，竟也一無所知。那時周佛海還住在愚園路一一三六弄五十九號（以後在居爾典路自營新屋，和平前也一度遷住過畢勛路），一天，我去看周，一進屋，看到會客室的門緊閉著，門外立著萬里浪，手裡還握著一枝轉輪手槍，情形顯得有些異常。萬里浪本是軍統的重要份子，投降「七十六號」以後，在李士群手下擔任行動隊長之一，以驍勇兇惡著稱，民國二十九與三十兩年中，寧渝雙方展開特工戰時，汪方所做的暗殺事件，以吳四寶、林之江、夏仲明、潘達與萬里浪五人表現得最為出色（萬里浪於和平後，又轉為軍統工作，對拘捕汪政權中人異常賣力，兔死狗烹，不久，萬亦為軍統拘押槍斃）。

以一個行動大隊長來握槍守衛，而且萬里浪平時非召見，是不到佛海那裡去的，他的突然出現，可知一定有著嚴重的問題。我問立在梯邊的佛海的副官，他說：「部長在會客。」我問：「是誰？」他搖了一下頭。我為好奇心所驅使，就走進隔室去坐候，鄰室的門緊閉著，只隱約聽到一陣輕微的對話聲，完全分不出談話的內容。突然，又傳來了一陣哭聲，起初還是嗚咽，後來竟轉為嚎喲，我只聽出一個是佛海的聲音。接著又唧唧噥噥了半天，鄰室的門開了，看見吳開先在前，周佛海在後，從客室中出來，兩個人的眼圈還是紅紅的，佛海一直送他到門口，用哽咽的聲音說：「放心！我會盡我一切可能的力量。」佛海目送萬里浪押著他上汽車疾馳而去。我不必再問佛海，目擊的一切，已告訴我吳開先是被捕了。

四八、吳開先被捕與回渝內幕

吳開先羈押在「七十六號」，因為他是重慶派在上海最重要人物之一，又是日本憲兵直接拘捕的要犯，關防特別嚴密，除了審訊人員以外，一概不准接見。最早被派審訊吳開先的是陳恭澍（陳本為軍統派在上海的特工區區長，後向七十六號投誠，為立功計，曾著有《藍衣社內幕》一書，揭穿軍統內幕，和平後又為軍統工作，逮捕汪政權人員結束後，陳亦琅璫入獄，羈押於上海提籃橋獄，後軍統又責其戴罪立功，予以保釋，共軍南下前來港，現仍留此）。「七十六號」對於吳開先，與其說是審訊，毋寧說是說服，主要還是希望他為汪政權工作。

在那時的特工戰中，除非行使暗殺，一槍打死。如被拘捕，只要一聲投降，非但立時出獄，而且可以立致高官。如民國二十九年江蘇省黨部重要人員掌牧民、石順淵、周孝伯、馬元放等被張北生出賣，在上海跑馬廳畔旅社中打牌時捕獲，以後都受到優待，而且先後擔任了相當重要的職務。馬元放雖始終不屈，也由周佛海百計縱之歸渝，受到重慶當局的重視，而且被選為中委。

吳開先於受鞫中的態度，最初還是相當強硬，當陳恭澍審問他時，他左一聲陳區長，右一聲陳區長，區長是陳恭澍在軍統中的職位，吳開先這樣叫他是意在譏諷，弄得陳恭澍啼笑不得。他被羈禁在「七十六號」二門內右側拘留所的二樓，一次曾要吞金自殺，另一次當提訊下樓時，他想跳樓，監犯求死，當然並不容易，開先也真能表演。

投汪的舊日市黨部同事，很多人都為他奔走營救，中間尤以原市黨部委員汪曼雲與蔡洪田兩人出力尤多。曼雲屢次要求李士群讓他與吳開先談一次，而格於日人的監視嚴，無法通融。最後，士群下了一個條子，表面上是派汪曼雲去審問，才算得見了，彼此都有家國之痛，兩人一見面又是一場抱頭大哭。但是以曼雲的力量，除一見以外，其他已無能為力。李士群也屢次親自提他到辦公室中談過幾次，且以最客氣的態度相待。上有周佛海的關照，下有汪曼雲、蔡洪田的請托，因此吳開先除失去自由而外，並沒有受到其他不合理的待遇。

日本人對吳開先的態度，是非降即死，佛海為此，感到非常棘手。他屢屢向我談到這一個問題，我說：「解鈴繫鈴」，沒有日軍的諒解，一切都是徒然，他為重慶工作，而你雖是主持「中央特務委員會」的人，但拘捕他的不是「特委會」下的「特工總部」（即七十六號的真名），而是日本憲兵，必須先有一個正大的理由去說動日憲，才能保全開先。佛海當然比我更明白關鍵所在，但一時想不出打動日憲的說辭，他無限徬徨，為了緩和嚴重的氣氛，也為了遠離日人的監視（七十六號內有日軍顧問，而且有一部份日憲常駐），因以李士群大部份時間在蘇州辦公為理由，把吳開先移解到蘇州特工站拘禁，說是為了便於隨時提訊。從此吳開先得到了進一步的優待，事實上也渡過了最危險的時期。

飲食是每餐由汪曼雲的太太烹製送去的，夏季的冷蓆與風扇也由曼雲為他預備。吳開先的態度也比較緩和多了。他表示如邀開釋，不擬擔任汪政府的職務，但可以在黨務方面盡一些力。經過了一段時期，終於佛海想到了營救他的藉口，他針對日本人希望全面和平的心理，而且經過司徒雷登等的向重慶當局進言的失敗，又鬧了在香港與假冒的宋子良談判的笑話。於是佛海向那時汪政權的最高顧問、也是最有力的人物影佐禎昭說：「既然日本想和平，就不宜與重慶在軍事以外，過分敵對。吳開先是重慶派在上海比較重要的人物，殺之徒激重慶之怒，強其歸降，亦並無適當位置可為『政府』之助，不如釋放他以示寬大。」

經佛海再四再三的說，幾經波折，竟獲得日方的同意，吳開先出乎意料的恢復自由了。

他住到了南京汪曼雲的家裡，每天受到舊時朋友們的熱烈招待，他那時內心感到友情的溫暖，朋友們禮貌上稱他為吳先生時，他總是表示謙遜地說：「不要客氣，叫我開先好了。」佛海更先向汪氏為他先容，說一時並無適當的職務可以位置他，不必強其出而任事。汪氏曾經召見過他，除了對國家當前的處境彼此慨嘆而外，反而對吳開先加以無限溫慰。

他最受窘的一次，不在被捕審訊的時候，反而是在恢復自由之後。一天，他在我那裡午飯，飯後無聊，他與我以及其他兩個朋友去逛中央市場，剛到門口下車，正好陳璧君從內出來，吳開先不能不上前恭恭敬敬地鞠了個躬，又叫一聲汪夫人。不料陳璧君望了他一下，瞪著眼道：「吳開先——你好！你也會有這一天。我自有獨立的人格，以後除在我家裡外，應當稱我做陳委員，記住了！」說著回身走了，我看到他面上紅一陣白一陣，而又不敢回一句嘴，這味道也確屬難受。

吳開先閒住在南京，除飲食徵逐而外，也實在無事可做，他屢屢向佛海表達了返渝的希望。這一件事，太困難了，而只有佛海竟然又向影佐去說：「留吳開先在此，一無所用，欲求全面和平，與其走許多不正確的冤枉路，不如把他送回重慶，讓他把目睹的一切，向當局面陳，也可以把汪先生與日方的意思，代為轉達，這是求取全面和平的一個捷徑。」

周佛海當然明白，以吳開先的地位，無論如何不會發生那樣的作用的，而影佐卻以假作真，又立刻予以同意。當一切問題決定以後，影佐還約定了開先作最後一次的談話。不料也許由於他的過分興奮，先縱飲而後赴約。入坐方定，影佐剛開口，吳開先竟哇的一聲，當面嘔吐狼藉。影佐勃然大怒，以為他在故意侮辱，且竟欲殺之為快。這又苦了佛海，一再疏解，又得化險為夷。

三十二年的秋天，吳開先到了上海，我們幾個朋友在新都酒樓為他盛大餞行。翌晨由日本專機送往粵省邊界，進入抗戰區，歸抵重慶。從此，我們一直沒有接到他的任何消息，和平以後，他又榮任上海市社會局長，我沒有去見過他，直到共軍南下，他也逃來香港。一次我往廣東銀行陪朋友開啟保管箱時，看到他也在那裡開箱。他正在聚精會神地檢點他的財寶，我想到了佛海當時為他奔走的情形，有些惘然，我又恐他見到我發現了他的財產秘密時又一次受窘，我沒有上去招呼他。

四九、日憲兵救了蔣伯誠一命

代表重慶隱伏在上海租界中工作的，論當時的位望，吳開先固遠不如蔣伯誠。迨吳開先返渝以後，因係由日軍公然派機遣送，形跡上就頗有嫌疑，故所受當局的重視，且遠不如馬元放（馬返渝後，值國民黨舉行全國代表大會，馬以在淪陷區捕放之經過，著書散發。竟膺選為中央委員。共軍南下後，聞已被殺）。日人對吳開先寄以赴渝後為和平作伏線的幻想，亦始終沒有發生過絲毫影響。重慶的一切，日本人的不清楚，固無怪其然，但如何瞞得過周佛海？佛海明知開先在國民黨裡的地位，不可能發生如此的作用。他的對蔣，即使蒙召見，連當面提出的勇氣，事前也斷定其不會有的。而佛海為了公誼私交，奔走數月，全力擔承，為之疏通說項於汪氏及日軍之間。沒有佛海的營救，恐吳氏之屍骨早寒；沒有佛海的迴護，吳氏恐難免於落水。但當和平以後，佛海瘐死監房，其由渝復員之故人中，如陳布雷、陳方、許孝炎、雷嘯岑、易君左等，或親往獄中探問，或代為經紀其喪，不避怨謗，不以生死易交。獨受恩深重之吳開先，竟吝於赴靈前一奠！想到佛海會客室中之陣陣哭聲，不禁使我低徊無限！現吳氏偕其夫人吳漱芳女士養晦台灣，猶得享優裕之生活，其公子等也以他半生宦囊之所積，赴美深造。往者已矣！南京永安公墓蠻煙荒草間，佛海地下有靈，其亦將欣然於有造故人耶？

吳開先案一波方平，不料一波又起。民國三十三年的仲春，為蔣先生代表之蔣伯誠，忽於病亟之中，又為日憲所逮捕，且同案株連者有杜月笙之心腹萬墨林（現居台灣）夫婦，有上海市黨部委員王先青與毛子佩（王現在台，毛留大陸），有蔣伯誠之夫人杜麗雲女士（前名女伶，現又在大陸登台演出），幼子宇鈞（現在台）等多人。案情且更較吳開先為嚴重，而羈押、審問，又歸諸滬南日本憲兵隊（即貝當路憲兵隊，地址在美國學堂）直接辦理。案發，中樞密電佛海以營救之全責，在如此情形之下，佛海則殊有鞭長不及馬腹之苦。吳開先一去既無消息，更將以何種說辭，代向日人緩頰？佛海那時的徬徨之情，真有非筆墨所能形容其萬一者。

蔣伯誠，浙東人，在國民革命軍北伐初定東南時，曾一度代理浙江省政府主席。韓復榘主魯，又以蔣先生之私人代表資格，常駐濟南，甚著勞績。東南淪陷之後，密藏於萬墨林法租界西蒲石路之新居，從事地下工作。那時蔣氏以高血壓症，早已半身不遂，終年偃臥床榻，但以那時主持上海市黨部暨三青團之吳紹澍常留皖境屯溪，在滬指揮之責，托之蔣氏（吳紹澍於和平後出任上海市副市長，大陸易手，任中共「交通部參事」，現已久不聞其消息）。

日憲對蔣伯誠之行蹤，偵察已久，以後如何獲得線索，自非我所能知。據事後蔣氏告訴我，當他為日憲破獲之日，他以血壓劇升，神智昏迷，已陷於彌留狀態。正延請經常為他診治的趙啟華醫生施救（一說蔣之所以被捕，係日憲跟蹤趙醫生而得）。趙醫生主張非抽出血液一百ＣＣ以上，將不能挽救其生命。而蔣之家人恐其失血過多，影響體力，堅執最多抽血五十ＣＣ。正在爭持不下中，而日憲掩至，全室各人，均被一鼓成擒。日憲目睹蔣氏病狀危急，立以電話召軍醫馳至，不問情由，為他一舉而抽血兩百ＣＣ，蔣氏竟得悠悠復蘇。日憲又以其病重，即派兵在其住宅看守，復得免拘解至憲兵隊受鞫之厄。以後蔣氏一再向我說：假如日軍來遲一步，不抽出那樣多的血液，可能腦部充血，血管破裂，可以立時送命，捕之乃適所以救之也！

我一生最厭惡特務工作，避忌唯恐不遠，所以任何有關這類的機密事情，除非以耳目較近，偶然得之幕中人的轉述，否則便會近在咫尺之間，而竟會懵然一無所知。吳開先之被捕如此，蔣伯誠之出事又如此。第一個告訴我這消息的，反而是平時與此毫無關係的張善琨（張那時擔任中日合作的中華電影公司總經理）。

事情大約已經在蔣案發生一兩月之後。一天佛海打電話邀我當晚到他的居爾典路寓所去晚飯，因為這樣的事是常有的，我完全不以為意。我準時而往，除了平時與佛海較近的幾個常客以外，並無外人。所不同的是那晚餐廳中竟爾星光燦爛，笑語喧闐。大約當時「華影」的紅星，幾乎全部到齊。似乎李麗華、陳雲裳、周曼華、白光、王丹鳳、周璇、歐陽莎菲、李香蘭等都在。而佛海那天左顧右盼，情緒異常輕鬆。飯後在花園的草地上放影「華影」剛拍好而尚未公映的歌舞片「萬紫千紅」，片由李麗華與最近訪滬的日本東寶歌舞團合演。

我在觀影的時候，張善琨剛好在我身旁，我問他今天何以會有這樣的盛會。善琨偷偷地告訴我說：「難道你不知道蔣伯老被捕的事？」我搖搖頭。他繼續說：「蔣伯老被日本憲兵拘捕了，因為我與他平時有來往，日憲在他寓中發現了我給伯老的函件，因此我也受嫌牽連，被拘押在貝當路憲兵隊。幸經周部長保釋，今天的宴會，並且請了公司中的明星作陪，就是為了表示對他的謝意。」我說：「那末現在蔣伯老呢？」他說：「他關在別的地方，我不知道。」我說：「在憲兵隊與你一起的還有些什麼人？」他說：「我認得的只有嚴諤聲（即新聞報之小記者）與毛子佩。」這一席話，我才知道了蔣伯誠被捕的事。其實，那時我還完全與蔣氏並不相識。

五十、保證人所負的兩項責任

事有湊巧，當天晚上，我於飯後回到報社去，忽然唐大郎（即唐雲旌，專為小報撰稿之洋場才子。中共進至上海後，在新民晚報工作）來電話，告訴我毛子佩被補的消息，希望我能為他出力營救，我告訴他，我對此事剛剛才聽到張善琨所說，讓我從旁探明情形後，再為相機行事。

接連兩個人的談話，引起我對此事的注意。翌日，我因他事去看佛海，順便問他蔣案的情形。佛海說：「伯誠的案子很麻煩，各方面都希望我從速為他設法，即以他的病軀而論，就已覺得十分可慮。我與他為當年的嫖友，論公論私，都不容袖手，但他不是一個普通的人，日憲兵已將全案呈報東京，非得軍部的同意，當地的日軍且無能為力。我只有盡我所能，一切看他將來的運氣吧！」

我又提到了毛子佩（即和平後接收我所主辦的「海報」而易為「鐵報」的，那時任上海市黨部委員，向隨吳紹澍工作），他說：「必須與伯誠的案子一起解決，暫時也不可能先為保釋。」佛海又想了一想說：「現在我的處境困難，等我在幕後活動後，將來如能達到目的，希望由你去出面辦理具保手續。」我說：「只要你交涉好了，我樂於負擔保的責任。」

事實上，那時佛海的環境也的確困難，與他交情較好的「梅機關」首領，又是汪政權的最高軍事顧問影佐禎昭，已經調往南洋作戰。繼他後任的是前廣東特務機關長矢崎堪十，與佛海之間相處得並不好。而且那時在「派遣軍總司令部」岡村寧次手下握有實權的辻政信，是一個徹頭徹尾的軍國主義者（即現任日本議員，著有有關中日戰事的書籍《潛行三千里》等著作多種，近仍常在報端發表高論，日人當時曾尊之為「戰爭之神」，他在汪政權時代勢焰薰天，倡導所謂「東亞同盟」，並發起至奉化祭掃蔣太夫人墳墓，而對佛海則百計傾陷，一度且欲乘間鴆殺之）。蔣案的營救，在如此不利的情況下，真使佛海陷於最大的困難。

總算幾個月的努力，沒有白費，佛海兜過了在華的日軍勢力，逕與東京方面日軍最高當局接觸，理由還是抄襲了吳開先一案的老調。不過因為那時日軍在太平洋方面的戰爭，由偷襲珍珠港所獲得的勝利，已因美國麥克阿瑟元帥所領導的跳島作戰，日海軍已完全趨於頹勢。佛海的說辭，就針對了現局，以為要使日軍能全力應付英美在太平洋方面的反攻，必須先在中國拔出泥足，取得全面和平。而蔣伯誠為蔣先生之駐滬代表，為無可置疑之事實，不如將他釋放之後，責其在滬居間談和。像這樣可笑的理由，佛海在無可如何中，一用再用，而日本病急亂投醫，竟也居然一信再信。為此事幫助佛海奔走的日人，一是駐滬日軍「登部隊」的陸軍部長川本；一是佛海的密友岡田酉次。他們兩人幾次為此事飛赴東京，千迴百轉，不知費了多少心計，東京大本營終於決定了由佛海方面負責將蔣伯誠以次全案人犯，准予一律保釋。

我還記得在此事決定的前幾天，剛剛軍統局的局本部秘書袁愓素潛返上海（袁現在台灣），因為我與他的兄弟是朋友，托我為他掩護。愓素與我一見面就問了我許多別的事情，我也告訴了他蔣伯誠恢復自由之事即將成熟，佛海且已通知我隨時準備辦理擔保手續。袁愓素欣然秘密電告了軍統局局本部，據說覆電上當局表示了很大的欣慰。因為袁愓素以後將牽涉到我本身的許多問題，故附帶先在此一述我與他最初的一段淵源。

到正式辦理擔保手續的這一天（日期我已完全無法記憶了），下午二時，我與另一位保證人徐采丞會齊（徐為杜月笙在滬重要代表之一，當時頗得「登部隊」之信任，任為囑托，年前在港以神經衰弱，服毒自殺），先赴上海日本陸軍部長川本在靜安寺路的寓所，由他派出了一名聯絡參謀，一同驅車馳赴貝當路憲兵隊，那時的隊長似為杉原，一個肥矮而充滿殺氣的傢伙。起初延我們入會客室就坐，還預備了茶點，禮貌很周到。

數語寒暄之後，杉原整一整軍服，立起來厲聲說：「蔣伯誠等一批人，今天已奉令准予保釋，但你們知道不知道保證人應負的責任？」說著取出一張預先寫就的保證書，上面是用日文寫的，他指著說：蔣等保釋以後，（一）今後不得在佔領區再作任何政治活動；（二）如須離滬旅行、必先取得憲兵隊之同意，否則一切惟保證人是問。我與采丞點了一下頭，又相視作了一次苦笑，取出筆來，迅速在保證人下面簽字蓋章，辦妥了例行手續。於是，由杉原與我們一起到了西蒲石路蔣的寓所，蔣伯誠還睡在中間的房裡，但病況已有了很大的起色。其餘杜麗雲、蔣宇鈞、毛子佩、王先青與萬墨林夫婦等，杉原要他們排了隊，講了一次話，告訴他們今後應如何如何。最後要他們向我與采丞鞠躬致謝。杉原才命令所有駐守的便衣憲兵全部撤退，杉原與川本的聯絡參謀亦自行引去。這樣，蔣伯誠等七人，才算脫出了日憲的直接控制，得以回復自由。

蔣又與我們閒談了一陣，屢屢表示感謝之意。這是我第一次認識他，從此以後的兩年中，我成為他與佛海之間的唯一聯絡人，我又為他的經濟支持者，為他的工作奔走與掩護者，我成為他家的上賓。他給予我無限的鼓勵，許下了無數的諾言，我又為他冒過許多危險，代他解除了若干困難。和平以後，使他以一個早已癱瘓了的人，竟能成為上海著有最大勛績的第一名地下工作者！

五一、被汪親自所否決的提案

在汪政權短短不到六年的時期中，我於身親目擊之餘，體驗到了一點，假如一個政權自己沒有獨立自主的實力，而想依附外力來圖存，結果未有不受壓迫，不被出賣的；也未有不將國家的主權與民族的利益斷送的。如其當政的人是真心與一個力量遠超過於自己的國家「友好」，這個人將是天真得到了愚昧的程度。如其你僅想一時加以利用，別人會比你更聰明，結果將是適得其反。汪政權的始末，正好給一切想依附外力，或借重外力而猶在自鳴得意者作一個殷鑑！

從汪精衛起以至他的幾個主要助手，最少我個人確信他們還不至於賣國求榮。他們從抗戰陣營中分裂，以至在敵人槍刺下建立政權，固然無可諱言，每一個人除了想救國家於垂亡，也夾雜有一些私人恩怨，與若干意氣在內。但是也無可否認，汪氏的這樣做，還是抱著九一八事變後，他兼程回國時所說抱著跳火坑的決心。但是一著之錯，滿盤皆輸！

他們錯誤的主要因素，一是對未來國際局勢的發展，有了錯誤的判斷，以為日本不會與英美開釁。而自九一八國際聯盟李頓爵士調查團沒有對日作正義的制裁，與緬滇公路被封鎖以後，認定英美不能有助於我，抗戰的最後勝利，前途感到一片渺茫。另一原因是那時抗戰年餘，軍事上我們是敗得慘，而日本則勝得苦。雖然日本朝野，都已以對華侵略戰視為泥足，而近衛三原則在表面上還不是亡國條件，汪氏以為黷武的日軍閥真會幡然改圖，如抗戰而最後失敗，則親日政權建立在先，日軍或可不為已甚，甚至中山先生的大亞洲主義也可實現。當然，事後有先見之明者，對於他們此種想法，定會覺得荒唐。

而這一切想法的錯誤，其實也不必等到最後勝利才發覺，汪氏等行抵京滬，置身虎穴，一旦與日本直接交涉，受到了咄咄逼人的反應，以及目睹了各地日軍的蠻橫情形，而日方所提「中日基本條約」的苛刻，已使汪氏等恍然於從前的判斷完全錯誤了。所以當汪氏與阿部信行簽訂條約的一天，汪氏會在眾目睽睽之下淒然下淚。而汪政權的渴望能實現全面和平，俾以政權還之中樞，也實在是完全出於真意。

汪氏等當時的處境是艱苦的，心境是沉重的，一失足成千古恨！儘管汪氏等沒有忘記國家民族之大義，千秋萬世，恐將終無恕辭！汪氏於離渝以後，提出了和平主張，如不因河內的一擊，息影赴歐，尚可優遊餘年，恐也不至於悲痛悔恨之餘，遽爾病死異國吧？

周佛海時常向我慨嘆著說：「我們主張和平是為了救國；但抗戰更是毫無疑義的為了救國。」他對日人的橫蠻無理，常常表示憤懣，甚至在他的日記裡寫出「令人髮指」的語句。他是負責大部份對日交涉的責任，他知道得最清楚，他又說：「看來，我們是錯誤了，我們將不會有多大的作為。盡了我們最大的心力，充其量日人想拿走一百分，我們予以掣肘，也只能拖住一分算是一分。」懲治漢奸條例第一條就明定漢奸罪的構成要件，為「通謀敵國，圖謀反抗本國。」佛海於勝利後在首都高等法院受鞫時的抗辯，他說：「我的參加政權，前半段是通謀敵國，圖謀有利本國；後半段是通謀本國，圖謀反抗敵國。」不管別人對他的辯解如何看法，我則深信他的這幾句是事實，也是真話。

我不常見到汪氏，但就我所看到與聽到的，汪氏在他主持這個政權的時期中，他變成性情暴躁，完全失去了他平時溫文圓融的丰度。每次如「中政會」、「國府會議」、「行政院會議」開會時，往往會發為盛怒，厲聲呼斥，有一兩次竟然把椅子都拋擲了。我前後參加過三四次「中央全會」，當汪氏分析到國際局勢，以及國家前途與當前的處境時，他的聲調由激昂而漸變為低沉，再由低沉而變為顫抖，最後是哽咽了，熱淚沿著他的雙頰直流下來，他用衣袖揩拭他的淚水，一面於嗚咽中匆匆結束，說出了「完了」兩字，聲音輕得幾乎完全聽不到。他每一次總是如此，現在留在此地的許多舊侶中，不少是當年汪政權的「中委」，他們與我一樣地曾目擊過這悲涼的一幕，可以證明我所說的決非出諸虛構。

類乎這樣的情形太多了，我在這裡舉一個例子，以作為對汪氏當時內心的說明。時期大概為民國三十二年，汪政權又一次「中央全會」的召開，方在中條山作戰之後。許多「中委」們紛紛有照例的提案。依照會議慣例，也照例先交小組審查，許多都是官樣文章，沒有人注意到有任何特出的議案。

會議開到第三天，已到了全部議案由小組審查完竣，提付大會通過的階段。汪氏是當然主席，那天他步向主席台時，顯得面色很難看，依了次序，有若干議案，已完全照小組審查意見通過了。下一案是「開封綏靖主任」胡毓坤所提的「擬請將中條山被俘渝軍成立俘虜營案」，大會軍事小組召集人是葉蓬，審查意見是：「擬請照提案內容予以通過。」原來抗戰時的中條山一役，國軍被日軍俘獲的達二三萬人，日軍就交給了汪政權處理，胡毓坤是直接辦理這接收事宜的人，因此會有這樣的提案提出。

依當時汪政權表面的立場來講，既與重慶形式上處於敵對的地位，被俘的士兵以之收容於俘虜營，好似並不足怪。而汪氏一取這提案到手，突然重重的把桌子一拍，厲聲地說：「為了國家拼死作戰的軍人，日本人當他俘虜是必然的，他們抗戰難道不是為了國家？我們也當他們為俘虜，這是何居心？胡毓坤荒謬！葉蓬糊塗！否決！否決！否決！」說完把提案重重一擲，珠淚又流滿了雙頰。全場竦然，心頭有說不出的另一番滋味。那天汪氏激怒的行動，決不是他的常態，這可以反映出汪氏的內心是何等的悲痛！對國家與抗戰是如何的看法。

五二、陳公博完成了一半心事

汪政權中，自以陳公博與周佛海兩人為汪氏的左輔右弼。佛海負擔了較多的實際責任，而公博提出了較多的客觀意見。雖然在汪政權中，公博以「立法院長」兼「上海市長」，汪氏逝世以後，又代理「主席」職務，位置一向高於佛海，但是因為他始終不贊同汪氏的建立政權，又不滿於日本仍然以侵略為目的的「和平」，他對汪政權的一切，絕不積極。他的所以參加，僅基於與汪氏的私誼，「士為知己者死」的一語，害苦了公博。他自光緒三十三年就參加同盟會，而結果竟以「叛國」伏法。知公博為人的，自不免為之悼惜。

在汪政權的六年之中，我與公博很少往還，他當時的心情，我不夠深切瞭解，但在勝利以後，民國三十五年四月，他在蘇州高等法院受訊期間，他不延聘律師，不推諉責任。被判死刑以後，不聲請覆判（即上訴），但求一死，且求速死。人之將死，其言也善！他向蘇州高院提出自撰的答辯書，他說明不是希望對之輕判，而僅要求予以公開，使他於臨命之前，使世人稍明其心跡。他的話可信其尚無諱飾之處，現摘錄其答辯書的點滴，以說明其當時的心境與態度：

「原起訴書中目我（公博自稱，下同此）為『甘心降敵，賣國求榮，在敵人鐵蹄之下，組織傀僞政府，予取予求，唯命是聽。』至比汪先生為張邦昌、劉豫。我雖不贊成汪先生組織政府，但如此比喻，殊為不倫！在從前汪先生受人痛罵，數年以來，我都沒有替他辯護，因為汪先生說過為國家，為人民，死且不怕，何畏乎罵？而且戰爭時期，最要緊是宣傳，非罵汪先生不足以固軍心，我認為抗戰是應該，而和平是不得已。汪先生既求仁得仁，我又何必替他辯護？但現在不是抗戰時期，而是在勝利時期，汪先生也逝世了，我們已不需要宣傳，我們應該抑制感情，平心靜氣去想想，當日汪先生來京之時，淪陷地方至十數省，對於人民，只有搶救，更無國可賣。在南京數年，為保存國家人民元氣，無日不焦頭爛額，忍辱挨罵，對於國人，只有熬苦，更何榮可求？我對汪先生的行動是反對的，而對汪生的心情是同情的。到了今日，我們應該想念汪先生創立民國的功勛，想念他的歷史和人格，更應想想他在事變之前，事變之中，如何替國家打算，如何替蔣先生負責？……

「不過我對於檢察官是很諒解的，當日我在重慶，在香港，極力謀黨的團結，國的統一，那情形太曲折而複雜了，並非今日檢察官所能瞭解。迨至南京以後，為保存國家人民元氣，和日本苦鬥，如保存東南各省。使蔣先生能容易統一中國，那情形也太曲折而複雜了，並非今日檢察官所能瞭解的。在今日眾議沸騰，真相不明，尤其是政治是那樣困難而波折，承辦本案的檢察官，即使他心裡很明白，而又肯負責任，那一個敢挑起千鈞重擔？說陳公博可以功罪相抵；那一個敢說陳公博無罪呢？

「未了，我願意聲明的，我於自白書中曾幾次說：『我對於汪先生的心事是了了，而對於蔣先生的心事還未了。』所謂未了，因我想：如果中國今日還不能統一，恐怕更沒有良機，除蔣先生以外，恐怕更沒有人統一中國。在日本投降以前，我的工作是鋪好一條統一之路，等蔣先生容易統一，最低限度當使東南不致有意外發生。在日本投降以後，我的心情是不願損害蔣先生的尊嚴，蔣先生要我離就離，要我回就回，要判罪就判罪，本身以為服法的範則，使蔣先生更容易統一。本案說複雜是太複雜了，說簡單也太簡單了。因此請法庭隨便怎麼判，我決定不再申辯，不再上訴了。

「我於三十三年十一月二十一日就任代理主席那天，曾發表聲明，說國民政府（按指汪政權）還都以來，自始即無與重慶為敵之心。繼又強調聲明『黨不可分，國必統一。』我的聲明，當然是指在蔣先生領導之下黨不可分，國必統一，難道要在我陳公博領導之下來統一國民黨和統一中國嗎？」

公博的答辯，的確並非完全出之文過飾非，當時汪政權中人的心情真是複雜而矛盾，但是說是他們賣國求榮，完全忘記了國家民族，那未免太以成敗論人。我對於公博，也只有一句話可說，對他的心情是同情的，而對他最後束身待罪的態度是欽佩的。但我今天不避嫌怨為他們寫出當年的事實，又何補於彼等身後之是非呢？

五三、南進北進所引起的揣測

日本於一九三一年九月十八日瀋陽北大營發動的事變中，一舉而佔有了我國東北四省。中國政府非但沒有作積極的抵抗，而且其後於一九三三年五月三十一日簽訂了塘沽協定；一九三五年六月又簽訂了何梅協定（按何是何應欽，梅是日本在華北的駐軍司令梅津）。一九三五年十一月，日本更悍然製造以殷汝耕為首的「冀東反共自治政府」，使華北形成特殊化，整個華北也置於日軍的實力控制之下。九一八事變當時，也有所謂維持集體和平的國際組織，即日內瓦的國際聯盟，但告朔餼羊，卻與現在的聯合國一樣，徒以姑息撫綏為能事。對於九一八事變所特派的李頓爵士調查團，既絕未作出制裁方案，列強對此傀儡組織的「滿洲國」，亦且默認為既成事實。

在華東，一九三二年一月二十八日在上海發生的「一二八」事變，結果在上海外灘英國總領事館所簽訂的停戰協定，又接受了在上海四周三十哩以內不駐紮正規部隊的屈辱條件。中國的退讓，卻助長了日本軍閥的氣焰，以為滅亡中國，最多也只需三個月的時間，「大陸一元」夢，普遍地縈迴在日本軍人的腦海中。福兮禍所伏！日本軍閥於一九三一至一九三七的六年之中，在中國境內隨心所欲，予取予求，這是中國受外族侵略的空前災難；卻是日本明治維新以來的迴光返照。日本於志得意滿之餘，既一誤於進行對華全面侵略；再誤於發動了太平洋戰爭。卒至自取覆亡，換來了日本有史以來的第一次無條件投降。

太平洋戰爭是發動於一九四一年十二月八日，距一九三七年的七月七日，剛好四年五個月的時間。日本在華軍事上的勝利，實際上並不能取得任何實際利益，徒然使日政府成為軍部之附庸，而陸海軍之間，又時相齟齬，加以經濟混亂，物資缺乏。當日軍於一九三七年十二月十三日佔領了我國首都南京，溯自八月十三日，淞滬抗戰起，至完成攻陷南京止，我國以最精銳部隊置於第一線，能以血肉之軀與猛烈的炮火相廝拼，也只抵抗了僅僅四個月，京滬全線即告崩潰。但日本於作戰中明白了中華民族之不可屈。而且軍事進展愈速，地區愈廣，日軍即維持佔領區的點與線，也愈覺困難，乃恍然於三個月滅亡中國的看法，完全是一個夢想。那時日本確已有了謀取全面和平之意，但政府在漢口時期德國大使陶德曼的調停最後歸於失敗以後，日方一面以軍事力量繼續向我軍壓迫；一面通過了種種方式，以覓取和平之路。日本以戰勝國而急急求和，在歷史上是一個稀有的例子。日本於一九四〇年之所以促成汪政權，目的不在使國民黨因分化而削弱抗戰力量，其用意想利用汪氏在國民黨與國民政府的資望與地位，希冀假以達到其求取全面和平之企圖。

至太平洋戰爭前夕，對華的侵略戰爭，日本已感到曠日持久，泥足愈陷愈深。而所謂全面和平，走盡了無數的冤枉路，國民政府的答覆，是發出了抗戰到底的口號，使日本的和平希望化為泡影。但日本任何國策的決定，決不會事先謀之於汪政權，但汪政權中人默察日人對戰爭的狂熱，軍閥的老羞成怒，美國又凍結了日本在美的資金，與限制了戰略物資輸出以後，處境日感困難，軍閥們抱著一不做、二不休的心理，擴大中國地區以外之戰爭，形勢所趨，已有其必然性。問題是今後的日本，究將南進還是北進？當時揣測紛紜，只有很少數的人以為日軍如欲擴大戰爭，可能會出之南進之一途。而理由卻又顯得很薄弱，僅以日本陸海軍間之積不相能，早已成為公開的秘密，海軍看到陸軍在中國境內的「赫赫戰果」，不免眼紅心熱，大欲一顯身手。在汪政權方面對於日本南進的看法，是認為可能的成分很低。

北進，乃成為大多數人所同意的看法。理由是：

（一）日俄本為世仇，況抗戰初期，蘇俄援助中國以抵抗日本的遠較英美為多。而抗戰開始以後，一九三五年三月，既發生了在蒙古境內日俄衝突的諾門汗事件；一九三八年七月，又發生了滿洲境內的張鼓峰事件。舊恨新仇，日本當以一洩為快。

（二）日本的反共態度在那時是堅決的，近衛三原則中，就有一條是「共同防共」，冀東成立的傀儡組織，也以「反共」政府為標榜。而汪政權之建立，更揭櫫了「和平、反共、建國」為政綱，意思就是和平才能反共，反共才能建國，而著重即在反共。日本既一切以反共為鵠的，安有不北進之理？

（三）日本既與德國為同盟國家，日德共同防共協定，簽訂於一九三六年十一月二十五日；日德義三國的軸心同盟，又簽訂於一九四〇年九月二十七日。一切又均以防共為前提。而那時，德俄之間，正在作殊死戰，希特勒一定要求日本分兵北進，直搗西伯利亞，而使蘇俄腹背受敵。

（四）日本視滿洲國為其禁臠，欲確保其安全，也必須掃除臥榻之旁的大敵。諾門汗事件的發生，就由「滿洲」與外蒙的疆界而起。

（五）還有一個認為堅強的日軍將作北進的理由，因為如其南進，勢將與英美在遠東以及東南亞地區之利益，直接發生衝突。英國雖在歐洲方面自鄧扣克港大撤退以後，惴惴焉唯恐德國之進襲英倫本土，一時當然無力東顧。但是，日本與英國，既為第一次大戰時代之盟邦，且美國的龐大海空力量，恐日本尚非其敵，日本即使於日俄戰爭以後，驕滿得有些瘋狂，或者還不至有孤注一擲之勇氣。

上面這樣對日本的揣測，雖理論上不無有其根據，而日本為自身打算，這種揣測，無疑成為隔靴搔癢。迨珍珠港偷襲的彈聲一響，終於揭開了南進北進之謎。局外人對局勢演變的判斷，往往以常情來摸索別具肺腑的野心家，管窺蠡測，乃至毫釐千里，日本竟然選擇了一條把自己毀滅之途。

太平洋戰爭，直接關係到日本的悲慘結局，也連帶使汪政權同歸於盡。珍珠港的隆隆炸彈爆裂之聲，不啻是日本與汪政權的喪鐘狂鳴。當時日本何以會有此決策？這裡所提供的事實，係參考當時美國國務卿赫爾所著之回憶錄，以及日本發動太平洋戰爭的東條英機內閣之外相及大東亞相重光葵在巢鴨監獄以甲級戰犯服刑時所著《昭和之動亂》一書為據。以兩人曾身親其事，既是直接的第一手資料，其所述之內幕，應該是相當可信的。

五四、發動太平洋戰爭的內幕

其實，日本以蕞爾島國，人口劇增，想以侵略達成其擴張領土之野心，並不在對華全面侵略戰爭始有此擬議。當「九一八」事變之後，日本內部發生了二二六叛亂，使軍閥勢力抬頭，對外又宣布廢棄了海軍條約，陸軍以防止我國反攻為理由，把軍事預算無限制地劇增；海軍又以加強國防為名，無限制地製造軍艦。海軍的目的，主要在與陸軍取得勢力的平衡。擴軍也必然就是備戰。陸軍主張北進，以蘇聯為假想敵；而海軍則主張南進，以荷印資源為目標。但海軍反對陸軍在東北與華北的作為，而陸軍則認為南進危險而又愚蠢。一九三六年，日本號稱收拾「二二六」事件的廣田內閣，於那年八月七日，舉行包括首相、外務、陸軍、海軍及大藏的五相會議，竟然以陸軍主張的北進，與海軍主張的南進，同時決定為基本國策綱要。

而最後，日本卒放棄了北進政策，改而南進，其間綜錯複雜的原因，造成了天奪其魄的結果。首先，自對華侵略戰爭發動之後，日本成立了大本營，變成為戰時體制，軍費乃成為無限度的支出，隨著戰爭的逐步擴大，不得不以濫發紙幣來彌補戰時的財政。又因物資缺乏，物價暴漲，於是施行了經濟管制，而世界市場既被遮斷，亞洲局部的貿易，使日本經濟更形萎縮。

德國在歐洲方面初期壓倒性的勝利，給予日本以最大的影響。在太平洋戰爭的前夕，日本相信希特勒已贏得了勝利，並將確保其勝利。德外長里賓特洛甫對日本駐德大島大使公然表示，英國的崩潰，僅是時間問題，而且已為期不遠。日本為所迷亂了，他們正在考慮，假如德國真的確保其勝利，那末，在東南亞地區的英法荷殖民地將怎樣呢？如被德國佔領在先，勢將發生第一次大戰日本為南洋委任統治地區從德國接受時候的麻煩。而德政府又不斷向日本軍部遊說：「日本必須利用現階段的情勢，向東南亞推進而攻擊新加坡，在大英帝國崩潰之前，獲取英國在東南亞的權利，這是千載一時的機會。」

軍部方面既躍躍欲試，而促成這項南進政策的重大關鍵，幾繫於那時近衛內閣的日外相松岡洋右一人之身，他簽訂了日德義三國同盟，實行軸心政策，使與英美法民主國家形成對立，並且劃定了軸心國戰勝後的勢力範圍，許日本為整個東亞的領導國家。那時日本的國策，由此已改為北守南進。松岡為了實現南進政策，於一九四一年三月出發訪問德義，當他途經莫斯科時，曾向蘇聯提出締結互不侵犯條約，以為南進政策的後盾。當他返日的歸程中，再度經過莫斯科，竟與蘇聯簽訂了日蘇中立條約。據重光葵所知道：松岡在柏林的時候，已從德國政府獲悉了攻蘇的計畫，日本提出的中立條約，本不為蘇俄所歡迎，而松岡竟洩露給史大林以這一個德國將攻蘇的重大秘密。可能他的作用在使史大林怕德日兩面夾擊，而予以就範。果然，蘇俄卒讓步而簽訂了這一項中立條約。

這一個傳說是有幾分可信的：那時的史大林是何等聲勢，松岡以區區一外相，當其由莫斯科啟程返日時，史大林突然出現於車站送行，擁抱著松岡說：「我也是亞洲人。」這一套把戲，使松岡有受寵若驚之感，從此解除了對蘇的敵意，以全力進行實現南進政策，松岡竟一手奠定了日本未來可悲的命運。日本對於蘇俄既已無所顧忌，對於英國，更以為崩潰在即，是否南進的關鍵，僅繫於與美國的交涉。

一九四一年一月，野村吉三郎海軍大將，被發表為駐美大使，表面上是為了調整美日兩國漸趨惡化的邦交，而松岡所給他的訓令，要使美國對於日本的軸心政策，發生恐懼而防止其參加戰爭，堅囑不許有絲毫要求妥協的表示。野村抵美後，對松岡的警告置之不理，不斷與美國朝野為改善關係而接觸。至四月，美國國務卿赫爾交給野村一個「日美諒解方案」，內容包括下列數項：

（一）日美兩國所抱的國際觀念及國家觀念；
（二）兩國政府對歐戰的態度；
（三）兩國政府對中日戰爭的關係；
（四）在太平洋地區的海軍兵力及空軍兵力和海運關係；
（五）兩國間的通商及金融合作問題；
（六）兩國在西南太平洋地區的經濟活動；
（七）有關太平洋地區的兩國方針。

以上各項，如美日能正式達成諒解，羅斯福總統而且準備與近衛首相在夏威夷會見，再商討簽訂具體協定。其實，雙方的意見，無論如何是無法接近的，美國藉此拖延以備戰，而日本則是在找尋開戰的機會，爾虞我詐，各懷鬼胎。但是並不主張與美國開釁的近衛，接到此項報告後認為滿意，立刻召開聯絡會議，席上統帥部與內閣的意見，完全一致，主張與美國開始談判。正當此時，赫爾又向野村提出了稱為「赫爾四原則」的，以作為談判的前提，其內容為：

（一）尊重各國主權；

（二）不干涉他國內政；

（三）尊重機會均等的原則；

（四）維持太平洋方面的現狀。

日政府對此四原則，正擬接受之際，恰值松岡再度訪問德義後行抵東北，立電日政府要求俟其回日後，再作答覆。在這機會稍縱即逝之頃，遂使美日談判喪失了一個最好的機會。原因松岡在訪歐期內，已為希特勒、墨索里尼所說服，倒向軸心，立意與英美為敵，所以在他經過莫斯科時，曾對美國駐蘇大使口頭聲明，警告美國不要亂動，如美國對德作戰，日本也不會袖手。希望美國考慮三點：一、不參戰；二、設法勸中國和平；三、不許有影響三國同盟的舉動。此外，並且強調了德國必勝。

松岡回到東京後，又電赫爾，謂需要兩星期時間考慮，才能對四原則有所答覆。而此時因美日間進行談判，德國向日本提出了抗議。松岡迅速通知德外長里賓特洛甫，日本決以三國同盟為中心，絕對不中途變更，同時又將「日美諒解方案」秘密告知德義。旋松岡以為赫爾的備忘錄是干涉了日本內政，又訓令野村予以退回。日美談判，至此乃益趨惡化。

迨近衛第三次內閣成立，始將松岡逐出，並任命豐田海軍大將為外相，負責美日間的談判，但一切為時已太晚了。軍部的南進政策，始終在積極進行，日軍且已佔領了越南北部。美英為阻止日本的軍事行動，決定禁止戰略物資輸日，凍結日本在美商人的資金，又公佈了廢棄通商條約，更對日進行A（美）B（英）C（華）D（荷）的政治經濟包圍政策。在太平洋戰爭的前五個月，日本舉行了一次御前會議，有一項重要決定，即：「進攻越南南部，不惜與英美一戰。」但日皇曾經問永野軍令部長與美作戰的前途？永野的答覆是：「對美戰爭實力不能維持到一年半以上，勝利無把握。」

豐田登台後，繼續訓令野村與美談判，近衛且曾建議與羅斯福總統直接會談，美國也已同意此點，並指定阿拉斯加為會談地點。但對主要問題如三國同盟、中國撤兵、南方撤兵、恢復通商等談商，均無結果。美國對此，遂表示冷淡。其間美國也曾作種種讓步，如承認「滿洲國」問題，透露可由中日兩國間以友誼方式談判解決。汪政權問題，美國可勸告重慶政府於和平實現後合流等（見日人依據其政府檔案所著《旋風二十年》一書之記載）。日本於是年九月間又召開了一次御前會議，決定十月上旬，美日談判如仍無結果，即行開戰。而癥結所在的自中國全部撤兵問題，日本無法接受。

十月中旬，因與美談判無結果，而迫使第三次近衛內閣垮台。日本陸海軍的焦躁，又已達於極點。認為非南進獲得石油等與其他資源為補給擴充，日本將坐以待斃。而日皇召集重臣會議的結果，以認為對軍部有統制力的東條出而組閣。東條是主戰的，由他登台，不論表面上與實質上，擴大戰爭至此已無可挽救。新任之東鄉外相，更用原任駐德大使來栖協助野村繼續對美交涉，日本一面提出新方案；而一面又以電報訓令野村來栖，不可過於妥協。但是美國國務院已將日本密碼譯了出來，完全窺破了日本的詭計。

於是迫得赫爾召集了中英法荷等九國條約有關國家，討論答覆日本最後提案。十一月二十六日，美國將正式答覆遞交日大使，內容為：「一切恢復九一八事變以前狀態，不但需由中國大陸撤兵，而且也要由東北撤兵。」美國這是攤牌的行為，因為明知日本絕對不能接受。而美國的答覆，乃促使日本猶豫與反對的人士，也變為贊成開戰，軍部乃下令艦隊集中千島備戰。十一月二十九日，又開重臣會議，對於南進政策，竟無一人表示反對。太平洋戰爭也從此作出了最後決定。

美國赫爾國務卿本來已約定野村、來栖兩大使於十二月八日下午一時進行重要會談。依據哈古條約規定，戰爭必須事前通告，而日海軍希望通告與戰爭的時間儘可能縮短，以便於突襲中收穫更大效果。軍令部強硬主張談判結束的通告，須縮短至開始進攻前三十分鐘以內。美國駐日的格魯大使，尚於開戰前夕，以羅斯福致日皇要求和平的電報，訪東鄉外相商洽辦法，但一切已經太晚了！東鄉半夜入宮面呈日皇，珍珠港的偷襲，已經開始。格魯大使收到東鄉故意延遲積壓的開戰通告時，廣播電台早已播出了日本對英美開戰的消息與日皇的詔書。珍珠港、香港、上海等處的隆隆炮聲，已震動了整個世界。歡迎日美開戰的英國邱吉爾首相聽到日本開釁的消息，欣奮得大聲呼喊：「這樣，我們可確定將獲得完全的勝利！」但是，汪政權中人，當時又怎樣呢？

五五、斷定了日本失敗的命運

正如勝利後陳璧君在蘇州高等法院法庭上講的話：假使「一二八」日本投向珍珠港的炸彈改投到西伯利亞去的話，不但二次大戰的歷史要完全改寫，而汪政權的最後下場，誰也無法斷定其將為失敗或是成功。

一九四一年，即民國三十年的十二月八日，那天我在上海，氣候已經顯得十分寒冷。從國軍撤退四郊的炮聲沉寂以後，租界中歌舞昇平，另是一番畸形繁榮的景象。雖然有人預感到日本會在中國戰場以外擴大戰爭，但當太平洋戰爭發生的前夕，誰也沒有嗅到過這一股即將爆發的戰爭氣息。

那晚，我回家比平時為早，午夜以後，早已擁著重衾，酣然入夢。朦朧中忽然為接連的巨大爆炸聲所驚醒，揉一下倦眼，側耳細聽，聲音卻愈來愈大，而且相距甚近。我急急地披衣起床，在萬籟俱寂的時候，我已可清楚地分別出那是爆炸與步槍的聲音。我想：或許租界中發生了什麼局部的變故；也或許浦東方面的游擊隊開來襲擊。我拿起床頭的電話分機，打到我所主辦的「平報」去詢問，報館的總編輯告訴我，是日軍開進了租界，意向不明，現在情形很混亂。報社已經派出外勤記者去採訪，俟獲得結果之後，會以電話再向我報告。我感覺到不安，最後決定還是親自往報社去，希望知道日軍開入租界的真相。

當我驅車經過寂靜的法租界馬路時，全市已經宣告戒嚴，軍警的布崗情形，足以顯出事態的嚴重，幸而我車上懸著顯著的特別通行證，一路並無阻礙。當汽車由愛多亞路轉入公共租界時，我已看到了有日軍駐崗。日軍的黃色制服，與一頂尖角向前面突出的軍帽，很容易辨認，我完全證實了日軍的確已進入租界採取行動。基於過去一直以為日本決不敢與英美為敵的心理，我又在想：大約是日軍幫助汪政權收回租界罷了。誰會料到日軍在建設「大東亞新秩序」的口號下，竟然掀起了他們所稱的「大東亞聖戰」！

等我到達報館後，採訪人員已經回來，初步證實了三點：（一）這不是上海租界一隅的事件；（二）租界的軍警，幾於完全無抵抗而讓日軍長驅直入；（三）把我從睡夢中驚醒的爆炸聲，是租界當局自己炸沉停在黃浦江中的鉅型船舶，以免供敵利用。其中最大的一艘，是當時最豪華而行駛於歐洲遠東間的義大利郵船「康脫羅梭」號。在黃浦江畔遙望，可看到船身傾側，在漸漸向江心下沉。

關於報上新聞的處理，尤其感到為難，我們將採取怎樣的態度？時在深夜，又逢變亂，已經無法與有關方面聯絡，幸而最後那時日本的國家通訊社「同盟社」已有稿件送來，才知珍珠港、香港等地日軍同時進行襲擊。在英美猝不及防的情形之下，日軍且已取得了初步勝利。此時上海租界以內的槍聲與爆炸聲漸次停止，可見日軍已完成佔領上海的租界心臟地區。

在這樣一個劇變中，而佛海剛又留在南京，許多事情，我與他都有接洽的必要。因此，我與報館的全體職工，一直守候到天明，安排好了翌日的報紙以後，我就匆匆搭乘京滬早車趕往南京。

當午間抵達佛海西流灣的京寓時，他的家人告訴我，佛海一早就到頤和路汪公館開會，現在還沒有回來。我一直等待著，我希望他能帶回一些消息給我。約莫又經過了一小時餘，佛海才很頹喪地回家，他看到我，僅勉強點了一下頭，神態不似平時那樣安閒。我感到情形有些不好，但又不便緊緊的立刻追問，也就彼此無言相對。

我們一起午飯以後，他精神才稍稍回復了一些。他問我趕來是不是為了戰事的緣故，我還沒有答覆，佛海已接著問，上海的情形怎樣？我說：到我搭車的時候為止，居民除了受些虛驚以外，表面上還平靜。報館中所得到的消息，地方上也沒有什麼破壞，大約日軍已經順利完成進駐了。我問他今天汪公館開會的結果怎樣？今後我們將採取怎樣的態度？他發出了一聲微喟之後，詳細地為我解釋，他說：「今晨汪先生接到了日本總軍司令部與日本大使館的正式通知以後，臨時召集了一次高級幹部會議。汪先生很震怒，以如此重大的問題，而日本於作出此決定之前，我們竟然一無所知！汪先生以為日本在反英美口號下發動新戰爭，如此蠻幹，自己將注定其失敗的命運，而日本竟然會如此的愚昧與魯莽，也完全出於他的意料之外。汪先生今天似乎異常激動，在他發言的時候，完全失去了平時一般的態度。」

佛海又說：「我與公博等的心緒，也是同樣的複雜，我們有一些矛盾的感想：到今天為止，日本已自己一手造成了不可挽救的悲局，四年抗戰，到現在才露出了一絲曙光，瞻望整個國家民族的前途，覺得無限興奮。但也不能不承認，三年前我們對局勢的估計是錯誤了，一切的作為，雖惟天可表，但我們應該對國家負起錯誤的責任。同時，對自己未來的遭遇，也覺得黯淡而渺茫。至於今後問題，處身在人家軍事佔領地區的槍刺之下，我不敢說會有什麼成就，預料如日本在太平洋方面的戰事能夠順利，軍人的氣焰，勢必更加囂張；否則，他們在我國的淪陷地區，搜括物資，也自必加緊，態度也必然更兇惡。總之，我們的處境將更加艱苦，應付也將更加棘手，現在談不到什麼態度與辦法，我們只堅持一個原則，隨機應付，盡心力來保全國家的元氣，保護人民的被迫害，做一分是一分，誰還敢說會有什麼把握？」

我所知道太平洋戰事發生時，汪政權的真實情形是如此。前幾年有人寫過太平洋戰爭的發生，是出於汪氏的建議與慫恿，未免與事實相距太遠了，我敢斷言其是完全出於臆測。

五六、武裝抗日外的和平抗日

太平洋戰爭的發生是民國三十年十二月八日（一九四一），而汪政權終於在三十二年一月九日（一九四三）宣言參戰。明知日本最後的必將失敗，而仍然作出此項一時令人難以索解的決定，汪政權是否真的想與日本「同生共死」？要說明汪政權所以參戰的原因。應該從日本與汪政權在一九四〇年十一月四日簽訂的「中日基本條約」說起。

民國十三年中山先生在北京逝世之前所簽立的遺囑。誰都知道是由汪氏執筆起草的。在這短短數十字的遺囑中，反覆說：「在求中國之自由平等」、「廢除不平等條約」，而汪氏所手簽的「中日基本條約」就是一個徹頭徹尾的不平等條約！汪氏自己又豈有不知之理？更安有不痛心疾首之理？該項「條約」自一九三九年底在上海與日本開始交涉起，至一九四〇年冬簽字為止，中間也經過了年餘的時間。所以遲遲不簽的原因，是汪政權還在盡力掙扎，還在希望能從努力中獲得改善。汪氏自己不斷與日方交涉，而直接負折衝之責的周佛海，也已力竭聲嘶。

當一九四〇年初，日方把草案在上海提交汪方，還沒有開始討論前，陶希聖高宗武因奉命參加之便，持有原稿，即挾之赴港，全文並且在報紙公佈，曾引起全世界輿論的一致指摘，連日方也為之手足無措，佛海當時告訴日方的首席代表影佐說：日本要求得世人的諒解，只有以事實來證明所宣布草案的內容為不確。佛海的激將法卻並不曾生效，日方始終並不曾作多大讓步，雖有若干點曾經略為改善，但綜觀全部的內容，依然是一個不平等的條約！

對於「中日基本條約」，反對得最厲害的是陳公博。公博本反對汪氏組「府」，更反對這一個條約的內容。當汪政權與日本交涉時，汪氏本欲叫公博參加，而公博堅持不肯，他說：「草案的交涉，最多只是文字上的修改，實質上日本是不會讓步的，我參加了不會有好處，反而使我以後不能再表示反對。」

迨「條約」簽訂以後，一次，那時日本駐在南京的大使阿部信行（也就是代表日本簽字的特使），問公博這個「基本條約」會不會發生影響？公博答覆得很妙、很乾脆，他說：「絕對不會發生影響。因為第一、所謂基本條約，顧名思義，應該謀兩國的根本大計。照這個條約內容，連停戰協定都夠不上，更談不上基本。第二、照『近衛聲明』，口口聲聲說東亞新秩序，而基本條約的內容，無一條不是舊秩序，而且是舊秩序中最壞的惡例。不過這個條約固然發生不了好影響，也再不會發生惡影響。」

阿部又問公博這是什麼意思。他又說：「一般印象已經壞極了，大家都已對日本不諒解，這個條約不過是對日本不諒解中的一個證明而已。」（談話係引用陳公博於三十五年四月五日在蘇州高等法院的當庭答辯辭。）其他汪政權的重要人物對「條約」的觀感，大致也與公博相同，他們也無日不在處心積慮地希望廢止。因為參戰以後，勢必另訂一個同盟條約，所以參戰就是為了廢止「基本條約」的一個手段。

果然汪政權於參戰之後，於三十二年底與日換訂了一個「同盟條約」，內容雖仍然不會達到理想的境域，但終於取消了「基本條約」時代的一切密約附件，更取消了所謂東北駐兵與經濟合作，而且更將內蒙歸還中國，所剩下的只有一個東北問題。

因參戰而廢除了「基本條約」，確然對汪政權有利，但參戰以後，也給汪政權帶來了更大的麻煩。當時的日本人時常以半真半假的態度，向汪政權中人說：「重慶是武裝抗日；而你們則是和平抗日。」日人當時似乎有個感覺，有了一個汪政權，非但不足為助，而且給予以更多的掣肘。關於汪政權參戰以後，與日方的鬥爭，這裡舉出兩件較大的例子：

一、日本在中國廣大的戰場上，拖住了日軍三四百萬人，太平洋戰爭發生以後，日本尤感到兵力不敷分配，曾經屢次逼迫汪政權，欲以朝鮮人台灣人視中國人，抽壯丁以為日本作戰。關於日人希望把「和平軍」的抽調。汪氏以確保地方治安為辭，予以拒絕；要徵集壯丁，訓練參戰，汪氏又以去就力爭，不予置理。這幾乎成為當時淪陷區盡人皆知的事實。汪政權名義上是參戰，事實上始終未派過一兵一卒實際去參加戰爭。這是所謂同盟國間的一個奇談，也是一個奇蹟！

二、日本的目的是以戰養戰，以中國資源的豐富，日本原欲竭澤而漁，而汪政權則以阻撓遲延為手段。於是日人索性對米糧、麵粉、紗布等成立統制會，由日人把持，以削減汪政府的權力。上海日軍管理物資運送的一個小小「第七出張所」，其權力且高過於汪政權的「實業部」。日人主要的物資對象是三項：（甲）米糧。日本因為不能予取予求，於是自己劃定了「軍米區」，向農民直接強迫收買。而汪政權則以必須先配給民間足夠的糧食為抵抗，甚至槍斃了舞弊的江蘇與南京糧食管理局長后大椿與胡政。（乙）紗布。汪政權堅持先從日本廠商開始，對華商方面的收購，買價不以「中儲券」而以現金條交付。全部金條均由日機載運而來。且直至勝利，紗布堆存在上海倉庫，未曾被日方運走一匹。（丙）徵集廢銅廢鐵。汪政權暗示各地軍警，不予合作，除若干大廈中之暖汽管外，民間家宅的鐵門鐵窗全未拆除。當時處身於淪陷區的人，可以證明我的說法，我決無意於為一個失敗了的政權，於事後再為無聊的文飾。在如此情形之下，試問汪政權是否成為一個和平抗日的組織？

五七、世外桃源立成人間地獄

香港，雖然一世紀以來早已成為英國的殖民地，但因為這裡的居民，百分之九十以上是中國人，所以從清末以迄現在，國內任何政治上的變亂，都與香港息息相關，不是為醞釀一項政治運動的溫床；就是當一項政治運動失敗後的政客逋逃藪。

我已在上文寫過，香港也是汪政權的最早發祥地。當汪氏脫離重慶，行抵河內以後，他所主張和平的「豔電」，向世界公開發表是在香港。從河內高朗街暗殺事件發生以後，他左右的重要人物如：陳璧君、周佛海、梅思平、林柏生、陶希聖、高宗武等，也都集中到香港，以南華日報與蔚藍書店為據點，展開宣傳攻勢。與日本方面的接觸，以從事建立政權，雖然時期很短，僅為民國二十八年自春徂夏的三四個月，但一切原則上的商榷，都是在香港作出了一個初步決定。

從汪氏等分批去滬以後，香港冷落了，但是許多與重慶有密切關係的人員，仍然留在香港，汪氏與日本方面想與重慶談商的全面和平，也還以香港為橋梁。自稱代表國民政府談和的宋子良，在港與日本密談時，曾給予日本以最大的興趣，與無限的希望，甚且因之而阻延了汪政權建立的時日。一直到太平洋戰爭發生，香港與珍珠港等同樣受到了突襲，蒙受了一次開埠以來未有的浩劫，三年八個月的黑暗時代，迄今餘痛猶在。這百年來的世外桃源，一霎那化成人間地獄！

雖然那時我並不在香港，但香港既與汪政權有過如此重大的關係，而且太平洋戰爭以後，一批在香港被日軍俘虜的重要人物，以後都押解到了上海，其中部份人士，更曾影響到汪政權的財經方面的決策。這一段史實，自然應該也有一敘的必要。

時間至一九四一年的冬季，日本既然早已加入了與英國為敵的德義軸心，而其所派駐美的野村大使與來栖特使，在華盛頓與美國國務卿赫爾的談判，一天一天走向決裂邊緣。一向號稱為世外桃源的香港，因此漸漸地感到了緊張，而駐軍雖在不斷演習，也不過是作萬一的準備。說來真夠可憐！那時英美諸國自以為對情報十分靈通，而日本真正的企圖，則事實上卻一無所知。

「一二八」的前一天是十二月七日，那天是星期日，誰也料不到大禍即將臨頭。原來快活谷還有一場球賽，許多人都還往那裡去想消磨一個假日的下午。報紙突然發行了號外，報導日本海軍驅逐艦兩艘，急遽開往馬尼拉的消息，這消息意味著日軍將於中國戰場以外，更有事於遠東。時局顯得更進一步的緊急，球賽臨時宣布停止了。球迷們還在怨恨當局的大驚小怪，掃興而回。那晚，雖然有人已懷著一顆忐忑的心，但暴風雨的前夕，照例會份外寧靜。

八日的清晨六時，居民為連續的爆炸聲所驚醒，大部份的人，還相信這是英國駐軍的演習，但是心裡總懷著鬼胎，想以電話探詢真相，而電話卻已為香港政府所管制，當局認為不需要的，已經局部切斷了線路，消息雖還沒有證實，人們知道這情勢是非常的、險惡的。也有人午夜早於收音機中聽到了珍珠港遭日本偷襲的消息，但是對香港仍作萬一之望，以為日本或許不會這樣孤注一擲，向太平洋沿岸各地同時並進。等一陣爆炸聲停止以後，更有人到啟德機場去探視了一下，機場四周不但淒涼一片，而且一架飛行舊金山——火奴魯魯——香港間的水上飛機「夏威夷號」，已在機場旁邊海面上給炸得機腹朝天。日軍的進攻香港，至此已完全證實。那天來往港九間的天星渡海輪，雖然仍如常開行，但政府已派人在碼頭檢查，認為無渡海必要的，已被阻止來往。整個港九的市面，整天在慌亂與死寂中渡過，僅有晚上日軍斷斷續續的炮聲，劃破長空，添給居民以精神上的無限恐怖。

重慶當局對於香港危城中的重要人物，不能不搶救，而唯一可以利用的交通工具，已只剩空運一項。那時政府所掌握的航空公司，也只有與美國合作經營的中國航空公司，以及與德國合作的歐亞航空公司。八日的晚上，趁日空軍在黑夜中不能轟炸的時候，派來了一架飛機，載走了一批留港的重要人物如貝祖詒、陳光甫等人。因為機師要求儘量把他們的家屬運走，否則就罷飛之故，以至很少人能搭上這架專機。專機原來決定由香港直飛重慶的，為了爭取時間，後來也改變為飛往韶關。

九日晚上又派來了一架，在那個緊急逃命之夜，能夠搭上這架飛機的，若非特殊又特殊的人物，休想上得去。宋慶齡、宋藹齡姊妹等被載走了，以及傳說中的若干衛生用具，有人還帶了一條得道的狗，同時飛昇了。有些被留下的比狗總要重要得多的人物，只好眼睜睜地望著那最後一架飛機而嘆息。以後，因日軍炮火的加緊，飛機再也無法降落啟德機場，他們從此像被遺棄的孤兒，一任流落在異鄉，讓日軍俘虜、被強迫下水。從此決定了他們後半生的命運！

在太平洋戰爭以前，日軍早在大亞灣登陸，佔據了廣東廣大地區。港九彈丸之地，上有空軍轟炸，又被日海軍封鎖了海上交通，英國的駐軍力量又那樣地單薄，日軍從廣九路展開的正面攻勢，已屬很難抵禦。而日軍在佔領以前，已視香港為其囊中之物，香港豐富的物資等等，日人都想保全攫取。所以陸軍的轟擊並不激烈，長程炮也往往只命中主要目標，不破壞周遭的建築。在立體包圍的情勢之下，九龍絕對無法堅守，終於僅僅經過三天的時間，九龍首先陷落了！

那天，港九的交通本已中斷，日本陸軍分三路而來：一路翻過獅子山抵達九龍塘一帶；一路由稅關道、清水灣道佔領啟德機場；一路由青山道直至九龍中心市區。日軍在司令官酒井隆盛率領之下，長驅直入（酒井曾任日本天津駐屯軍司令官、參謀長等職，勝利後經香港以戰犯罪判處死刑），即成立司令部於尖沙咀半島酒店。

九龍陷落以後，香港本島更無扼守可能。日本以轟炸全市居民資為水源的水塘，以及截斷食米來源為威脅，迫使香港英軍放棄抵抗。香港政府開始與日軍接洽談和，第一次為十二月十三日，即九龍陷落後之三日。第二次為十八日，終以條件不合，未成事實。日軍於談判中仍然加緊從九龍隔海炮轟，且揚言將以陸海空聯合大舉進攻，使港島歸於毀滅。至二十五日的聖誕夜，當時的港督楊慕琦，終於接受了日方條件，香港遂無條件投降。日軍於二十六日耀武揚威，舉行入城式。同時對香港開始搜捕姦殺，莠民又乘機搶掠，秩序大亂。又因糧食極度缺乏，難得一飽，使全島數十萬居民，陷於香港歷史上從來未有之悲慘命運中。

五八、一群遭遺棄的被俘人物

日軍佔領香港以後，日政府發表了磯谷廉介為總督，而以廣東的特務機關長矢崎堪十為香港政治部長（矢畸於一手製造汪政權之梅機關主腦影佐禎昭調往南洋作戰後，在汪政權末期，繼任為最高軍事顧問），更以岡田芳政中佐為首，成立了「興亞機關」，以軍事與特務雙管齊下，統治香港。這是日軍在中國境內的三大特務組織——梅機關、松機關、竹機關以外的又一特務組織。事實上，在香港主持著特務活動的還是梅機關，「興亞機關」不過是它的支店而已。

要統治一個地方，除了以軍事力量控制這地區以外，更必需依靠當地居民的合作，為佔領勢力順利推行政令。於是有人向現實勢力低頭獻媚；有人因在槍刺下而無法反抗；也有人希望為地方減輕一些損失，因此出現了兩個組織。由日軍任命下，有香港華人代表四人——羅旭龢、李子芬、陳廉伯與劉鐵誠。前兩人是香港耳熟能詳的紳士，劉鐵誠為交通銀行港行經理，陳廉伯一度是廣州商會主席，也是當年廣州商團事件的主腦，磯谷廉介早在日本駐廣州領事館做武官時代，已經和他相熟，因此淵源，特加識拔。

華人代表以外，更有「政治協議會」，以二十二名華人為委員，周壽臣爵士擔任主席職務，其他各人，都是香港的紳士名流，現猶健在的還是很多，這裡我想不必再列舉其姓名。何況勝利以後，戰時英國的港督楊慕琦氏，又奉令回到香港，在大道中的娛樂戲院，正式宣布英廷意旨：在淪陷時期被迫與日人合作的，除了有直接危害居民的罪行者以外，概不深究。這許多人既與汪政權無絲毫牽連關係，自不必重為贅述，徒成蛇足。

港督楊慕琦氏向日軍談判完畢以後，先被拘禁於半島酒店的六樓。五樓為日軍總司令部，四樓以下仍留給旅客居停。當然，平常的人誰還敢再住在那裡？楊慕琦氏後來被解往台灣，再轉解遼寧集中營，直至勝利後釋放，重回香港。港政府較重要的人物被日軍殘殺的，有警務處副處長司各脫氏，他的夫人是前任港督葛量洪夫人的妹妹，而他的「罪狀」是在他家裡搜出了秘密無線電台。其餘英籍重要人士，如匯豐銀行的大班等，則於佔領初期，分別拘禁於新華酒店等處。

事實上，在日本發動太平洋戰爭以前，梅機關就在香港積極活動，對於香港的一切動態，就已有了一個詳細的調查，尤其比較重要的中國人的居址背景等，已弄得一清二楚。等日軍於初步佔領九龍後，即由岡田派人分投赴各中國重要人物的私寓中，以保護為名，指定搬往半島酒店集中居住，這當然就是變相的俘虜了。以後香港本島淪陷，港九輪渡恢復，又一起送到香港大酒店軟禁。中間住在九龍而唯一沒有被送進半島酒店的僅是葉恭綽，他家住河內道，九龍陷落的時候，他身擁重衾，裝作臥病在床，因此就被特許留住在家裡。

最後被日軍集中在香港大酒店中較為重要的人物，有陳友仁（前國民政府外交部長）、葉恭綽（前北洋政府交通總長）、周作民（金城銀行董事長）、顏惠慶（前北洋政府內閣總理）、鄭洪年（前北洋政府交通部次長及暨南大學校長）、唐壽民（交通銀行總經理）、李思浩（前北京政府財政總長）、林康侯（前國民政府財政部次長、上海銀行公會秘書長）、賀德鄰（前北洋政府財政總長、東陸銀行創辦人）、曾雲霈（前北洋政府交通總長）以及胡文虎（香港星島日報董事長）、許崇智（北伐前任粵軍總司令）等人。

當部份人士被禁在半島酒店的時期中，除了不准越半島雷池一步以外，在酒店內彼此可以往來交談，甚至還可以打幾圈麻將，家人也准許到來探望，小作盤桓。而其中一人是例外，被隔離獨處斗室，日軍對他特別嚴加監視，他是唐壽民。唐是鎮江人，從錢業起家，初佐陳光甫創上海銀行，北伐時期革命軍收復武漢，方任漢口銀行公會會長，會黨軍餉糈不繼，他把漢口銀行界可以移動的款項，悉數借給革命軍為繼續北伐的經費，因此見賞於蔣宋。以後他出任中央銀行常務理事兼業務局局長，在江浙籍的金融界中，是頗露鋒芒的人物。抗戰以後，他正任交通銀行總經理，常駐香港。本來在太平洋戰爭以前，蔣先生召集在港重要人士談話，交通銀行是被指定的單位之一，唐壽民已預定機票，擬赴渝參加。那時任交通銀行董事長的是胡筆江，他們雖然是鎮江同鄉，而彼此意見參商。胡筆江深恐唐之赴渝，可能在蔣先生前有不利於他的談話，臨時告訴壽民由他代表交行赴渝。不料那次飛機在港起飛不久，即被日機擊落，胡筆江等十餘人因而殞命，這事曾轟動國際，造成抗戰時期的一次著名的大慘劇。

唐壽民逃過了這一次性命，卻不料竟爾葬送了他的前途。他從此一直留在香港主持交通銀行，日軍發動太平洋戰爭進攻香港的時候，他督同員工把交行未發行的大量新鈔，截角焚毀，以免為敵人利用。自日軍完全佔領港九，他化裝成了一個藥材商，預備逃入內地，為日軍查獲時，他還否認是唐壽民。於是日軍認為他有抗拒潛逃嫌疑，因此加緊監視，完全以俘虜身分相待。

管理這一批高級俘虜的是井崎喜代太中尉，他的軍階雖不高，但他有實權，而且被目為參謀本部少壯派軍人中的優秀份子（此人現任「大陸問題研究所」主任）。這許多人生活上是受到優待，但是管理方面在井崎指揮之下卻很嚴格，且一度禁止同囚者的來往交談。氣焰之盛，使每個人對他有些凜懼。他要每人寫一篇自傳，詳細寫出其過去的歷史，及與國民黨的關係。雖然每個人都能堅持著不失為中國人的立場，但據「興亞機關」負責人的透露，其中以陳友仁所寫的自傳最為強硬。他公然說出日本在太平洋戰爭中最後必將歸於失敗。日本人問他，如其給他恢復自由，他願意往那裡去？他卻反問日人，如其是釋放他，他當然可以去他要去的地方；如其是教他去，那末不問什麼地方他都去。

日本人的所以對這批人優待，是基於他們過去的聲望，想有所利用，其目的有兩種：一是為對重慶談和的橋梁；一是將以對付日人認為不肯聽命的汪政權。梅機關掌握了這許多有地位的人在手裡，真想要來作為政治上的一筆資本。這樣前後軟禁了一百零四天之久，其間汪政權方面曾派遣李浩駒、陳君慧等先後來港進行營救。而梅機關對這許多人尤其不肯放鬆，先後派了有關的與雇用的中國人如：顧南群（留日醫生）、余中南（余祥琴之兄。余祥琴在上海執行律師職務，又為軍統局的工作人員，在軍統中化名林基，既為上海三老之一聞蘭亭的義兒，又拜在七十六號打手吳四寶門下為乾兒子，賴聞蘭亭的掩護，與重慶秘密通報。此人現留台灣）以及杜月笙的留滬代表徐采丞，都絡繹來港，爭取把他們運送赴滬。至一九四二年四月，其中許崇智既為日總督磯谷的老友，又是粵人，乃與胡文虎同時恢復自由。曾雲霈則獲得日人之諒解，先行釋放。其餘諸人，以專機直接飛滬。惟顏惠慶以年老不慣坐機，另行搭輪而往。

飛機抵達上海以後，日人把他們送到金神父路一處大宅中安頓，消息嚴密封鎖，誰也不知道他們的被遣來滬。被羈諸人，至此忍無可忍，乃向日軍嚴重交涉，非任其自由回家，即請再送回港。日人既想羈縻籠絡，乃曲徇眾意，越宿之後，又准許各自自由回去。

在這送滬的一批人中，以後的出處，其中惟有陳友仁真做到了閉門養晦，不染一塵的地步，而且寫過一本小冊子，批評日人的政策，這小冊內，我只能約略記得其大意，他說：日軍在太平洋方面的戰爭，現在戰果越大，將來失敗越慘，非至把明治維新以來積累的成就，前功盡棄不可。對於他個人問題，他說：東南雖然淪陷了，但依國際公法，仍然是中國的土地，所以他願意從香港回到上海。

這本小冊子，而且曾經半公開的發行過，見到的人恐怕不在少數。葉恭綽則只擔任了為日軍登部隊出資而與抗戰區作物資交換的民華公司的董事，但與梅蘭芳曾舉行了幾次書畫合作展覽。周作民出任由汪政權復業後的中國銀行董事，且為周佛海之密友，財經方面多所貢獻意見。顏惠慶則於周佛海繼陳公博為上海市長以後，聘任為上海市政府諮詢委員會委員，他沒有函辭，但沒有出席也是事實。鄭洪年後為華中鐵道公司（即京滬、滬杭兩路）總裁。唐壽民則為復業後之交通銀行董事長，又為全國商業統制委員會之理事長。李思浩為上海市政府諮詢委員會主席及上海新聞報董事長。林康侯為商業統制委員會秘書長，上海市政諮詢委員會委員等職。

當然，留港的要人中，自不止上述諸人，被俘的是最不幸的一批，而其餘如陳策、陳孝威諸人，拼生死、冒萬難，化裝潛逃，倖而脫險，能抵達內地者也不在少數，其中人名及經過，頗多已見之報載，事與汪政權不涉，亦不再贅。其中以後曾經附汪而又叛汪的陶希聖，那時也在香港，住在九龍的柯士甸道。他辦有一個國際通信社，社址就在他的居處，日軍進攻香港，他先避匿在一個朋友家裡，九龍淪陷，又遷住到一個上海裁縫家裡，他相貌近乎猥瑣，不像是一個翻雲覆雨的政客，得以瞞過日人耳目。日軍第一批疏散居民時，他混入進至曲江，又轉往重慶。

太平洋戰爭初起時的香港情形，就我所知道的僅限於此。不過有一段小插曲，不妨作為本節的結束。日軍進駐香港以後，日方的特務人員，一時成為天之驕子，威風最足的，自然是廣東特務機關長兼香港政治部長的矢崎，他搞特務是猙獰兇惡，而他的私生活則是風流放誕。他與舞后北平李麗的一段經過，曾喧騰眾口，也因為他的影響，伶王梅蘭芳受到優待，以後被送到廣州，再往上海。更得汪政權中人的憐香惜玉，浪博虛名，留得蓄髭拒演的一段佳話。至影后蝴蝶，日軍上級人員特別下令保護，以後偕其夫潘有聲潛返內地。我曾經收藏過一張矢崎與舞后李麗、伶王梅蘭芳與影后蝴蝶四人合攝的照片，矢崎中坐，眾香環繞，隱然有左顧右盼之樂。惜乎不及攜之俱來，製版付刊，使讀者得一睹畫裡真真，誠不勝其遺憾了。

五九、集國內各系軍人於一堂

汪政權六年之中，軍政自然也是一個重要部門，而我與軍事方面平時接觸不多，因此所知獨少。在撰寫本書之前，本希望對每一部門都能述其梗概。而且我寫這一段沉痛的往事，雖自覺失之於瑣屑，凌亂與掛漏，也不免有些記憶上的錯誤，但我對自己的良心要負責，對讀者要有交代，總想做到無一語故意顛倒黑白，無一事出之向壁虛造。故於本節動筆之前，曾訪問羈旅於此當年負責軍事之若干舊侶，以期稍求詳備。然而，以歷史的眼光來看，二十年的時間並不太長，但以百劫餘生，都有對前事已覺茫然之感。大部份的資料，是一位朋友窮數月冥想之苦，始能約略追憶其姓氏與番號。

汪政權雖然在形式上，具備了海陸空三軍。但無可諱言，所謂海軍，僅有日本所移交於戰爭初起時國軍未及撤走之長江小型艦隻。汪政權之機構中，且亦有海軍部，當成立之初，汪本擬以部長一席，畀之褚民誼，而陳公博周佛海覺以此人而長此席，不免滑稽太甚，卒由汪氏以「行政院長」而兼長海部，以後復由任援道繼任。至於空軍，雖數目不詳，但其形同虛設，亦可斷言。而兩任航空署長之陳昌祖與姚錫九，則確係學習航空之專門人材。至於陸軍，北自魯皖，西及豫鄂，南至百粵，雖有日軍駐守，而維持地方，肅清匪氛，均賴所謂「和平軍」者任之，其總數約在六十萬人以上，華北部份尚不與焉。

有一事足以說明汪政權諸人之心跡者，即汪府有如此龐大之軍力，與重慶形式上又處於對立之地位，而終六年之局，未嘗與國軍有一次之交鋒。反而共同抗戰之國共雙方，不時乃以武力衝突，如此離奇微妙之情況，後之讀史者，將其誰信之乎？

汪周等離渝之後，自河內輾轉來滬，於民國二十八年秋，在滬籌建政權，軍事即已為注意之部門。先設軍事籌備委員會於上海愚園路一一三六弄口之汪宅（前國府交通部長王伯群之滬寓），由汪氏自任主席，委員有周佛海、劉郁芬、鮑文樾、楊揆一、葉蓬、蕭叔宣、臧卓、楊毓珣、鄭大章諸人，集國內各系之軍人於一堂，共相籌議。時陳公博來滬阻汪組立政權未果，又重返香港，故未列名在內。劉驥先已允諾參加，旋又因故中變。除汪宅外，更設招待所於上海哥倫比亞路，以楊毓珣經理其事。楊為東北軍舊人，又為袁世凱之快婿，北京政府時代，久歷宦海，而與汪氏更為旅遊巴黎中之舊識，所以在汪等抵滬之初，以楊最為活躍，且楊頗欲於汪政權建立以後，出任「上海市長」，而卒未如願。和平之前，得任「山東省長」，後自投受鞫，遭受極刑。

汪所設立之軍事籌備委員會，其表面目的雖為建軍，而實際的作用，則先於淪陷區求其善後，對於離散軍隊之收編，由參加諸人分別負責。其職務之分配，大體如下：

西北軍：由劉郁芬、鄭大章接洽；東北軍：由鮑文樾、楊毓珣接洽；

湖北方面：由葉蓬接洽；蘇北方面：由臧卓接洽。

除此以外，對國民黨直系部隊，基於過去私人之關係，由汪氏及周佛海等與渝方軍人有所聯繫。就我所知，當時國軍重要將領中，或與汪方信使往來，或則彼此魚雁不絕。有的是觀看風色，遲而有待；有的是格於環境，無法引軍遠投。其間暗通聲氣，早有默契者，實不乏其人。就我個人所接觸到的中間拉攏的人物，以及在佛海案頭看到的親筆來書，假如我現在指名發表，不特其本人會斷然否認，就是讀者亦恐以為我是在故意出之中傷。其實政治就是那麼一回事耳！有時覺得其可痛，有時覺得其可悲，如把西洋鏡完全拆穿了，更會覺得其可笑！事過境遷，我誠不欲再事徒傷忠厚了。而事實上，汪氏之軍事籌委會，於在滬的一段時期中，也並不曾產生什麼重大的作用。

在民國二十八年的冬季，汪先在滬成立了一個警衛旅，以為「還都」後拱衛之用，以張誠為旅長。並在上海江灣設立了一個「中央陸軍軍官訓練團」，由葉蓬主持其事。我曾經冒著嚴寒，參加開學典禮。在淪陷區中，我第一次見了團員軍帽上的青天白日帽徽，第二次我聽到了奏著「三民主義，吾黨所宗……」的莊嚴國歌聲中，並沒有附加黃飄帶的青天白日旗也冉冉升起。許多人在禾黍離離之中，閃出了晶瑩的淚水（第一次在陷區奏國歌、懸國旗的，是汪氏在「七十六號」召開的「第六次全國代表大會」）。

那天參加的重要人物，除汪氏以外，有陳公博、周佛海、陶希聖、褚民誼、鮑文樾、高宗武、羅君強等諸人，以及日本海陸軍佐級以上的軍官。我只記得汪氏當時曾經作了一次沉痛的演講，但說的什麼，現在已不能重述一字。在這開學典禮以後，陳公博又重返香港。而最值得注意的，這是陶希聖與高宗武在滬於公開場合中最後一次的露面，至二十九年的一月三日，離滬赴港，又叛汪而發表宣言了。因此我對這一次開學典禮，留有特別深刻的印象。而這一個軍官訓練團，大約經過半年學科與術科的嚴格訓練，至翌年三月汪政權建立之前，始行結業。其受訓學員，以後也分散在汪政權各軍事機構中擔任中下級的幹部。

六十、建軍事機構與收編部隊

汪政權建立之後，既以國民政府「還都」為名，因此一切章制，悉仍淪陷前之舊貫，軍事機關之組織，也一本戰前編制。由軍事委員會集中事權，而汪則自兼軍事委員會委員長，每週舉行會議一次，汪尤必親自出席。汪氏對於軍事上之措施，似較「行政院」尤為注意。軍委會設有辦公廳與第一、二、三，三個廳，一廳司軍務；二廳司人事；三廳司經理。後更將第三廳擴充為經理總監部，由何炳賢以原三廳廳長出任總監。其他人事之支配，六年之中，多所更迭，其嬗遞之跡，約如下述：

參謀本部：楊揆一——劉郁芬——胡毓坤。

軍政部：鮑文樾——葉蓬——蕭叔宣。

軍訓部：蕭叔宣。

政治部：陳公博兼。

航空署：陳昌祖——姚錫九。

軍事參議院：任援道兼。

武官署：黃自強——鄭大章。

至於汪政權的軍事教育，有中央軍校，汪自兼校長，招收新生僅約一期，結業後為警衛軍之下級幹部。有中央訓練團，汪自兼團長，召集已收編之師旅團長受訓。有海軍學校，以姜西園為校長，訓練嚴格，勝利後學員多為國府所任用。

汪政權之轄區，其實就是日軍的佔領區，除華北冀晉魯各省，雖然汪政權成立之後，已取銷「臨時政府」之名義，改稱為「華北政務委員會」，但實際仍直接受日人之指揮，而為汪政權之權力所不及，自不在本文敘述之列。汪政權所統轄的有蘇、浙、皖、鄂、贛、粵及京滬兩市，其軍事機構的部署，為：開封綏靖公署：劉郁芬。武漢綏靖公署（後改設行營）：先後由葉蓬、楊揆一出任。蘇北行營（後改設綏靖公署）：由臧卓、孫良誠先後出任。上海保安司令：由「市長」陳公博、周佛海先後兼任。南京警備司令：李謳一。潮汕總司令：黃大偉。廣州綏靖公署：先後由「省長」陳耀祖、陳春圃、褚民誼兼任。

當汪政權成立之初，除前述的一個警衛旅以外，以接收「維新政府」的軍隊為基礎。自國軍西撤，游兵散勇遍佈東南，對之如何處理，即汪政權內部最初亦多爭議，而以後卒決定廣事收編，以免為害地方，並由「軍委會」設立「點編委員會」專主其事（後經裁撤改由第一廳辦理），凡已經核准收編之部隊，分遣「點編組」點驗其人槍，再行給予番號，指定防地。當時所以決定收編的主要動機：認為（一）有人管勝於無人管；汪政權管勝於日本人管。（二）國軍撤退後，散兵游勇到處騷擾，其中或已由日人收編，或為地方勢力，及軍人中強悍狡黠之徒，從中利用武力，貽害閭閻，故應予點編整訓。其未經收編者，尤不欲任其流竄，以靖地方。（三）部份烏合之眾，並無統屬，主事者但求人多，每多裹脅游民，如不予點編，既不能使人槍集合，亦不能使人民安居樂業。

（四）所有國軍之正規軍或雜牌部隊，有於戰時倉皇後撤，與原來部隊失去聯絡的，有與其長官或友軍滋生嫌隙的，既已脫離其原有之序列，不能任令走入歧途。投日投共，均非國人所願聞。（五）戰事最後不論如何結束，先事收編，總覺易於收拾善後。平心而論，汪氏當時並無擴張實力之居心，其一切所為，最大的目的，不過是整理一個破爛的包袱而已。

所以汪政權的部隊來源，除接收「維新政府」所已編者外，大致為：（一）原有國軍部隊，遣散在陷區自請收編者。（二）接收日軍所已經收編者。（三）不及撤退之散兵游勇或小單位之攜有槍械而無所統屬者。（四）上項游兵散勇，已有人利用之而編成較大單位者。（五）巧立名目，無正式系統委任者。（六）由日軍移交之國軍俘虜。（七）極小部份，係分向各地招募者。那時淪陷區的情形極端複雜，多半利用國軍、日軍、共軍之三面間隙，或佔據真空地帶，自由行動。循至兵匪不分，橫行無忌，汪政權最後只有出之收編之一途，逐步加以點驗、整訓與淘汰。以政治之立場言，其間亦不無有其可原之處。

汪政權所有的軍隊，其武器裝備，除新建的警衛軍三個師，及周佛海所組織的稅警團，係向日方購槍三萬枝、彈三百萬發而外，其他的幾十萬人，均為收集國軍部隊原有遺留在淪陷區之槍枝。

故就軍事一項而言，汪政權也實在是一個奇怪的組織，它和重慶的國民政府在同一主義、同一章制、同一旗幟之下，而有著敵對的形式。它擁有六十萬的軍隊而與國軍犬牙相錯，又從不曾正式打過一次仗。太平洋戰爭起後，汪政權宣言參戰，日本於節節敗退之餘，始終不曾能調走汪政權的一兵一卒。勝利以後，全部隊伍又重回政府懷抱，更無一師一旅願意擁兵負隅，這一切，彰彰在人耳目，事實總是事實，詎容我個人為之砌辭文飾？

六一、六十萬軍隊的分佈情形

汪政權的武裝部隊，我所約計的六十萬人的數字，當然並不包括警察以及保安部隊等在內。這一股力量，事實上也真不容輕視。雖然汪政權一切以汪氏為主，而實際權力，則操諸周佛海。至汪氏病逝日本名古屋醫院時，日本在太平洋的戰爭，已節節敗退，中國抗戰的最後勝利之局，也已經只是時間問題。周佛海不但與重慶早已有了默契，而與負起規復東南的第三戰區司令長官顧祝同，更有著密切聯繫。

汪氏死後，雖由陳公博代理「主席」，但公博一向只是消極地維持現狀。佛海在軍事方面，因為他負有渝方所加給他敵後策應的責任，更其積極從事佈置。中間曾經有人勸他不應輕信政治上的諾言，宜預作萬全之計，和平以後，如其風色不對，還可擁兵自重。我也曾經問過他重慶將來會對他怎樣，他更曾清楚說出張學良的結果，就是他的前車。但是他堅決認為只要戰爭勝利，國家有了辦法，個人的生死榮辱，都可不必計較。

他於二十八年離渝到滬，我與他第一次見面時，他曾經這樣對我說過，而幾年之後，他仍然沒有變更他最初的立場。當然共產黨也想拉攏過他的，尤其是在勝利之後。而他以中共第一次全國代表大會十個出席代表之一，又被推為副主席（主席是陳獨秀），而終於在清黨以後由武漢間關萬里，投奔國府。更加上抗戰期內，他擔任宣傳部代理部長時，他之所以離渝隨汪，據他向我無意中所透露的，受中共壓迫攻擊，也是原因之一。

他於勝利前後，一直準備著束身待罪，並沒有作任何僥倖之想。所以在勝利前的一兩年中，他與汪政權下的各方軍人，盡力拉攏。即以我一個毫不懂軍事的人，有時也會與我一再談到一旦策應全面反攻，如何可以使軍事上的佈置，與重慶能完全配合的話。他於三十三年初寫給蔣先生的信裡，所謂「遲恐準備不及；急則洩漏堪虞」之語，也大半指軍事而言。汪政權六十萬大軍的佈置，除了維持地方治安以外，決沒有與重慶敵對之意。

汪政權六年之中，軍隊調動頻繁，其經過已不暇詳述，而大體上最後的佈防情形，約如下表：

（一）南京：

憲兵兩團；警衛旅一旅（旅長張誠）。

警衛軍三個師（第一師師長劉啟雄，第二師師長秦漢青，第三師師長鍾健魂）。

（二）京滬線及皖境：

第一方面軍——總司令任援道。

第一師師長：徐樸誠（原為杭州地區司令，後升任軍長，前年死於東京）。第二師師長：徐耀卿（原常熟地區司令）。第三師師長：龔國樑（原蘇州常州地區司令）。第四師師長：熊育衡（原鎮江地區司令，後一部駐揚州。兼蘇北行營揚州辦事處處長）。第五師師長：程萬鈞（原湖州地區司令）。第六師師長：沈鈞儒（原皖北地區司令）。第七師師長：王占林（原蚌埠地區司令）。第八師師長：劉毅夫（原安慶地區司令）。第九師師長：任祖萱（原教導旅旅長，為任援道之長子）。

（三）蘇北行營所屬部隊：

第一集團軍——總司令李長江。

第一師師長：顏秀五（後升軍長）。第二師師長：丁聚堂。第三師師長：秦慶霖。第四師師長：何霖春。第五師師長：陳才福。以上五師，駐泰州、泰興、靖江、如皋一帶。

第二集團軍——總司令楊仲華。

第一師師長：楊仲華（兼）。第二師師長：徐紹南。第三師師長：田鐵夫。第四師師長：孫建炎。以上四師，駐南通、海州、鹽城、阜寧一帶。民國三十三年，項致莊為「浙江省長」時，以田鐵夫師調浙。獨立第十九師師長：蔡鑫元；駐泰興、靖江。獨立第二十師師長：劉相圖；駐興化一帶。獨立第××師師長：潘幹臣；駐運河堤、高郵、寶應一帶，後調淮陰。獨立第××師師長：陳桐；原駐蘇北，後調浙江。海州警備司令：李實甫（一旅，駐海州）。

（四）孫良誠兩個軍，番號已不憶，原為西北軍，於民國三十二年投汪後，由河南移駐蘇北。

（五）上海浦東部隊：

第十三師師長：丁錫山。第十師師長：謝文達（先駐滬，後調寧波）。

（六）第二軍軍長：劉培緒；駐蘇州、崑山一帶。

（七）淮海部隊——郝鵬舉；共三個師，參謀長劉伯揚，師長為張奇、曾慶瑞、乜庭賓。

（八）吳化文部隊：駐津浦南段蚌埠一帶，番號人數不詳。

（九）張嵐峰部隊：共一軍三個師，原為西北軍部隊，投汪後駐開封、蘭封一帶。

（十）武漢綏靖部隊：收編三個師，計第十一師李寶璉，第十二師張啟黄，第廿九師周屏藩。

（十一）廣東方面：綏靖主任由省長兼任，參謀長為王克明，全部兵力為一軍三師，二十師師長朱存，三十師師長鄭洸薰（後由郭衛民、王克明繼），四十師師長彭濟華。廣州另有特務團。海軍方面有廣州基地司令，招桂章、薩福疇先後出任（薩於出巡時，其巡艦為游擊隊在順德附近被襲，薩被俘轉解後方）。

（十二）財政部稅警團總團：約三萬人，由周佛海自兼團長，副團長為羅君強、熊劍東，大部駐守上海，一部駐海州鹽場。羅君強出任「安徽省長」時，又抽調一部份隨往。至華北方面，由「治安總署督辦兼總司令」齊燮元統率，後由門致中繼任，共約數十團，番號等不詳。實際上自成系統，與汪政權僅有名義上的隸屬。全部分佈於華北陷區，頗具實力。勝利後幾全部為共軍所收編。

以上為汪政權軍隊的實力與佈防情形，但事隔十餘年，手頭又絕無參考資料，其中缺漏者已多，而番號人名亦恐多誤記，甚願讀者之來函補充糾正，俾於再版時得加以增訂也。

六二、從警衛旅到財部稅警團

汪政權的武裝部隊，在政權建立之初，除在滬先成立警衛旅一個旅，由張誠統率，以為拱衛南京之用以外。最先收編的是上節第五項的「浦東部隊」。那時汪周等還在上海籌備期間，部署未定，收編軍隊工作，竟由特務機構的「七十六號」主持其事。首先來歸的就是以後改稱為第十三師的何天風部隊，何部原為國軍西撤未及隨大軍撤退的隊伍，由何天風乘機收編後，在浦東一帶打游擊，人數幾及三萬人之譜。民二十八秋投汪。

是年冬，即耶穌聖誕之前夕，何約同友人赴上海愚園路底之兆豐總會跳舞（兆豐總會一面為賭窟；一面為舞場）。那時上海暗殺之風方盛，何帶有武裝衛士十人，以為可萬無一失，不料舞興方濃，變生肘腋，其所帶的衛士中，有人拔槍轟擊，何當場中彈殞命，一陣紛亂中，兇手被乘機逸去。有人說是重慶買通了何之衛士，另一說是由「七十六號」的行動隊長王天木以利害衝突，自相殘殺。何死以後，由其副手丁錫山坐領其眾。

丁是一個汽車司機出身，他代何天風之後，竟在滬橫行不法，包庇煙賭，猶其餘事，許多的綁票案，都出諸他之所為，司令部就是窩藏肉票的所在。淪陷區的人民，對汪政權最感不滿的，是丁錫山與吳四寶的無惡不作。以後吳四寶為日人授意李士群毒斃。而丁錫山的桀驁不馴，也漸漸為汪氏所知，因於二十九年抽出其一部份軍隊，另編為第二軍，任劉培緒為軍長，以分其勢。至三十年，又將丁逮捕，拘禁於鎮江監獄，不料丁竟與其舊部勾通，越獄潛逃，率領一部份隊部，由杭州轉赴內地，又向國軍歸順。勝利以後，又復投共，在浦東等處滋擾，於國軍圍剿中被擊斃，並梟首示眾於江蘇青浦縣城門。

至第十師師長謝文達（副師長為特工首領林之江，前數年病死於香港）自謂係黃埔軍校第一期畢業生，其部隊來源，與何天風約略相同，初附李士群，擬以其部隊改組為「財政部稅警總團」，計畫失敗，調駐寧波。勝利後輾轉來港，於一九四九年赴日，易名經商。

至於稅警團之成立，其間更有一段秘事。周佛海既與重慶通聲氣，正想能有一直系部隊，以供運用。剛巧佛海有一「十人組織」，而李士群亦與其列。士群一面想見好於佛海，一面更想增厚其自己實力，於是向佛海獻計，仿戰前財政部先例，組織稅警團。佛海欣然同意，向汪氏及日人說辭，謂除了緝私暨增強上海防衛實力以外，那時太平洋戰爭未起，而汪政府已有收回租界之決心，所以擬將稅警團包圍租界，以為武裝收回租界之主力。經汪氏與日人同意後，即委李士群與謝文達在上海南市陸家濱清心女中，積極籌備其事，並擬以謝部為稅警之基本部隊。不料與士群有同樣野心的羅君強，向佛海媾煽，謂實權不宜旁落，佛海意動，乃自主其事，而一切實際工作，則完全由君強取士群而代之。以後佛海與士群間的失和，士群與君強間的火拼，無不肇因於此。

佛海於稅警團倒真也鄭重其事，他準備國軍總反攻時，作為保衛大上海之用，故自兼團長，而以羅君強與熊劍東為副團長（熊劍東，本名熊俊，浙江新昌人，民初在紹興駐軍中當一等兵。抗戰時在江蘇常熟一帶打游擊，因至上海開會，被日本憲兵所捕，投降後索性當起日人的黃衛軍來了，後又托庇於李士群，而與李又不睦，與日本憲兵人員有極密切之關係。旋經羅君強拉攏而又離李附周。周兼「上海市長」後，熊更任上海保安司令部參謀長。勝利後再由國軍收編，調赴江北剿共，一戰陣亡）。稅警團之兵員，初向各地招募，後由日軍將中條山大戰中之國軍俘虜全數移交，實力更為增厚。槍械則由汪政權向日本購買三萬支，部份交警衛師外，其餘均交給稅警團。在該團正式成立之前，並於南京丁家橋成立「稅警幹部訓練班」，作政治訓練，我就曾經被聘教授有關租界法律之「洋涇濱章程」三個月。在汪政權中，稅警不失為有優良訓練與新式武器的一支勁旅。

關於稅警團有一節小故事值得一記，當民國三十四年的夏季，離開日本的覆亡已經不遠。重慶雖與英美為盟邦，但美國對於原子彈製造的成功，除了在雅爾達會議中，由羅斯福透露給邱吉爾史大林之外，中國事實上恐還是一無所知。中國戰場配合著太平洋的跳島作戰，還準備向淪陷區中美陸空聯合大反攻，重慶當局對周佛海的敵後策應，寄以很大的希望。尤以負責反攻東南各省的第三戰區司令長官顧祝同，與佛海之間，電訊與信使，來往尤為密切。佛海則以稅警團為其基本武力。在策應反攻中將被用為主力部隊，故對之特別重視。

就在那年夏季的一個假日，稅警團的士兵們成群結隊，往市區遊覽。法租界大世界遊戲場旁邊由張善琨經營的共舞台，正在開演專講佈景的大本新戲，稅警團的士兵數十人蜂擁去看白戲，與戲院中的職員發生了爭執。警察前往干涉，士兵不服，於是雙方演成武力衝突，一時在市區最熱鬧的所在，槍聲卜卜，流彈橫飛，行人走避，秩序大亂。

我在報社中聽到了這個消息，吃了一驚，因為佛海既是稅警團的團長，又是「上海市長」兼「警察局局長」，衝突雙方，他都是直轄長官。我個人的想法，稅警團的士兵如此紀律廢弛，擾亂地方治安，佛海一定會赫然震怒。我匆匆趕往佛海家裡，他卻正在與熊劍東通電話，不但態度悠閒，而且面有喜色。在電話中，雖聽不到劍東講的什麼，而佛海卻有嘉勉之辭，這樣弄得我一片糊塗。

等他電話打完了，我告訴他外間對稅警團的批評不好，不知他將怎樣懲處肇事的士兵。而佛海卻輕鬆地說：「我辛苦經營稅警團四五年之久，隨時準備用著它，這次紀律方面當然有些小問題，但畢竟作出了一個考驗，他們有作戰能力，而且充分發揮出能各自為戰的精神，這幾年的訓練是成功的，我放心了。哈！哈！哈……」問題自然也就因此不了而了。有時執政當局莫名其妙的措置，使民間驚詫駭愕，但誰能料到他們卻另有一副奇妙複雜的心理。稅誓團的肇事，又添給我更多的一項知識。

六三、江浙皖三省之主力部隊

汪政權最初成立的武裝力量，說來可憐，除在滬建立警衛旅一旅之外，幾無一兵一卒。所謂軍隊，僅就「維新政府」之已成事實，將其「綏靖軍」更易番號，一旦五色帽徽變為青天白日，即成為汪政權之主力部隊。而所駐地點，則又為近畿及江浙皖三省之重要地區。查二十六年冬，國軍自淞滬節節西撤，日本於我淪陷地區，蓄心久占，故一變「一二八」時代臨時性之「地方維持會」組織舊規，沿襲偽滿藍圖，公然製造傀儡政權，除首先在滬成立地方性之「大道市政府」，以蘇錫文為偽市長以外，北方初擬利用吳佩孚，旋以條件不洽，乃易以王克敏，稱為「臨時政府」。華中本屬意唐紹儀，唐又為重慶特工人員用利斧劈死於寓所，於是抬出梁鴻志，稱為「維新政府」。

當「維新政府」在滬醞釀組織期內，以北四川路橋堍之新亞酒店為機關，日人更利用地痞常玉清（常於勝利後在上海提籃橋監獄伏法）為爪牙，組織「皇道會」，橫行滬濱，對抗戰人員肆意殘殺，南市、閘北及虹口一帶，除日軍鐵騎蹂躪而外，皇道會的腥風血雨，陰惡陰森，瀰漫著一片恐怖氣氛。新亞酒店且亦為殺人之巢窟，如晶報社長余大雄，社會晚報老闆蔡釣徒等，均先後死於其內。但「維新政府」猶未正式成立，而其「外交部長」陳籙（前駐法大使）既被刺於寓所，「綏靖部長」周鳳歧（前國軍第二十六軍軍長）亦於二十七年春在上海亞爾培路巨籟達口之寓所門外，被槍擊身死。於是「維新綏靖部長」一職，由「次長」任援道坐升，並收集陷區散兵游勇，組為「綏靖軍」，竟擴展至八個地區司令及一個教導旅，分佈於江浙皖三省之重要城池。汪政權成立，又改編為「第一方面軍」，共轄九個師，番號駐地，已如上節所述。

「維新」人員歸併汪政權後，以四人最為顯赫。但梁鴻志、溫宗堯分任「監察」「司法」兩院，六年中從未調任。兩院本形同虛設，梁溫亦無殊伴食。陳群有佯狂玩世之態，其實則有城府、具手腕，且頗得日人信任。因周佛海忌他防他而又拉攏他，故初任「內政部長」，後竟外調為「江蘇省長」。然而這三人於和平之後，均不獲善終。梁眾異被執行死刑於上海提籃橋監獄，溫欽甫初押上海福履理路「軍統」看守所之「楚園」，旋移解南京老虎橋獄，因病送鼓樓醫院，卒不治身死。陳人鶴於國軍未東開接收以前，自份不能倖免，從容仰氰化鉀毒劑自戕。獨任援道由「第一方面軍總司令」而「海軍部長」，並兼「軍事參議院長」，而「江蘇省長」，風雲際會，其得意且更出梁溫之上。任與陳公博周佛海既周旋無間，舊「維新」巨頭，亦仍引為心腹，而日軍則以其於佔領東南之後，率先參加「維新政府」，故絕不加以疑忌。汪政權近畿之拱衛，亦藉任部為主力，實可稱為異數。

民國二十九年皖南事變，新四軍軍長葉挺，為第三戰區顧祝同所俘，副軍長陳毅率殘部渡江南竄，勢將為患，任援道率部邀截於茅山，一舉破之，陳毅僅留千餘眾復狼狽北遁，遂使共軍不遑喘息，而江南亦得倖免糜爛於一時。

以任援道在淪陷區手握重兵，因此亦得重慶方面之垂青，任與「軍統」之間，既早已暗通聲氣，與周佛海也往來更密。當勝利之初，佛海方以病纏綿床褥，所有陷區善後事宜，佛海須與上海日本駐軍「登部隊」聯絡開會，均派任援道代表出席。不久重慶軍委會發表明令，以佛海為京滬行動總指揮，而以援道為先遣軍總司令，名義之高，似反出佛海之上。而奉命接收京滬地區之湯恩伯，又與任極有私誼，故佛海於移交完成後，解渝待鞫，而援道終能得保無事。

尤其在勝利後青黃不接的一段時間內，任曾經發揮很大的作用，舉兩個例來說：陳公博於勝利後，曾飛往日本暫避，事後重慶當局指他為畏罪潛逃，蘇高院起訴書中，且列為罪狀之一。其實公博既決心為汪氏犧牲，以後的事實，不請律師辯護，判處死刑後，不聲請覆判，一切都證明公博從不曾想逃避其任何應負之責任。他之所以赴日，因為那時南京情形已陷於極度混亂，國軍猶未抵達，而號稱地下工作人員之周鎬等，已起而自由行動，「南京市長」周學昌被囚，「軍政部長」蕭叔宣被殺，汪政權中人，已人人自危，任援道奉重慶命令，兩次直接勸告，兩次托人轉達，力促公博赴日暫避，以候重慶最後之處置。故公博當離京飛日之前，尚留函呈蔣先生，送先遣人員冷欣，請交何應欽轉呈最高當局，函內有「鈞座一有命令，公博當即出而自首」等語，此則見之公博受訊時向蘇州高等法院呈遞之辯訴狀中。公博除已負其應負之責任外，尚含有此一段不白之冤。

另一件任援道的表現，是協助重慶的「肅奸」工作。「維新」首長梁鴻志，於勝利後偕其姬人與一才及周歲之幼女，避匿蘇垣，潛伏不出，蘇州為任援道之防地，梁任之間，私誼甚篤，而「維新」時期，且有僚屬關係，梁之所以選擇這個地點，不知當初是否有托庇之意。而結果不知是梁的不幸，還是任的不幸？當梁之姬人由蘇赴滬料理私事，竟為人所發現，最後乃得梁匿跡之處，卒遭逮捕，由任親自解滬羈囚，終處極刑。任於湯恩伯部接收完後，亦避地海外，來港僑寓，以迄於今。

六四、李明揚通共投汪的經過

隸屬於蘇北行營的部隊，又為汪政權的另一主要武力。民國二十九年，號稱皖南事變之新四軍事件，葉挺被俘，陳毅率殘部渡江南竄，行抵茅山，又為任援道所擊破，於是狼狽再竄蘇北。時陳毅所部已不足二千人，幸賴葉飛、程玉笙所拉走之江蘇保安第一旅的策應，復得渡江而北，潛伏於泰縣東南及如皋一帶，剛好又與第四游擊隊總指揮李明揚部駐地相接壤。

李明揚字師廣，江蘇蕭縣人，曾充李烈鈞之衛隊長，北伐後，且一度任江蘇保安處長。抗戰事起，國軍西撤，李收集散兵游勇暨地方團隊，雜湊成軍，以第四游擊隊總指揮名義，在魯蘇戰區副總司令兼蘇省代主席韓德勤的指揮之下，由徐州進駐蘇北之泰州、泰興、靖江等縣境內。那時江蘇省政府，因江南全部淪陷，轉輾播遷於東台興化兩縣之間，令出自韓，而兵權在李，以權利之衝突，韓德勤與李明揚乃時相齟齬，而李更有取韓代之之心。

陳毅部既與李明揚之防地相逼處，李時恐陳毅之突加襲擊，不免惴惴於心，而陳毅亦深懼李明揚之進攻，以其時喘息未定，旨在先事整編再圖擴展也。適有江西人羅家衡從中拉攏，遂使陳李之間暗訂互不侵犯協定（羅家衡為第一屆國會議員，汪於二十八年抵滬後，籌備建立政權之時，曾一度延其出任司法行政部長，以條件不妥未就。勝利後又在滬執行律師職務，因其同鄉邱煥瀛為江蘇高等法院第二分院刑庭推事，主審「漢奸案件」。羅相與朋比，收入不貲。中共進入上海，因與陳毅有舊，曾出任「華東區軍政委員」）。協定一簽，陳毅乃有恃無恐，竟敢秘密進入李明揚的防地泰州城，逗留多日。共產黨在求人的時候，自有他們的一套，故與李相處甚得。李知識淺陋，迷信於圓光及乩壇，陳毅雖為留法勤工儉學學生，頗喜吟風弄月，他更收羅了不少蘇北文人，時相唱和。陳毅針對著李的迷信心理，於是投其所好，暗中囑左右，偽托呂純陽降壇，賜李七絕四首，其中有兩首云：

白日西馳瞬復東，將軍草上枉英雄。
漢家左袒千秋業，大地橫飛草上風。

折盡南枝尚北枝，一江春水再來時，
難封李廣揚名處，馬耳東風說與知。

第一首說日本將敗，李宜靠左。第二首一二句說新四軍江南挫敗，渡江北來。第三句明說重慶不會給李做省主席，而以李廣影射李明揚，尤其妙的是，李的別號剛好叫師廣。第四句，更以耳東兩字點出陳毅之姓，要李事事請教於他。李明揚真以為是呂祖的法諭，五體投地，對陳毅更深信不疑，於是演成黃橋之變。

民國二十九年秋，蘇省府主席韓德勤密令李明揚及稅警總團陳泰運兩部，配合八十九軍三十三

師孫啟人部，獨立第六旅翁達部，暨省保安隊等不下二三萬人，擬一舉殲滅新四軍殘部。詎以李明揚與陳毅間既早有默契，奉命後按兵不動。陳泰運又袖手旁觀，八十九軍軍長李守維對友軍態度，竟毫無覺察，節節推進至泰興所屬黃橋鎮，彼處素稱水鄉，港汊紛歧，河道縱橫，對大部隊運動，至為不利。陳毅部則化整為零，戰鬥單位縮至一班，到處施行突擊，激戰至第三日拂曉，李守維下令突圍，旅長翁達力諫其非，舉槍自戕。時軍部附近，有一炮彈走火，部隊疑為敵人逼近，一哄而散，李守維於混亂之中，下落不明，事後據傳係墮河而死。新四軍竟藉此得以重振，循至為中共「三野」之基礎，是又豈陳毅始料之所及？李明揚於中共席捲大陸後，得陳毅之奧援，得為「政協委員」，亦所以酬其黃橋一役坐視救死之功也。

新四軍的捷報到達泰州，李明揚聞訊，滿以為韓德勤之失敗，將受中央處分，省主席一職，勢且非其莫屬，得意忘形，乃以敵方之將領，竟至與新四軍的駐泰代表舉杯互相祝捷。不料黃橋之役不久，日軍乘國共自相殘殺之際，由南部謙吉揮兵直進，佔領泰州。李明揚內既結怨於韓德勤，外又受制於日軍，岌岌難於自保，於是再由繆斌之拉攏，投向汪政權。

六五、蘇北區另一主力的形成

繆斌於北伐期內，曾任何應欽之東路軍政治部主任。民十八左右又出任江蘇民政廳長，以出賣縣長警察局長缺，賄賂公行，至輿論沸騰，因而落職。華北淪陷後，繆不甘寂寞，又出任日人驅策民眾之所謂「大民會」副會長，無權無位，本難自滿，乃日惟迷戀平劇女伶新豔秋以自遣。一夕赴戲園觀劇，方入座，為重慶特務份子所轟擊，幾不免。與「臨時政府」諸人，更相處不睦。繆為江蘇無錫人，以是早有南下投汪之意。繆任江蘇民政廳長時，李明揚方任省保安處長，本有同僚之誼，故當李明揚勢窮力蹙之日，繆乃出而向汪拉攏。意在實現之後，出任「蘇北清鄉總司令」，撫領李明揚之眾，而培養其私人之實力。

他向汪開出了兩項條件：

（一）李明揚表示歸汪之後，願接受繆斌之直接領導。

（二）李長江提出須汪政權給予槍彈若干，經費若干。

當繆斌向汪氏陳述時，汪一一加以記錄，繆斌離去之後，汪立即派「軍事委員會第一廳長」臧卓赴泰，親與李長江接洽，汪所加給臧卓的最重要使命，就是要詢明李明揚何以不願受汪氏之直接領導，而反願受繆斌指揮之真意。臧乃銜命赴蘇北，那時地方未靖，自揚州至泰州一段，偏地萑苛，交通中梗，臧輕舟而往，夾岸由軍隊步行衛護。行抵泰州，臧乘繆斌夜間臥寢，潛往城中小泰山李長江母之居處，得與李秘密相晤。臧即詢以何以既願投汪，而又不願受汪之直接指揮領導。李聞言愕然，謂絕無其事。臧回京覆命，汪已知繆斌挾以自重之心。迨李長江赴京面汪，汪又取出當時繆斌提出之槍械經費之鉅額數字相詢，李長江又否認其事。故繆斌雖拉攏李部歸汪，而蘇北清鄉總司令之志願，終未得達，汪僅畀以毫無實權之「立法院副院長」一席以羈縻之。而李明揚於歸汪之後，即以其所部李長江為汪政權之「第一集團軍總司令」，共轄五個師。李長江本為南京腳伕出身，李明揚任江蘇保安處長時，李長江隨之任第四團團長。抗戰初期，軍醫署長劉瑞恆用為擔架隊長，在徐州服務。迨國軍後撤，收集散兵，自組成軍，擁李明揚統率其眾，並由重慶委為第四游擊隊總指揮。

這裡有一個有趣的小插曲，可以見李明揚之為人。當日軍進佔泰州以後，李長江率部投汪，惟有李明揚的蹤跡不明，或說已投入新四軍，或說被日軍俘獲扣留。我那時對於軍事毫不注意，而且與李明揚又素不相識，真相如何，從未探問，但據說李先則匿居鄉間，後又挽人托臧卓求見陳公博，旋自動赴京，並寫一意見書，文字甚長，公博一笑置之。

一天晚上，我到上海霞飛路底「可的牛奶棚」對過的羅君強家裡去，閒談一陣之後，樓上忽然走下一個人來，身穿布袍，頷下飄著一部長鬚，年齡約在五十開外，一副鄉間學究的樣子。君強那裡我是常去的，我卻從未見過有那樣的人。他看見君強有客，又擬退回樓上，君強已起身為我介紹：「這是李師廣先生，方從蘇北來，赴京見過汪先生以後，來滬暫時休養幾天，是周先生（佛海）囑咐我招待他的。」我唯唯不好說什麼，敷衍了一陣，我起身告辭。君強又說：「李先生本來住在我這裡，因起居不便，現改寓到國際飯店，請坐你的車順道送他回旅館吧。」當然我不好拒絕，上車之後，他開口問我了：「先生你是上海人吧？」我說：「是。」「那你對上海的一切，一定很熟悉。」「嗯！」「我想請你陪我去找個姑娘玩呀！」我聽了他的話，一面感到他的過分冒失，第一次見面的生人，如何可提出這樣的請求？同時我也感到有些氣憤，他不知看成我是怎樣的一個人。那時我還年少氣盛，我就不客氣的說：「李先生，不錯，我熟悉上海的一切，而且我天天玩，但是我只知道為自己作樂，卻從不知道幫忙別人尋歡。」他碰了我這個釘子之後，一直就沒有出聲，我送他到國際飯店之後，我也沒有下車，以後就從未見過他。

我舉此一例，意在說明李明揚是怎樣糊塗得近乎可笑的人。

我所以要寫李明揚的詳細經過，因為汪政權除任援道以外，蘇北行營所屬部隊，又為汪之另一主力，而李長江所部，更為蘇北主力之主力，同時因李明揚之坐視八十九軍失敗，使新四軍由瀕於殲滅的邊緣而復蘇、而壯大，卒成為中共主力之一的三野。在近代史上，其經過情形，不失為重要之一頁。

汪政權之蘇北部隊，除李長江外，為楊仲華之第二集團軍四個師。楊曾任韓德勤部省保安隊第十旅旅長，抗戰後收集洪湖兩岸及鹽城、阜寧、東海一帶散兵而成，投汪後，以旅長一躍而為集團軍司令。其他更有劉相圖等四個獨立師。全部人數，即在十餘萬人以上。

汪氏對蘇北也特別重視，不但特設行營，更劃分蘇北為獨立區，所有民財等各項行政，皆直接由行營處理，與江蘇省府分立。因汪氏嘗有縮小省區之主張，如蘇南省、蘇北省等，蓋有欲效宋代江南東路、江南西路之舊制以便於治理也。其後之所以成立淮海省，亦即此意。汪並特任臧卓為行

營主任。

臧為保定陸軍軍官學校第一期畢業，江蘇鹽城人，不特人地相宜，且嫻習軍旅，久長師干，飽覽古籍，雅擅文辭，向有蘇北才子之譽。抗戰前曾歷任唐生智之參謀長、漢口警備司令、軍事參議院、訓練總監部廳長等要職。自其蒞任以後，日駐軍初欲以利誘，月餽鉅資，而臧堅拒不納，資望操守，頗使日軍敬畏。臧敬恭桑梓，實心任事，凡有措施，日人遂不敢橫加干預。蘇北於戰後殘破之餘，乃使居民得以安居樂業。臧嚴於治軍，又復一新庶政。當其到任之初，適新四軍於黃橋之役之後，死而復整，行營乃先事修築公路，俾暢通各縣鎮，於是對共實施清剿，迫使新四軍退入魯境南部。僅存南通縣屬呂四場之粟裕師，旋亦被行營清鄉部隊所逐，至不能立足，淮泗以南，幾於全部肅清。以後吳化文屹立於蚌埠，淮海省郝鵬舉又增建部隊，使新四軍更無法活動，這是新四軍由再盛而再衰至打住的又一時期。臧卓於民國三十三年辭職後，以西北軍孫良誠率部投汪，乃委孫繼臧之任，但以行營改制為綏靖公署，以迄勝利。蘇北軍隊除一部份於勝利後為共軍所襲擊，劉相圖、蔡鑫元、潘幹臣三師長力戰身死而外，餘均歸順重慶。

六六、國軍陸續來歸原因何在

如前所述，汪政權武力的來源，一部分是就「維新政府」在淪陷區所改編散兵游勇的既成事實，重新給予番號而成；另一部份則是容納重慶方面前來歸附的國軍，如上節所寫的李明揚是。問題是汪政權既被稱為「傀儡組織」，則一經參加，也就將被目為「漢奸」，重慶國軍，有番號、有給養、有防地，照理不應僅僅為了利祿而甘心附「逆」，但是事實總是事實，如李明揚，如孫良誠，如吳化文，如張嵐峰等，都先後向汪輸誠，其他在接洽而未達成熟階段者，尤屬更僕難數，如其汪政權的壽命再延長數年，或許更會有許多離奇的演變。原因是為了什麼？雖然各個部隊的情況不同，而歸納起來，總不外是：（一）與友軍間有磨擦，一時意氣用事；（二）受到中共與日軍的夾擊，勢迫圖存；（三）非所謂中央嫡系部隊，受到待遇上的歧視，憤而改圖。而另一主要原因，則是武裝部隊在戰場上與日軍周旋，以武器優劣之懸殊，漸對抗戰前途失去其信心。

孫良誠原為西北軍馮玉祥部，其投汪醞釀了很久，原由劉郁芬從中拉攏，最後至談判接近，孫即派其軍需處長隨劉郁芬至南京謁汪。就在頤和路廿三號汪氏私邸的會客廳，商談歸附手續，那時孫良誠所提出的條件，要汪先給以三個軍長的委令，而後始率部開拔至陷區。汪氏則必須俟其開到點驗以後，再給名義。在汪的意思，如先公開發表，而最後孫部並不來歸，或中途為渝方所堵截，徒著痕跡。而在孫良誠的代表一再堅持之下，引起了汪氏的盛怒，除當場厲聲斥責而外，竟至拂袖登樓，不顧而去，使劉郁芬與孫良誠的代表陷於狼狽，劉郁芬且急得幾至淚下，事情也就弄成僵局。劉郁芬雖請托軍委會第一廳廳長臧卓為之得間轉圜，而一時又苦無機會。

一天，在總理紀念週後，汪氏偶與臧卓談到此事，汪氏那時猶餘怒未息。而臧卓很從容的對汪氏說：「創立非常之局面，必須出以非常之手段，當年國父開府廣州，對北洋暨桂滇軍人，可於一夕之間，發出大批委令，其中如有百一來歸，即足為盛業之助。主席事國父最久，必曾身親目擊。孫良誠之要求雖屬不當，但能示以寬大，亦庶可使其益發傾心。」這寥寥數語，果使汪氏為之顏霽，立予照辦。孫良誠既滿足其要求，於是投汪之局乃定。但最後來歸之部隊，僅得兩軍，一駐揚州，一駐蘇北鹽城，以迄勝利後之再歸國府。

吳化文亦為西北軍，而且為西北軍的精銳部隊，附汪以後，駐紮於津浦路南段蚌埠一帶，軍紀很好。吳的父親是一個秀才，常私訪民間，凡知有措施不當或兵士滋擾情事，歸後即對吳化文嚴厲督責，因此駐蚌時期，與民眾感情甚洽。勝利以後，共軍乘機來侵，吳化文尚親自率部力攻於蚌埠以南之小南山，獲一全勝，蚌埠之得以保全，尤為居民所感戴。迨李品仙部東來接收皖境，吳化文已再歸順重慶，奉命北調，蚌埠商民初擬作盛大之歡送，終以格於情勢而罷，至黯然離去。迨進抵魯境，再於兗州大破共軍，此則為舉世所共知。而吳以反正以後，對共作戰，則任為前驅；但既經收編，仍視同叛逆，乃以反共者竟爾迫而投共。至共軍渡河而南，魯境全陷，中共且以吳化文為主力，圍攻濟南，至生擒王耀武。

吳化文之所為，如責以大義，可說其反覆無常，但中樞不能善為掌握勝利之果實，徒逞意氣，處置諸有不當，亦屬無可諱言。吳化文之事實，適成為收編偽滿部隊以外的又一痛史，本為反共者乃反為共軍所利用，亦終召神州易手之大禍。

張嵐峰原亦為西北軍，所部共三個師，張任軍長，駐豫境開封、蘭封一帶。他之投汪經過，以及番號實力等，因駐地較遠，我與之又素無往還，幾屬一無所知。但周佛海與他似有深交，不但常在他口中向我提到，且一度曾擬有寄子之事。民國卅四年春，日軍在太平洋受麥克阿瑟跳島作戰之結果，節節潰退，勝負之局，已屬無待蓍龜。佛海雖已效命渝方，此時忽作戰後萬一之備，遣其子幼海，投奔張嵐峰，或暫留其軍中，或轉渝待機赴美，一切托張嵐峰為其考慮決定。不料幼海那時染有紈褲習氣，在滬時已與一交際花王三妹打得火熱（王三妹原為上海西醫丁惠康之外室，後又與賭棍潘三省姘居），幼海竟偕之同行，行抵濟南，公然結婚，且由那時的山東「省長」楊毓珣為之證婚，留戀不復赴豫。事後為佛海的太太所知，曾要我赴濟南以父執身分，勸幼海放棄王三妹而照原定計劃赴豫。我以在滬不能分身，因循至夏，不久勝利之消息傳來，大家也就無暇及此。雖然佛海寄子未曾成事實，而兩人之交誼，以及張嵐峰與寧渝兩方微妙之關係，於此已可想像得之。

汪政權淮海部隊之郝鵬舉，初為蘇北行營主任臧卓之參謀長，後調充「中央訓練團教育長」。民國卅二年，汪氏劃徐州海州兩區，另立為「淮海省」，以郝鵬舉繼郝鵬為「省長」，並成立三個師。勝利後既受中央之委任而為第六路總司令，而仍傳有對之澈查附汪往事之說，因內不自安，至為中共所誘，投共為「民主聯軍」。迨一經共黨收編，又欲將其部隊分散，正在自危之際，適國軍派人勸說，於是再度反正，復發表為四十二集團軍總司令。後率部於贛榆縣境內，為中共軍所層層包圍，至全軍覆沒。郝本人亦為共軍俘獲後所殺。

六七、六十萬人頓時煙消火滅

我所知汪政權的軍隊情形，寥寥僅止於此。汪政權有軍隊六十萬人以上，到底是一個不可侮的力量！在勝利的前兩年，周佛海受重慶付託之重，尚復雄心萬丈，頗注意與各方部隊，不時密切聯繫，佛海既長「財部」，又掌握有陷區經濟金融命脈之「中央儲備銀行」，對於軍隊餉糈，總是優於補給，他滿以為一旦重慶中美聯合大反攻時，可以敵後策應，一顯身手，所以對於各省疆吏的佈置，亦煞費苦心。故特別以任援道任「江蘇省長」，項致莊、丁默邨先後任「浙江省長」，羅君強任「安徽省長」。他有時還向我欣然提到豫境有張嵐峰，皖境有吳化文，蘇浙有任援道，徐淮有郝鵬舉，蘇北有孫良誠，而上海有稅警團。如此佈置，他滿以為最少可以牽制日軍，配合反攻。

民國卅四年夏，也是勝利的前半年，佛海於大病之後，元氣未復，可是也正是他最忙碌、最緊張的時期。有關軍事宣傳上的部署，我還清楚記得有兩件事：一是據佛海告訴我，陳立夫氏來電，希望他在滬成立一個秘密的印刷所，以便大反攻時作為敵後宣傳之備，佛海並且要我主持其事。當時我對他說：與其大費周章，反足引起日人的懷疑，不如把我在上海經辦的「平報」停版，重加整理，可以事半功倍，佛海當時頗韙我言，因此，「平報」於卅四年六月，突以節約紙張為辭，停止出版，我在報上自己寫了一篇社論，稱為休刊，而不稱停刊，我有幾句最露骨的表示，大意是說：

「一旦國家需要我們的時候，我們仍將起而為國效命。」

勝利後，我在法庭受鞫，還把這一篇社論提出作為證據，但是不配懂政治而又懷有成見的法院「大老爺」們，如何能使他們相信而又要他們採信呢？平報停刊的結果，果然引起了日人的懷疑，由陳彬龢陪了我分向日本有關機關解釋，大費唇舌，始得未生枝節。平報停版以後，全部職工百餘人，一人並未遣散，因為我主辦的另一張並無政治臭味的「海報」，銷行甚好，即以海報的收入來作為維持平報人員的經費。一面又防大反攻時電力中斷，添裝植物油發動機。更把日人所配給的白報紙，隱砌在夾牆之內。勝利以後，平報由吳紹澍、莊鶴礽等接收，改為「正言報」，紹澍現雖在北平，而鶴礽迄留香港，或者可以指出我所說當時佛海的苦心孤詣，並不是事後的憑空揑造。

另一件事我從前已經約略寫過，那是主持反攻東南區的第三戰區，曾以反攻時機已迫，由顧祝同遣派高級參謀章鴻春化裝來滬，與佛海面洽，如何作軍事上相互配合之佈置，一度曾擬派我常駐第三戰區司令部負聯絡之責，而卒因一切經手未了之事無法擺脫，致不果行。但章鴻春與佛海的兩度見面，各事談得已頗有頭緒。誰知佛海的經營，結果白費了精力。兩枚原子彈的爆發，就結束了一場世界第二次大戰。假如當時真以地面部隊實行反攻的話，佛海固然會有一些事實上的表現，而他與其他汪政權中人的最後命運，恐怕也不至於如此其慘！

其實，說得更透澈一些，汪政權的一幕，是歷史上的悲劇，也是活生生的滑稽劇，所有汪政權的軍隊，目擊日軍在陷區的所作所為，愈切敵愾同仇之心，所以在汪政權成立後的半年，最多不到二年之內，大部份汪政權之軍隊，十之八九，早於暗中收了重慶的委任，其方式是：（一）由周佛海接洽通知；（二）由軍統局直接間接送委，都代以白綾一方蓋印為憑；（三）由第三戰區顧祝同委任；（四）由策反委員會所派地下人員親赴部隊接洽。而且重慶的地工人員，不論是真是假，只要說一聲我是重慶的地下工作人員，也無不受到汪系軍隊的掩護與優待。所以汪系部隊，終汪政權之局，從未與表面上敵對的重慶軍隊打過一次，連日軍也深深有此感覺，日人曾經有過這樣的話：「當前最大的敵人應該是和平軍而不是重慶軍。」所以勝利之後，仍復緊守崗位，聽候處置，既從無發生與國軍衝突之事，而且在國軍開抵陷區接收以前，猶不斷與共黨作戰。

汪政權六年中所辛苦培養的六十萬大軍，可說於一夜之間，煙消火滅。可憐重慶政府卻是第一個中了中共的「陽謀」。當勝利之初，中共在重慶的政治協商會議中所提出的第一項，就是「嚴懲漢奸」，好唱高調的傅斯年輩，但知整飭紀綱，無異為共張目，懲奸正雷厲風行，山河已不斷變色！中共要別人肅奸，而其自己則儘量容納，東北的林彪部隊，幾乎就全是所收容的百萬偽滿部隊。汪政權的「江蘇省長」高冠吾、「統稅局長」邵式軍、「江蘇教育廳長」袁殊等著名人物，兼收並蓄，來者不拒。李明揚到今天還在做他們的什麼政協代表。汪系軍隊，一經宣布勝利，周佛海的稅警，成為「京滬行動總指揮」部，任援道的第一方面軍總司令，成為先遣軍總司令，其他也無一不俯首貼耳，全部歸順。加著共黨在接近淪陷地區，不斷向汪系軍隊喊話：「國民黨要殺你們了！抄你們的家了！快將隊伍帶過來吧！」於是從偽滿至華北華中，共軍唾手而得百數十萬的部隊，北有林彪，中有陳毅，南有葉劍英，聲勢既大，新四軍一變而為「三野」，汪系師長劉相圖、蔡鑫元、潘幹臣，以及稅警的熊劍東等，與共黨作戰之中，先後白白戰死。前門拒虎，後門進狼，以後局勢之一變再變，是注定的命運乎？抑又是人謀之不臧乎？

六八、我被派去參加僞滿慶典

民國二十年（一九三一）日軍閥發動的九一八北大營事變，由於日內瓦的國際聯盟，無意而且亦無力對一個侵略國家加以制裁，日政府於是索性在「既成事實」的狀態下，堂而皇之地製造了「滿洲帝國」。更把遜清廢帝溥儀，由天津綁架至東北，出任「滿洲國」的「皇帝」。東北問題，日軍閥本來認為是一件意外的得意傑作，殊不知福兮禍伏，「滿洲國」也幾乎顛覆了號稱萬世一系的日本。「滿洲國」的成立，不但是中日間永不能解開的仇恨，汪政權與日本之間，也以此事常引起不愉快的齟齬。最後在太平洋戰爭前夕，美日交涉的破裂，美國要日本退出東北，又成為一個主要的癥結。

但是日軍閥於侵佔東北之後，全力控制，全力經營，並且擬以統治滿洲的手段為藍本，把中國本部的佔領地區，也完成「滿洲化」。在太平洋戰爭時期，日政府除了「大東亞新秩序」以外，更喊出「日滿支協同體」的口號。日本要以中國為「滿洲」之續，其用心更昭然若揭。

到民國三十年（一九四一），我記不起算是「滿洲康德」的幾年（康德為溥儀在偽滿時的年號），已經是日本侵奪東北的第十週年，日本預備大大鋪張一下，舉行所謂「滿洲建國十週年紀念」。這消息只見之於報載，我並沒有加以注意。一天，佛海忽然約我去談話，一見面他就說：

「『滿洲建國』十週年紀念，政府派出了各種代表團去參加『慶典』，同時舉行各式會議，有一個叫做『東亞操觚者大會』的，事實上就是新聞記者大會，你既然代表我主持著兩家大報，我已經為你安排好一切出席的手續，希望你準備一下，屆時與其他參加人員一同出發。」

我聽了他突如其來的決定，而且事前並未徵求我的同意，使我為之一愕。無可諱言，這使我有些不快。我說：「什麼地方我都可以去，惟有在『滿洲國』名義下，我絕不願意去。儘管政府有其不得已的苦衷，須與偽滿交往，而我不能做出違背我自己良心的事來。如必須有人去參加的話，請你改派別人去。」佛海說：「我考慮了幾天，才作出這一個決定。那裡，汪先生去過了，我也去過了，但是我們是在被排定的秩序下受招待，什麼自由行動也沒有，因此，什麼東西也就沒有看到。你去，和我不同，你可以以一個新聞記者的身分，觀察一下亡國以後民間的反應，與在異族壓迫下民眾生活的慘狀。現在不是唱高調的時候，假如東北是地獄，是火坑，也必須去走一遭。今後，我耽心日本將以統治東北的手段來統治我們，讓我們先去那裡獲取一個印象，來作為我們準備的參考。」

我又說：「去看了又有什麼用？即使有聽到的、看到的，但回來以後，還是一字都不能發表。」佛海說：「你過分天真了！如其可以自由發表，或者等可以發表的時候，『滿洲』將不是現在的狀態，你也將什麼都看不到了。」我還是堅持請他改派別人。佛海淒然道：「我自然不能勉強你做你不願意的事，我拉你加入了和平運動，可能已把你的前途毀了，但是今天，應該是每個有良心的人毀身為國的時候，還有什麼可以自惜羽毛的餘地？這次你名義上是去參加『慶典』，可能不為人諒，但是我認為日人統治下的東北是值得去一看與有必要去一看的。我想不出別的可以替代你的人，不知你能否勉為其難？」佛海平時常以商量的態度對我，我又是一個最吃情面的人，話既說到如此，我也只有點頭同意了。

同我一起出發的，我記得有「宣傳部次長」郭秀峰，上海「中華日報」代理社長的趙慕儒，上海「國民新聞」副社長黃敬齋等人。「滿洲國」駐寧大使館還派了一名叫敖占春的高級職員，作為我們的翻譯和嚮導。敖占春一向在北平的大學受教育，看面相有些獐頭鼠目，我們都耽心他是派來監視我們的人，而且我們之中，過去沒有一個人與他熟識。在津浦車上，我們儘量避免與他談話，他顯得很無聊。

在火車駛過魯境黃河大鐵橋時，當國軍撤退的時候，曾經予以破壞，事越三年，日人還沒有把它完全修復，而且謠傳鐵路兩側，時常有游擊隊襲擊，因此，火車行駛得特別慢。我獨自立在車廂前面上落的地方，倚著玻璃窗，對著一片黃土，正在呆呆地出神，連背後有人過來我都沒有覺得。直到他呼叫我時，我才瞿然如夢初醒。我回頭一看，竟是我還不曾和他談過話的敖占春，他面上露出一絲牽強的微笑，而接著是率直的問話，更使我吃驚，他睜著眼問我：「你為什麼要去慶祝滿洲建國十年？」口氣像質問，也像是叱責。

我為他太不禮貌的態度所激怒，來不及研究他質問的真意，我隨口衝出了兩句話：「因為知道那裡是活地獄，所以趁現在要去看看人間地獄的真相！」我話聲未絕，他面上已掛下了兩行淚水，緊握著我的手，凝視了半晌，又淒然一聲不響走去。因此我認為他是良心還沒有埋沒的人，以後一路上我們什麼都毫無顧忌的交談，入境問俗的結果，他幫助我初步瞭解東北那時候的狀態。

車抵北平以後，我們停留了四五天，與華北的一批「代表」會合前往。這一批人中間，現在我只記得有華北的「宣傳局長」兼「實報」的老闆管翼賢，以及天津「庸報」的總編輯童漪珊等數人。在會期前的三天，我們又轉搭北寧鐵路客車直抵長春（那時是偽滿的「首部」，喚作新京）。住宿的地方，是一家在繁盛地區新建築的「第一旅館」。我滿街聽到的是日本話，所看見的是日本兵。我終於抵達了「滿洲國」，而且我還是賀客之一。十年之間，這一塊乾淨的土地，已不再像是我國的國土，眼望著咫尺間的白山黑水，當時我自己也辨不出是懷著怎樣一個心情。

六九、日本統治下的東北慘狀

當我到達「新京」之後，因為報上發表了名單，就有當地幾個過去的熟人，偷偷地來看我。他們善意地勸告我，這幾天風聲很緊，一切言語行動須要特別謹慎。原因在我到達之前，汪精衛曾經早幾天來此與溥儀會晤。當他行抵新京的第一天，就作了一次對全「滿」的廣播演講：他開頭的幾句話，雖然很含蓄、很冠冕，但使久處日人鐵蹄下有血氣的青年，瞭然於他的妙語雙關，掀起了一片故國之思，因而使情緒很激動。

汪氏的演辭，表面上平淡無奇；他一開口就說：「親愛的滿洲同胞們呀！過去你們是我們的同胞！現在仍然是我們的同胞，將來，更一定是我們的同胞……」每一個人都能體味到汪氏演辭的含意是什麼。許多東北的青年們，由於這幾句話的影響，曾經做出了一些反滿反日的舉動。日本憲兵而且已經拘捕過數百個青年，雖然我這一次是以貴賓身分蒞臨。他們不會對我過分怎麼樣，但滿洲憲兵與中國淪陷地區的憲兵是一起的，等我回去以後，可能會惹出麻煩，這是朋友事前給我的警告。在「建國」十週年的時候，日滿軍警防範得本來就特別的嚴密。我對此一番善意，只有表示感謝，而心頭上則平添無限的憤怒。

我真料不到汪氏這輕輕的幾句話，竟會引起這樣大的波動！汪氏是革命先進中反滿最烈的一人，他曾經在清末行刺過攝政王，攝政王就是溥儀的生父，雖不幸事前洩露，但實際上他對溥儀有殺父之意。今天，汪氏居然躬訪偽滿，不能不算是一個奇蹟，其去時的心境，更可想而知。曾經有刻薄文人做過一個燈謎，謎面是「汪精衛訪溥儀」，射影片名一，謎底則是「木偶奇遇記」，兩人都在日人槍刺之下，分任兩個政權的首領，詈之者都目為傀儡、為木偶，而汪氏有過一段行刺溥儀生父的往事，及今時移勢易，忽然握手言歡，其會晤也不能不算是離奇，這謎語就謎論謎，不能不謂有巧思，但對汪氏，則純以形跡衡人，不免譏刺過甚了。

當我行裝甫卸，即往街頭看一看偽滿情景，雖然胡驕縱橫，長春卻已被建築成一個現代都市，巨廈林立，廣場宏偉。我們坐的一輛車頭上，高插上一面青天白日滿地紅旗，引得無數行人駐足，指指點點，唧唧噥噥地表示出興奮與親切的表情。我們所住的旅館，東北同胞的侍役們，常常乘沒有人注意的時候，溜進來吞吞吐吐地表面上是談的不相干的事情，而我可以清楚地窺察出他們內心的真意，想探問出國軍是不是會光復東北河山。重慶離得那麼遙遠，甚至他們寄希望在汪政權的身上。他們也似乎並不相信汪氏真會和日本合作，他們也如東南淪陷區的民眾一樣，相信蔣汪之間是在唱雙簧。我不便和他們深談，只有用隱約的言辭，對熱望復國的可憐同胞，加以鼓勵。逢到我們差遣他們的時候，他們特別顯得高興地為我們服務，甚至托他們買幾件小東西的時候，往往還退還了我們的錢，說是送給我們的小禮物。從這小小的事實上，隨時隨地都可以看出東北的人心未死。我們與他們，可以用得到一句成語，是流淚眼對流淚眼，而他們竟然視我們這一群同樣在敵人壓迫下的生客，當為傳達祖國溫暖的特使，這是何等的使人慚愧與惶恐！

那時民間的主要物資在東北已實行配給，我們是「貴賓」，什麼都給我們預備得好好的，包括

「統制」的火柴與香菸在內。吃的是大米飯，和豐盛的菜肴。但是在街頭我們所看到的東北同胞，儘是些有愁容的面孔，與襤褸的服裝。我們這一群「貴賓」們穿著得過分整齊，夾在這個環境中，就顯得很不調和。尤其東北同胞淒苦的神情，可以知道日軍在東北的威風不小。雖然我並沒有真正深入民間，而自南而北，一路從空氣中已可以嗅出一些氣息，日本統治中國，對華北比華中為嚴厲（那時稱長江以南為華中地區），對東北比華北更嚴。也可以說，假如整個抗戰失敗了，今日的「滿洲」，也就是將來華中的影子。我初步感到佛海硬要我走一次，實在不為無見。

舉個例來說，汪政權所派出的代表團，行前還決不需要與日人商酌，同行中也決無日本人在內，而華北的代表團，居然有名喚佐佐木的日本顧問，全團須事事向他請示，這日本人也公然頤指氣使。華北的管翼賢（勝利後被逮，旋即執行槍決），在華北代表中，他是居於領導地位，而對於日人的恭順卑劣，可使旁觀者為之眥裂。這樣一個曾在新聞界露過鋒芒的人物，具有高等的知識，而其無恥竟會一至於此！我曾經用語言來譏刺他，他赧赧然有慚色，也有慍色，以後就與我避得很遠。

至於東北，每個日本人都具有雙重國籍，日人一到東北，即自然取得滿洲國籍，而又不必放棄原有的日本國籍。並公然出任「滿洲」有實權的高級官吏，現在的日本首相岸信介，就是當時偽滿某一部的次官。而關東軍更是「滿洲政府」的太上皇。每一個東北同胞與日本人相處，很自然就有著主奴之分。溥儀是「滿洲」的所謂「皇帝」，其權力實在也僅限於劃諾為止。日本人擔任的宮內大臣之類，朝夕寸步不離左右。

我見過溥儀一次，那時他還是三十九歲，穿著一套晨禮服，戴了一副闊邊眼鏡，頭髮梳得很整齊，儀表還不俗，雖不一定有帝王之相，卻還不失為一紳士的模樣，與最近在共報上所看到撫順集中營中的溥儀，竟已判若兩人。他談話時露出一副牽強的笑容，話題也僅限於寒暄，在他旁邊直立著的就是一個日本人。據汪政權「駐滿大使館」的參事竺縵卿告訴我，一次汪政權派在那裡的「大使」廉隅，進宮拜會他，他趁日人離開一下的當兒，即輕輕告訴廉隅，希望能以「大使館」的名義，運一箱大炮台香菸送給他。其處境之可憐，這就是一個真實的事實。

「滿洲」不掛旗則已，一掛旗必須日本旗與滿洲旗同時掛出。假如只有一根旗竿的話；老老實實上面是日本旗，下面是滿洲旗。民間免得麻煩，也索性將兩面旗上下縫在一起。糧食統制很嚴格，大米只有日本人與「滿洲」特任官以上的人可吃，儘管日本人到了「滿洲」已成為「滿洲人」，但吃大米一點上，他依然保持日人的特權。據說即貴至「國務大臣」的張景惠，雖與他妻子同桌而食，而張景惠吃的是大米，他的妻子兒女只能吃「文化米」。所謂「文化米」也就是高粱米，紅色而雜有霉氣，很難下嚥。我曾經特地到菜館中去嘗過一次，我才體味到東北同胞的痛苦。我們在會前的數天中，很平安地過去了。不料到開會的那天，我一時制不住情感的衝動，鬧出了一件不大不小的風波。如沒有佛海的迴護，後果將是不堪設想。

七十、一個荒謬絕頂的日提案

所謂「滿洲建國十週年慶典」，不料竟是「滿洲」的最後飾終之典。四年以後就煙消雲散，「滿洲國」三字，永成為歷史上一個最醜惡的名辭。但在當時，日本人偏要鋪張粉飾，在日本軍閥們看來，東北既已為其囊中之物，也將為日本帝國萬世一系的子孫萬世之基。所以，那時除了正式的「慶典」以外，還有什麼「東亞運動大會」、「東亞操觚者大會」等同時舉行，以炫耀其侵略所得來的成果。

「東亞操觚者大會」預定會期是三天，地點在「新京」的民眾大會堂。事前，會議的議程是什麼，我們竟然一無所知。而我此來既志不在此，也就並不曾加以注意。雖然這一次會議號稱東亞諸國，而實際參加的也只有日本、汪政權與偽滿三者而已。

開會那天的清晨，幾輛汽車把我們載往會場。民眾大會堂是新建的，規模不算小，前面一片廣場，左右矗立著兩支大旗桿，一邊懸著日本旗，一邊是滿洲旗。我四面環視一周，看不到青天白日旗，我一驚，也一氣。我想：號稱國際會議的會場前，怎麼竟然沒有參加「國」的國旗？我默然隨眾入內。代表們的休息室各自分開，我們被導入中華民國的一間。坐定以後，議程由會場的職員們分發了。翻開來第一案赫然是「皇軍感謝法案」！我雖看不懂日本文法的真正含義，但大意是可以明白的，況且後面還附著華文的譯文。我細細讀了一遍，提案原文是這樣的：

「自『滿洲事變』、『支那事變』，以迄『大東亞聖戰』以來，我帝國英勇皇軍，戰無不勝，攻無不克，造成赫赫戰果。對此為『建設大東亞新秩序』而犧牲之皇軍死難英靈，大會代表，允宜致其衷誠之崇敬。應以大會名義，電日本帝國政府，表示深切感謝之意。」

下面具名的提案人是日本、「中國」、「滿洲」三國代表團。當我把提案讀完以後，實在覺得心裡有說不出的難過，但環顧一下同去的代表們，都木然毫無表情。上一年，在廣州中山紀念堂，也曾經舉行過同樣性質的會議，是叫做「東亞新聞記者大會」的，我也是代表汪政權出席的，而且我還擔任著「中國代表團團長」的職務，可能由於我抱有太高的國家尊嚴與民族尊嚴感，那次我的表演，或許太不稱職。因此這一屆「宣傳部」派出了「次長」郭秀峰為團長，而以趙慕儒與管翼賢分別代表「華中」與「華北」為副團長，我不過是區區的一個普通團員，論理我是無權置喙的。

那時郭秀峰以團長身分到了主席室去，不與我們在一起。我走過去把提案指給趙慕儒看，他是一個過分老實的人，他只對我搖頭苦笑了一下。我再到管翼賢那裡，我問他對這個提案有沒有意見，事先曾否徵求我們的同意？他瞪著眼看我，好像在怪我多事。對此問題，副團長既沒有反應，而其他的與我同去的團員們又全無表示，我認為忍耐已超過了限度，我該不問後果，做出中國人應該做的事來。

開會的鈴聲響了，我們這一間裡的代表們已紛紛離座起立，而會場職員也進來招呼我們魚貫入場。我想，這已是抗議的最後機會。我搶前一步，擋住了通向會場的門口，我開口了，我說：

「各位代表，在兩個問題未獲得解決之前，請先慢一些入場。第一、當我們離開國境以後，國旗是我們唯一的標識，諸位看到了沒有？會場前面，飄揚的是日本與滿洲旗，而沒有中國旗。所以，在表天白日旗未曾升起之前，我們不應該貿然出席。第二、議程中的第一個提案，是什麼『皇軍感謝法案』，我們與日本是友邦，因此，我們只稱為日軍，而不知道叫做什麼『皇軍』。我們已經退讓到承認『八一三』稱為『東北事變』或『北大營事變』，但決不能稱為『滿洲事變』，『七七』也可以說是『中日事變』，但是含有極端侮辱性，如其所稱的『支那事變』，我們斷不能容忍。再次，假如我們要向戰死的日軍表示感謝，那豈不是說：我們為國殉難的千萬軍民，都是該死的？我們將何以對此千萬軍民於九泉之下？在上述兩項問題未能獲得滿意解決之前，我們就不應該出席。如其有人因畏懼而屈服，我雖然無拳無勇，但假如能再給我回去的話，我要昭告國人，讓國人來起而制裁。」

我這一席過於坦白的話，引起了代表們的驚懼，沉重的面色，可以反映出他們內心的震慄。全室寂然，沒有人反對我，也沒有人附和我，但也決沒有人再移動腳步，想走向會場。一個人在情緒衝動的時候，什麼也不顧了，我又充分發揮出我性格中潛在的一股傻勁。

場面顯得有些尷尬，大家你望著我，我望著你的僵持著。終於，大會的一個職員陪著笑上來向我解釋。他說：「開會的時間已到，貴代表有什麼意見，儘可在開會時提出。現在，日本關東軍總司令、『滿洲國總理』，以及其他高級官員，都已在主席台上鵠候。請先開會，有什麼話，留待慢慢再商量，如其有什麼不周到之處，決不是大會的過失，這只是我們辦事人員的疏忽。」說完，他想拉著我走，我捽脫了他，只搖頭表示我無言的拒絕。

七一、在偽滿首都胡鬧又怎樣

五分鐘在死一般的沉寂中過去了。比較更高級的一位職員走來向我勸導，但辭氣已變得嚴厲了一些，他說：「貴代表所認為不滿意的問題是兩個：沒有懸掛中華民國的國旗，確是我們的疏忽，籌備工作那樣繁重，忙中有錯，我們忘記了製備，事已至此，現在已無法補救，只有請你原諒。」我搶著說：「沒有參加國的國旗，這決不是原諒不原諒的事。」他不管我的答覆，又接著說：「至於提案的贊同或反對，應該到會場上去發言，並且最後取決於大多數的同意。這裡，只是代表們的休息室，而不是討論議案的所在。貴代表有意見，留著開會以後再發言表示。」

我聽他表面上溫和而骨子裡兇硬的話，益發觸動了我的怒氣，我抗聲說：「我不在討論提案的內容，我代表中國的代表團否認曾同意提出這一個提案，不是我們提出的提案，而硬指是我們共同提出的，我們不能隨便受別人的支配。」他忽然發出了輕蔑的笑聲，他說：「那你們的團長為什麼不說呢？」我哼了一聲，我說：「我有權利表示我們的意見，我也有資格與我們的人交換一下我們的意見，不畏懼別人的干涉；而且也不容許別人的干涉！」那位職員似乎有些老羞成怒了，他厲聲說：「那你究竟準備做到怎樣呢？」我說：「事情很簡單，同樣升起了我們的國旗，並且撤銷不是我們所參加提出的提案，我們去開會；否則，我個人願意負起任何一切的後果。」

我的強硬，使他有些不知所措。的確，主席台上的關東軍司令以及當時的「總理大臣」張景惠等人，等待得已經有些焦灼，頻頻催促，而辦事人員又不敢說出原委。於是大批日「滿」軍警進來了，把我團團圍住，中間一個中國話說得很流利的日本憲兵指著我說：「你要明白！這是『滿洲國』的『首都』，不容任何人在此胡鬧！」我自認一向很倔強，當我傻勁一發的時候，什麼都不再是我所畏懼的事情。我反問他：

「你竟用這樣的態度，來對付你們所請來的賓客？滿洲本來是中國的領土，今天，我們已反主為賓，而且做著賀客，我歡迎你做出你想做的事，讓全世界的人知道，『滿洲國』在怎樣處理一個國際性的會議，怎樣蠻橫地對付來參加會議的代表，以及『滿洲國』境內是怎樣的一個不講道理的地方。我不怕才來的，如僅憑你的恐嚇，你將不會得到結果。」

沒有人幫著我講話，只投我以同情的眼光。許多東北的同胞擁擠在門口，好似在為我耽心。當時，我只有一個念頭：轟轟烈烈的死，到底比了委委屈屈的生好得多，能表現民族尊嚴而死，可謂死得其所，一生中能遇到這種機會並不多。因此，每個人都看得出我絕沒有讓步的意思，而會議已經不能再等待。而且，在所謂慶典中，他們也並不想發生一件太不愉快的事。形勢忽然急轉直下，另一位好似大會秘書長那樣身分的人，很有禮貌的上來向我說：「我們能不能商量一下補救的辦法呢？貴代表的條件是……？」「升起我們的國旗，與撤銷事前未得我們同意的提案！」他說：「立刻要製一面旗，事實上已無法辦到，把日本旗與滿洲旗也卸下來，你以為怎樣呢？」我的答覆是：「我不作此要求，但也不反對你們自己的決定。」他又說：「對於感謝法案，改為日本代表單獨提出，而由日本代表單獨電日本政府表示，你以為怎樣呢？」我說：「我不擬干涉別人的單獨行動。」他說：「那你同意了，我們就這樣做。」我點了一下頭，問題才算獲得解決，但超過開會時間已半小時。我們眼看著大會堂前兩面日本與「滿洲」旗在日落以前降落了，我們才列隊進入會場。其他的議案，都是文化交流等一類的官樣文章，三天中終於平靜地結束了這一次會議，並沒有再發生其他的波瀾。

上面的這一段敘述，可能有人說我是在故意誇張，目的只是為自己炫耀。其實所有參加汪政權的人，不管怎樣去為自己辯白，但也儘有人會臆造了一些故事，以求諒於國人，然而是非繫於成敗，在任何情況之下，沒有人能再脫下單單重壓在頭上的這一頂「漢奸」帽子。我寫本書的目的，只是憑了良知，提供過去的事實，以作世人的殷鑑。在偽滿的這一段經過，與我同去的許多舊侶，現在活著住在香港、台灣、大陸的人還不少，但讀者不妨以看「天方夜譚」一類文字的態度，就當我在說著夢囈吧！

本來會議完畢以後，還要分批出發參觀佳木斯、撫順、大連等許多地方。而當我鬧事的當晚，有一位當地的同業，偷偷地來看了我，第一句話他就說：「雖然今天你做得太痛快，但是，你將連累太多的滿洲同胞！」我不解他的真意所在，我說：「一身做事一身當，為什麼會連累到別人？」他告訴我說：「從前也有過像你這樣的人，在『滿洲國的首都』『胡鬧』，但翌日在路上就遭人暗殺了。治安當局辦理得異常認真，居然立刻逮捕了數十名嫌疑犯，而且迅速地一體執行槍決，這樣就堵塞了別人懷疑的口實。但據我們知道，被槍決的都是反滿反日的熱血青年，而並不是真兇。當局派人實施暗殺了『胡鬧』的人，又假手誅戮了抗日青年，這是惡毒的一石兩鳥手法。這幾天，你行動要特別留心。」說著，他又悄悄地溜走了。

我受了他的警告，既不願南返示弱，也已無心出發參觀，索性與黃敬齋、敖占春三人，遊了一次充滿俄國情調的哈爾濱，靜靜地觀察了一下民間的慘狀，也疏散一下緊張的情緒。一直等我離開東北，總算並未遭遇到如朋友告訴我那樣的厄運。

等我南返與佛海會面，才知道鬧事的翌日，關東軍司令部已致電「支那派遣軍總司令部」，指我是抗日份子，日本憲兵總部並且已一度在我的滬寓中搜查。本來等我回來，打算要加以逮捕，幸而主持其事的日本總司令部第二科科長今井武夫（即勝利後赴芷江代表岡村寧次投遞降書者）與佛海有交誼，暗暗的通知了佛海。佛海又極力為我迴護保證，那時日本不欲與佛海公開破裂，因投鼠忌器，才得無形消滅。然而從此我益加警惕，不但把所有比較機密的文件完全燒毀，在一九四五年的春季，第三戰區司令長官顧祝同特派高級參謀章鴻春來滬，與佛海商量反攻時由佛海內應的軍事政治佈置，原定是派我代表長駐三戰區的，也因日軍對我的注意而作罷。

七二、日人卵翼下的兩不倒翁

在汪政權的各級機構中，有兩個比較重要的職位，一向為日人視作禁臠的，一個是「統稅局局長」；另一個是「上海市市長」。

東南地區經抗戰之後，雖戰火已遠，而地方糜爛、田畝荒蕪，日人又實行以戰養戰政策，囤儲軍米，四出搜括，蘇浙一帶的業主，固已變成無租可收。同時鄉間不靖，游擊隊出沒無常，更使業主們望而卻步。所以即使東南為中國的半個米倉，而富有的業主，既都避匿至上海租界，秋收以後，日軍與游擊隊又直接向佃農徵糧，各地田賦的收入大打折扣，汪政權的國庫，也只能依恃關稅鹽稅與統稅三項。

在民國二十九年汪政權建立之前，周佛海預計全年收入，只有一千八百萬元，其中關稅為八百五十萬元（華北事實上是各立門戶，而名義上則仍隸屬於汪政府，故協議每年解繳二百萬元。廣東則僅得五十萬元。直屬華中之江海關，約計可收六百萬元）。而自太平洋戰爭發生以後，除日艦尚有軍輸物資運滬外，其他海運全停，黃浦江淒清一片，關稅幾乎涓滴全無。其次為鹽稅，我國產鹽，以長蘆為最著，而又在華北地區，不屬汪政權直接管轄，「華北政務委員會」也只承認解繳每年五十萬元。南方以海洲場產量為多，而又為日本的所謂「中支振興會社」下的日本國策公司華中鹽業公司直接經營其事。在汪政權建立以前，海洲等處鹽產，更由華中鹽業公司向鹽民收購後，交給由特務機關支持籌取特務經費之通源鹽公司，銷售於江浙皖三省，並遠至武漢。通源鹽公司當時的主持人為丁劍橋、周吉甫兩人（現均在港）。中國數千年的鹽政，既為之破壞無餘，汪政權對之亦且束手無策（通源鹽公司停閉後，又有盛幼盦主持之裕華鹽公司代之）。其他有大宗產鹽之餘姚場，抗戰最初數年中，一度廢置。所賴以徵稅的，只產量無多之泰州與松江兩場而已。故佛海編列二十九年度之鹽稅收入，共只兩百五十萬元（華中二百萬，華北五十萬）。

惟有統稅，應該在汪政權掌握之中，因關鹽兩項稅收之收入戔戔，更關係到汪政權的財政命脈，而依二十九年的預算數字，亦只有五百五十萬元。但是「統稅局長」一職，在「維新政府」時期，就由日人委派邵式軍擔任。邵式軍為浙江餘姚人，為文藝界邵洵美之族弟，那時他的年齡還不到三十，已染有嗜好甚深，相貌還算清秀，可是滿面煙容，全無一點血色，又加著一個歪斜的鼻梁，連他的笑也有些陰險而不大自然。

我與他雖也熟識，但不詳細他以何淵源，竟得日人如此寵信。在「維新政府」一段時期內，統稅本來黑幕重重，他因利乘便，大事中飽，積資已經不少。將東南財富之區最龐大的統稅，半入私囊。南陽路家裡的奢豪氣派，社會上人士的趨附奔競，這樣一個乳臭方乾的小夥子，儼然一下子就已成為家喻戶曉的人物。當汪氏等抵滬籌建政權之初，統稅局即為周佛海所極端注意的一個部門，迨與日人一再交涉，而日本軍部方面堅持由邵式軍蟬聯。迨汪政權成立，非但他的統稅局長未能更調，反而又兼任了「財政部」的「稅務署署長」（其他財部兩署：一為關務署，署長張素民，現在港：一為鹽務署，署長阮毓祺，勝利後避往江北，為中共所殺）。直至汪政權的覆滅，邵式軍恃日人的卵翼，終始其職，屹然不動。迨至日本宣布投降，國軍還未東運的一段時期中，他最感徬徨，他知道與日人合作最先，而又搜括的財富最多，「人怕出名豬怕壯」，接收人員決不會放過他的。每晚他到居爾典路佛海家裡，呆呆的坐著，探聽消息。

有時他問我怎麼辦，我那知重慶當局預備怎樣做，自然不會給他滿意的答覆。後來天上雖還沒有飛下來，而地下鑽出來的地工人員，已經在滬開始活動，他是一個目標，乃益有不可終日之勢。有一晚，他告訴佛海他的處境已經危險，要求佛海給他保護。佛海想了一想說，我把你交給熊劍東，你到我的稅警總團的團本部避一避吧。於是邵式軍就躲到那裡，他還帶了廚子，財寶，以及囤積的鋼條等物資，做他的避難寓公。可是時移勢易，熊劍東也對他不客氣了，警告他在軍隊裡還要吃西菜，講享受，如引起士兵的不滿，他不能負責。邵式軍察言觀色，知道那裡也不是什麼安樂窩，東山老虎吃人，西山老虎也一樣會吃人的。

中共於勝利之後，雖高叫「嚴辦漢奸」，但實行的是人棄我取的政策，偽滿軍隊的全部收編是一個最顯著例子。邵式軍有偌大家私，豈有對他不加覬覦之理，新四軍派人偷偷地與他接洽，正在慌不擇路之時，此地不留人，自有留人處，邵式軍乘機溜往了蘇北新四軍區域，上海人從此不再知他的消息。直至中共南下以後，他又一度出現於上海，據說他在中共杭州的一家銀行中做一名中級職員。

汪政權中另一個重要的職位，是上海市市長。上海為全國工商業所聚之區，百年的租界，自洪楊以來，在不斷的烽煙遍地中，獨保安全，更成為全國財富的中心。雖然公共租界與法租界在太平洋戰爭以前，尚未收回，華界的繁榮較遜，但仍不失其為富甲全國的都市。當國軍松滬抗戰於二十六年冬西撤以後，日軍即在浦東製造出一個變相的「地方維持會」，成立了名稱就是非驢非馬的叫做什麼「大道市政府」，以台灣籍的蘇錫文為第一任傀儡市長，以後又以傅筱庵繼任，改稱「上海特別市市政府」。

論傅的資歷，自遠勝於蘇錫文。他是寧波人，曾任招商局總辦、上海通商銀行總經理等職，並創辦寧紹輪船公司。在國民革命軍北伐以前，他繼聶雲台而任上海總商會會長，依附當時的五省聯軍統帥孫傳芳，反對國民黨甚烈，迨國民革命軍底定京滬，明令對之通緝，傅避匿大連多年，後經虞洽卿等為之緩頰，始於抗戰前返滬。國軍撤退，傅蟄居無聊，本有靜極思動之意，日人亦正欲覓一稍有資望者以代蘇錫文，傅在逋逃大連期間，與日人固有接觸，而當時趨附傅之左右者，又有周文瑞等人（周為台灣銀行買辦，娶前清郵傳部尚書盛宣懷之孫女，後又娶滬上花國大總統富春樓老六為妾。周現在日本經商，仍不時來往於港日間）。

周文瑞藉其先人之蔭庇，子繼父職，任台灣銀行買辦前後二十年，為日人道地之家奴。周一面慫恿傅筱庵活動，一面又向日人撮合，乃竟得繼蘇錫文而為「上海市長」。此事實現，傅並以「財政局長」一職酬周擁戴之功。其後汪政府在南京成立，而日人極力主張各省市地方首長暫不更動，以保持日人的顏面。雖「上海市長」一職，汪政權一再交涉易人，終未得日人之首肯，故傅能仍得安於其位，設非突然被人謀斃，恐也將如邵式軍之成為親日傀儡中之又一不倒翁了。

七三、六年中的上海三任市長

民國二十九年十月十日的晚上，我往滬西七十六號訪李士群閒談。那天士群也正感到無聊，於是約了另外兩位朋友，就在他的辦公室內，拉開桌子，打麻雀消遣，牌局一直打至將近黎明，忽然士群桌上的電話鈴聲大振。士群連說不好，這時有電話，一定是出了什麼亂子。他拿起電話一聽，打來的是「警察局長」盧英，電話中說得雖很簡單，僅謂「傅市長」被人謀殺，請他去履勘。士群負責特務工作，職責所在，這自然是一件大事，不能不親自前去，我們的牌局，也就此中斷。

第二天我從士群方面得來的出事經過，原來傅筱庵的住宅，僻處虹口，已相近市中心區。那天晚上傅熄燈入睡以後，以室內外防範甚嚴，不虞有他，連寢室的門也未曾加鏈。不料一個跟隨他十餘年的心腹僕人，午夜攜廚刀掩入，乘其熟睡，揮刀力斬，傅在睡夢中不及呼救，立時斃命。迨家人發覺，床上已成血泊，屍體模糊一片，僅餘皮肉牽連，身首幾至異處。兇手於得手之後，乘了預先在門外安放好的一輛腳踏車，於人不知鬼不覺中，溜之大吉，傳說他搭乘火車，即轉赴內地。這案也終究未曾破獲，此中真相，雖疑莫能明，大抵為政治性的暗殺，則可以斷言。但是傅筱庵的被人謀斃，汪政權對爭執已久上海的「市長」問題，得以毫不費力，迎刃而解。

汪氏於接獲傅筱庵被謀殺之報告後，即於翌日召開「中政會」，汪氏提出以褚民誼為繼，而周佛海則認為上海地方重要。應以陳公博出任。汪氏初以公博已任立法院長，不宜再兼地方官吏，而佛海則以已有王揖唐之先例可援（汪政府成立時，最初發表王揖唐為考試院院長，江亢虎為副，旋王揖唐又繼王克敏而為「華北政務委員會委員長」，仍遙領考試院長職務，數年後始辭職，由江亢虎繼任）。且京滬密邇，往返甚便，兩處要公，不致耽誤，經佛海一再陳辭，汪始首肯。而公博初尚謙遜，推梅思平出任，而李士群又力主佛海自兼，卒以佛海顧全大體，持之甚力，最後終得公博同意，上海市長問題，經一周之磋商，始告決定。

公博雖然以與汪氏私誼之篤，當高陶叛離以後，日本所稱親善之真面目亦已揭露，不忍棄汪氏於危難之際。但他對汪政權一切的不感熱心，前文中我已一再言之，他的兼任「上海市長」，因之也並不亟亟於興革，日常公事，一以委之於秘書長辦理。查公博「滬市長」任內，前後出任秘書長者，計得四人，一為胡澤吾（係日本留學生，為羅君強之妹夫，但與公博淵源較深）；一為彭恂（曦民）曾任北京國會議員，戰前並與章士釗合作，在上海執行律師職務；一為趙叔雍，任職較久，後以調任中政會副秘書長（秘書長為周佛海）而以吳頌皋繼任。

在公博蒞任之後，戰火漸遠，地方秩序亦漸復常軌。他自民國二十九年十月擔任起，以迄三十三年汪氏在中央黨部遇刺之舊創復發，受醫生勸告，赴日療養，他代理汪政府之主席為止，前後亙三年有餘，其中歷太平洋戰爭，收回法租界等大問題，公博均能應付裕如。民國三十二年的雙十國慶，中國軍隊開入原公共租界跑馬廳舉行閱兵典禮，為上海百年以來的一大盛事。租界收回以後，法租界改為第八區，以區長一職，逐鹿者多，窮於應付，遂更由公博自兼區長，而以趙叔雍兼第八區之秘書長。當時上海人以公博由院長而竟兼至區長，曾撰一聯以嘲之云：

陳公博兼選特簡薦委，五官俱備；

汪精衛有蘇浙皖鄂粵，一省不全。

聯語雖屬欠工，說的卻很切事實。所謂選特簡薦委，是國府所定的官階，汪政權仍繼續沿用。公博的「立法院長」是選任，「軍委會政治部長」為特任，「上海市長」為簡任．而區長則在薦委之間。當時日軍雖佔有上述各省，也成為汪氏所管轄的地區，而日軍只能保持淪陷區的重要據點，部份地區，既仍在國軍手中，而部份地區，又為游擊隊所盤踞，所謂「一省不全」亦確為紀實之言。而這一個聯語，無疑多少含有若干譏諷的成份在內。

其後公博既以汪氏赴日，代理「主席」，自不能再兼「上海市長」。在汪政權中，才力可以勝任的，當然只有周佛海了，所以一開始公博就推佛海繼任，而佛海則躊躇考慮，謙讓再三，佛海的所以如此，當時正有其不得已的隱衷，而非出之於假惺惺的作態。

在汪政權中，佛海是握有最大實際權力的唯一人物，財政經濟固無論矣，比較重大的對日交涉任務，也總落在佛海身上。而軍人方面，復多以佛海之馬首是瞻，如孫良誠、李長江、吳化文、孫嵐峰等都是。他如握有兵柄的任援道、項致莊（有浙江保安司令部一部份兵力）等，都與佛海相處甚好，而佛海自己復有器械最犀利，訓練比較嚴格的稅警團，他更與公博分任「軍事委員會」的副委員長，汪政權的一切政務，即汪氏在世之日，對佛海也必諮而後行。特務工作，自丁默邨脫離，李士群毒死以後，也由他直接指揮。而汪政權中，所謂公館派與CC，一直時有暗潮，佛海的權力已高，如再兼任人人注目的「上海市長」，在他，更恐加深磨擦。那時，日軍在太平洋又節節戰敗，覆亡之禍，已迫眉睫，也不想再加重他的責任。佛海的不願就此，這是原因之一。

另一主要原因，則是佛海參加汪政權以後，早向重慶輸誠，一切行止，亦唯重慶之命是聽。當汪氏逝世以後，佛海即以汪政權今後的進止，通過密設的電台，不斷電向中樞，故當公博力推佛海繼任後，佛海即電渝請求指示，在重慶未有覆電之前，自不欲擅作主張，故除了先作謙讓外，也實無他途可循。

七四、周佛海何爲若是其徬徨

周佛海於汪氏病逝日本之後，責任愈感重大，心境也愈見沉重。他與重慶聯繫的兩個秘密電台，一通軍事委員會調查統計局，與戴笠直接通報。佛海於日本京都帝國大學經濟系畢業回國後，即赴粵參加革命，曾一度擔任黃埔軍官學校政治教官，與戴笠本有師生之誼，而且佛海以過去曾任教官之關係，又為世所熟知黃埔系之「藍衣社」十個最高負責人之一，基此淵源，在勝利以前，雙方每日通報不絕。另一秘密電台，則通向第三戰區司令長官部，俾對軍事上之部署，與顧祝同就近聯繫。

當顧氏任江蘇省政府主席期內，佛海為教育廳長，兩人間相處極好。故當年如美國無原子彈投向長崎廣島，迫令日本投降，負隅之局，最後將不得不於中國戰區，由中美陸空聯合反攻，以與麥克阿瑟元帥在太平洋之跳島作戰相配合，而第三戰區則被指定負規復東南之責。其時顧祝同之岳家許氏，全家寄居上海，一切均由佛海就近照拂，無微不至，公誼私交，兩均契洽。佛海身負汪政權舉足輕重之責，亦分擔重慶反攻時敵後策應之大任，如此微妙複雜之處境，實為歷史上所罕見。

時日本軍之敗兆日露，太平洋作戰已節節潰退，而外間傳言，日軍如以一旦大勢全去，必需撤出中國，將不惜毀滅大上海以為洩憤之舉。而佛海與重慶之暗通款曲，日人中如上海「登部隊」陸軍部長川本，如佛海之密友岡田酉次及伊籐等均深知其事。所以當上海市長問題落到佛海的肩上時，深恐引起日本更嚴的防範，反而妨礙其地下工作之進行，以此之故，遂使佛海躊躇徬徨而不知何以自處。

再次，雖然佛海與重慶的通報中，覆電常慰勉備至，且電文都以委員長之名義行之，究竟是否出於蔣先生之直接指示，或僅係戴雨農特務工作技術上之運用，佛海也頗難得到證明。所以有時奉到軍委會密令，而覺得有值得懷疑之處時，又往往另電顧祝同，托其轉電中樞探問，以窺最高當局的真正意向所在。

欲明瞭那時佛海的心境，可與我兩次的密室談話中以窺一斑：大約在民國三十二年間，佛海還住在上海愚園路一一三六弄五十九號。一天我到他的家裡午飯，剛巧周太太等都已外出，室內除我與他外，並無別人。閒談時他頗多感喟，我忽然問他：「蔣先生對你究竟如何？」他聳一聳肩說：「現在不是很好嗎？」但說話時面上卻毫無欣喜之色。我又說：「我問的是將來？」他搖了一下頭，聲音很低沉：「你看張漢卿現在如何？」我猜度他的意思，大約他認為凡是公開反過蔣先生的，最後將不會獲得寬恕，張學良就是他最好的榜樣。我看到他的表情很悽惋，不便再說什麼，談話也至此而止，我明白他對於自己前途的瞻望太黯淡了，以他的對我推心置腹，使我對他也發生了無限同情。我一直記著他這幾句話，所以當汪氏病逝以後，使我更能體味出他的處境之苦。

又一天，我忍不住向他提出了一個建議，我說：我看到你最近一篇在「古今」雜誌上發表的「大病以後」的近作，最後幾句你否定了「大難不死，必有後福」的舊說；你甚至哀傷地說出將來不知死所的話，可以顯出你內心的陰影。我還記得上次你與我談到過關於張漢卿的話，我願意貢獻你一個自己掌握命運的辦法：我以為日本既無悔禍之心，而且也無為友的誠意，如日本戰而勝，目的是要滅亡中國，那時你無回天之力，徒成民族罪人；如抗戰而獲得最後勝利，依你上次的看法，也不免為張漢卿之續，那末與其偷偷摸摸的做妾身未分明的地下工作，將來的禍福難知，不如現在明目張膽的公開反日，大幹一下。把這幾年你與日人交涉的經過，以及日本壓迫的事實，原原本本昭告世人。同時你宣告辭職，表示抗議，由你來這樣做，將給予日本以最沉重的打擊，雖然目前禍在不測，但不特洗刷了你自己「漢奸」的惡名，也讓追隨你的許多人保全了清白。人生自古誰無死？在我想：這是你應選擇的一個最好死所。如其你有此決心，我願意將這文告在我主持下的「平報」發表，你死，我也陪同你死。

這一番話，太出於他意料之外，他沉吟有頃，才說道：「事情那會有這樣簡單，你不免失之於書生之見，我盡我心，且盡人事以待天命吧！」我看他已黯然欲淚，從此也沒有再提到這一個問題。但是佛海做事，卻愈來愈小心翼翼，一切總先向重慶請命而後行。上海的市長問題，尤其如此，除他直電請示外，又要我去與蔣伯誠商量，並請他轉電中央取決。蔣伯誠倒很爽快，他就表示上海的地位那樣重要，佛海當仁不讓，而且他手下有直接指揮的稅警團數萬人，更加上市府的警察與保安部隊由他來坐鎮，遠較別人為宜。他答應通過他設在浦東的秘密電台，報告重慶，俟有覆電，再作決定。但他要我堅囑佛海在目前，千萬不要先行堅決謝絕，以免弄得無可挽回。

七五、羅君強自稱噬人的惡狗

一周以後，蔣伯誠收到了重慶的覆電，內容自然是希望佛海兼任上海市長。那時佛海已由滬去寧，當伯誠把電文交給我以後，我也夤夜趕去。不料他正在發著高熱，呻吟床褥。當我進入他臥室之際，看到他面部燒得通紅，精神也極為疲憊，我說明了去意，並交給了他轉來的電報。我說：「重慶也認識到上海的重要性，國軍反攻在即，敵後工作將更形繁重，既非你擔當不可，那你也只有勉為其難了。」他想了一想說：「要做，就非把上海大大的整頓一下不可，心餘力絀，我想不到好的幫手也是徒然。」我說：「現在市府的一批舊人，不是都很好嗎？？」他只是哼了一聲，又陷入於沉思之中。以後又一個人喃喃地說：「秘書長、警察、經濟……都非更換不可。」

我在旁聽得有些奇怪，插口說：「現在上海市政府的秘書長吳頌皋，不是你的兒女親家嗎？正好駕輕就熟，何必再多紛更？」佛海好似又有些難言之隱，他說：「吳頌皋嗎？只是你知道得不多罷了。」講到這裡，他又忽然說：「我想不到別人，上海情形你比較熟悉，還是由你來繼頌皋之缺吧。」我覺得太突兀，不加思索地說：「我是決不能擔任這樣一個重要職位的。」不料佛海竟然有些生氣了，他有些衝動地：「你們都希望我做、勸我做，而你們又不肯來幫我做。」我說：「這不是肯不肯幫忙的問題，而是能不能幫忙的問題。我自問才具短淺，性情又易於衝動。第一，我一向從事於自由職業，公事不熟，做幕僚長已不相宜，其次，你要把上海好好的整頓一下，而上海卻遍地是我的親故，凡有請託，接受則對不起你，拒絕則對不起親友，公私之間，殊難為處。再次，日本人驕橫如此，我沒有委曲求全的耐性，你又不常在上海，我擔當不了這樣的大任。」

說到這裡，「南京市長」周學昌也來了，佛海簡單地告訴他此事的經過，學昌說：「我願意辭去『南京市長』，到上海去擔任『秘書長』。」佛海搖搖頭說：「南京地位也一樣重要，放棄可惜。」我說：「君強與你相處久，人也能幹，不如讓他辭了『安徽省長』來幫你吧！」而佛海仍然表示希望我再加考慮。但「上海市長」一席的由佛海繼任，終於因重慶的一紙來電而完全確定了。

上海好似是一個太重要太使人嚮往的地方，從孫傳芳時代的松滬商埠督辦丁文江起，北伐以後的市長黃郛、張群，都是有分量而且與中樞有密切關係的人物，唯一的例外是張廷璠，卻屬於桂系，例外的原因，則為了那時白崇禧方以北伐軍東路軍前敵總指揮平定淞滬，兼任警備司令，而張廷璠又以白之參謀長而兼任市長，這是異數。再以後的吳鐵城，以勸說張學良東北易幟有功，當論功行賞之際，吳曾薄中央的警察總監而不為，獨以一任地方性的上海市長為快。在汪政權時期，陳公博既因代理「主席」，勢難再兼，中間也曾引起不自量力者的覬覦。例如原任公博的秘書長吳頌皋，就曾經托日本駐寧大使谷正之，向公博進言，而公博則以其位望未孚而加以拒絕。最後，還是發表了由周佛海繼任的任命。

佛海於蒞任以前，對上海頗想力事整頓，以為策反的基地。所以對人事的更迭，確是躊躇再四，他希望能以廉潔而有能者來分任各局局長，但在亂糟糟的時代，萬事豈能盡如人意？結果除了他自兼「警察局長」，羅君強任「秘書長」以外，其他人選，以最初懸格太高，終只也不過雜湊成局。

在佛海到任以前，上海一般的現狀，並不能使人滿意。尤其警察的貪污，竟至不避耳目。那時沒有固定職業的老百姓，紛紛走單幫以逐什一之利，舟車擁塞，莫非此輩。就是上海四郊，也以腳踏車為交通工具。米糧、洋貨等大包小裹，此往彼來，絡繹於道。警察即以單幫為索賄的對象，沿途攔截，公然勒索。佛海的兼任「警察局長」，希望把滬市警察力量掌握在自己的手裡以外，兼有整飭警察貪污頹風之意。

記得當佛海兼任上海市長之日，曾假第八區（按即舊法租界）邁爾西愛路之十三層樓，招待各界茶會，佛海的演辭，倒還和易親切，僅表示他對於滬市的關切與整頓的決心。接著羅君強以「秘書長」資格起立致詞。他一開口就說：我辭掉「安徽省長」不幹，而來擔任「上海市政府秘書長」，目的是為了來做一條惡狗。以後只要得到周市長之指示，我將如惡狗一樣地隨時猛噬惡人。君強真會做官，這幾句話不惜以惡狗自比，固然使佛海受聽，而先聲奪人，也使社會上有所戒懼。但在座者皺眉搖頭，頗覺有出言失態之感。

以後君強真的把兩名貪污的警察槍決，許多人曾認為情罪不當，做得未免太過分了一些，但從此警察再不敢在光天化日之下，欺壓良民，則是無可否認的事實。佛海忙於其原有的許多職務，「滬市府」的一切，均交給君強辦理，佛海僅居其名，而事實上之「市長」，則為君強。以後又成立了特種刑庭，專懲貪污，雖去弊絕風清之境尚遠，但情形確已有了若干改善。君強不能不說他有一些才幹，但民間竟有人呼之為「羅青天」，則未免失之於溢美了。

佛海的求治心切，確為事實，他以上海情形複雜，耳目難周，特別設立了一個有類於市參議會的機構，名為「市政諮詢委員會」，委員名額只有十九人，除了少數幾人因與佛海私誼外，其他都為地方上卓著聲望的人士，所有比較重要的行政事務，於決策之前，必先付「諮詢委員會」聽取意見，以為興革之張本。就我記憶所及，委員的名單如下：

李思浩、顏惠慶、馮炳南、聞蘭亭、林康侯、袁履登、周作民、唐壽民、吳蘊齋、沈嗣良、項康原、陳彬龢、許建屏、姚慶三、金雄白、趙晉卿、郭順、顏福慶、裴復恆。

七六、佛海手下的三名小人物

讀者中或有人認為我對周佛海作了過多的諱飾。在本文開始的第一節中，我並不曾否認人總該有感情的，因此下筆之時，即不能不雜有恩怨。我個人對於佛海，論公：我認定他始終並不曾背棄國家民族，而他的才華能力，許多地方也值得我欽佩；論私：他交給我的若干任務，能夠深信不疑，使我有知遇之感；而且他飫聞於他左右的浸潤之譖，沒有動搖他對我的信心，更不能無知己之感。我所寫有關於他的一切，都得之於身親目擊，沒有一件事是出之於憑空揑造。佛海如無國家民族思想，何以在日人嚴密監視之下，冒險與重慶暗通聲氣？佛海之與重慶有默契、有來往，不但為通國皆知之事實，而且勝利以後，即民國卅四年八月十四日，重慶對淪陷區的第一道命令，就以軍事委員會名義，委任周佛海為「京滬行動總指揮」，著其於國軍抵達接收以前，負責地方治安。民國卅六年，當佛海在南京高等法院被判死刑以後，國民政府又明令特赦，減處無期徒刑，命令中明白宣布佛海輸誠效命的經過，所有南北參加偽政權而邀此殊恩的，陳公博、王揖唐、梁鴻志等都不曾得，有之，也惟佛海一人而已。由此可以證明我在本書中的敘述，決非因私誼而出於迴護。

佛海與重慶之間，建立起秘密電台，以發生更密切的聯繫，其時間大約是在民國三十年，管理電台的，在當時是兩個微不足道的小人物——彭壽與程克祥——但勝利以後，曾經在滬氣焰薰天，反而成為「劫收」人員中最狠惡的份子；與另一名吳四寶的乾兒子余祥琴（改名林基），鼎足而三，所以在寫到勝利以後的情形以前，有把彭壽與程克祥等的來歷，先在這裡一敘的必要。

當佛海於民國二十八年秋來滬之後，至十月，住所既由虹口遷到滬西愚園路，一切的活動，也趨於積極。汪政權之建立，雖還在與日本積極交涉之中，但事實上已如箭在弦，除非重慶願意實行全面和平，否則其實現已只是時間問題。佛海為了預先為汪政權找定班底，一面組織了一個學藝研究社，為招兵買馬的機構，地點設在公共租界威海衛路「中社」對面的太陽公寓，由羅君強與我分負其責。有人願參加汪政權的，經過熟人的介紹，填寫一紙表格，視其資歷，在汪政權建立以前，不需要做一件事，就可以坐領乾薪。而佛海一面又對過去在上海任何有聲望、有勢力的人物，也一律加以敷衍。

在學藝研究社成立後不久，佛海就要我與君強特別去看紅幫領袖徐朗西，月餽五百元，以示羈縻。幫會中人最愛面子，徐朗西對佛海的甘辭厚幣，自然有些受寵若驚。所以數天之後，他給了一封信給佛海，道謝而外，更矢言對未來政權的擁護，同時介紹了三個人，希望能加以安插。我們覆信要這三個人辦理加入學藝研究社的一般手續。最後持著徐朗西的介紹函而來的是彭盛木、彭壽與程克祥三人。一看他們所填表格上的履歷，彭盛木原籍台灣，又是上海同文書院的教授（同文書院設於上海徐家匯，為日人訓練學習中國語文的學校，過去日本駐華使領館的人員以及特務工作人員，大半出身於該校）。彭壽是什麼江西「皇協軍」的「囑託」，而程克祥僅是「維新政府宣傳局」的一名科員，兼維新機關報「南京新報」的記者，又都說曾經在偽滿任職。看到了他們的履歷，當時使我與君強不住皺眉，而且立刻起了疑心，認為這三個人情形複雜。但我們懷疑的則認為可能是日本派來潛伏在未來政權中從事偵察的份子，而我們卻糊塗得絕不曾想到是軍統的工作人員。

我曾經向佛海說明過我們的懷疑之點，佛海則以不欲開罪徐朗西而結果仍然許其加入，但核定所應發給的津薪，是列入於中下的一級，將來的位置，也預定予以投閒置散。但我們仍然對他們懷有絕大戒心，也並不曾交給他們做什麼事。而他們卻時常借機會來談談，彭盛木娶有一個日本老婆，雖然他態度比較沉默，而他的日本話，不意竟為佛海所賞識。彭壽自稱為彭玉麟的後裔，而程克祥則說鄭孝胥是他的外祖父，平時喜歡自己吹幾句，同時又向君強獻一些小殷勤，因此，漸漸地相處得比較熟稔了一些。到汪政權成立，彭壽發表為僑務委員會委員，程克祥僅是邊疆委員會的一名藏事處處長。而彭盛木竟得任為財政部參事，實際上做了佛海的日文翻譯。所有佛海赴日時期或在京滬就地與日人交涉，統由彭盛木擔任翻譯，就這一點而言，可見佛海的坦率而太少城府。

在民國三十年的冬季，彭壽、程克祥兩人忽然給日本憲兵隊發覺為軍統局的潛伏份子而加以逮捕，寄押在「七十六號」。那時軍統上海區區長陳恭澍向七十六號投誠，獻出了軍統的秘密，所有上海的軍統份子，幾乎給汪日的特務機構一網打盡。彭壽與程克祥本為任職於公共租界捕房一名包探渾號錢麻皮部下的爪牙，錢麻皮原來也是軍統的人物，而與七十六號又暗通聲氣，乃為軍統潛伏在上海的行動人員擊斃於靜安寺路仙樂斯舞廳門口。在這一起案子中，就查出了彭盛木、彭壽、程克祥與軍統的關係。

程克祥的妻子原是東北的一名舞女，她的父親是上海浦東的一個木匠，生得並不漂亮，但頗有妖媚之氣，程克祥在參加偽滿時歡場遇見，竟訂終身。彭壽在名義上是獨身，而與程克祥夫婦同居在霞飛路，兩人倒真有通家之好，霞飛路小小的房子，雖是租來的，對外卻合兩人的名字，而稱為什麼「壽祥廬」，連程妻有時向人自稱為程太太，有時忽改稱為彭太太，其中是否出於工作關係，或者另有別情，自非局外人所能知悉了。而結果三人被捕後，她向佛海的內弟楊惺華一再哀求，終由惺華向七十六號擔保釋出了。但彭盛木不久即暴斃，有人以為是被日人暗中毒死的。

七七、秘密電台怎樣建起來的

彭壽、程克祥保出以後不久，程即秘密潛赴重慶，論他在軍統當時的地位，他沒有資格去直接謁見軍統局長戴笠的，而戴氏方以軍統在滬基礎，因陳恭澍的投誠七十六號而破壞無餘，正在極端苦悶之際，忽然見到有一名基層份子間關萬里而來，為了要明白上海的現狀，竟破例予以接見，程克祥借此機會，自稱如何混入了汪政權，而且又如何已獲得了周佛海的信任，其實，那時他對佛海，連見面的機會也還不曾有過。而他的舌粲蓮花，也居然使戴氏深信不疑。

程克祥此行的結果，在軍統獲得了不次的升擢以外，同時戴氏又交給了他一本密電碼，俾與佛海經常秘密通報。程克祥返滬以後，用盡了種種手段，自最初跟隨羅君強起，又投入了楊惺華之門，惺華少不更事，稍一得志，即縱情聲色，程克祥與彭壽二人，幾無時不隨侍於惺華的左右，獻盡殷勤，迨博得歡心，乃又出示密電碼作為證據，說是戴氏委他負通報的全責，更由惺華介謁佛海。從那時起，佛海與軍事委員會間的秘密電台，就在莫名其妙中建立了起來。

以日本人在淪陷區偵察電波的嚴密，雖以佛海當時的聲勢，要建立一個秘密電台，並無絕對的安全方法，可以確保永遠不會洩露。佛海就利用日本人之間的矛盾，以及日本海陸軍間的不協調，更運用其與日人間的私人交誼，借了謀取全面和平的大題目，說不能不有一個可以與重慶直接商洽的電台，以避免如香港假冒宋子良談和那樣事件的重演。日人中間，也不乏憂慮在華作戰的泥足，確也有人希望實現全面和平，佛海就針對日人這一項弱點，提出了建立電台的建議，據我所知道的，日本人中知道這一個秘密的，就有上海駐軍陸軍部長川本，上海市政府顧問岡田，以及「滿洲駐華大使館」參事伊籐等人。前一人在日本軍人中是比較開明的，而後兩人則與佛海為西京帝大時的同學，且具有較深的友誼。但是日本在滬的機構既那樣複雜，陸軍、海軍、大使館，以及其屬下的特務機關、憲兵隊等，也決非三數人所能一手掩盡天下耳目。因此，電台雖然建立了，還是常常有一夕數驚，一月數遷的情形。佛海委任了彭壽、程克祥兩人管理其事，電台的地址，有時浦東，有時上海，除了佛海自己家裡而外，君強、惺華、稅警團，以及近郊的民房中都曾設立過。每天不斷有軍事委員會的來電，佛海也幾於事無大小，均於事先請示，而來電中除了若干指示事件而外，對佛海等也不斷加以鼓勵嘉獎。寧渝之間，乃成為有敵對的形式，而作密切的聯繫。在重慶方面說，這應該是特務工作上一次最大的成功，是軍統的一次最出色的表現，也註定了汪政權與佛海的最後命運。

當然，在那時，很少人知道有這個秘密電台的存在，但在民國三十四年的初夏，佛海就曾經做過一件無異自己揭露秘密的妙事。原來佛海離渝參加汪政權以後，他留渝的老太太就被軟禁起來了，他的岳父楊卓茂，也被關閉在貴州息烽的集中營中（就是戰時一度囚禁張學良的所在），他老太太是由軍統方面負責照料，佛海早孤，對太夫人自不免有無限孺慕。軍統為了安佛海之心，還不時有她老人家於軟禁中的近照輾轉寄來。

到三十四年的初夏，周老太太忽以病逝，秘密電台上即傳來了這個消息。當晚，佛海擬好了報喪廣告，打電話給我去要把訃告翌日遍登各報，我當時一愣，對他說：「滬渝之間，除了秘密電台以外，早已不能通報，太夫人昨方仙逝，今發訃告，這消息何自而來？不將啟別人的疑竇？」那時佛海方在情感極度衝動的時候，他高聲說：「我管不了那麼許多，難道為了自己，母死就秘不發喪？」終於這廣告於第二日在各報刊出了，但是連日本人在內，也並不曾聽到有人懷疑或追查這噩耗的來源。

我前面所說勝利後的三十四年八月十四日，重慶對淪陷區的第一道命令，就是委任佛海為「京滬行動總指揮」，當然這命令的傳達，也同樣是通過這一個秘密電台。記得佛海於八月十日聽到日本廣播的投降消息以後，第二天即匆匆趕往南京，出席汪政權的結束會議，至十四日下午趕回上海，適電台上傳來了這一道新命，使佛海一時陷於極度興奮。以後佛海的束身待罪，飛渝受鞫，卒至瘐死獄中，雖然原因很多，而當局的手段高明，竟使佛海束手待斃而不悟。

上節中的三個小人物，在汪政權當時雖微不足道，而最後對佛海卻發生了很大的影響，彭盛木早死了。勝利以後，程克祥、彭壽即曾分任周佛海的京滬行動總指揮部正副秘書長，後來又做了軍統局調查參加汪政權人員財產的調查員，主持「劫收」盛典，氣焰之高，連對佛海的家人，也居然頤指氣使。程克祥現猶寄居台灣，任職省府，彭壽則於前數年中傳因涉嫌通共，已被當局於逮捕後秘密執行槍決。

七八、蔣伯誠所加給我的負擔

重慶派在上海從事地下工作的兩個比較重要的人物——吳開先與蔣伯誠，先後被日人拘捕以及營救釋放的經過，已如前述。吳開先則獲得例外的幸運，因周佛海為之全力奔走，竟公然由日人以飛機遣送返渝，幫助了他於勝利後能光榮地重回上海市社會局局長寶座的機運。蔣伯誠雖然最後得以恢復自由，但是高血壓症已使他半身癱瘓，終年偃臥床褥；同時日本憲兵隊依然對他在密切監視之中。他的名義是軍事委員會委員長的駐滬代表，而實際的工作，則以國民黨上海市黨部主任委員兼上海市三民主義青年團主委吳紹澍的遠留皖境屯溪，鞭長莫及，所有潛伏在上海的上述兩機構的工作人員，事事均向蔣氏就近請示。而蔣氏以病廢之軀，兼以形格勢禁，任何工作都無法進行。他於勝利後終能得到政府認為上海區地下工作人員第一名有功人員的殊榮，無疑完全倚仗了周佛海的力量。

他被日憲逮捕之時，是住在上海法租界西蒲石路萬墨林的寓所，以後蔣萬之間，相處得並不融洽。蔣與他的妻子前名女伶杜麗雲，以及其前妻所生的兒子宇鈞，又舉家遷移到愚園路口與百樂門舞廳毗連的百樂門公寓居住。他因一度被捕，居處公開，不必再如前之躲匿，反而獲得了工作上更多的方便。由我出面擔保釋放的時候，日本憲兵隊雖然限制不許離滬與不許再作政治活動，而蔣氏以有周佛海的迴護，有恃無恐。而我則成為蔣伯誠與周佛海之間的橋梁，負起奔走接洽等一切的責任。因此，百樂門公寓不時有我的蹤跡，當他發生一件任何棘手的問題時，不是給我以一個電話，就是差他的兒子宇鈞來找我，我就去到他那裡，再轉告佛海，盡心竭力，使事事得滿意的解決。

要幹這類秘密任務，淪陷區裡日人耳目四布，隨時隨地都是危機，蔣氏既然照舊工作，於是一直至勝利為止，他就曾屢屢添給我超過我能力的麻煩。舉幾件例來說：譬如民國卅三年的夏季，上海市三民主義青年團書記長奚培文，攜同全體名冊，向七十六號李士群投誠，於是按圖索驥，一夜之間，三民主義青年團的在滬重要份子被捕者達二十餘人，其家屬紛紛向蔣伯誠投訴。老實說：他又何能為力？唯一的辦法只有找我請佛海幫忙。

等我去時，他已焦急地等待著，他向我提出了許多要求，設法保釋所有的被捕人員，每一家先送二十萬元，作為安家費，以後每月還要經常支付家屬的生活費。我表示了兩點，錢不生問題，但是營救被捕人員，非立時可以實現，只有慢慢的盡力想法。雖然說我那時的經濟能力，對二十幾家的安家費還無所謂，不過因為時機急迫，必須於傍晚前將全部款項送去，以便其家屬作緊急遷移之需，而他通知我時已在午飯之後，那時「中央儲備券」因通貨膨脹，在日本定印的流通券，又以戰事遲延印運，形成了市面上現鈔奇缺的現象。我回去向我所創立的南京興業銀行一查，除去必須留作應付客戶的需要以外，當天已無法張羅如此鉅款現鈔（當現鈔奇缺時，中央儲備銀行規定全滬各行莊，視其上日存交於銀行聯合準備庫之總數，准予以本票換領存數十分之一的現鈔，如向市面購買，票據與現鈔，約以九折計算），我因事機急迫，橫了一條心，索性命銀行中開具了本票二十餘紙，交給伯誠分頭送去，才算應付了這一個難關。

當時我因事已辦妥，也就忘了告訴佛海。不料數天之後，三民主義青年團的家屬，又有被日憲拘捕的，也發覺了我所出立給予每家二十萬元的本票，日憲乃持以向佛海交涉，指我有通渝抗日嫌疑。佛海要我去面詢究竟，我當然也據實相告，佛海當時態度很嚴重，責備我說：「你為什麼做得那樣魯莽，伯誠要你作經濟上的幫助，我並不反對，但為自身的安全計，如現鈔不夠，你可以與我商量；否則你也應當給他們以別家行莊的本票，為什麼你要這樣做得授人以柄？」

我當時還誤以為佛海膽怯，怕麻煩牽惹到他的身上，因此會有我從未聽到過的對我譴責之辭，我也就不客氣地說：「凡我可以解決的小事情，我就不想驚動你。給別人家行莊的本票，若要追根究底，我還是逃不了責任，大丈夫一身做事一身當，又何苦牽累別人？如必須要我負責時，我一定挺身而出。假如我熬不了毒刑，我洩漏了任何我與你之間的關係，我就不是黃帝的子孫！這樣，你應該可以放心了吧！」

我的答話，也未免說得使佛海過於難堪，而他又是與我一樣感情極端容易衝動的人，我看到他眼眶裡已蘊著兩包熱淚，他說：「今天，日本人還不敢對我怎樣，但是我與重慶之間的事，他們不會全不知道的，我一直在耽心著他們會對我比較接近的朋友採取行動，給我以打擊，而我最關心的就是你，你太誤解我的意思了！」

而事情畢竟已竟做了，但終於因為佛海的負起全責，向日本人方面否認了我資助三民主義青年團家屬的事實，推說僅是銀行業務上的普通往來，而受款人的對象為誰，我是不知道的。日人當然也明知是托辭，但那時還不願與佛海翻臉，結果幸而又能不了了之。惟日本憲兵隊中，在他們的黑名單上，無疑又再度留下了我的姓名。

淪陷數年之中，為重慶從事地下工作而為日憲所陸續拘捕，寄押在鎮江監獄裡的，這時前後也已達五百餘人之譜，其中有較為重要的，有王維君等人在內（王現在台灣）。蔣伯誠每次與我相見，總以營救他們出獄相託，但人數既然那樣多，而又是日軍以軍法直接判決的，實際上汪政府且無權顧問，又何況於我。而我仍不時轉請於佛海，他也覺得對此感到棘手，遲之又遲，終於借了「大赦」為名，卒將這一般人釋出了牢獄。現在看來似乎事情很簡單，但當時的躊躇焦慮，以及與日人的飾辭交涉，其間艱苦的經過，自更非局外人事後所能瞭解。

七九、又一次意外獲得了倖免

麻煩的問題還多著呢！而大半都為了「三青團」。我與「三青團」又無絲毫淵源，其所以奔走營救，完全基於蔣伯誠的請托。在我出面保釋蔣伯誠的那一次中，一起羈禁的還有毛子佩與萬墨林等人。毛子佩是吳紹澍的親信，他以一個上海小報的廣告員而竟然做到了上海市黨部委員，是則派系之功也。萬墨林是杜月笙的心腹，出身卑微，而杜崛身於草莽之間以後，萬也雞犬同昇。戰前活躍於上海，經營米業，而又搞什麼農會之類的團體。戰時他們仍然留在上海，仍然分秉著吳紹澍與杜月笙的命令，從事地下活動。

毛子佩經我保釋以後，還不時來看我，也並不諱言其在照常活動，且不時向我作經濟上的商請。記得有一天是星期日，他倉皇地又到我的寓所來。他說日本憲兵隊發覺了他的行動，本來伺隙要把他重行逮捕，不幸上海三民主義青年團書記長莊鶴礽又被貝當路日本憲兵隊所拘獲，他對外本來用的是化名，被捕後，他又堅不承認就是莊鶴礽，因此，日憲於上一晚責成子佩於二日內把莊交出來，否則就要對他不客氣了。

子佩又說，假如這次他再到憲兵隊，既不能指認莊鶴礽就是他本人，而又無法再交出第二個莊鶴礽。結果，此次將一定送命。上海既已無法立足，他要求我設法為他向汪政府機構中弄一張職官證（在汪政府中服務的，視其官階的大小，各發給職官證一份，以為身分之證明，以及沿途免於檢查盤詰的麻煩），搭車赴杭，轉返內地。

但我並不曾主持什麼汪政府的任何機構，除了我自己的以外，我手裡又拿不出別的空白職官證。我考慮之後，要子佩等我一下，反正佛海的家離我僅十步之遙，我去與佛海商量，我向他說明了此事的經過，佛海皺著眉說：「今天是星期天，停止辦公，我不能做得太表面化，假日召一個職員來專辦一張假職官證，要有，除非能等到明天。」我回去告訴了子佩，他焦急得本已坐立不寧，他說：「這是我的生死關頭，一過今晚，可能明天清晨日本憲兵就會動手，不如請你所主持的『平報』，發給我一張化名的記者職員證。」當時我不能不有所顧慮，因為我是他在憲兵隊時保他出外的保人，我決不能否認不知道他的真姓名。假如這一張化名的職員證又出了毛病，職員證上又必須有我的簽名，我將百喙難辭其責。

他看出了我的態度，而表示出一臉哀求的神情，我為同情心所驅迫，終於答應了他，而且立刻去報社把他交給我的照片黏在職員證上，加上了報社的硬印，簽上了我的名字，留出了他的姓名、年歲與籍貫的空白，讓他自己去填上，他表示千恩萬謝，才欣然而去。

當天午夜，我早已睡熟了，忽然為床畔的電話鈴聲所驚醒，朦朧中一聽是唐大郎的聲音（唐大郎專為上海小型報寫稿，與毛子佩為知交，而同時又為我創辦的「海報」寫稿），他的語音已有些震顫，他告訴我子佩與他的三個同伴上車以後，果然日本憲兵隊有了防備，上車搜索，他的同伴因為拿的是真的市民證，所以結果又被拘捕了。毛子佩靠了「平報」的記者證，一時給矇混了過去，計算時間，此時應已由杭州小徑進入內地，可以安然脫險了。但是送他上車的人，於下車時又被日憲逮捕了，據他知道，在這個人身上搜出了子佩給他妻子的字條，字條上除了家務以外，有一點是說今後不論遇到任何困難，都可找你幫忙。有此證據，可能日本憲兵隨時會來對你不利，希望你事先有個準備。

我不料事情居然會生出那麼多的枝節，但事已如此，要逃也無從逃起，我索性起床，向妻子囑咐了一些如我出事後必要的事情，枯坐待旦，以等候日本憲兵的隨時光臨。我以為這一次或許將不能倖免，而直至天曙，竟毫無動靜。

第二天的清晨，我急急去看佛海，希望他能為我能於事前把此事消弭，而佛海果然也為我惶慮，但為了免露痕跡，他的意思，只有等待事情的發展，再定應付的方法。但兩天過去了，依舊安然無事，而我則一直在提心吊膽中等候惡運的隨時降臨。

三天之後，蔣伯誠約我去一談，他看到我的第一句話，就是恭喜！他說：「為了子佩的事，這兩天我也一直在為你耽心，現在事情竟意外地已獲得了解決，你幸而已可確定不曾被牽連在內。」他又說：「送子佩上車的人於車行後在月台上為日本憲兵所拘捕，在他身上搜出了子佩的字條，第一點是他妻子交給子佩作為旅費的一枚金鐲，他又交給了送他的人要他帶回給他的妻子，留作家用，以後如遇經濟上的匱乏，或發生別的意外事故，都要她與你商量。字條上清楚地寫著你的名字，照例你將無法避免你的責任，那裡知道這個日本憲兵為了吞沒這一枚金鐲，竟然將這一紙條也連帶燒毀了。被捕的人既因沒有證據而釋放，你也恭喜獲得了這一次意外的倖免。」這時，我才真正放下了一顆沉重的心。

然而莊鶴礽仍終於被證實而判了刑，送往提籃橋監獄執行，蔣伯誠又要我設法予以優待，當時的「司法行政部長」是吳頌臯（不久前已病死上海提籃橋獄），與佛海為兒女親家，由於我的疏通，由佛海頌臯的太太與我同召提籃橋獄的典獄長沈關泉當面囑咐，要對莊鶴礽等以次的重慶地下工作人員予以充分優待。沈關泉當然唯唯聽命，莊鶴礽的獄中生活，從此自由得令人難以置信。他以獄囚的身分，可以在典獄長辦公室進食西餐，隔幾天可以在沈關泉的陪同下坐汽車出獄遊覽，但是這一切，身受者幾視為當然。

以汪政權的人而肯全力掩護表面上敵對的重慶地下工作人員，自然也不僅佛海與我。這心理的造成，不能不說有一些微妙，因為汪政權中人肯這樣做，本身又處於日本的佔領區中，不能不說必需冒著相當的危險，但我仍然可以肯定地這樣說：那時既不是為了邀功，以便勝利後或可將功折罪。因為說句老實話，誰也不敢在國際形勢未定戰爭的勝負未分之前，武斷抗戰的最後結果，到底會是怎樣。同時，也決不是如真正特工人員的所謂「工作表現」，除了佛海本身在軍委會備案以外，其他的人，都是或以友誼，或則激於義憤而自然出此。淪陷地區的人，無人否認抗戰為不得已的救國措施，也無人否認日軍的暴戾恣睢，為人神共憤。這樣做去，僅是受良心上的驅策而已。

八十、性命豈是金錢買得來的

毛子佩儌倖藉一紙記者證平安到達了內地，而萬墨林卻因保釋後繼續活動，再度被七十六號所拘捕。被捕的經過我不知道；被捕的原因我也不清楚，被捕以後的傳說，是案情嚴重，可能有性命之虞。雖然在日本憲兵隊保他的是我，但我與他過去既乏淵源，而且絕不相識，除了保他時見過一面以外，以後也就從不曾相遇，因此，我沒有過問這一件事。

同時，我不能不忍痛指出：當時重慶派在淪陷區的地工人物，泰半多是浮躁淺薄之流。能夠冒險在敵人勢力範圍之內從事地下工作，誠然是一項光榮的任務，但別人應該如此的看他，而他們自己卻沒有理由要以此向人炫耀。那時的地工人員，好似惟恐別人不知道他是在擔任著秘密工作，一有機會就自動暴露出自己的身分，而且更誇大其地位的如何崇高，目的是不是僅僅為了要淪陷區的老百姓對之肅然起敬，或者還包含有其他的副作用？我不欲加以武斷。所以那時上海有多少國民政府派來潛伏著的工作人員，幾乎已成為公開的秘密。

萬墨林出身寒微，而又知識程度很差，他當然一樣以地下工作而自高其身價；更以他是杜月笙的門下，所以開口閉口不離杜先生。杜月笙在上海，自民十六清黨以後，地方上有著其不可侮的幫會勢力，同時因為他與戴笠有私人交誼，因此也參加了一部份的軍統工作。東南淪陷之後，杜月笙本人雖已由港轉赴內地，但其親友門生留在上海的還不少，即參加汪政權中的人物，也指不勝屈。

甚至他的妻子姚玉蘭與那時還是密友的孟小冬，也還仍然在滬安居。但是代表他工作的，比較重要的事，一切委之徐采丞，實際上萬墨林則僅僅為杜供奔走聯絡之役而已。采丞為人不但很深沉，而且善於運用手腕，當太平洋戰爭之後，日軍開入了租界，許多人知道采丞的秘密的，很為他耽憂，而不料采丞事前卻早與日軍駐滬「登部隊」的陸軍部長川本早有了聯繫，而且登部隊還委任他為囑託（日語顧問），直至勝利，始終安然無事。而萬墨林則以鋒芒過露，一直在日軍注意之中。

記得我擔保他釋出以後，我曾告訴杜月笙的另一得意門生唐世昌，希望轉告萬墨林，言語行動要特別謹慎。我並不代表汪政權對他提出什麼警告，這僅是我私人對於一個地下工作人員的關切。唐世昌是一直服務於申報，杜月笙對於上海新聞界有什麼事情接洽，都是由唐出面，而唐萬之間，又是所謂「自家兄弟」，不料以後由唐轉來萬墨林的說話，很出於我之意外，據唐世昌告訴我，他說：「墨林要我對你說，你錢太多了，不如現在識相一些（識相為滬諺，為見機或識趣之意）拿些出來分給他用用，預先留一個交情。」唐世昌既把這個話照說了，又要我不必為此動氣，我倒真的對此毫不介意，我反而可憐萬墨林的既不懂得說話，更不知道如何做人！但是，從此我就不敢再關心到萬墨林的事。

萬被捕以後，經過不知多少人的營救，毫無辦法，消息也傳到了留港的杜月笙與錢新之那裡。萬墨林的地位雖不重要，但與杜月笙不但關係深，且還有些葭莩之誼，於是專誠派了一位與周佛海有私交的李北濤來滬，向佛海說情。本來佛海與杜月笙、錢新之過去的交情都還不錯，尤其佛海所致力的全面和平，一直寄希望於錢新之為渝寧之間的橋梁。而李北濤抵滬以後，一再向佛海懇商，萬墨林非但沒有釋放，而且傳出有不日執行槍決的噩耗，而作此最後決定的，竟然就是佛海本人。

一天，「司法行政部次長」汪曼雲倉皇地來看我，一見面就問我：「你知道不知道萬墨林的事？」我沒有作聲。曼雲又說，假如墨林有不幸，以他與杜月笙的師生關係，而他自己又是汪政府的人，將來與杜見面，將如何解釋？他要我全力向佛海說話，於最後一刻中挽救墨林的生命。我問事情何以會突然變得那樣惡化？據曼雲說：李北濤抵滬以後，先與周作民晤商，作民示意要他送一些禮物給佛海，李北濤就以相當貴重的鑽石與翡翠戒指各一枚，送給了佛海的夫人楊淑慧，周太太雖當場拒絕了，但仍把事實經過告訴了佛海，佛海又在一時衝動之下，作出了這樣一個決定。我當時答覆曼雲的話，我說：「我可以去試一試，但事情發展到如此，我自認沒有一絲的把握。」

當天晚上我去了佛海家裡，我有意無意地問佛海道：「外面有一個奇怪的傳說，萬墨林將被執行槍決，而且是出於你的意思。我不解你又何苦為了這樣一個人去開罪杜月笙？」不料一提到這件事，佛海似乎怒氣未息，他高聲向我說：「新之與月笙太豈有此理了！他們有事托我，只要我能力所及，未有不幫忙的，但是他們竟然要人以貴重的飾物送給我太太。他們是在有意侮辱我，他們真以為我做漢奸嗎？我受不了這樣的侮辱，我非殺了他不可。」我說：「我倒替你惋惜，想不到以你這樣的一個人，竟然會以人家的性命來表示你的廉潔！一旦等你的氣平息了，人死即不能復生，或者你會後悔的。」他不料我會說出這樣的話來，有些不大高興地問我：「依你說，怎麼辦？」我說：「既然已拒收了禮物，索性再釋放了萬墨林，既表示出你的清白；也顧全了你與他們之間的私誼。」佛海沉吟了一下，接著又點了一下頭。數天之後，萬墨林終於出獄了。

我寫出這一段無關緊要的往事，目的在說明佛海能不膠持成見與從善如流的性格。十餘年後的今日，一念及這一坏黃土中的故人，音容如在，乃深覺不勝有黃壚腹痛之情！

八一、一封專送重慶的秘密信

佛海與重慶之間的關係，抗戰區與淪陷區同樣有著種種的傳說。在淪陷區中傳得最盛的，說是佛海曾經有過一封私信給蔣先生，蔣氏在信後批了「無恥之尤」四個字。但我清楚知道這是謠言，除了秘密電台與軍委會通報以外，最初佛海委實沒有直接寫過信給蔣先生。

民國卅四年農曆元旦的下午，我從佛海家裡出來，轉往蔣伯誠那裡去賀歲，閒談中忽然談到了佛海的前途問題，以及蔣先生對佛海的真正態度。我問伯誠以他與蔣先生的關係，以及對蔣先生的認識，他以為將來重慶對佛海會有怎樣的後果。伯誠說：「委員長的態度，我完全不敢臆測。但是我終為佛海耽心。他現在雖然與中央秘密通報，而且聯絡得很好，但是與他直接接觸的是軍統局，特務工作人員的是否會別有用意，或僅屬一時的利用，任何人都無法懸揣。這幾年以來，佛海曾幫了我不少忙，我也願意為佛海盡一次力，你回去要佛海寫一封信給委員長，我叫專人送到重慶，試探一下委員長的反應如何。」

我當時聽了伯誠的話，很為興奮，立刻又回到佛海那裡，告訴他以伯誠的意見，佛海也很以為然。當晚就寫好了交給我，原信一共只三四百字，當時我曾經偷偷地將原信照了相，以便留下來做一個歷史上的文件。後來因為日本憲兵對我的加強注意，恐留著可能連累了佛海，終於又把它焚毀了。事隔十餘年，原文我已無從追憶，但我清楚記得信內的話，有如下的幾句：

「職離渝經過，布雷知之最詳，一切想已面呈鈞座。……五年以來，職臨深履薄，無日不惄焉如搗，凡奉鈞諭，輒竭駑駘。……日寇已處窮途，反攻轉瞬開始，職處身虎穴，一切策應反攻之工作，萬緒千頭，遲恐準備不及，急則洩漏堪虞。……職以待罪之身，誓必效命前驅，俟最後勝利之來臨，甘願受鈞座之嚴懲，斧鉞所加，死且瞑目」云云。

第二天我持了佛海的信去見蔣伯誠，伯誠看了一遍，認為寫得很懇切也很適當，他立刻派人去找了上海市黨部委員戴時熙來，把門關上了，連他的太太也囑咐退了出去，伯誠告訴戴時熙說：「這是一封很關重要的信，除了現在我們三人與佛海以外，並無第五個人知道。希望你把這封信縫在絲棉袍裡，即日動身由杭州轉往屯溪去見紹澍，你對紹澍說，這是我的意思，要他立刻往重慶，將這封信面呈委員長。並將委員長的反應告訴我們。」戴時熙當時依伯誠的話照辦了。但是，戴時熙一去，從此就不曾有過任何消息。

以後的發展，雖然是勝利以後的事，但為了在本節中求事實的完整，而且因這一封信的緣故，更堅決了佛海為蔣先生效命的至誠，也注定了佛海未來的命運，雖然當時是出於我之善意，但因為我的多事，使佛海於二年之後，竟瘐死於南京的老虎橋監獄！我雖不殺伯仁，而伯仁可說由我而死。所以在這裡我提前敘述這一封函件的最後反應，作為勝利後佛海何以毅然赴渝，束身待罪的楔子。

當勝利以後，吳紹澍以上海副市長的身分，首先抵達上海。當他抵滬的當晚，我去了佛海家裡，不久佛海醉醺醺地由外面回來了，他告訴我：「嚴小鬍髭（即嚴惠予，曾為漢口水電廠之總經理，與佛海為舊交）今晚歡宴吳紹澍，邀我作陪，我與紹澍已見了面，而且談得很好。」佛海家裡那時還有許多別的人在，他周旋一陣之後，輕輕地邀我到他的臥室裡對我說：「你還記得年初我有一封信由伯誠送給蔣先生嗎？據紹澍告訴我，當紹澍持函赴渝，謁呈蔣先生，蔣先生看到最後幾句，竟然流淚了，據說蔣先生當時就要提筆給我寫回信，還是紹澍建議說，還是派人用口頭答覆，較為妥當。我不敢相信紹澍的說法，或者他是在故意安慰我。他一到上海就去看了伯誠，他與伯誠的關係與我不同，可能有些真話，明天你替我去看伯誠試探一下，以證實紹澍的話的是否可靠。」

第二天，我去到了伯誠那裡，那時他已由愚園路遷往大西路，而且奉中央命令，成立了「軍事委員會委員長駐滬代表公署」。我與他談到了佛海的信的問題，不料他告訴我紹澍見蔣先生的經過，與紹澍告訴佛海的話，竟是完全一樣，說著，蔣伯誠還從他的枕頭下面取出了一封由紹澍帶來的蔣先生給伯誠的一封親筆信，信是寫在一張長方形有紅格的普通便條紙上，全信共只寥寥數十字，因為信短，又因我的特別注意，所以印象比較深刻，現我還可以一字不誤地照錄在下面：

「伯誠吾兄：貴恙近況如何？甚以為念！某函已悉。一切托紹澍兄面詳。中正手啓。」

伯誠更告訴我：「蔣先生信中的所謂『某函』，就是指佛海的去信而言，佛海這幾年輸誠中央，而委員長也能大度包容，我很為佛海慶幸。」我追問了一句：「那麼委員長對佛海有沒有其他的表示呢？」伯誠說：「紹澍沒有提到別的話。」當時我有些懷疑，所謂面詳是什麼呢？但我不便再追問下去。回到佛海那裡，我又據實的照說了，佛海聽了連聲說：「奇怪！奇怪！不應當會有那樣的結果。」但佛海面上的表情，已可以看到他內心的無限興奮。由於這一席話，乃完全決定了佛海的最後態度。

八二、雙方都想殺他的周佛海

周佛海在其日記中一再寫過類似這樣的句子：「一部份中國人欲殺余；一部份日本人亦欲殺余，均有證據。余妻甚以為憂，余謂此正余之立場」云云。一部份中國人要殺佛海是當然的，在民國二十八年至二十九年之間，雙方特工人員在上海展開暗殺戰時，佛海當然是一個僅次於汪氏的重要目標。一部份日本人真也要殺佛海嗎？還是如佛海日記中所說：「日本人要殺余，證明余並非漢奸。」佛海寫此一段，是不是不過為文飾自己的一種詭辭呢？他在民國二十九年的日記上，已說「有證據」，雖然我那時與佛海來往甚密，但有關他的事，我並不能纖悉靡遺的無所不知，所謂「證據」，究何所指？我無法加以懸揣。不過佛海寫日記的當時，並不會想到身後會有日公開披露，他所寫的我相信是真話，也確實是他當時的實際處境。

我知道日本人要殺佛海，非僅有此動機，而且也不止一次。佛海於勝利後在南京高等法院開審時，又曾說過，他的離渝隨汪，前半段時間，為「通謀敵國，圖謀有利本國」，後半段時間為「通謀本國，圖謀不利敵國」。既然通謀敵國，那當然不問其是否有利本國，又以其遠在陷區，既不能執法以繩，只有出之於暗殺之一途了。惟以佛海那時防衛的嚴密，使重慶無法下手。以後情形一變，用之不遑，殺之未免太笨了。

至一部份日人要殺他，也是情理中應有之事。汪氏與陳公博周佛海諸人，總還不至喪心病狂到一味媚敵，日本人覺得有了汪政權反多了一層掣肘，決不像偽滿那樣的唯唯聽命，已經頗不高興。況佛海的「通謀本國」，日人豈真一無所知？而且日本海陸外之間，派系紛歧，互相傾軋，敷衍了這一面，就開罪那一方。李士群之被細菌鴆殺，即是一例。而佛海的未遭毒手，僅就我所經手的兩件事而論，則實在是出之僥倖。

民國三十三年起，佛海一步步更開始走向逆境。南京西流灣的家，在抗戰中曾化為瓦礫。至其隨汪回到南京以後，重加修葺，遷入居住。詎那年忽然又以洩電起火，全部焚毀，一家搬住到原來鐵道部的迎賓館。接著佛海以酒色戕身，加著汪政權這幾年之中，諸事萃於一人，也確實夠他的勞累，正在遭火後不久，又突然發了嚴重的心臟病，有危在旦夕之勢。自太平洋戰爭發生以後，海運中斷，尤其藥品極端缺乏，佛海需要用以治療的一種特效針劑，在國內早已絕跡，以至群醫束手。經日本駐華軍部致電日政府搜求，在東京始覓到最後的一枚。那時的日首相東條英機派了一名心臟病專家的軍醫，攜帶藥品，搭機趕往南京，始得挽救於垂危。但佛海雖一時已無生命之虞，仍然纏綿床榻。醫生告訴他，要避免任何刺激；半年中更要擺脫一切雜務，充分休養，否則一旦復發，再無藥救，而佛海病起之後，也沒有讓他能好好休息，以後佛海在南京老虎橋監獄中，一受重大刺激，也且終致因舊疾致命。正當佛海在病勢兇險之時，我在滬忽然又得到了日本人擬加害佛海的惡耗。

消息的來源是盛幼盦私下告訴我的，以他與日本人的關係，應該相信其必有所據。說起盛幼盦，非但在淪陷時期的上海，是一個了不起的人物，他與佛海之間，也有過一段從磨擦到言好的插曲。盛幼盦名文頤，行三，為遜清郵傳部尚書盛宣懷之侄，滬人呼為盛老三而不名。在北洋政府時期，曾出任過津浦鐵路局長等職；國民政府成立以後的二十年中，從未起用，侘傺無聊，幾至貧難自活，而且染有很深的煙癖。抗戰時東南淪陷之後，日軍一面以鴉片毒化中國，一面恃煙土來搜刮特務經費。盛在津浦鐵路局長任內，即與日本陸軍及外交方面的駐華人員有來往，以此淵源，日本以在淪陷區販賣煙土的事，就委託他辦理。

「宏濟善堂」就是淪陷區的公開販土機關，各縣都有分堂。那時雲南四川的煙土，早已不能東來，日人在古北口與皖境亳縣一帶，大量栽種，南運資為利藪。幾年之間，盛幼盦固然靠此發了大財，其盈餘所得，除了作為日軍在華的特務機關與憲兵隊一部份的機密費用以外，據他親口告訴我，若干東京的海陸軍官員，以及支持軍部作戰的政黨要人與兩院議員，經常每月均有固定的津貼。

那時興亞院院長鈴木，又與幼盦為知好，東京方面有人做他後台，而宏濟善堂的實權，則操之日本在滬大浪人里見甫之手（日音為薩多米），他與駐華各部份日軍均有密切聯繫，因此也樣樣取得了便利，以後又把淪陷區蘇浙皖三省銷售食鹽的「通源鹽公司」的專營權取來，改為「裕華鹽公司」，從此黑白兩物，全歸其掌握，當時聲勢的烜赫，以及日人對他的信任，恐遠在汪政權諸人之上。他上海金神父路的一所大住宅，占地十餘畝，宏偉美觀，又雅有亭台花木之勝（勝利接收後，即為上海三民主義青年團本部所在），有日本憲兵兩名，在門房中為他守衛，呼風喚雨，炙手可熱，他以直接獲得日人的信任，對汪政權也全不在他眼裡。但是鹽務表面上還是由汪政權管轄，裕華鹽公司的事，不能不經「財政部」核准，也不能不聽周佛海的指揮，因了權力上的衝突，在最初的幾年中，兩人之間，有過很多的爭執。盛幼盦恃日本人為靠山，為所欲為，周佛海則運用財部的權力予以阻止，數年之間，各不相下，經過多人從中調停，終難釋嫌。而且漸漸的更加尖銳化，竟有短兵相接之勢。

八三、明槍與暗箭難躲亦難防

裕華鹽公司是銷商，淪陷區各地的子鹽店所出售的食鹽，全由裕華獨家批銷，這又是一件大利所在的生意。但關於運輸的管理，零售價的核准，以及課徵稅款等，都屬於財政部的職權。往往盛幼盦向財部有所呈請，又因為這是幫助日軍聚斂的機構，其聲請也往往破壞了我國舊時的鹽政成規，甚至要求過多的特權，或過分的利潤。佛海照例予以批駁，雖有時也難免夾雜一些意氣。但批駁的結果，日本總軍部又再行文給財部，要求照原呈予以照准，這已成為習見之事，不但使佛海陷於狼狽，也使「財部」的威信掃地，佛海能運用的最大武器，一是把公事拖，二是命「鹽務署」管。財政部畢竟是一個主管機構，也使盛幼盦樣樣不能如意，感到頭痛。這樣明爭暗鬥經過了一段很長的時期，佛海希望我設法與盛幼盦接近，但要不露痕跡，以彼此中國人的立場，勸他有事直接商談，不應一味依仗外力。但我與他既無淵源，且不相識，正在躊躇之際，事有湊巧，不知誰告訴了他我與佛海之間的關係，他要裕華公司一名與我相熟的高級職員，主動地來拉攏我，這樣我正好順水推舟，解決了我的困難。經過幾度與盛幼盦談商，最後取得了兩項協議：

（一）以後「裕華」向財部有事呈請，由盛幼盦和我會同「鹽務署長」阮毓祺先行交換意見，確定辦法，徵得佛海的同意後，再上呈文，財部也迅速予以批准。譬如說：主要是售價問題，裕華

希望每斤上漲一元，而財部只同意三角，折衷是五角，「裕華」仍以增價一元呈請，財部則依然批准為五角，事前既有了默契，彼此就減少了許多無謂的磨擦。

（二）在我國鹽政上，場商、運商與銷商，劃分得很嚴格。「裕華」是銷商，佛海同意在華中地區，除淮北已由日本成立「國策機構」的「華中鹽業公司」專營外，其他淮南、松江、餘姚三場，由盛幼盦另設公司獨家收購銷運。而由盛幼盦與我則各半出資。我部份的資金，則在我所創辦的南京興業銀行中撥款參加。從此，汪政權所統治的地區，經營鹽業，幾乎由盛幼盦一人所包辦。

佛海所以要我投資的原因，固然因為他與盛幼盦之間係由我聯絡，投資也表示和好合作，同時也因我有一家銀行可以運用存款。而所得利潤，則由我負責全部交給佛海，以充他地下工作的經費。

佛海奉重慶軍委會之命，從事地下工作，已為不可否認的事實。但是重慶並不曾供給過他一文的經費，而在他職務範圍內的任何部門，都不可能公然支付表面上敵對的為重慶工作的費用。有人以為佛海擔任了六年汪政權的財政部長，一定搜括了不少，在近人著作中，也時常可以看到周佛海的家裡有金痰盂大金印等窮奢極欲的可笑記載，這實在是一個想當然的說法。佛海到底是讀過一些書的人，又何至像暴發戶那樣的庸俗無聊，雖然淪陷區有的貪污情形，是無可否認的事實，但佛海以部長的地位，既不好意思與部屬坐地分贓，佛海的性格，也近乎名士一派，據我所知，還不至如此其貪墨無恥。但地下工作的經費，並不是一個太小的數目，佛海不能不謀有所挹注，以鹽務的餘利，作他的機密費用，也還是出之於我的獻策。

從盛幼盦與佛海化敵為友以後，佛海雖始終對他認為非我族類，而盛幼盦倒漸漸的對佛海有了關切。正當佛海在京心臟病劇發之時，大約那是三十三年的夏季。一天傍晚，老態龍鍾的盛幼盦由他的兒子與長隨扶著突來看我。他既有很深的煙癖，而且衰老消瘦，已到了弱不禁風的程度，平時很難得出門，他來看我，一定有著很重要的問題。

一進門他就問我：「佛海先生的病勢如何？」我說：「雖已脫離險境，但仍然十分嚴重，熱度也並未減退。」他躊躇了一下說：「這樣倒使我為難了。」說著並不透露他的來意，我一時摸不著頭腦，我說：「假如有關周先生的任何問題，希望能直言相告，我會斟酌情形，再定是否轉告給他。」他才接著說：「你知道佛海先生與辻大佐之間的情形嗎？」我點了一下頭，他繼續說：「我獲得了最可靠的情報，辻大佐已準備趁佛海先生大病之際，要下毒手，至於怎樣下手，是明槍還是暗箭，我還無法探明，但消息是千真萬確的，佛海先生卻不能不防。因為辻大佐心狠手辣，一發也必然是一記殺手鐧，我知而不告，友誼上講不過去，但告訴了他，又恐憂急之下，增加他的病勢，於事反而無益有損，所以我躊躇者在此。」

我知道辻大佐與佛海最近有著很深的裂痕，我雖不認得他，但傳聞中，辻大佐確實是一個可怕的人物。盛幼盦與日本各方面關係的密切，對於這樣的事，他斷不敢無端造謠，況且佛海與重慶之間的聯絡，幾乎已成為半公開的秘密，兩個秘密電台也一夕數驚，遷徙靡定，暗箭固然難防，如明槍交戰，以辻大佐那時在日本派遣軍總司令部的聲勢，也何求不得。我聽完了他的談話，我只有代表佛海向他道謝，等送走之後，我立刻趕搭火車，赴京想亟亟告訴佛海。

翌日清晨，我抵達了佛海鐵道部迎賓館的住所，一上樓，就覺得氣氛很黯淡。屋內寂然無聲，周太太與佛海在日本人中最密切的朋友岡田酉次大佐，於靠窗的一張方桌上默默相對。他們看到我清晨匆匆趕去，已露出了疑訝之色。我一問佛海的病情，周太太說：「熱度未退，飲食不進，神志有時糊塗，並不曾見有什麼起色。」這樣使我說既不是，不說也不好，但是我惶慮的神氣，更引起了他們的注意。經周太太與岡田一再的追問我，我終於將盛幼盦透露給我的消息和盤托出。不過我要求周太太作是否應該告訴佛海的最後決定。

八四、軍國主義者的日軍課長

盛幼盦告訴我的話，起先我避開了岡田，只對周太太說了，而她對於佛海與日人之間的微妙關係，卻並無所知。因為岡田酉次是日本人，而且又是現役軍人，他與佛海既具有深厚的友誼，他更明瞭日本人的一切內幕。因此，這事應不應該告訴佛海，她主張應先研究是不是真會有發生的可能，初步不妨取決於岡田。於是我向岡田又重新複述了一遍消息的來源，他聽完我的話，躊躇了半晌，他說：以周部長與辻大佐間最近的狀態，盛老先生的話是有其可能性的。如其辻大佐發動在前，再謀應付，一步之緩，後果堪虞。所以，他認為還不如由我告訴佛海，讓他自己考慮個對策。在岡田的口氣中，弦外之音，可以聽出問題並不簡單，但是他並沒有透露兩人之間如何磨擦的任何其他秘密。

辻大佐又是怎樣一個人呢？當年的辻大佐，也就是現在日本數度膺選為議員的辻政信，他在議會裡有「大炮」之名，而在戰時，則被稱為「戰爭之神」。他以戰略家自命，好標新立異，喜好高騖遠，其實是一個典型神經質的人。那時他雖然僅是日本駐華總司令部的一個課長，但讀者要知道，日軍的組織，實權就操諸佐級，而以大佐的權力為登峰造極，一旦升為將官，反而但有高位之名，減低了實際的權力。辻大佐在南京課長時代，他是一個徹頭徹尾的軍國主義者，趾高氣揚，目空一切，他曾發起「東亞聯盟」，揭櫫四大綱領，什麼軍事同盟、經濟提攜、文化交流之類，還有一項我已記不起是什麼了。經一個小小日軍課長的發動，而在汪政權中曾經有過一個異常龐大的半官性組織，汪任會長，以周學昌為秘書長，各院部長都為常務理事或理事，幾乎所有汪政權中人無一不參加在內。我還被推為理事兼文化委員會的副主任委員（主任委員是繆斌），最初我還莫名其妙，一次佛海告訴我，這是辻政信搞的鬼，是進一步的侵略組織。因此，除成立那天參加開會外，文化委員會雖有常設機構，我就沒有去過一次。而佛海與他之間的情形，在他告訴我的這幾句話中，已可以清楚一切了。

辻政信另外更發起了一件驚世駭俗的舉動，此事曾為抗戰區或淪陷區所周知的事實，日軍總部忽然特派「寧波專員」陶孝潔往奉化致祭蔣太夫人之墓。而且事前在報上加以普遍宣傳。誰都知道，七年以來，日軍正在與蔣先生所領導的政府作戰，乃日軍忽然以敵軍的地位，而致祭對方統帥的先塋，這事使淪陷區的民眾，也且為之驚疑錯愕，誰也不知這突然的舉動的作用何在，目的何在？當勝利之前不久，辻政信被調往南洋作戰，勝利後避匿泰國僧寺，輾轉至渝，曾受過軍委會的招待，並向蔣先生上過萬言書。以後又遣送返日，寫過《潛行三千里》等著作問世，述其戰後輾轉赴渝的經過，現雖一變而又出任民主制度的民意代表，但其言行照報上所載，仍好為高論，不脫過去戰時的作風。惟其辻政信是一個不可以常理測度的人，因此盛幼盦所得不利於佛海的情報，也可推定會確有其可能。

既然決定把此事告之佛海，周太大就陪同我進入他的臥室。我看到他精神委頓，于思滿頰，幾天不見，已充滿了一副病容。那時一個日本看護正在服侍他服藥。周太大示意要她退出，我就將來意宛轉地說了，佛海想了一想，問我說：「盛老三有沒有講他將怎樣動手？」我告訴他：「盛幼盦只說情報是千真萬確，但他無法進一步探知究竟將怎樣動手。你又在病中，所以希望你對此特別鄭重預作防備。」佛海聽完了我的話，忽然變為歇斯底里式的衝動，右手用力拍了一下床口，迸出了「他敢！」兩個字，面部通紅，加著又氣喘不止。

我看他情緒過分激動，又深悔孟浪，我說：「我想日本人公然對你採取行動，很少可能，而且你也會有力量對付，所以明槍倒是不必怕的。但假如等他發動之後，再謀消弭，事態就顯得嚴重而棘手了。在日軍中你也有著不少可談的朋友，是不是需要由他們來奔走調停緩和一下？假如你認為事情有此可能的話，我認為可慮的還是暗箭，譬如說：現在由日本軍醫為你主治，有日本護士擔任看護，隨時下手，倒是防不勝防。」他點了一下頭，要周太太招呼岡田入內，他們用日語談話，我一句也未曾聽懂。這樣我又說了幾句安慰他的話，就告辭出去。

我留在南京三天，每天總去看他一次，他絕口不曾再與我談到這個問題。但是原來雇用的日本看護已不見了，可見佛海也的確已懷了戒心，作了必要的防備。直至我返滬前再去看他，他才說：「你來講的事並不假，但現在已經成為過去。」我同樣沒有追問他消弭的經過，我說：「日本人什麼都做得出來，你這幾年來的事，也難保有些證據會落在他們的手中，一切還要特別當心。」

我回到上海以後，又去看了盛幼盦，一方面代表佛海向他道謝，同時希望他以後如還有什麼消息，隨時與我聯絡。不料盛幼盦笑著說：「佛海先生確是有幾手，病榻之上，居然能把大事化為無事，你放心吧！暫時不會再有問題了。」到今天為止，我終究不曾知道辻政信如何要對他下毒手，以及佛海是怎樣去消弭的？但是當年日本人所想要殺的，汪政權中，又豈僅佛海一人？在勝利前夕，日軍在太平洋節節潰退，覆亡之禍，已迫眉睫，汪政權中人與重慶暗通款曲的，又豈能一手掩蓋天下耳目？日人遷怒而欲於自中國戰場撤退前，在京滬大肆焚殺以洩憤，上海不時盛傳著這樣的謠言。如非美國的原子彈在長崎廣島爆炸，正恐周佛海輩不待勝利後覊身囹圄，或飲彈刑場，早已喪生於異族之手了。

八五、邵式軍有與日同謀嫌疑

一波方平，一波又起！民國卅四年的夏季，那時已離和平不遠，勝負之局，已經判明，而滬渝間通過秘密無線電台的電訊，往來也益發頻繁，周佛海一面在積極佈置著如何策應國軍的總反攻，一面又須防備日軍的隨時翻臉。終日戰戰兢兢，倒真有如他寫給蔣先生信中所說的有臨深履薄之概。

一天中午，我正在上海寧波路的銀行裡辦公，忽然有一位叫張兆彭的熟人來看我（張前數年在港，現已回至大陸），剛巧我那天事忙，同時我與他又並無深交，僅在一個朋友那裡一同打過幾次麻雀，我知道他在霞飛路開設有一家服裝公司，雖然是一個普通商人，但他與日本人以及中國人中的九流三教，都有來往。那天的突來看我，我還以為或許為了銀行上有什麼借款的事需要接洽，我就派了一個副理代見，但他卻說有緊要事必須面談。

我請他進來以後，他直截了當的對我說：「有人要謀害周市長（那時佛海任上海市長），既然我與你是朋友，不能不趕來告訴你。」我表面上裝得很鎮定，我還笑著說：「不會吧！或許這是外面的謠言。」他說：「不，我有證據。」說著從身邊掏出一張大華銀行的支票（大華銀行為邵式軍所設，地址在上海二馬路，即成舍我、嚴諤聲所辦「立報」的原址），我一看票面所開的數額不算太小，而下面的印鑑是中國人的姓名。他指著告訴我：「這是『統稅局』日本顧問×××（姓名已遺忘）自己的帳戶，而支票也是他親筆所開立，中國的姓名本是偽託的，這張支票就是用以暗殺周市長的獎金。」

接著他又告訴我取得這張支票的經過，他說：「昨晚我在妓院裡應酬，來的一批人，平時都是不大安份的所謂白相人（滬諺、流氓之意）之流，中間有一個人，大家知道他近來手頭很窘，所以上牌桌的時候，誰也不願與他同賭，他悶了一肚子的氣。等坐席以後，幾杯落肚，已有幾分醉意，他借酒罵別人的狗眼看人低，他說他已發了財竟然沒人知道。說著就取出了那張支票，同席的人還譏笑他是以空頭支票來炫耀騙人，逼得他急了，他說這是統稅局日本顧問的支票，要他打死周佛海，這不過是賞金的一部份，等事成之後，還有幾倍於這個數額的酬報，別人聽了都並不曾追究下去。我因為與你的關係，寧可信其有，所以裝著慷慨，當場把自己帶來錢莊的本票，把他換了下來交給你，作為證據。」

我聽完了他的一席話，其實心裡充滿了懷疑，我以為他倒是可能以空頭支票來托辭向我調現。但這事既然關係重大，我不敢放過一絲的機會，因此一面我向他表示謝意，而一面取現款來調換了這張支票。等他走後，我立刻去看佛海，把事實經過詳細告訴了他，佛海當時的態度，同我一樣，認為不甚可信。因為假如有人真要暗殺佛海，事實上很難下手，他的家以及「中央儲備銀行」等處，都是警衛森嚴，出外又坐著槍彈不入的保險汽車，隨身又帶有大批衛士，他最近身持槍的一名副官，且曾為許孝炎執役多年可靠的人。周許為至好，離渝前周帶同東來，平時既足不出戶，也不會與外界有什麼勾結，但是百密一疏，誰也不敢肯定說萬無一失。所以周接到這支票之後，也很慎重表示將先加以周密的調查。

一天以後，佛海告訴我初步已獲得證實，這支票確是「統稅局」日本顧問化名的戶頭，事情也的確有些蹊蹺，佛海說：「不問其事實之有無，現在只有召邵式軍來當面責問他了，並且要他負起完全的責任。」我接著問了一句：「會不會邵式軍與這個日本人同謀的？」佛海說：「這也難說得很。」

邵式軍是日本人最寵信的一人，但以直接隸屬於佛海，晚上也不時到周宅走動，表面上對周頗獻殷勤，但周既不滿於其媚日把持汪政權財政命脈所繫之統稅，有時不很假以辭色，其間貌合神離，為勢所必然。邵與日人通同謀害，在亂糟糟的世界中，以權力上的衝突不惜行使卑鄙手段，也未必定無其事。

以後我只知道周佛海曾經幾度與邵式軍談話，邵當然絕口否認其事，但他不得不承認支票確是他的顧問所開立，而又不能說明支票的用途，與何以落入白相人手中的原因。其中的曖昧，也就可想而知。但事情既然揭破，即使原來定有計劃，自也無法進行。這一件事，終於在無意中發現，而於無結果中消滅。

事後，邵式軍竟然還派了一位蘇課長來問我：「你為什麼要將此事告訴周部長？」我對他的答覆很爽快，我說：「要問『邵局長』有沒有這一件事情；不應該來問我為什麼要告訴周先生這一件事情！」邵式軍的是否與日人同謀，最後派人向我的質問，不但成為蛇足，也足以說明邵式軍的當時必非置身事外。佛海於汪政權的六年中，其類此的遭遇，當然必不止此，而我之所知，則僅此兩事而已。

八六、若數風流人物還看汪朝

汪政權中人遭逢著一個非常的時期；而又處身於一個畸形的組織，重重荊棘，茫茫前途，若干人因苦悶的心理，影響到私生活的糜爛，古往今來，醇酒婦人者，又豈獨此數人為然？是則我又何必為諱？

汪精衛的功罪是非，儘管蓋棺論定，且已屍骨成灰，但是他私生活的嚴肅，不但在近代政權領袖中，很少像他這樣的人；即號稱為革命導師者，怡情聲色，亦恐未必能如汪氏之終身不為物欲所蔽。他不嫖、不賭，甚至不吸煙。糖尿病一直困擾著他，中央黨部遇刺後的一顆子彈，仍然留在體內。在汪政權時代，他已屆六十高齡，儘管健康很成問題，而他還是那樣俊朗，那樣瀟灑，除了閱讀文件時架上一副老花眼鏡，微微顯出一絲暮境以外，翩翩丰度，何嘗稍減當年？現離汪氏之逝世，已倏忽十餘年，最近看到胡蘭成所著的一本《今世今生》書中，寫著在日與那時的日本大使館一等書記官清水董三談話（清水精華語，那時的日本重要人物與汪氏會見，都由他擔任翻譯。胡蘭成曾任汪政權宣傳部次長、中華日報總主筆等職）。清水說：「我對汪先生幾次與日方的重要會見，我均在場，我在旁看看，這邊是戰勝國，坐著我們的大臣、大將與司令官，對方是戰敗國，坐著汪先生。但是比起來，只是汪先生是大人物，我們的大臣大將司令官都顯得渺小了。惟有近衛公與汪先生坐在一起還相配。汪先生的手度氣概，如河山不驚，當時我嘴裡不說，心裡實在佩服。」

但汪氏以一個極端容易衝動的人，當他還留在重慶時期，他以國民黨副總裁暨前任行政院長的地位，他深知國軍的實力，以及整個戰場的形勢。又加英首相邱吉爾又表演了一項傑作——封鎖國際唯一通道緬滇公路，使抗戰陷於最黯淡的低潮，剛剛高宗武帶回來的近衛三原則給了他一個美夢。本來在重慶尊而不親的地位也使他感到一切總不如意，於是使他例外地不再採納一向倚若左右手的顧孟餘與陳公博的話，而為陶希聖、梅思平、高宗武的攛掇所惑，離渝赴越，發表和平主張。初擬啟程赴法，自甘投閒置散，而又以河內行刺案件，誤中曾仲鳴而至於慘死，經不起又一次衝動，竟鑄大錯！起了組織政權自當大任之念。

迨其由越赴滬赴日，一旦與日軍閥周旋折衝，方知暴日絕無悔禍之心，且依照偽滿藍圖，欲將中國廣大淪陷區變為「滿洲國」第二，他外痛於日軍之橫蠻，內怵於瘡痍之滿目，舉目河山，噬臍奚及？而抵滬未及半年，攛掇其離渝之主要人物陶希聖高宗武又叛之而去。那時他的心境，是可想而知，而他的處境，其絕望恐尤甚於民國紀元前兩年在刑部獄中時也。我幾次目擊他在會議中由慷慨激昂，漸至淚流被面，掩袖悲泣，至於語不成聲。我時常聽到佛海等告訴我，汪氏怎樣又在會議中拍桌擲椅，及環顧全場，乃無一可做他出氣的對象，不得已只把與他有姻婭之誼的褚民誼申申而詈。那時的汪氏，完全不再有他過去溫文的態度。「身後是非誰管得？」即汪氏在這六年之中，生前所受精神上的刺激，已有難言之痛，終於使他在淒苦中病逝異國，賚恨千秋。

汪氏夫婦之間，患難相從，自不同於尋常的伉儷，以他的溫文，雖偶陳璧君的躁急，而兩人之間，終其生能鴻案相莊，絕少詬誶。汪氏的一生不二色，也幾為一般人所公認的事實，當時有一段微細的事實，大足以反映出汪氏當時的內心。

在汪政權時期，汪在南京的寓邸，為頤和路二十三號，本是戰前褚民誼的私宅。汪政權成立，由日人交還，稍加修葺，移入居住，一切還是因陋就簡。汪氏平日小規模的宴客，就在寓邸舉行，而率以簡單的西餐為主。至日常用膳，通常午飯分兩桌，汪氏夫婦與兒女兒媳及褚民誼、陳春圃、林柏生夫婦、陳國強、陳國祺兄弟為一桌，汪氏上座，右手是汪夫人，長媳則傍著汪夫人坐。另一桌則是侍從高級人員。菜是六餚一湯，十分簡單。開好飯，才請汪氏下來，他一到，別人倒不是畏懼，但態度自然會端肅。汪氏胃口極好，且食且談，總是風生滿座。夜飯比較熱鬧，有時曾醒方君璧或褚民誼太太也來，就改為大圓桌。曾褚方三家都是親戚，曾醒是黃花崗殉國烈士方聲洞的夫人，曾仲鳴之姊，大家都尊稱她曾三姑。連中山先生在世時，對她也很敬重。

汪氏的私邸裡並沒有什麼陳設，正如尋常百姓家一樣，但簡潔明淨，另有一種氣象。汪氏會客在樓下，樓上一間小室，是他的書房，夜間批閱公事，常到深更不倦，寫字做詩也在那裡。簡單得像是一個寒士之家，竟沒有一絲富貴氣息。一次汪夫人因為汪氏常以西餐饗客，向上海惠羅公司購買了一套其實並不名貴的西餐碗碟，攜返京寓，出示汪氏，方在相互觀賞，汪氏忽而問起價格，一聽到為值不菲，突然盛怒而起，一堆桌把全部碗碟打個粉碎。口中猶是喃喃地說：「我們還忍心在這時竟如此的浪費！」迨看到陳璧君呆立一旁，又不禁無言淒然相對。

以後太平洋戰事既起，汪氏更清楚地認識到對於國事前途判斷的錯誤，也知道本身未來的命運如何，曾經有一次，他向他的長公子孟晉說：「若中國還能有救，只有希望我是身敗名裂，而我們的家是家破人亡。你必須有這樣的準備，也必須有迎接這未來命運的勇氣。」孟晉自然不知汪氏的真意所在，呆呆地望著他，他又繼續說：「如其我不幸成功了，試問抗戰失敗後的國家將成何等情形？」由此數語，足見汪氏的到淪陷區來，意氣之中，真有跳火坑的抱負。但他並沒有像別人那樣地醇酒婦人，而最多只以詩酒自遣。我曾經幾度應邀在他私邸中同飯，汪夫人雖常避席，而汪氏勸飲頻頻，三杯落肚，又復談笑娓娓，汪氏尚未盡興，而陳璧君已姍姍而來，瞪著眼高喚一聲「四哥！」汪氏已知其意，吐一下舌頭，躊躇停杯。來客想到他的健康，滿座亦同有黯然之概。

汪氏酒懷難暢，只有寄情吟詠，一生所著《雙照樓詩詞稿》、《小休集》上下兩卷，又《掃葉集》一卷，單行本有民國十九年曾仲鳴在香港刊印的仿宋排印本，編至民十八為止。《小休集》《掃葉集》合刊本，有（一）民國二十九年日人北平印本，前有日譯本，汪氏手書序文及照相。（二）民國二十年中央日報社排印本。（三）民國卅一年木刻本。（四）最近香港出版之仿宋排印本，亦惟此為足本。全集得題三百〇五，所為詩詞四百餘首。《小休集》起自刑部獄中，《掃葉集》凡詩詞一百五十四題，開首頤和園等八題，為民十九擴大會議在北平及赴太原過雁門之作。「題秋庭晨課圖」為民廿一任行政院長時代所作。「重九集掃葉樓分韻得有字」為二十二年作，南京詩人曾刻有癸酉九日《掃葉樓詩集》一冊，汪氏此詩在焉。「七月八日晚泊木洞明日可抵巴縣矣」一題，為抗戰入川時作。由十九年至入川為止，凡詩八十四題。「舟夜」以後詩五十題，為由河內赴上海及在南京政權時代所作。憶舊遊「落葉」一題為在河內時所作，「金縷曲」至「朝中措」十二題，為汪政權時作。集中成於此時者，凡六十三題。其自序《掃葉集》云：「小休集後，續有所作，稍加編次，復成一帙，中有重九登掃葉樓一首，頗道出數年來況味，因以掃葉名此集云」云云。言為心聲，汪氏自以掃葉為喻，而道出頻年況味，摘錄二首，以見一斑。念其「國殤為鬼無新舊，世運因人有轉旋」句，今日讀之，仍不無令人有辛酸之感也。

重九集掃葉樓分韻得有字

驚風飄落葉，散作沙石走。擁篲非不勤，積地倏已厚。仰觀高林杪，柯條漸堅瘦。危巢失所蔽，岌岌不可久。宿鳥暮歸來，棲託已非舊。踟躕集空枝，婉孌終相守。此時登樓者，嘆息各搔首。西風日淒厲，殆欲摧萬有。何以謝歲寒？臨難義不苟。蒲柳奮登先，松柏恥凋後。敢辭晚節苦，直恐初心負。高人緬半千，佳節邁重九。還當掃落葉，共煮一尊酒。

方君璧妹以畫羊直幅見貽題句其上

兀兀高岡，茫茫曠野，青草半枯，紅日將下。陟砠而瘏，哀吟和寡，臨崖卻顧，是何為者？君不見風蕭蕭兮木葉橫飛，家家砧杵兮念無衣！羊之有毛兮亦如蠶之有絲。翦之伐之，其何所辭！恐皮骨之所餘，曾不足以療一朝之饑也噫！

以汪氏的絕世風流，清才如許，不為詩人、為詞客，既身不逢辰，又浮沉政海，未能「不負少年頭」，而終至「殘軀付劫灰」，半生革命，賚恨以終，汪氏不暇自哀，後死者不能不深惜之也。

八七、六年中的一篇風流總賬

除了汪氏以外，汪政權中其他諸人，十九縱情聲色。他們一經由港分批來滬，雖那時重慶的特工人員倚租界為掩護，正在積極展開活動，暗殺之事，日有所聞，而他們仍然偷偷摸摸，以突擊姿態，往來花街柳巷，謀取片刻歡娛。上層諸人，有暴發的潘三省在滬西開納路十號，佈置著兩幢華美房屋，精治飲食，麻雀、鴉片，固無一不備，而交際花、影星、女伶、舞女，以及長三堂子中的名妓，都雜沓其間，只以能不吝纏頭，隨時就可在那裡作為雲雨巫山之所。中下層的人，則寧波路鏞壽里，新聞路祥康里，馬立斯新村，福煦路鄰聖坊等處的高等屠門，無一不有他們的蹤跡。

初時，全部較重要的人物，分住在兩處，一為愚園路一一三六弄王伯群宅，以及在弄內又佔據了整條的弄堂。另一處為極司斐爾七十六號，即陳調元在滬的別墅，並將接連的華村房屋，將原有房客逐出，供汪政權中人分宅聚居，集中保護。和平運動方在開始，汪政權且尚未建立，只先成立了中央黨部秘書廳，組織部、社會部、宣傳部，如此簡單的組織，內部就已經先後鬧出了無數的風流勾當。

梅思平本來就是一個風流自賞的人物，一開始他擔任著組織部長，以朝夕相見之故，忽然與部內的日文女秘書楊小姐（以後嫁給周隆庠）有了曖昧，不過春風幾度，楊小姐竟以誘姦為辭，告起御狀來了。一封信寫給汪氏，謂如其不獲適當解決，將公開向社會申訴。汪氏接信以後，甚為震怒，交給周佛海辦理，結果佛海在公款中給了楊小姐四萬元，始寢其事。那時幣制尚未貶值，四萬元為數不能算小。那時上海有一家專營出差汽車的祥生公司，電話號碼為四〇〇〇〇，於是汪政權中人，竟呼思平為祥生公司而不名。

同時某部的某一副部長，也向某一女職員追求，女職員不堪其擾，寫信給他的太太，某太太又去向佛海訴苦，事情一鬧穿，才止了某副部長的繼續下手，畫虎不成反類犬，韻事又鬧得滿城風雨。至於佛海本身，去滬未久，已與一長三堂子中人名叫大媛的私營金屋，事為周太太所聞，追蹤而往，把金屋搗個稀爛，在金屋查出了佛海的信，發現牽韁的是潘三省，而幫閒接線的是某副部長，周太太把他們叫來痛罵之後，竟以茶具迎頭相擲，經兩人保證負責解決，始狼狽而去。

以後公博又與影星李××，佛海與影星周××的事，成為公開之秘密。其他如丁默邨之與鄭蘋如，且險至因而送命（事詳前記）。教育部長趙正午被傳有新臺之詠，考試院長江亢虎，則與院內女職員有頗多相當穢褻的傳說。褚民誼雖前以在行政院秘書長任內，為女游泳員楊秀瓊親駕馬車，為人詬病，但生平似尚少其他豔跡。而在勝利之前，忽與某政要的「敝眷」也有其一手。餘如陳群之姬妾成群，李××的妻子與西醫儲麟蓀，錢大櫆的妻子與西醫蘇記之，以及吳××的妻子與李××的好事頻傳，無非一團煙霧瘴氣。

羅君強原任行政院秘書，國府撤退至漢口，與交際花孔慧明熱戀，事為當局所聞，以行為不檢，生活浪漫，下令撤職查辦，經陳布雷的緩頰，始得免於追究。他追隨周佛海最久，周隨汪來滬，君強也挾孔慧明俱至，置其原為族姑的第三任妻子於不顧，但是僅僅三五年的時間，以兩人間性生活的不調和，從勃谿而毆打，終至脫輻。在他「安徽省長」任內，又與為他打荷爾蒙針的王小姐結婚了。

上面的種種，我只能說是道聽塗說。除了君強夫婦間反目時，我常被邀去作調人外，其他各人，既然事出曖昧，也只好說姑妄言之。但是當年石頭城畔，笙歌盈耳，秦淮風月，又復盛極一時，許多人都懷著醉生夢死的心理，以求眼前一時的歡樂，則是無可諱言的事實。汪政權短短六年，一切都像南明時代的氣象，歌舞昇平，風流名士，其中不少像阮大鋮、馬士英一流的人物，而結果也與南明的君臣，同其悲慘的命運。

那時鬧得最凶，而又為我身親其事的一幕，則為周佛海與女伶筱玲紅間的一段經過。在追敘這一段孽緣之前，對於佛海，想先介紹出他一個簡單的輪廓。佛海不事修飾，外表僅像一個中小學教員，但是曾見有人寫汪政權的往事而說他面有痲瘢，則是一大笑話。他字寫得極劣，但文思敏捷，下筆千言，所著《三民主義理論的體系》，國民黨中迄無人能寫出比他更完備更有系統更有發明的黨義著作。他為蔣先生司筆札，自民十六清黨以後起，至民二十八年離渝時止，前後十二年。最後他在渝任宣傳部長時，還兼著侍從室的重要職務。

為蔣先生起草重要文稿的，先後有葉楚傖、邵力子、陳布雷、羅家倫、以至現在的陶希聖等多人，而有關理論的文字，還應推佛海最為出色。十二年中蔣氏能對他倚畀如是之深，不為無故。但佛海一生，以窮書生而躋身青雲，不賭、不吸香菸，本人亦不專事聚歛，是其難得處。

在汪政權時代，諸事集於一身，而小至友朋間的私人函件，亦從不假手於記室，儘管他私生活荒唐，而早眠早起，很有規律，已成習慣。曹聚仁以史學家自居，而為《周佛海日記》所作引言，特別指出關於他的就寢的時間是不可靠的說法，他的推斷力真是驚人！他雖然是這樣寫的：「有人說：這本日記，關於他自己就寢的時間是不可靠的，因為周佛海的私生活十分糜爛，他不會讓他的妻子找到漏洞的。」什麼事都瞞得了妻子，就寢時間也瞞得了嗎？我很欽佩於「史學家」下筆時一種主觀的武斷態度。但佛海一生的最大毛病，是酒色，縱酒使他成為致命的心臟病的根源，而嗜色以前既為蔣先生所不喜，已經頗影響了他的政治生命。

我與佛海交往，前後二十餘年。首次見面，在民國十八年蔣先生北上赴平與張學良東北易幟後面加慰勉的蔣氏津浦路專車上。當時他任總司令部政治訓練處處長，我還不認識他，蔣氏為我與他介紹以後，一路就很談得來。一到北平，我們同住在北京飯店，總部把飯店的三樓全包了，除了蔣先生夫婦而外，其餘為隨從人員居住。蔣氏那一次到北平，比較忙碌，除對張學良慰勉他東北易幟而外，還需要商量東北的善後問題。同時蔣氏與馮玉祥雖有金蘭之義，那時雙方卻已積不相容，為了馮的出洋問題，所以閻錫山也特地由晉赴平，斡旋其事。蔣氏那次的隨員中有吳稚暉、孔祥熙、趙戴文、熊式輝、邵力子、陳布雷與周佛海等人。隨節的記者兩人，則為王公弢與我（公弢時為中央日報採訪主任：後辦朝報，前數年死於昆明），我是時任京報採訪主任（京報實際為蔣氏所辦，以陳立夫為社長，吳醒亞、賴璉先後任總主筆，地址在南京估衣廊，後以與中央日報發生磨擦，蔣氏以難作左右袒，下令停辦）。

蔣氏在平前後停留十日，而每天分別與張漢卿、閻百川商談，大部份的時間除孔祥熙而外，不需別人參加。於是佛海、布雷、力子、公弢與我，再加上一個孫鶴皋（時任津浦路局長，與蔣氏為奉化小同鄉，北伐前在證券物品交易所與陳果夫同任經紀人，與蔣氏且有極深的淵源），無日不由佛海發起，大逛胡同，每天在紅弟的妝閣中牌酒連宵。

記得蔣氏突然決定啟程南返之夕，而我們這一群，卻還在「清吟小班」中豪興方濃，佛海的勤務兵進來報告說路上戒嚴了，布雷有他的一份機智，說：「不要老總動身了吧？」一忙用電話向北京飯店一問，果然蔣氏已赴車站，我們倉皇趕到飯店中，搶了行裝，急急到前門外總站時，蔣氏方與閻錫山、張學良在月台上殷勤話別。蔣氏看見我們趕到，瞪了一眼，也沒有說什麼話。但是專車一到徐州，我們又乘蔣氏往九里山閱兵，在寶興麵粉廠裡，打電話給當地的警察局長，在全市戒嚴中，送來了一批娼妓，胡天胡帝以娛貴賓了。人之好色，誰不如我？在任何政治舞台的幕後，都不免夾雜著許多桃色事件。如汪氏之能不以環境而更易，舉世能有幾人？

佛海的好色，我與他見面之初，已深知之，積習難改，而又處身於荊天棘地之中，以求一時之麻醉，其實並不足怪。所可怪者，以他的到處留情，而獨對筱玲紅的纏綿恩愛，百折不回，當時則醋海興波，結果為生離死別。這一段孽緣，雖無關政治，似還有一記之價值。

八八、從中共元勛到汪朝股肱

周佛海的一生，就充滿著傳奇性的故事，他的政治生活，以中共的元勛始，而以汪政權的股肱終。以我與他私交之深，在寫他與筱玲紅的一段孽緣之前，願先概序其生平，聊示黃壚之痛。他生於民國紀元前十五年，死於民國三十六年，即二次大戰和平後之兩年，死時為五十一歲。

他是湖南沅陵人，家還在離城二十餘里沅水南岸的鄉間，父親在洪楊時曾佐幕湘軍，由軍功出身，不幸早世。遺有佛海及弟妹各一。家只薄田百餘畝，賴其母鞠育至於成長。佛海初在鄉村中一家私塾裡讀書，民國元年，進入縣立高等小學，因國文好，以第一名錄取。但入學的第二年，因與同學打架，自動退學，又改入兌澤中學，後又轉學到縣立中學。那時他只想中學畢業以後，以限於家境，唯一的希望是進長沙的省立高等師範；否則能謀到一個縣政府書記，或者當一名小學職員，終其一生，也就心滿意足了。在縣中讀書的時候，且曾經想輟讀到上海商務印書館去做一名學徒；但雖曾輾轉托人，且終未能如願。

民國六年，是他一生的轉捩點。那年初夏，佛海得到縣中校長呂鶴立的器重，更由同學好友郞詩齋等的發起，一共湊了一百三四十元，資送他赴日本留學。那時他還不過一個二十歲的青年，離鄉遠行之日，曾口占了一首「朝發蘆林潭」的別母詩云：

溟濛江霧暗，寥落曙星稀。世亂民多散，年荒鬼亦饑。
心傷慈母線，淚染舊征衣。回首風塵裡，中原血正飛。

從此，他與兩個同學，由長沙坐船到上海，經長崎、門司而到東京，開始學習日語與補習其他功課。一度因反對段祺瑞與日本簽訂軍事協定，返國至奉天安東的厘金局一個同鄉那裡，想去做事。無如那裡範圍狹小，無從安插，他在進退維谷之中，幾次曾想跳海自盡。僅僅停留了兩星期，向那位同鄉借得了二十元又重到東京。天無絕人之路，居然給他考取了有官費而且最難考的第一高等學校。與他同時考取的，有做過郵政總局局長的郭心崧，以及任過中央日報社長交通部次長，後來在一九四九年由滬至港，因飛機失事而殞命也是汪系人物的彭學沛。佛海在第一高等學校畢業以後，又升學到西京帝國大學經濟系，直至學成回國。

當佛海在西京帝大時，受了當時左傾的名教授河上肇博士的影響，加入了共產黨，且成為中共海外日本支部的負責人。民十，回到上海，出席中共的第一次代表大會，出席的一共只十個人，初在法租界漁陽里開會，以法捕房聞訊掩捕，十人越窗而逃，改赴嘉興的南湖，在船上繼續秘密舉行，陳獨秀被舉為委員長，而以佛海為副。所以佛海是中共最早的十個元勛之一。

他於民國十三年歸國，那時正值國民黨第一次全國代表大會之後，國共開始合作，中山先生方任大本營大元帥，佛海由日本京都遄往廣州，擔任廣東大學的教授與黃埔軍校教官。當民十五年七月，國民黨出師北伐，佛海隨節遠征。同年雙十節進入武昌，他奉命為行營秘書，襄助行營主任鄧演達。民十六秋，他又做了中央軍事政治學校秘書長兼政治部主任，校長是蔣先生，鄧演達代理校長，張治中為教育長。那時國共的磨擦已到了白熱化的程度。佛海於民十三冬雖已在廣州脫離共籍，中共對他當然是對立，而國民黨右派，依然認他是共黨份子，左支右絀，使他的處境十分狼狽。

清黨前夕，中共在武漢已積極擴張勢力，鄧演達派了惲代英做總政治教官，實際上就是執行政治部主任的職務。武漢的形勢日非，張治中已被迫辭去學兵團長及政治分校教育長，佛海與張治中密商決定離漢南下。至民十六四月，蔣先生領導的國民政府在南京成立。四月下旬，他本來約好陶希聖一起走的，陶起初推說沒有便服，佛海設法借給了他一套，而結果陶卻留而未去，而且更做了由學生軍改編而成的獨立師的軍法處長，頗有殺戮。以後陶又隨著這個隊伍去至南昌，直等賀龍、葉挺在南昌暴動以後，陶希聖才算真正的離開了共黨。佛海則靠了他的岳父楊卓茂與太古洋行黃浦輪的買辦熟識，化裝於清晨上船，住在買辦房中，得脫虎口。

船抵上海，不料已被南京當局所知，總政治訓練部副主任陳銘樞（主任是吳稚暉，他向不管事），逕電上海清黨委員會的陳群，等佛海一上岸，由公共租界的楊樹浦捕房把他拘捕了。關在楊樹浦捕房中四天，由佛海的夫人楊淑慧找到了那時做上海特派交涉員的郭泰祺及王世杰諸人，用電話告訴了吳稚暉，由他通知了特務處處長楊虎，才由捕房送往第一特區法院過堂後引渡至豐林橋的特務處。這樣又關了兩星期，再押解到南京戶部街的總政治部，由陳銘樞交給戴季陶，這樣才算正式開釋了。

在這段時期，上海正在大開殺戒，一兩個人的生死，真算不了什麼，更何況佛海當年在中共中的地位，那時他的生命，真是懸於一呼吸間耳。

蔣先生在佛海押解到南京時，赴徐州督戰去了，回京以後，就派他做中央陸軍軍官學校的總教官，《三民主義理論的體系》一書，就是那時作為教材時所著。

至十六年八月，蔣先生下野，戴季陶出任廣州中山大學校長，佛海也被邀去當教授，他看到南昌暴動以後廣州的形勢不對，又回到了上海。蔣先生指定了戴季陶、邵力子、陳果夫、陳布雷等辦「新生命月刊」，而由佛海負其全責。蔣先生由日返國，於十七年一月復任國民革命軍總司令職，他又被派為中央陸軍軍官學校政治部主任，並為蔣先生代擬重要文稿。至民國十八年，又做了訓練總監部政治訓練處處長兼總司令部政治部主任。

民國二十年國民黨第四次全國代表大會，全部舊中委連任，佛海於增加中委名額中以得票最多，當選為第一名中央執行委員，當時朋友們曾戲呼之為「狀元中委」。二十年蔣先生二次下野，事前發表了幾個省政府主席，顧祝同出主江蘇。顧以軍人而主省政，要求蔣先生准佛海去幫他的忙，因此發表了他為江蘇教育廳廳長，以後又兼任了中央民眾訓練部部長。直至抗戰軍興，國軍後撤，至民國二十七年政府西遷漢口後，訓練部長一職，佛海讓給了陳公博，他做了中央宣傳部代理部長（部長為顧孟餘，始終並未蒞任），以迄政府遷渝，至二十七年底隨汪離渝參加汪政權為止。

佛海從民十六起，十年之間，在蔣氏左右，可謂紅極一時，除了上述職務以外，世所熟稱的CC（原為中央俱樂部Central Club之縮寫，以後又誤為陳果夫、立夫昆仲英文姓氏第一字之縮寫），他是十個最高幹部之一。所謂藍衣社的黃埔軍校組織，因為他曾任黃埔教官，他又為最高幹部之一。此外他並兼任了軍事委員會委員長侍從室的組長，追隨蔣氏，跬步不離。蔣氏遇有重要函電文告，也無不一以委之佛海。

佛海與汪氏，本來一無淵源，兩人的發生關係，是當汪氏聞到了西安事變，宣稱跳火坑而由法國兼程回國。於廿六年一月返抵香港時，佛海與邵力子奉蔣氏之命，赴香港歡迎，一見相談甚得。以後佛海的隨汪出走，除經過情形，已詳本書前記外，無不種因於此奉命赴港之一行。

佛海自認為一個率直而缺乏修養的人，以我的感覺，他於率直中寓有誠摯，充分表露出湖南人的性格。與他談話，使人有親切之感，因為他有天才，所以讀書不肯用死功夫，戴季陶曾經寫過一副對聯給他，聯語是：「困學乃足成仁；率直未必盡善。」倒是針對他的毛病而言。他又自認為有將將之才，用人不猜疑、不牽制，這兩點他真能做到。我於汪政權時隨他六年，凡是他所交給我的事，從不懷疑，從不問訊。我做錯了，對外他還為我負責。他與熊式輝有金蘭之誼，一天與他談到用人問題，佛海說是「用人不疑，疑人不用」，而熊天翼則主張「用人必疑，疑人必用」。熊說：否則一定會弄到太阿倒持，尾大不掉。而佛海以為要用人不疑，先決條件必須是「知人善任」，而佛海對善任一點確有他的特長。有一天，我也與他談到這個問題，我說：你主張「疑人不用，用人不疑」，你真是做到了，但你對好人固然不疑，恐怕對少數壞人也復如此吧！他雖笑著點頭，而大有未必盡然之意。

佛海的長處是不用手腕，頭腦清楚，辦事有魄力、肯負責。而他的短處是容易衝動，而又太重情面，攬政治而仍不脫書生率真的本色。在汪政權六年中，我與他見面的時候很多，我比較瞭解他內心的徬徨與痛苦，這裡我可以引用他在那時所寫「盛衰閱盡話滄桑」一文中的結論，以說明他當時的心境，原文是這樣的：

「我們現在所處的環境，正是周公恐懼流言，王莽謙恭下士的時候，是非未定，功罪難分。如果半途而廢，雖存周公之心，終成王莽之果，上何以對祖先？下何以對子孫！後世的批評，我們可以不去管，流芳百世也好；遺臭萬年也好，無聲無臭，與草木同朽更好。『身後是非誰管得？滿村爭唱蔡中郎。』但是個人的是非固然不必計較，國家的利害，卻不能不加考慮。自古孤臣孽子的用心，不在求諒於當時及後世，乃在使個人的苦心、努力和犧牲，實際有益於君父。所以現在距我們企求的目的，雖然道路崎嶇，關山險阻，但是救傾扶危的目的一日不達到，就是我們的責任一日未解除。一息尚存，此志不容稍懈，那裡因為人事滄桑之感，而改變鞠躬盡瘁死而後已的決心呢？」

這一段話說得很沉痛、很洩氣，粗看不過像在為自己掩飾，甚至說出了流芳遺臭之言，但假如知道當時周佛海背了個「漢奸」之名，暗中冒萬難萬險為重慶效力，眼前是重重障礙，未來是禍福難知。他自稱為孤臣孽子，已顯明地透露出他的輸誠中樞。其中最突出的一句，佛海不說：「個人的苦心努力和犧牲，求實際有益於國族」，在民國時代，而他偏偏採用了「君父」字樣，這兩個字相信自然是指蔣先生而言，所以下面更有「關山險阻」、「鞠躬盡瘁」之語。和平以後，政府勵行「肅奸」，主要人物，北自王揖唐、殷汝耕；南至陳公博、梁鴻志，都難逃一死，而獨於周佛海經法院判處死刑以後，仍以國民政府主席明令特赦，減處無期徒刑，此或即以其「君父」之思，蔣氏始曲為垂諒之乎？

八九、那五百年前的風流孽債

寫過了佛海一段沉悶的履歷，再來談談他一生荒唐的豔跡吧！當佛海猶在沅陵中學讀書的時代，他的太夫人以望孫心切，已急為之完婚。在他赴日留學以前，已先後生有一子一女（抗戰時但知其長子在國軍中任職，與佛海間音訊久已隔斷。長女亦已出閣，本留在湖南原籍，和平之前，佛海設法接之來滬居住，至其髮妻的生死，我與他前後相交二十年中，在佛海口中從未有一字提及）。

民國十年，佛海由日赴滬，出席中共的全國第一次代表大會，而就在他留滬短短的時期中，與他現在的妻子楊淑慧遇見了。她與佛海是湖南同鄉，那時還是啟明女校的學生，她父親楊卓茂是留美前輩，而且家境很好。佛海既是靠公費求學的一個窮學生，而且原籍還有著妻室。他們兩人之間的戀愛，不久給她的家長所發覺，就防範著他們不許來往。不料那位楊淑慧女士，卻一往情深，決心嫁給佛海，逼得楊老先生只好把他的掌上明珠鎖閉樓上。而她也真有勇氣，乘家人不備，跳樓與佛海雙雙東渡，荊釵裙布，井臼親操，在日本時期，過著極度清苦的生活。從此直至勝利為止，兩人就再也沒有分開過。所生的長女慧海，於和平後嫁給汪政權的末任「司法行政部長」吳頌皋的兒子。不久仳離，再嫁一廣東人營保險業的陳姓。子幼海，曾於淪陷期間赴日留學，不久又回滬。和平前夕，佛海遣其赴河南張嵐峰處，以便轉渝赴美留學，不料行抵濟南，竟與交際花王三妹結婚。旋日軍投降，返滬後因軍統調查財產關係，一度亦被扣留。至佛海被處死刑後，以一時之憤，赴蘇北共區，加入為共黨，中共南下之前，在滬工作。東南變色，幼海在滬市公安局任組長職務，隸楊帆部下。一九五一年三反五反之後，即不再聞其消息。

佛海夫婦之間，以貧賤相從，感情素洽，但佛海好色成性，積習難除。抗戰以前，他任職總司令部時，每隔數月，一定到滬一次，他與前魯皖主席陳調元是嫖友，所以同去的時候為多。那時上海國際華懋等大飯店猶未開設，一品香與大東旅社兩處，就作為他們來滬時的居停之處。每晚飛箋召妓，見有合意的，立刻去作牌局，一擲千金，妓院中因為知道他們是當代的達官貴人，又復手頭豪闊，往往不敢自高身價，一夕之間，滅燭留髡，立成為入幕之賓。

記得民十九那年，有一次佛海雪暄（陳調元字）等一批人，同往會樂里「真素心」家，剛於佛海酒酣耳熱之際，妓院裡嬲著他寫一副對聯，他居然磨墨伸紙，一揮而就，聯句中嵌了「真素心」三字，彷彿記得是：

「妹妹真如味之素
哥哥就是你的心」

佛海的字寫得奇劣，雖屬遊戲筆墨，其辭也究不雅馴，懸之妓院妝閣，實在不成體統，後來雖通知她們除下，但上海知道此事者已經很多了。

儘管佛海到處留情，也只是逢場作戲，他太太明知其有時背著她偷偷摸摸，但還能故作癡聾。那年好似是民國卅年前後，「七十六號」的吳四寶在愚園路買了所新屋，遷居的那一晚，竟邀名伶堂會演戲，中間有一齣是筱玲紅的打花鼓。筱玲紅是梨園世家，她的姊姊筱香紅也是旦角，另一個姊姊筱月紅是鬚生，曾經在法租界共和台演出。那時筱玲紅還不過十七八歲的年紀，雛鳳新聲，論演技自然算不得什麼，但扮相很甜很豔。

那晚佛海與李士群、邵式軍，坐在第一排正中，我與幾個朋友，剛坐在第二排的佛海之後。筱玲紅的打花鼓上場，道白用揚州音說到「我是刮刮叫的清水貨嘘！」時，摹仿少女羞人答答的情狀，冶媚入骨，我看見佛海停眸張口，神情欲醉。我輕輕拉了一下我旁的朋友道：「看來，佛海又要償付一筆五百年前的風流孽債了。」誰知竟不幸而言中，後來醋海興波，焚琴煮鶴，終且成為汪政權時代有聲有色的一幕無上好戲，而我則居然也串演了這一幕戲中的配角。

打花鼓下場，筱玲紅也已卸了妝。莫要以為吳四寶是殺人不眨眼的魔王，倒虧他能看出了佛海的心意，他往後台伴著筱玲紅過來介紹給佛海，就坐在佛海的旁邊。兩人且笑且談，十分相得。下面的戲記得有周信芳、譚富英、程硯秋的，而佛海一向是歡喜看戲的人，這晚竟不待終場，與筱玲紅就匆匆離座而去。

幾個月過去了，一天午前，趙叔雍由京搭機來滬，他一下機就到處找我，說有要緊事商量，我趕去看他，他拿出了佛海的一張便條，上面只寫了寥寥兩句：「××兄：有家事奉懇，一切托叔雍兄面詳。弟佛海。」一問，才知道佛海把筱玲紅密室藏嬌，竟爾東窗事發，佛海夫婦間已鬧得不可開交，雖經陳公博、梅思平、岑德廣、羅君強等盡力勸解，雙方竟已瀕於決裂。周太太一怒而搭車來滬，說要聘律師與佛海離婚，他與蔣保釐律師的太太是同學，所以來滬要聘保釐經辦此事，佛海認為事既不宜外揚，而且還希望能由我從中設法，俾事態不至惡化。因為那時我又重新執行了律師職務，所以佛海希望我於下午四時，赴北站去接周太太，兜攬這一起案子。如此事能由我辦理，則結果不論離合，至少不至於將內幕傳揚出去。

我與佛海的關係，自然義不容辭。等京來車抵站，我準時趕去。周太太一下車，看到我在那裡，因為我平時不慣迎送，她很認為奇怪，問我是來接誰的，我放意東張西望了一陣，隨便說了一個人，又說我要接的朋友沒有來，她也毫不起疑，就與我一路坐車回去。在車上，她問我知道不知道與佛海為了他外遇的事鬧翻了。我推說一無所聞，她說：「我這次來滬，就是要聘請律師與他離婚。」說到這裡，她忽然呀了一聲，說：「我真是氣昏了，怎麼竟然忘記了你是律師，還想去請教別人。」我當然順水推舟，認為彼此既是朋友，自當效勞。一切果如佛海所料，周太太見到我，一定會託我，而其實她也並不真心要離婚，不過是作出一種姿態，以逼迫佛海的就範而已。我答應了承辦以後，她認真的簽了委託書，並詳細告訴了我一切的經過，首先要我當晚赴京與佛海談判，談判不成即向法院起訴。我什麼也不去和她爭辯，也真的當晚到了南京，想先問明佛海的意思，再定調解的辦法。男人自有對付妻子的一套辦法，佛海對我所說的話，倒是面面俱圓，那是魚與熊掌，兼而有之的妙計呀！

九十、密商中決定了兼有之計

佛海為了筱玲紅的事，以至引起家庭間的嚴重糾紛，等我被正式邀請為這一幕的配角時，已經鬧了很長一段時間。其一切發展經過，事後才得之於佛海夫婦與別人所透露給我的。

佛海本已神醉於筱玲紅台上的表演；又經不起吳四寶的從中牽引，大概經過不久，兩人就有了不尋常的關係。那時，佛海既是一個太為人所注目的人物；上海又是雙方展開政治暗殺的戰場。他們之間的幽期密約，既不能謀之於普通的逆邸，又不便在進出的人太雜的筱玲紅家裡。他們經常作巫山之會的所在，是法租界莫里哀路上海市復興銀行總經理孫曜東的第三妾潘玲九的金屋中。

潘玲九原為上海的長三堂子（高等妓院）出身，花名叫玲華老九。後來又轉入「百樂門」舞廳當舞女，又改名叫潘玲九，長得並不漂亮，但嬌小如法國影星碧姬芭鐸，而風情也正如碧姬芭鐸。因為她做過妓女與舞女，所以懂得怎樣侍候一個貴人；也正為她出身於妓院，因此也不在乎以她的家供作別人的陽台。那裡是一所精緻的小洋房，離中山先生在滬的故居不遠。一生到處留情的佛海，一遇筱玲紅，傾心相愛，竟然為之顛倒得到了瘋狂的程度。

佛海平時一半的時間在南京，處理「財政部」的事務；一半的時間則在上海，處理「中央儲備銀行」的事務，只要他不得不去南京時，雖為日無多，在佛海看來，真已「小別亦銷魂」了。雖然在家裡，他不能不避他太太的耳目，但每天早上一到他的辦公處所，第一件事就是急急地接通長途電話，與在上海的筱玲紅喁喁通話。事實上，一直借別人家裡幽會，究有許多不便，數月之後，佛海也早已將藏嬌的金屋，遷至霞飛路底的林肯公寓去了。

丈夫一有外遇，十九形跡難瞞，終究不免要為妻子所發覺。周太太著實有她的一手，她早已覺察到佛海的行動可疑，買通了佛海左右的人，連他們通電話，她也會取到紀錄；藏嬌的地點，很快也就為她所知道。一次，正當佛海在那裡卿卿我我之時，周太太率領了一批娘子軍，直搗香閨。因為佛海的挺身相護，筱玲紅僅以身免。秘密終於這樣地完全暴露了，雖然佛海又把她遷移到霞飛路可的牛奶棚對面一條幽深的小巷中去，一有機會，仍然雀橋暗渡，而家庭之中，從此鬧得也再無片刻的寧靜。

周太太一定要佛海與筱玲紅斷絕，而佛海則堅持不肯拋棄。每天總為了這個問題彼此爭吵，佛海曾經向她軟求，他曾自己告訴我，為了當年是患難夫妻，他甚至不惜向她下跪，又親筆寫給了她一封長信，用盡了最卑屈的字句，以求取她的諒解。而軟的方法做盡了，卻並不曾打動周太太的心。一次在爭吵中，兩人幾至動武，周太太有一個幼時的同學吳小姐，一直住在周家陪伴著周太太，她上前去勸解時，佛海用力把她推開，一堆就推得她俯跌到地上，把她的一口門牙也跌落了。佛海是輕憐蜜愛鬧得發瘋，而周太太則是醋海興波，氣得發瘋。她把佛海寫給她不足為外人道的信，取出給每個人看，口中喃喃地說：「我跟他時，他是一個窮學生，我吃盡了苦才有今天，我絕不許別一個人分占他。」說著更從手袋中取出一枝四寸象牙金鑲的小手槍，一面做著放射的樣子，一面說：「我要打死他們，然後自殺。」陳公博、梅思平、岑德廣、羅君強等什麼要好的朋友都全力調停過，但沒有一些功效。

周太太也自己去找過筱玲紅，領她到銀行保管箱中去看她珍貴的飾物，又求著筱玲紅不如痛快嫁給佛海，如其這樣，願意把一半的首飾分給她。但是要依她的四個條件：一、必須與她住在一起；二、要她對佛海與她和她的子女，稱呼老爺、太太、少爺、小姐，完全承認是一個侍姬的地位；三、與佛海同宿或外出，須先獲得她的同意；四、不許生男育女。

頭三條已不好接受，最後一條，連筱玲紅自己也不敢保證，事實上，那時她而且已經懷有身孕。周太太一下子是像要成全他們，但一下子又要「七十六號」的行動隊長林之江，拿了手槍去威逼她和佛海離開，她內心矛盾得厲害，行動也乖張得異常。佛海的態度，則堅持不與筱玲紅離開，要合，也決不與周大太同住在一處。問題終於決裂了，周太太一怒離京，於是到上海要請律師辦理離婚手續，我因佛海的授意，兜攬了這一筆生意，也惹盡了無數麻煩。

等我表面上受了周太太的委託，趕往南京與佛海商量時，他很坦白的說：「我與淑慧，貧賤相合，情同糟糠，現在兒女都已長成，我在道義上、情感上，都沒有和她分離的可能。我不諱言一生好玩，也遇到過不少各式各樣的女人，但我從來沒有像對筱玲紅那樣的衷心喜愛過，你是瞭解我目前的處境與心境的，更想到我茫茫的前途，已經沒有一件事可以讓我圖一個眼前的歡樂。而當我無論怎樣煩悶的時候，只要有她在我面前，我什麼痛苦，都立時拋諸腦後了。況且我已屆中年，垂垂將老，花月情懷，這可能是我此生的最後一次了。所以我要叔雍找你，固然免使事情外揚，還得為我想一個兩全之道。況且，她已經有了喜，良心上我更不能拋棄她。」

我問佛海：「你太太知不知道她有喜？」他說：「正因為她已經知道了，才愈吵愈嚴重。」說到這裡，佛海勉強笑了一笑，他繼續說：「有孩子又怎樣呢？不要說我原籍的髮妻早已有了子女。這幾年我幾次去日本，朋友為我介紹了一個日本女人，只說我是出征的日本軍人，她也完全相信，現在已經生了個男孩子，而且面貌生得和我一模一樣，我太太那裡知道？她又那裡管得到那麼多呢？」

說句老實話，男人一定同情男人；朋友也一定幫忙朋友的。我聽了他的自我供狀，答應了為他盡力奔走，以解決這一件難題。我們開始商量善後，我提出了一個方案，表面上要佛海與筱玲紅離開，並且要忍受幾個月的痛苦，絕跡不與她見面。等他太太完全相信了，以後再陳倉暗渡，也要加倍小心。否則僵持下去，女人一任性，會弄到不堪收拾的地步。佛海同意了我的建議，要我全權去辦理，他先於暗中通知筱玲紅，要完全聽從我的意見，並且還要我先去看她一次，告訴她我所扮演的是怎樣的一個角色，免得她驚疑不敢合作。

我當天匆匆地又回到上海，告訴周太太已把佛海說服，他願意放棄她。周太大自然出乎意外的高興，她真以為我如生公說法，能使頑石點頭。我接著說：「不過周先生為了減輕良心上的負擔，要多給她一些費用。」周太太興奮地說：「錢無所謂，不論多寡，你隨便代我作主。但是我絕不能承認她肚子裡的孩子，是佛海的骨血。」初步，就這樣的決定了。

九一、醋海興波請嘗木樨滋味

我依照佛海所告訴我的秘密地址，去看筱玲紅。她那時似乎還不到二十歲的年紀，稚嫩、白皙、豐腴，但很嬌媚，不算怎樣漂亮，但絕無一般女伶的妖氣。她招待我坐下，由她的母親陪伴著。雖然我道達了去意，也告訴了她佛海對她堅決不會拋棄的態度，以及暫時不能會面的苦衷。也許我表面上還是周太太的代理律師，她對我仍然懷有戒心。我看到她談話時還在簌簌發抖，也使我對她發生了無限同情。我說：「反正這是一齣假戲，但要做得像真戲一樣。」我要她提出作為脫離條件的撫養費，她們數目不妨開得大一些，否則反會使周太太懷疑。她與她的母親商量了一陣之後，結果還是說不知道應當怎樣開價。於是索性由我代定了一個不太小的數目，她們也無可無不可的同意了。

我又去到了周太太那裡，告訴她與筱玲紅接洽的經過，以及由我代定的撫養費數目，她不加考慮地答應了。她催著我趕快辦理手續，而她又定出了多項原則：一、脫離據由筱玲紅單獨簽字；二、承認目前所懷身孕，與佛海無關；三、證人除我以律師身分簽字外，必須有他的胞弟楊惺華與孫曜東。她說：「皮條是孫曜東拉的。我要他簽字後負責佛海與筱玲紅於脫離後不再來往。」最後我也徵得了佛海的同意，一齣假戲，總算很順利地排練完成。

在約定簽字的上一日，周太太把整備好了的撫養費用的票據全數交給了我，並且要我把擬好的脫離據給她看，我還約略記得原據是這樣的：

立脫離據人×××（藝名筱玲紅），立據人前與周佛海先生發生同居關係，破壞他人家庭，深知不合。茲自願永遠與周佛海先生脫離關係，已承一次給予撫養費中儲券××元正，經當場一次收足，以後不再以任何理由有任何要求，至立據人現雖懷有身孕，但與周佛海先生完全無涉，合併聲明。特立此脫離據存證。

中華民國卅三年六月×日　立據人××

周太太看了認為滿意，又問了我簽字的地點與時間，我也告訴了她就在霞飛路筱玲紅的寓所，時間為下午三點。她說：楊惺華由她去通知屆時到場，孫曜東則由我通知。當時我還深恐她臨時再發生其他枝節，所以我要她明天決不要再到場，由我來負責為她辦妥一切，她也完全答應了我。

我與孫曜東既無往來，也不熟悉，但我終於相信了周太太的話，打了電話給曜東，告訴他佛海與筱玲紅立據脫離，周太太指定要他以證人地位簽字。起初他驚異地問我；為什麼要他簽字？我不便說周太太認定是他拉的皮條，而又苦於不便明說。我告訴他：他如不到場，事情既不能了，更恐另有麻煩。他再問我周太太是否也去，我說我已經阻止了她，因此曜東才答應了屆時一定到場。

第二天下午，我約齊了惺華、曜東到了筱玲紅家裡。她與她的母親一起出來，我取出了寫好的脫離據，交付了所謂撫養費用，她看也不看，在她名字下打了個手印（打手印也是周太太事前所堅持的）。惺華、曜東與我也先後在筆據上簽了字，三分鐘就完成了手續。我們正待離開，周太太突然走了進來，後面跟著有十多名的彪形大漢，都是面生的人，連我也從前所一個沒有見過的。更回首向門外一望，那樣一條又深又長的弄，每隔三五步就有一人，好像竟是佈崗模樣，我已覺得情形有些不對。周太太問我手續有沒有辦好，我點了一下頭，她把脫離據取來看了一下，就摺好藏向她的手袋中去。她怒氣沖沖再走到曜東的前面，手指著他，只說了五個字：「孫曜東，你好！」就一掌向他的面頰打去，站在前面的一個彪形大漢，一看到周太太動手，也搶前一步，跟著用力打向曜東的頭部，把他所戴的眼鏡打落了，鮮血從鼻子裡直流。接著，又當胸把他穿的一件藍色印度綢長衫一撕，嘶的一聲就分成了兩片，更用腳向他的腹部亂踢。

曜東本來有兩名帶槍的保鏢跟著的，起初留在外面，此時給周太太帶來的人攔著不能進來，曜東只有高聲呼喊著救命。惺華看不過想上前勸解，被另一名大漢一推，就踉踉蹌蹌的又退了回去，筱玲紅挺起了一個挺大的肚子，面色變成慘白，周身抖個不住，我立在她前面，為她遮擋著。我怕這樣打會鬧出人命，而曜東又是我去約來的，心裡又焦急，又有些氣憤，但以手無縛雞之力的人，只有眼睜睜坐視那一幕戲中戲串演下去。

這時，周太太又開口了：「孫曜東！你要討好上司，應當以工作來表現，怎樣以拉皮條來獻媚？我問你：你是吃飯的還是吃屎的？」十餘名大漢轟雷般的應著說：「他是吃屎的！」語聲未絕，中間一個手裡拿著一隻香菸罐的，把蓋一揭，直向曜東的頭面澆去。原來罐裡儲滿著稀薄的糞汁，澆得他滿頭滿身都是。整間屋裡弄成臭味不可向邇，連周太太也掩著鼻存身不住了。她點頭向大漢們一示意，簇擁著她返身而去，我也只好乘機溜走了。

出來，我到佛海那裡告訴了他這一幕的經過，並率直地指出他太太做得太不成話。結果他們夫婦之間，又大鬧了一場，佛海寫信給曜東表示了歉意，在那時，自然曜東也只好不了了之。但以後佛海對曜東暗中倒著實幫了不少的忙，以補償他那次吃的大虧。

以後筱玲紅在醫院中生了一個女孩，因為外面傳說有人要不利於這個嬰兒，因此在手術室中一生下來，就立刻從後門急急抱走。筱玲紅等舉家裝著哭泣，做得很逼真，僥倖保存了一條小命。屈指算來，這個墮地即險遭毒手的無父孤兒，如今已經是盈盈十五之年了。

佛海與筱玲紅之間，形式上雖然脫離了，幾個月以後，家庭之內，也已風平浪靜了。經此波折，兩人感情卻反而更增一層。佛海把她改藏到法租界雷上達路的岡田家裡。岡田是佛海的好友，他兼任上海市長時，岡田又是市政府的顧問，周太太怎樣也疑不到由他在掩護。平時，佛海要去看筱玲紅，就說到岡田家去開會，周太太還是防著佛海到別處去。也常用電話去探詢，結果證明確然是岡田的家，而佛海也真在那裡，周太太從不曾再懷疑過顧問的公館，就是丈夫的金屋。其實雷上達路與佛海的滬寓居爾典路，既只隔著幾條馬路，岡田家裡僅多裝了一具電話分機，通向筱玲紅的臥室，周太太有電話去，佛海大可以在枕上從容接聽。直至大戰告終，再不曾東窗事發。

從那次簽據之後，我也從未再看到過筱玲紅。不過據別人告訴我，自佛海陷身縲絏，筱玲紅洗淨鉛華，屏絕酬酢，與佛海之間情意綿綿，仍書函不斷。至佛海死後，她向人表示，願意為佛海撫孤守節。至中共進入上海，據說筱玲紅微薄得僅能恃以生活之資，因被人舉發，給中共沒收了。前數年，我在共報上看到消息，筱玲紅已被迫重復登台出演，但不再是在上海等處的大都市，而分配到了窮鄉僻壤，近況也就可想而知。

當一九五一年我去日本時，我又當面問過岡田以佛海日本的外室與其所生男孩的情形，據他說生活還可勉強過去，我原意想去存問一次，而岡田以為不必使她因見到佛海的朋友再添給她的傷感而罷。回港後，一次我在輪渡上遇到慧海，我告訴她的父親在日本還生有個弟弟，同氣連枝，照理應有個聯繫，她卻並不追問原委，只是淡然一笑，我不便再說下去。現在又事隔多年，故人的後裔，成長之後，自將永淪異國，且恐不再知其生父之為誰了。

九二、大發其國難財的銀行界

東南的財富，聚集在上海；而兩租界則是儲藏財富的庫房。從抗戰發生以後，各地富戶都收拾了細軟，趁戰火尚未燒到以前，早已湧向租界居住。這已經有了一百年歷史的外國租借地，一時呈現著空前的畸形繁榮，大多數的人過著醉生夢死的生活，除了民國二十八、九年，不時聞到暗殺的間歇槍聲以外，界內是一片歌舞昇平。但是矮矮的鐵絲網以外，南市、閘北，甚至同屬於租界的虹口區域，在日軍的槍刺下過著驚恐悲慘的日子。日軍把租界團團包圍，住在那裡的人，自稱是「孤島天堂」，其情形與現在的香港差相彷彿。這樣一直維持到太平洋戰爭發生，日軍於一夜之間，在無抵抗情況下，就接收了全部的租界。

所有租界內的各式人等，自日軍開入，全部都乖乖兒地成為順民。飯是要吃的，命是要活的，同時，生意也還是要做的。各業幾乎完全照常營業，儘管許多大老闆們在抗戰陣營內有他顯赫的地位；在抗戰區以內也有著同樣的商業機構，而淪陷區中，尤其為工商樞紐的上海，還是像平時一樣地照常進行著他們的業務。

那時一般人的生活並不難過，即使一個平民，每個月走幾次單幫，就可以藉此養家活口。發國難財的，不問是在抗戰區或是淪陷區，都所在而有。當時社會間流行著兩句民謠：「做官要做清鄉，生意要做五洋。」清鄉人員，貪污盛行，日軍橫行鄉僻，魚肉良民，甚至民間不稱清鄉，而叫做「清箱」，其情形可想而知。太平洋戰爭之後，海運中斷，歐美的洋貨，存底日枯，價格飛漲，更利用幣制貶值的關係，利市何止三倍？這一官一商的兩項，確是當時發財的捷徑。

其實，利息最厚的生意，還應推操縱金融的銀行。以五洋業與銀行業的利潤相較，將如小巫之視大巫。戰前的許多存款，在中儲券收兌法幣的時候，銀行消息靈通，存入儲備銀行的法幣存款，仍以一元法幣換取一元中儲券，而對存戶方面，則老實不客氣的在賬上打了個對折。況且經過了幾年的戰爭，可以買一所花園洋房的存額，太平洋戰爭以後，其真正的幣值，已只夠買一隻大餅了。「中儲」對一般銀行的放款，不論為存放、為抵押、為透支，利息通常在五厘以下，而那時商場上的利息，已經高至兩角半。一轉手之間，其獲利已是驚人的。更何況任何一家銀行，除了留存一些應付存戶的現金而外，都在做銀行正常業務以外的生意。

一般的情況，賺得最多的有三項：一、銀行買賣生金銀，那時為汪政府財政部所許可。從戰後黃金每兩一百元起，逐步飛漲至和平前夕，最高峰達每兩一千六百萬元。六年中，就這一項所獲得的贏利，已經是一個天文數字。平時在投機市場上買賣，由於幣值的不斷下降，只要做多頭，也未有不賺錢的。有時大漲小回，不是改收現貨，就只要能頂住幾天，三兩月的時間，已經會有幾倍的利息。二、另一項好生意是囤貨，戰時物資缺乏，日用品以及工業用品，往往一日之間數易其價，那時的中儲券，雖遠不如以後金圓券的急劇慘跌，但物價的高漲是無可避免。銀行照例不能囤貨，但聰明的銀行家們，是會有一套偷天換日的手段，另立一個公司的名目，事實上由銀行直接管理，而表面上則是與銀行無關的機構，銀行無限制透支給他，無限制地選擇可居的奇貨囤積。三、是地產，因為那時道契或土地證只要有銀行準備庫的估價單，隨時可以向銀行作抵押的擔保品，因此上海的地產價格直線上漲，這是最穩定而又不妨礙頭寸的生意，銀行界當然又把它為收購的對象了。所以，以銀行那時的利潤而言，兩相一比，五洋業的暴利，變成為微不足道了。

從東南淪陷之後，在租界內的銀行，官辦的國家金融機構，所謂大四行的「中中交農」（即中央銀行、中國銀行、交通銀行與農民銀行），除中央銀行與農民銀行停閉而外，中、交兩行仍如常營業；半官性的小四行，通商、四明、中國實業、國貨四家，也只有國貨一家收歇。此外江浙財閥主持的所謂南三北四（南三是上海銀行、浙江興業與浙江實業。北四是鹽業、金城、大陸、中南），從北洋政府起一直左右著全國的金融。北伐後國府成立，聲勢乃更盛於前。這幾家的大老闆們，都成為政府的紅客，多數兼任了中央銀行的理監事。雖然東南淪陷了，以後日軍又進入了租界，而這幾家的業務，反而更加興盛。所有這幾家的主持人，大多遠在重慶，但過去都與周佛海有相當交誼，滬行的人員，一面與重慶呼吸相通，一面與佛海往來極密。大銀行有任何困難，佛海都以中儲的力量，盡力支持。

中儲那時已取中央銀行的地位而代之，成為「銀行之銀行」。日軍的軍用票收回了，獨家在淪陷區發行紙幣。猶記得當中儲上海分行開幕的時候，中儲即以鉅額現款，分存給上述幾家，以及如新華等的許多大銀行，事實上等於是中儲白送它們一筆固定的存款。如平時缺少頭寸時，中儲還無限制幫忙。工廠需要款項向中儲請求抵借，更規定了轉抵押的辦法，工廠必須向商業銀行抵押，再由商業銀行轉給中儲，依照原合同取回放出的頭寸，中間穩賺一筆優厚的利息，而不必擔負任何危險。佛海的目的，就是對他們的一種調劑。

和平以後，所有在戰前已經成立的銀行，經過了六年的一段時間，又得佛海的暗中維護，資財方面，無不有鉅額的增加。雖然等到勝利以後，留在淪陷區的銀行家們，又在大罵其敵偽如何如何的加以壓迫，但在當時，我目睹過他們見到了佛海，如何肅然起敬地高呼「部長」，有聲望的銀行家，不是擔任汪政權的「全國經濟委員會」的「委員」，就是成為「全國商業統制委員會」的委員，最少也是「上海工商聯誼會」的委員。我不想拖人落水，不再在此列舉出他們的名字。那時銀行界的蓬勃氣象，正與上海的畸形繁榮，成為正比例。

九三、浙江興業銀行內部糾紛

汪政權的「國家銀行」是「中央儲備銀行」，其人事組織，大體如下：總裁周佛海、副總裁錢大櫆（原金城銀行大連分行經理）、業務局長柳汝祥（現在日本）、發行局長邵鴻鑄（現在港）、國庫局長俞紹瀛（現在大陸）、外匯局長夏宗德（前數年在港，現蹤跡不明）、總務處長吳繼雲（現在港）、調查處長許建屏（現在南非）。總行在南京新街口，即原交通銀行的行址，滬行在外灘，為中國銀行的新廈。

日軍進入租界以後，原來的中央信託局也停止了，汪政權另成立了一個中央信託公司，事實上是「中儲」的貿易機構，佛海兼任了董事長，許建屏兼任總經理，佛海的內弟楊惺華兼任副總經理（惺華的本職為財政部總務司司長），但董事長的圖章是握在惺華手裡的，建屏僅居形式，毫無實權。以後索性由惺華坐升了總經理。

日軍進入租界之初，中交兩行一度停業。以後又奉汪政權之命復業了。小四行亦由佛海派出官股董事而加以改組。關於人事安排，交通銀行比較簡單，因為唐壽民曾任交通銀行總經理前後二十年（董事長先為胡筆江，胡於由港飛渝途中被日機邀截擊落斃命後，由錢永銘繼），即由壽民（現在滬）擔任董事長（復業後之中交兩行，改為董事長制，以董事長行使總經理職權）。而中國銀行初請馮耿光擔任董事長（馮久任中國銀行總裁，為日本士官學校第一期畢業生）。馮不就，又請周作民擔任，周又謙辭，於是由吳震修出任（吳現在北平）。馮耿光、周作民兩人退為董事，其他董事有王仰先、朱樸、趙叔雍與我。董事會秘書程慕灝（現在港），滬行經理潘久芬。

小四行的改組，除國貨銀行未曾復業外，四明銀行的董事長為孫鶴皋（前滬寧暨津浦鐵路局長），中國實業銀行的董事長為朱博泉。通商銀行是誰，我已記不起了。其他戰前原有的商業銀行，營業狀況，一般都空前美茂。而新設的銀行錢莊，尤如雨後春筍，與日人直接有關係，或者與汪政權中人有淵源，也有原為銀行中的中級職員，看到銀行驚人的利潤，自己也出來另行創立了。到民國三十二年間，迫得佛海通令停止發給銀行執照，但無形中對已經成立的，減少了競爭的同業，不啻更予以一重的保障。

正因為銀行是大利之所在，於是大銀行中，也多爭權攘利之事，中間鬧得最兇的一家是「南三」行中的浙江興業銀行。

徐寄廎從戰前起，就一直是浙江興業銀行的董事長（戰後任上海市商會會長，前數年已在滬病逝）。他戰後之所以留在上海，一半固然為著銀行本身的業務，一半為重慶方面潛伏在上海的「統一委員會」委員之一，負責金融方面的事務。因為浙興是國內有數的大銀行，那時的業務又蒸蒸日上，而寄廎對銀行的一切，大權獨攬，這樣就引起了股東間的覬覦。

糾紛發生的詳細經過，以及其爭攘的內幕情形，我因為與浙江興業太隔膜了，全不知道。只在報上看到大股東竹淼生與徐寄廎之間公庭涉訟，兩審都是寄廎方面敗訴，案子上訴到最高法院，已經到了最後的一關，徐寄廎則一直處於下風。竹淼生是一個老銀行家，也是浙興的大股東，那時在各方面都很活躍，總之他有意於去徐而自代。支持他最力的是唐壽民，而壽民與佛海又有著深厚的交誼。徐寄廎則只管浙江興業內部的業務，與汪政權中人，幾於絕無來往。重慶方面雖然有他的力量，但到底鞭長莫及，寄廎的形勢，已處於倒台的邊緣。

大約是三十三年的秋天，一天的清晨，徐采丞忽然陪了寄廎到我的寓所來看我，我與寄廎過去並無一面之緣，此來頗覺其突兀。采丞代表杜月笙在上海工作，一面與駐滬的日軍「登部隊」有良好關係，但他與佛海之間，數年中雖然一直由我在中間聯繫，可能許多人在佛海面前說了他的壞話，兩人一向總有些格格不入。

入坐後，采丞先代寄廎道達來意，他說：「有關浙江興業銀行的內部糾紛，報上登得很多，想你已略有所知。截至現在為止，訴訟方面寄老是失敗了，但他能控制絕大多數的股東，為了最後挽救這一個危機，銀行早已依照公司章程發出通告，召開股東會。大會的日期，就在明天，而上海市政府經濟局突然正式通知禁止開會，這樣使寄老所籌劃、所佈置的將功虧一簣。唯一補救的辦法，只有得到周市長（指佛海，那時他擔任上海市長）的幫忙，但這幾天他正病得厲害，曾經託過許多人疏通，無奈他概不見客。現在時機已經非常迫促，所以寄老要我陪來看你，希望你在最後關頭代他斡旋一下。」我問：「寄老的意思，是否要我代向佛海先生請求准許浙江興業銀行股東會明天能如期舉行？」寄廎接著又說了些客氣話，我說：「那麼，周公館近在咫尺，請兩位寬坐一下，既然時機如此急迫，我去一趟回來就給寄老答覆。」

那天佛海的病勢確很沉重，正發著高燒，我闖到他臥室中去，一開口就問他知道不知道浙江興業銀行的事，他搖搖手表示不甚清楚。我說：「采丞陪著寄廎在我家裡，經濟局阻止他們明天舉行股東大會，我以為寄廎是重慶統一委員會的委員，我們又何苦為了不相干的事，得罪他們。」佛海道：「問題是經濟局禁止開會的是否合法。」我說：「論法，銀行依照章程舉行股東會，政府無權干涉，如其議案有違反法令或章程之處，事後政府倒有權糾正的。」佛海說：「那麼你替我接許江的電話吧。」（許是當時的經濟局長，前數年病死香港。）通話以後，佛海告訴他：「明天浙江興業銀行的股東大會，政府有什麼權力去禁止開會？你不要隨便胡鬧。」許江當然是唯唯聽命，佛海倒也痛快，他說：「要幫忙索性幫個澈底，寄廎如有其他要求，凡在我財政部與市政府權力所及之內，教他們分別來兩個呈文，我親自來批，讓他們可以一勞永逸。」

我回到家裡，把佛海的話，告訴了寄廎，自然使他喜出望外。我說：「明天的股東會可以如期舉行，時間上市政府已不及另補公文。浙興如有其他請求，希望儘下午把送給財部與市政府的呈文交給我，讓佛海先生親自批過後，我再代你轉給財部與市府。」

果然，下午寄廎又把公事送來，我又去佛海那裡讓他批好了「照准」字樣，等寄廎看到了佛海的手批，始再三稱謝而去。我也分別把兩份公事一份交給了上海市政府秘書長羅君強，一份交給了財政部次長陳之碩。這樣浙江興業銀行內部的一場糾紛，就此輕而易舉地風平浪靜。

浙興與我毫無關係，那時我是為了采丞的友誼而好事。而從這一件小事中，可以看出佛海豪爽的性格，遇事決不拖泥帶水，說做就做。我幫了他六年，他對我真是做到了「用人不疑」的程度，人生難逢的是知己，我又安得再遇如佛海其人哉？

九四、抗戰前後上海報業概況

上海因為有租界的關係，較少受到國內政治的影響，經過了一世紀的時期，租界內的報紙，已成為全國的輿論中心，言論反而能影響全國的民意。在北伐成功以前，上海所有的報紙，不但都彙聚在公共租界的望平街一帶，而且都掛著洋商的招牌，以托庇於外人。但他們的行銷，並不局限於租界以內，有些遍及全國各地，而主要的區域，則為沿京滬、滬杭兩路較大的城市。國民政府建都南京以後，一方面由於報社表示對政府的擁護，同時，許多望平街出身的報人，都擔任了政府的要職，他們是內行，比滿清官吏與北洋軍閥自然聰明得多，他們懂得怎樣對付報紙「越軌」的言論。政府的利器，是扣報，可以一紙命令，使郵局不寄遞經制裁的報紙行銷至租界以外，這樣，無異於剝奪了上海報紙的生命線，洋商招牌不再是護符，扣報一定使報館屈服，於是政府很容易地掌握了上海的輿論。

當民十六年國民革命軍抵達淞滬以後，政府首先注意的是實行了新聞檢查制度，雖然租界以內，論主權是政府勢力所弗及，但各報無一願意抗命。起初是由上海市黨部、上海市政府與淞滬警備司令部以黨政軍聯合執行，以後改由上海市政府單獨負責。而且被刪檢的新聞，更不得以時間不及為理由，留著空白（滬人俗稱為開天窗），以免暴露新聞檢查的痕跡。但儘管如此，報業大王史量才主持的申報，戰前曾突然一度左傾，而且發出了反蔣、反政府的論調。人事也大為更動，黃炎培主持了總管理處，遊俄回來的戈公振編輯畫報，李公樸經辦補習學校、流通圖書館等社會活動，魯迅經常為副刊執筆，陳彬龢參加撰述社論，胡風化名混入了編譯部。有黨派臭味的文匯報也在滬創刊發行。在七七事變之前，上海報紙上論調，一致是激昂的抗日，其中大部份是基於純潔的愛國思想，而無可諱言，一部份卻懷有政治上的其他作用。

在抗戰前夕，上海報紙盛極一時，除原來比較有長時期歷史的申報、新聞報、時報、時事新報與民國日報而外，有大公報、文匯報、中美日報、正言報、中華日報、立報。晚報也有大晚報、大美晚報、華美晚報、社會晚報四家，其他小型報更多得無從統計，命名的離奇怪誕，如「嘰哩咕嚕」、「牽絲扳籐」之類，到了荒謬的程度。

「八一三」淞滬戰起，國軍西撤，時報、時事新報、民國日報、大公報、文匯報、中華日報、立報等幾家，立即停刊。其他各報，雖然行銷已不及租界以外，但仍保持著激烈的抗日立場。日軍則在虹口區創刊了華文的新申報，其言論則完全宣傳日軍閥的侵略思想，日本浪人且在淪陷地區強迫居民訂閱。

所有未停刊的報紙，繼續秉承國民政府的命令，擁護抗戰政策，國軍退得愈遠，論調變得愈趨激昂，政府派駐租界內的地下工作人員，與各報仍然保持著密切的聯繫。汪精衛離開重慶，行抵河內，最初中央命令各報，不許對此有所評論，因此引起了蔣汪唱雙簧的傳言。直至河內行刺案發生，誤中曾仲鳴後，汪派人物周佛海、梅思平、陶希聖、高宗武、林柏生等更在香港正式展開活動，各報才一致起來予以猛烈抨擊。迨汪等一行抵滬，分別在愚園路與極司斐爾路公開成立了機構，汪系的中華日報也於民國二十八年夏秋之交再行復刊，上海輿論，壁壘分明，雙方處於敵對的狀態。筆戰以外，更雜以槍戰。暗殺案件，除了少數軍政人員，以及銀行界的人士而外，而新聞從業員的犧牲尤多，在汪政權建立以前，為日人所殺的已有社會日報的蔡釣徒（被騙往虹口殘殺後，以首級懸諸法租界電竿木上）；晶報的余大雄（被殺死於維新政權上海辦事處新亞酒店臥室之浴缸內）。為國民政府所槍擊斃命的有申報記者錢華，時報的經理王季魯則中彈未死。其後以汪政權關係的報界人士，當丁默邨接盤文匯報後，穆時英、劉吶鷗奉丁之命，籌備出版期內，先後遭重慶方面暗殺身死。「七十六號」還擊的結果，申報的金華亭，大美晚報的張似旭、朱惺公、程振章等人，均難逃劫數。新聞報的顧執中則幸得死裡逃生。「七十六號」公佈通緝的八十三人黑名單，也大半為抗戰報的從業員，而華美晚報的朱作同，以出賣金華亭而為中統擊斃，腥風血雨，舉市騷然。

汪方於六年之中，也在上海創刊了幾家報紙，除直接於汪氏的「中華日報」而外（社長林柏生、副社長許力求、顏加保）；有周佛海系的「平報」（社長金雄白）；李士群系的「國民新聞」（社長李士群、副社長胡蘭成、黃敬齋）；興亞建國系的「新中國日報」（社長袁殊。興亞建國運動，表面上為日人岩井英一所領導的親日團體，主要人物有袁殊、陳孚木等人，而事實上則為中共潛伏之地下組織）。

但是太平洋戰事發生以後，日軍進入上海租界，形勢一變，所有與重慶方面有關之報紙，除申報、新聞報以外，全部停刊，主要人員也紛紛走避。當時申新兩報仍照常出版，舊日人員，幾於原班不動，但一夜之間，好像忽然變成為無情的孤兒，尤其日人的態度不可知，惴惴焉唯恐大禍之臨頭。而汪政權中人，則以兩報的銷路不惡，覬覦染指者也不乏其人。惟汪政權雖曾向日軍提出過若干人選，繼續主持兩報業務，而日人均置之不理。

在這一段時期中，申新兩報舊人因過去不斷有抗日言論，其焦慮為勢所必然。當時兩報當局，要求我轉求周佛海為之庇護，得到佛海的首肯，曾由我分批陪同謁見，記得去見周的新聞報有汪伯奇（現在港）、李浩然（已死）等四五人；申報有馬蔭良、唐世昌（兩人均在大陸）等四人。當他們表達其暗中保護的願望以後，佛海慨然應允，謂如其日方有不利於他們時，可隨時與我聯絡，他無不盡全方以保護他們的安全。卒之兩報中人，並無一人遇到不測。以後新聞報除嚴諤聲脫離，申報趙君豪與嚴服周做了一個時期之後轉赴內地而外，兩報則一百八十度轉變為親日，仍如常出版，而全部舊人也仍照常供職。

九五、一個親日報人的另一面

新申兩報因為地處靠近上海外灘之漢口路（即三馬路），屬於日本海軍的防區，大約在日軍進入租界以後約一個月，日海軍宣布了接收管理，委出新聞報的社長為李思浩（前段祺端執政府時代之財政總長，太平洋戰爭突發，李氏留港被俘，後押送上海，迫其出任職務），仍由吳蘊齋以股東代表負實際責任。申報則委出了陳彬龢擔任社長。

在抗戰期中，幾於無人不知陳彬龢為親日最力的一人。戰前，他擔任申報一度左傾後的社評工作，言論偏激，頗為當道所忌，而又參與了宋慶齡、蔡元培、楊杏佛等的「保障民權大同盟」。從史量才在滬杭公路上被刺殞命以後，申報又轉為原來的態度，比較激烈的份子，紛紛退出，彬龢那時也南避來港，替那時的南天王陳濟棠辦起「港報」來了。香港於太平洋戰爭初起時就為日軍所佔領，而彬龢又立刻與日人方面搭上了線，不久，重回上海，竟出任了申報「社長」。

我與彬龢認識了多年，但向無來往，自他由港回滬出任申報「社長」之前，時常見到他與日本人一起在公共場所出現，我甚至沒有與他作禮貌上的招呼。當時汪政權中的部份人士，有著一個奇妙的心理，對過分親日的人，不但懷有戒心，而且鄙視而內心潛存著敵意，對於他，我們也採取了同樣的態度。

在他負責申報的時期，他的表現，有著極端的態度：一、他親日：一切言論固然極度親日，而太平洋戰爭初起日軍獲得暫時的勝利時，申報屢屢破例以大字紅標題為日軍宣傳「××戰大捷」，其立場有時竟超過了日人所直接主辦的「新申報」！二、他反蔣：彬龢曾經寫過一篇「蔣介石論」，把蔣先生二十年來前後不同的言論，引用原文，作了一個對照。在淪陷區內，對蔣先生私人作如此的攻擊，可說是稀有的例子。三、他諷汪：申報對汪政權的若干措施，也加以率直的攻擊與譏刺。當陳群出任「江蘇省長」時，因為任用了上海幫會人物謝葆生（即仙樂斯舞廳主人）等為警務高級人員，申報且詈之為流氓政治。這樣引起了汪政權的很大反感。但是「申報」那時處於日本「軍管理」狀態之下，它代表日軍的發言，連汪政權也奈何他不得。而且，他在社會上顯得非常活躍，在公開的言論中，也時常對別的親日人士，加以無情的指摘。

其中對彬龢最感頭痛的是周佛海，因彬龢不屬於汪政權的管轄，而且他又與日本陸海外三方面都有交往，甚至摸不清他的真正背景。佛海又正在做著等待中美聯合大反攻時、在敵後策應的好夢，他認為彬龢過於親日的態度，會影響甚至妨礙到他未來的工作。於是他加給了我一項任務，要我與彬龢建立密切的關係，凡是他所參加的社團，我也必須參加在內，有反對汪政權或妨害佛海的行動，事前阻止他，弄清他的底細，查明他對每一件事的作用。總之，佛海的真意，是要我嚴密監視他。從此，我與他形跡上顯得突然親密，每天報紙上我與他的名字，一直聯在一起。甚至蔣伯誠也一再向我提出警告，假如我仍與彬龢來往，重慶將不會對我諒解，而我則是有苦難言。

我不否認我以後與彬龢之間，也發生了一些真實的友誼，因為有三件事他使我受到感動。本於「是者是之，非者非之」之義，我願意在這裡順便追敘一下當時的事實。

一次，日本人發起捐獻飛機運動，上海的許多「名流」受到了邀請，許多資本家被內定為捐獻的對象。那天在虹口公園開民眾大會。清晨，彬龢匆匆趕來看我，他悄悄地對我說：「請你暗中分別通知別的朋友，不要去參加今天的大會，也不要捐獻飛機。我單獨去，以申報名義捐獻兩架。有事，我來擔當。」說完他匆匆走了，我望著他的背影，心裡開始有說不出的一種驚異的感想。

又一次，上海民食發生了恐慌，配給將告中斷。而米糧又掌握在日軍的手裡，他們把淪陷區最好的產米區，如蘇、錫、松、青一帶，劃為日本軍米區，所有出產，都歸日軍收購為軍糧。那時上海市長為周佛海，滬市府的市政諮詢委員會開會籌謀對策，當場推定我與彬龢負責這一個問題。海運既告中斷，唯一的辦法只有與虎謀皮，向日人手中去索取。

在蘇滬一帶日軍中具有勢力的人，是蘇州的特務機關長金子，他剛來滬住在江西路的都城飯店。我與彬龢去看他，說明來意之後，希望於日本軍米中撥出若干噸為民食配給之需。金子考慮了一陣，他說：「米倒有的是，但必須有交換條件：一、米價須以現款交易（那時中儲券現鈔極度缺乏）；二、負責疏散上海部份工廠，遷往內地；三、供給民夫兩萬人為日軍建築防禦工事。」還有其他兩個苛刻的條件，現在已記不起了。

我正預備與他辯論，而彬龢並不曾徵求我的同意，竟爽快地答應了。金子用白紙潦草地寫了一個備忘錄，要我與彬龢簽字，負責履行他所提出的條件。彬龢又迅速地簽了字，簽完，把筆送到了我手裡。對外辦交涉，又不能顯出內部的分裂，我於十分勉強中也只有照簽。接著把交款與交米的日期也都商定了，我們告辭出來。一上電梯，我來不及等待，就埋怨彬龢說：「如此條件，我們如何可以答應？我們沒有理由強迫工廠遷往不適宜於生產的地點，我們沒有力量徵集那麼多民夫，去幫助日人建築工事！」彬龢只是笑，拍拍我的肩頭說：「難道我們真會這樣做嗎？一還價最少時期要拖長了，民食的供應，已到了迫不及待的階段，讓老百姓吃飽了再說，只要米能騙到手，一切責任由我與你共同負擔，你怕被日人殺頭？……」

我聽了他的解釋，覺得他和日本人打交道，也自有他的一套！我當時也不好再說什麼了。以後除由佛海供給全部米價現鈔，彬龢向遊民習藝所調用了一百餘名遊民，借給日本作為敷衍以外，米運到了，而且也向全市配給了，而什麼條件也沒有履行，雖然日人曾幾次來糾纏，我們總是飾辭推卻，如此一直至和平為止。

在勝利前夕，即使在淪陷區的人，也都明白了大勢所趨，正如古人所言：「勝負之數，無待蓍龜」。又一天，彬龢約我對未來局勢好好的談一次。我平時一直聽到他的言論是「英美一定覆滅，而『大東亞戰爭』一定勝利。」那天，密室中並無別人，他也一反以往的常態，承認太平洋戰爭日本的失敗，已迫於眉睫。他提出了許多意見，要我向佛海進言，總之一切作最壞的打算，與必要的準備。他的意見，倒不失為朋友的善意。我忍不住問他：「既然你知道日本已處於必敗之地，何以看見你反而做得格外的積極了？」他說：「你們以為聰明，表面與日本周旋，暗中卻替重慶工作，日本人也並不笨，間諜密佈，耳目甚週，你們的一切，知道得一清二楚。假如有一天日軍真要被迫撤退的時候，一定焚殺以洩憤，你們非但起不了絲毫阻止的作用，而且你們將被首先開刀。而那時，就用得到我了，我可以向他們說：中國人並非都是抗日的，如我，中國人都在背後罵我，因為我是你們真正的朋友。因此你們不能不分青紅皂白的亂燒亂殺。我不敢說我的話會發生多大作用，至少，日本人是願意聽我的，而決不願意聽你們的，也可能我的話會有些影響。在這最後關頭，我要做得更積極，更使日本人相信我。」

這一席話，使我對他有了不同的看法。所以如其說抗戰時期與日本人合作的人，都已忘記了國家民族，淪陷區的老百姓都是順民，連學生也都是偽學生的話，這是太不公允的。

這一次談話以後的不久，日本就宣布接受波茨坦宣言而投降，那天是八月十六日，他又到亞爾培路二號來看我（那裡是我會客宴客的地方，不幸勝利被接收後，成為中統的上海站，許多人都被拘禁在那裡。從此，亞培爾路二號，也像七十六號一樣，成為一個可怖的特務機關的代名詞了），他告訴我，一旦重慶政府回來後，一定不會放過他，他是最後來向我辭行，從此他將有一個時期的隱藏。而他來看我的最大目的，是勸告我與他一起走，他有最安全的地方，可以完全放心。可憐的我，竟天真地說出我做過一些地下工作，秘密電台中且曾對我們以不斷嘉獎，而且蔣伯誠等一再表示可以為我保證。他嘆了一口氣說：「政治只有成敗與利害，你竟談起功過是非來了，你會後悔的！」我謝謝他對我的關切，但我仍堅持著我的初志。我想堂堂政府，安有會欺騙一個百姓之理？他握住了我的手，眼淚從面頰流下來了。我送他出門，看他已放棄了原有的汽車，坐上三輪車，向北而去。以後我一直沒有得到他的一些消息，直至在香港的重逢。但處身在另一個時代中，儘管是數十年的老友，因為思想上有了距離，連形跡也變得非常疏遠了。

九六、一處太有血腥味的地方

在春秋雜誌上陸續發表這一部往史時，事前既沒有立出一個大綱，手頭又缺乏參考資料，每在到必須交稿的那天，才臨時構想一節往事，本已見聞寡陋，益覺掛漏貽譏。如曾經在上海橫行一時的吳四寶的暴斃經過，也竟然把它遺漏了。

在淪陷時期，上海「七十六號」是一個婦孺皆知的所在；也是令人談虎色變的地方。而它的成立，事實上是早於汪氏所倡導的和平運動。當汪氏等猶未抵達上海之前，李士群早已受了土肥原之命，在滬西億庭盤路諸安濱十號成立了專為日人工作的特務機構。以後汪氏的中央特務委員會特工總部成立，又加以改組，表面上由原任中央調查統計局的第二處處長丁默邨任主任，以李士群為副，而遷往極司斐爾路七十六號。

在民國二十八至二十九年間，雙方正在展開暗殺戰時，那時的「七十六號」，就是一個使人聞而喪膽的名字。特務委員會的主任委員雖然是周佛海，但他並不能真正控制這個機構，而且因丁李的爭權，互相齮齕，反使他左右為難。丁李之下，那時搜羅了許多五湖四海三頭六臂的人物，軍統、中統、幫會中的亡命之徒，租界上的特別警察，形形色色，應有盡有。丁李而外，有蘇成德、馬嘯天、林之江、王天木、陳恭澍、楊傑、萬里浪、胡均鶴、夏仲鳴、潘達、戴昌齡等等，或司情報，或任行動。其他，丁左右的參謀人員，有顧繼武、黃香谷、凌憲文、茅子明、奚則文、李子雲、翦建午、彭年、孫育才等。李旁邊的親信人物，有傅也文、黃敬齋、唐生明、唐惠民、葉耀先、孫時霖等。但誰也不及吳四寶的能夠名震一時，威震一方！上海人儘管可以不知道陳公博、周佛海以及丁默邨、李士群的，但吳四寶這三字大名，幾乎無人不知，無人不曉。

若論吳四寶當時的職位，真是低得微不足道，「特工總部」下除了林之江、潘達、萬里浪、夏仲明、楊傑等各領一個行動大隊以外，另有兩個警衛大隊，吳四寶警衛七十六號，而張魯則警衛愚園路一一三六弄（即汪周等所居之地）。吳四寶與張魯雖是同等職位，而後者由於比較安份，上海人就很少知道他的名字了。

對於汪政府下的兩個特工首領，若論私人的觀感，我不大歡喜丁默邨，他瘦削得完全是病夫模樣，實際上，他那時也真已患了嚴重的肺病。性情有些陰陽怪氣，連笑也好像總是勉強得陰沉沉的。我與他除見面時點一下頭而外，很少與他交談。士群則因為是佛海手下十弟兄之一，就往來較多。他是留俄學生，大約在蘇聯還受過「格別烏」訓練，回國後還是為共黨工作，曾經七次被捕，以後又投效了中統。抗戰時期，因違犯紀律，將受懲處，開小差逃到了香港，竟然為土肥原工作。但以他的外表來看，他決不像是一個特工人物，身裁不高，面貌還清秀，舉止則有些輕浮，說話帶著很重的浙東口音，他像是一個紈褲子弟，但脾氣還爽快，更多少含有一些江湖氣息。在我與他打過幾次的交道中，留著一個相當好的印象。

除了前文所述他與羅君強鬥爭中，我當面指出他的錯誤而沒有使他老羞成怒以外，一次，「七十六號」要拘捕上海新聞報的嚴諤聲，因為他兼任著上海市總商會與公共租界納稅華人會的秘書職務，卷宗以及王曉籟、杜月笙等的私章，都保存在他那裡，他聽到了風聲事前避開了，於是把他患病的妻子拘押了起來。出事時我剛去了南京，諤聲派了他一個親戚趕來要我為他的太太營救，時間已經是晚上，我正在夫子廟太平洋菜館有應酬。來人告訴我經過後，我打了個電話給士群，我說有一些事想與他商量，他問我重要不重要，我當然說重要。他笑著說：「你好糊塗，豈有重要的事而可以在電話中商量之理，有話來當面談吧。」我來不及終席，就趕到他家裡，一進門他更哈哈大笑；他說：「我明天七點鐘的早車要回上海去，今晚不睡了，預備麻雀打到天光，這裡只有老四（唐生明）與老蘇（蘇成德）兩人，正苦三缺一，你自投羅網，剛好湊搭子，什麼事都要等打完了牌再說。」他也不問我的來意，也不由我推卻，吩咐下人，拉開桌子，嘩啦嘩啦的就打起來了。

牌打完，我卻輸了不少。我們一起用稀飯的時候，我提出了諤聲太太被捕的事，希望不要累及無辜的家屬。他說：「不必說大道理了，憑著你我弟兄一場，況且昨晚陪了我打了通宵麻雀！又讓你輸了這許多錢！這個交情也就不由我不賣。你告訴他的家屬，我一回到上海，立即把她釋放。」當天士群回滬後，真也如他所說的那樣做了。我覺得他沒有像別人那樣扭扭捏捏地一當權，就歡喜打官話的一套討厭習氣。

再有一次，有一個海員工會的負責人（姓名我已經忘記了），他侵吞了在外籍輪船上服務的中國海員戰時在海上殉難的撫恤金，數目不小，「七十六號」把他拘捕了，目的是想敲他竹槓，要他吐出吞沒的恤金。數目而且已經講妥二十萬美金。我辦理的「平報」的一個職員，要我向士群說情，可是他並沒有告訴我此事真相，也並沒說出斟盤經過，只說是冤枉的。我受託之後，一直沒有機會和士群去說，事情也已隔了很久。一天周系的十人組職在南京梅思平家裡集會，剛好我與士群先到，連思平因在別處開會也還沒有回來。我們對坐著無事可談，忽然想起了那件事，我就隨便開口請他幫忙，士群笑笑說：「怎麼你也會管起這樣的事來？」我說：「不過是受人之托罷了。」他道：「也好，我就幫你這一次吧！」三言兩語，就解決了這一個問題。以後人也釋放了，朋友還送了我一桌餐具。

直到那年底，我去「七十六號」看士群，他也想起了這件舊事，問我事後得到了多少酬報，我老實告訴他只送給我一套不值錢的餐具。他說：「我當時為的是讓你賺一筆錢，少說點，你也至少要拿他個十萬八萬美金，現在我又不想與你分贓，又何苦瞞我？」他又說：「那個傢伙真是侵吞了孤兒寡婦們的恤金，你為什麼讓他白佔便宜，他自己就願意交出二十萬美金的。」我如啞子吃黃連，有苦說不出，看到士群面上還露出懷疑的神情，我深悔太多管閒事了。但是，我感到士群真還有一股俠林中的豪氣，雖然渾水中我並沒有摸到魚，而我仍然感激他對我的一份好意。

最後一次我與他見面，是在他被日憲兵毒死的前三天。那晚我與耿績之（前上海市政府法文秘書；歷黃郛、張群、吳鐵城、俞鴻鈞等多任市長而從未更動，在上海社會中頗有些名氣）到他家裡，他正在打牌，看到我去，他停下牌起身與我閒談。那時，我又重新執行了律師職務，他說：「老兄，你真聰明！辦幾張報紙，開一家銀行，更做著律師，與當道又有交情，可進可退，悠然自得。我一天不幹現在的事，那會有你那樣的舒服，只有回到上海做白相人了。」那裡料到這一次的談話，竟是最後的訣別了。

士群還不失為性情中人，可是他選擇了一個錯誤的職業，竟然做了殺人的特務工作人員。「七十六號」在淪陷時期的不理眾口，士群無論如何既在其位，就難辭其咎。況且他一朝得志，排擠了丁默邨，把「七十六號」的大權獨攬，又做了「江蘇省長」、「警政部長」、「清鄉委員會秘書長」，不免有些忘形，樹怨既多，終至不得善終，但在私誼上，我總為他可惜。

「七十六號」其實也實在不成體統，羈禁與審問重慶地下人員的所在，就在二門內的一排平房中。有一天白晝我去看他，有人正在那裡問案用刑，我走過二門時，但聽到鞭笞聲與慘厲的呼叫聲雜成一片，我上樓時忍不住向士群說：「何必如此殘忍呢？白晝施刑，神嚎鬼哭，竟連來客的耳目也不避？」他說：「你是書生，因此不免有婦人之仁。」「七十六號」的用毒刑則完全是事實，皮鞭而外，老虎凳等一切，應有盡有。但勝利後有些報章，說在「七十六號」地下還掘出了累累的白骨，則不免是出於虛構。

「七十六號」在特工戰時，都是在街頭襲擊，雖然也有給捕來槍斃的，前後為數恐不足十人，如平祖仁、鄭蘋如、張小通等，而執行地點，則不在中山路荒郊，就送往南京，而決不在「七十六號」。士群本人有時還有理可喻，而比較橫暴兇殘的，則推吳四寶了。難怪汪夫人陳璧君有一次憤然對人說：「七十六號是一處太有血腥味的地方」！

九七、吳四寶惡貫滿盈遭毒斃

吳四寶是江蘇南通人，本是一個世界書局經理沈志方的汽車司機。體重總在二百磅左右，紫黑色的皮膚，一臉橫肉，外表就是狠巴巴可怕的彪形大漢。在北伐以後，上海幫會勢力抬頭，下流社會照例拜一個老頭子為靠山，吳四寶是清幫通字輩季雲卿的徒弟。剛好李士群還是共產黨員的時代，為了要取得幫會上的掩護，也拜在季雲卿門下，事實上他們是所謂同參弟兄。當「七十六號」成立之初，急於招兵買馬，季雲卿的老婆，也是一個女大亨，似乎叫什麼「金寶師娘」的，在上海社會上同樣赫赫有名。那時的吳四寶已經不做司機了，在賭場裡抱檯腳（保鑣或打手之意）。金寶師娘就把他介紹了給士群，擔任「七十六號」的警衛大隊長，統率著百來名衛士。除此以外，最初也做著士群的副官事務，有賓客來時，開頭還站在餐桌旁為人添飯，有時奉命坐在車上保護著客人回去，誰也沒有注意到他會霎時變成勢焰薰天的人物。

滬西一帶，於汪氏等抵滬以前，在日軍卵翼之下，早已賭場林立，「好萊塢」、「兆豐總會」、「秋園」等大賭窟規模宏大，電炬輝煌，每晚進去的人絡繹於道，報紙早已對越界築路的滬西一帶，稱為「歹土區域」。吳四寶就倚仗了「七十六號」的勢力，手下又有武裝的蝦兵蟹將，利用畸形的地區，特殊的環境，向每家賭場收取鉅額的保護費。是賭場中的主持人，沒有一個不是與他換帖稱弟兄，就是執贄做徒兒。漸漸的連富商鉅賈也趨炎附勢，與他發生關係了。吳大隊長家裡，臣門如市，一時聲勢之盛，有駕當年杜月笙而上之之概。四寶這個名字，一看就是出身微賤的下等人，不知是誰替他另取了一個堂皇的官名，報上居然也時常看到「吳雲甫啟事」的告白了。

尤其在民國二十八至三十年間，上海綁票案件頻頻發生，汽車停在路邊也會被偷竊得無影無蹤，雖然沒有證據證明是誰做的，但道路傳聞，都指出一個是「十三師師長」丁錫山，一個是「七十六號」的警衛大隊長吳四寶所為。儘管有人指證鑿鑿，但誰也奈何他們不得。吳四寶有這樣多的收入，應該可以滿足了，但他還做著投機交易，紗布與黃金由他指揮操縱，大進大出。一次他買進了大量紗布，忽然市價暴跌，他一急，就自己跑往交易所，取出手槍，強逼拍板的人掛高牌價，他說多少就是多少，於是非但造成了市場上的大混亂，許多人還給他搞得傾家蕩產。大約上海開埠百年以來，這是商場上從來所未有的一次大醜劇了。而當時幾起鉅案，如江蘇農民銀行宿舍集體槍殺案、中國銀行宿舍集體綁架案，別人所不忍為的，吳四寶都以邀功之故而毅然為之。

吳四寶是一個不識字的粗胚，而他的妻子佘愛珍卻是啟秀女中的畢業生，一切運籌帷幄，他都秉承閫命辦理。她能夠雙手開槍，女犯人的拘捕審訊以至用刑，都由她與一個通日語的沈小姐親自出馬。一次還在太平洋戰爭以前，上海的租界還是存在著，她挾了武器，往租界「辦案」，歸途經靜安寺路愚園路口交界處，即百樂門舞廳的前面，租界警察照例對車輛施行檢查，而她出其不意對警察開槍轟擊，汽車也於槍聲中疾馳而去，捕房終且奈何她不得。試想連一個區區隊長的妻子，當年又是何等的威勢！

就這樣不到一年的時間，吳大隊長的大名，在上海社會上既已全市皆知，即汪政權的圈內人對這位過去稱他為「吳大塊頭」的，也就不能不刮目相看了。他在愚園路立時經營起一所華屋，窮極奢侈，裡面且有舞廳、劇場、網球場等設備。進屋的時候，還唱了三天的盛大堂會。周佛海與筱玲紅的一段孽緣，就是在那次堂會中促成的。以後他的妻子佘愛珍四十生辰，又演戲擺酒三日，什麼平劇的荀慧生、周信芳，滬劇的筱月珍，紹興戲的傅瑞香之類，全皆到齊。是那時上海的有名人物，吳四寶的結義弟兄、學生、乾兒子、佘愛珍的小姊妹，紛紛趨賀，酒席開至上百桌。除了杜祠落成，上海很少有這樣的場面。而這六年之中，我所看到的汪氏，卻從無一日有自奉自逸的事情，連他夫婦兩人的生辰，不但絕沒有任何舉動，而且我們都絕不知道是那一日。

其次是陳公博，他的老太太是前清的一位軍門夫人，又早歲即參加革命，在汪政府時期，她老人家已八十高齡，卻不幸病廢在床。到她壽誕的前幾天，公博夫人李勵莊也想演劇助慶，家裡已在搭蓋涼棚。不料給她老人家知道了，召公博去訓斥說：國家殘破到如此地步；民生憔悴到這般程度，為了我的生日而舖張演戲，老百姓會將糞溺隔牆丟進來的。公博肅然，就下令停止。人的賢不肖，真是相去遠矣！

因為吳四寶等部份人的胡作非為，也引起了社會上對汪政府有了不良觀感。有一天，我忍不住向佛海道：「我們何至於把流氓地痞也一律招收，忍其橫行閭閻，弄成聲名狼藉？」佛海倒笑著道：「任何歷史上一個政權草創之際，雞鳴狗盜，應該無所不容。以近事來說，譬如北伐定鼎南京之初，三大亨也曾因此脫穎而出。至其得道之後，要看他自身的如何向上了。」周太太剛在旁邊，她說：「你們是不是談的吳四寶？我看他身裁魁梧，而且很懂規矩，這樣的人倒是難得的。」我知道吳四寶見著上司時的一套卑恭的巴結功夫，竟然已獲得了佛海夫婦的信任。

到吳四寶的全盛時代，與李士群、唐生明且結為拜把弟兄。甚至他手下的一個學生張國震，本來是滬郊的「忠義救國鐵血軍」，說句不客氣的話，就是土匪。經吳四寶招收以後，狐假虎威，到處敲詐，是吳四寶做的壞事，大半由張國震一手包辦。一提到張國震的名字，就會讓一個安份良民變色。我與吳大塊頭平時絕不來往，只有一次，是申報廣告部經理陸以銘的全家老少被「七十六號」拘捕了，我到「七十六號」去保釋，這案子是歸吳四寶主辦。辦好手續，我在他的審訊室裡等候提人，四寶出來招呼我。他看見我目注著他檯上的一條皮鞭，血跡已漬透得成為黑色，他很得意的拿給我看：「誰落在我手裡，不待審問，先用這根皮鞭打得他皮開肉綻，給他一個下馬威。」我聞言不禁竦然為之毛戴。

吳四寶這樣的鋒芒畢露，而又聚斂太多，李士群果感到尾大不掉，連汪氏也畢竟聽到了風聲，覺得大憝不除，將使民無寧日，下令免除了他大隊長的職務以外，且通緝查辦。而他的無惡不作，即日本人也覺得他實在太不成話。大約在民國三十年的夏季，一天，吳四寶正避在家裡，忽然外面來了大隊的日本憲兵，把吳宅團團圍住，他知道事情不好，卻仍然給他乘機溜走了。但是風聲一天緊似一天，吳四寶也知道終於躲不過去。終於由曾經做過「宣傳部次長」的胡蘭成，陪了佘愛珍向李士群與唐生明求情，李士群說：「四寶哥不去自首，案子不能了結。他去，我願以身家性命保他出來。」這樣，就由佘愛珍帶了四寶去見士群，再由士群送交日本憲兵隊，前後扣留了兩個多月，也受到了許多毒刑，日憲以擅長摔角的人，把這二百多磅重的吳四寶，從背上翻過來直摔到地下，讓他直挺挺頂躺著摔個半死，還作為笑謔的資料。日憲還追究助虐的高徒張國震，逼得他自己去投案後，交給「七十六號」立即執行槍決。約在民國三十年九十月間，士群倒真把四寶從憲兵隊領了回來，但說要移到蘇州去由士群負責看管。那天四寶回到家裡，沐浴理髮更衣，拜祭了祖先，回身過了，又轉向士群磕下頭去，像這樣一個殺人不眨眼的傢伙，此時居然也流下了眼淚。

四寶隨著士群到了蘇州之後，就住在士群的蘇寓「鶴園」，到蘇的第二天中午，端出了一碗麵給他吃，不料要不多時，腹痛如絞，七竅流血，立時一命嗚呼。這顯然是中毒斃命，但我無法斷言是出於士群的主張，還是由日本憲兵的授意。四寶橫行一時，前後短短也不過兩三年，就這樣的惡貫滿盈了。

四寶死後，而吳妻佘愛珍還把她丈夫的喪儀大鬧排場，翌日向京滬路包了一節火車，預先通知了上海與四寶生前有關的人；趕赴北站迎柩執紼，南京路上，沿途都是路祭，一直到膠州路的萬國殯儀館為止。從前清宮保盛宣懷民十一次大出喪以後，吳四寶的殯儀，算是最出鋒頭的一次了。

汪政權中人甘心為虎作倀，橫行不法者，又豈僅吳四寶一人？淪陷區中人對汪氏等以次的主要人物，有去思、有恕辭。勝利方始，且已有人心思「漢」之聲，而「七十六號」的不理眾口，實為這政權的一大污點，是則吳四寶輩，又豈是一死足以蔽其辜哉！

九八、大悲劇中的無數小悲劇

到今天，應該無人再會否認汪政權的全部事實，不是一個時代的大悲劇，或者說是歷史的大悲劇了。以汪氏本人而論，當其離渝之前，以身居中樞要職，熟知內幕，眼裡所看到的國際形勢，與戰場形勢，誠有如其豔電中所謂「抗戰年餘，創鉅痛深，倘猶能以合於正義之和平而結束戰爭，則國家之生存獨立可保。」所以在國家岌岌可危之際，以國民身分，黨員身分，發表和戰主張，在民主政制之下，只需動機純潔，固不得視為越軌；而謀國之心，亦應為國人所共諒。以後汪氏雖受河內行刺案件所刺激，因而改變其放洋赴法的初旨，身入陷區，但在敵人槍刺之下，要爭回已失去的土地與主權，以汪氏這樣的人，更安有不知其為與虎謀皮之理？所以他離渝前留書給蔣氏中有句云：「兄為其易，而弟為其難。」

迨由越抵滬，他更立即發覺了日本軍人的心裡，並沒有什麼近衛三原則。所以當二十八年還在與日本進行交涉，而政權也還在醞釀之時，汪氏上海的機關報——中華日報，即有一篇社論出現，題目叫做「戰難；和亦不易！」在這五年之中，汪氏對日人則緊守著一個最後限度，對同志則常以熱淚來表示他內心的痛苦。人們對於汪氏一直有一個誤解，以為他是一個徹頭徹尾的主和份子。但為了他太清楚國家當時的實力，起初與蔣氏所抱觀念，實際上完全一致，即抗戰前夕廬山宣言中所謂「犧牲未到最後關頭，決不輕言犧牲。」而一到「九一八」事變發生，戰禍已不可避免的時候，他又立即主張抵抗。人們也許還記得他曾經致電給張學良，責以不抵抗而約他同時出洋的事實吧！自「七七」事變起，他是主張「一面交涉，一面抵抗」，而不是不抵抗。迨淞滬之變接踵而來，他知道這已是犧牲的最後關頭，要抵抗就得澈底的抵抗。於是他提出了「焦土抗戰」的主張。由此很可以看出汪氏隨著形勢的變化，而決定應付的策略，決不是一個像世人所想像的是一味主和的人。

當汪氏由越抵滬，發起和平運動，已形成分裂敵對之局。而我有時為他想：他讓蔣先生主持繼續抗戰，而由他來擔當和平談判，儼然是一氣生兩儀之象。他自己已來奔走和平，而「第六次全國代表大會」宣言中，仍有「合於正義之和平，一日不達，則抗戰一日不懈」之語，也居然仍然是他最先主張的「一面交涉，一面抵抗」之變局，難怪社會上要宣傳蔣汪唱雙簧了。

但是他抵滬後與日人接觸的結果，知道了日人無悔禍之心，自日人對珍珠港偷襲，他更清楚了他最初對國際形勢所作的判斷有了劇變，失敗的命運已經注定。他向他的長公子孟晉所說：「要國家有救，就得讓他身敗名裂，家破人亡。」而最後他真是這樣了，但國家卻並不曾有救。國府贏得了抗戰的勝利，但失敗於對共的戰爭。他所揭櫫的非和平不能反共，非反共不能建國，到現在，人們應該會懷想到他的先見。假如日人不掀起太平洋戰爭，二次大戰的戰史也將完全改寫；再如汪氏不病死於勝利先一年，則最後東南之局面，恐怕也不會如那時這般的情形吧！身後是非誰管得？在汪氏生前，他自己就早已知道將是歷史悲劇中的一個主角了。

悲劇中的第一個硬裡子是陳公博，當他還在重慶的時候，他就劇烈反對汪氏的和平運動，等汪氏抵滬以後，他還專程由港去滬，阻止政權之實現。他之所以繼汪氏而離渝，正如他當時給張群的信裡所言：為了阻汪氏有發表言論以外的行動，留渝也恐別人疑心他為汪氏在抗戰區作內線，引起別人的不安；而他最後之所以參加，還是因高陶叛離，顧念汪氏左右無人，又經不起陳璧君的來港勸駕，以他對汪氏的知己之感，明知其不可為不能為而終於為之。六年之中，他的看法一向是悲觀的，他的態度是一向消極的，而最後由日飛回，束身受罪，在回國的飛機上，他還口占了一絕，其最後兩句云：「東南天倖山河在，一笑飛回作楚囚！」國家勝利了，個人的生死榮辱悉置度外，「一笑飛回作楚囚」句，無窮慷慨，無限悲涼！在蘇州高院受鞫時，不請律師辯護，不上訴以求僥倖，他甘心情願為汪氏陪葬，惟一的希望，僅是能發表他數萬言的自白書——《八年來的回憶》（參閱本書中冊），以表白他的心跡而已。

假如公博不離開重慶的話，不愁沒有高官厚祿，當局也一定會對他儘量羈縻。今天，如其我一定說他如何義薄雲天，以身殉友的話，或者會有人以為我阿譽過當。但是不由我不想起了歷史上的一段故事：三國時代，儘管曹操是權臣，而漢朝畢竟是正統。孫吳、蜀劉，以史家的眼光來看，不過是割據之局。當年關羽曾經身在曹營，孟德對他不能不說優渥盡禮，而關羽徒以與劉備有共生死禍福的深情，不惜封金掛印，過關斬將，歸為皇叔之佐。或許我擬於不倫，而陳公博終能含笑飲彈，身後十餘年，成敗之勢已定，公博終且難逃漢奸之名。

實際上，在汪政權中，周佛海是掌握著最大的實權。有人笑我把汪政權寫成了周政權，固然由於我與佛海形跡較親，所知於他的事情較多，而對於汪陳方面，情形就相當隔膜，儘管我把汪政權往事寫得雞零狗碎，但是我決不敢強不知為知，任意臆造。在那時，周佛海儘管連「行政院長」也沒有當過，而汪政權的一切，的確是全由他於事前決策，於事後執行，然而他的徬徨矛盾，也無殊於汪陳兩人。他與汪陳一樣，也未嘗否認抗戰是救國，而「和平」不過是一種對外的手段。他深感汪氏對於他的推心置腹，而又難忘蔣氏對他的優容識拔。他是汪政府的重心，同時又為重慶效力，往往一件事到不能兩全的時候，滿懷憂急之情，廢寢忘食。

勝利前，他本自知難逃為張學良之第二，更以原子彈的爆炸，迫使日軍投降，連他所佈置的策應工作，也無從表現。迨勝利來臨，因悲喜交集，步驟更亂，南京因所謂地下工作人員之周鎬輩接收中央軍校而引起的誤會，幾與陳公博兵戎相見。而最後與其一親一信的羅君強楊惺華，隨戴笠飛赴重慶，置其追隨六年之朋友與舊屬於不顧，引起了汪政權中人的最大不滿。卒之審理結果，判處死刑，雖邀明令特赦，仍然瘐死監房。汪政權三巨頭，於兩年之間，先後謝世，完成了歷史上悲劇的一幕，也永留了不為人諒的一頁。

而在這大悲劇中，除了這三個巨頭，在勝利以前，已經是沉浸在悲劇的氣氛中，其他還有無數的小悲劇不斷發生。譬如：「和平運動」的一開始，上海展開的特工戰中，寧滬雙方，你打我殺。同一在汪氏領導之下，公館派與CC間壁壘森嚴，明爭暗鬥。即在周佛海小系統之下，羅君強熊劍東勾結日人，鴆殺李士群，而李士群又受命於日人，毒死吳四寶。其他貪圖榮利，但知搜括，或則忘懷國族，助虐事仇，滔滔皆是！除了上述諸事而外，其間有兩件小悲劇，或仍足為讀者茶餘酒後的談助。一件是耿嘉基的吞槍自殺；一件是周樂山的仰毒戕生！

九九、耿嘉基吞槍周樂山仰毒

耿嘉基這個名字，或者不為海外人士所熟悉，但在北伐以後的十餘年中，上海社會上提起耿秘書這個人，知道的就不少。他是江蘇松江人，字績之，父親是前清出使比利時的欽差大臣。七歲就隨父至法比留學。回國以後，一度在外交部供職，從張群出任上海市長以後，他被聘為滬市府的法文秘書。那時滬市府的英文秘書是俞鴻鈞，日文秘書王長春、殷汝耕，中文秘書王紹齋、黃劍棻等，人材極一時之盛。他似乎與張岳軍有些世誼關係，以後歷吳鐵城愈鴻鈞等多任而從未更動。他主辦的是法文事務，華界又與法租界毗連，而績之對於法公董局以及法捕房上上下下的法國人，幾於沒有一個不熟。尤其在禁煙時代，從長江上游運至上海的官土，以法租界為營業集中之區。雖由杜月笙等經銷，也在在與法捕房有關涉，所以績之還奉命兼管有關官土在上海的運銷事務。

有土斯有財！他原籍本有幾千畝附郭之田，更以鶴俸與煙土方面的分紅，有著可觀的收入。不過由於他生性慷慨，而又出身富家，揮霍得也很厲害。他自己已經有一妻兩妾而外，還不時進出於舞榭與妓院，千金一擲，舉止的豪闊，有時連杜月笙也恐望塵莫及。歡場女子，甚至以能與耿秘書有特殊關係，欣然向儕輩誇耀。在福煦路金門大戲院的隔壁，市政府同人組織了一個俱樂部，他幾乎很少回去，常時就睡在那裡。而即使在他一生的黃金時代，經濟上已早有了入不敷出的現象。

以後抗戰事起，上海淪陷了，他也曾經一度遠來香港，而吳鐵城、俞鴻鈞等昔日的長官，不能為他安頓；鴉片官賣時有密切關係的杜月笙，也對他毫無幫助，請纓無路，不得已又重回上海。他依然維持著過去豪闊的場面，手下又用了不少供奔走的人，而收入毫無，更呈捉襟見肘之像。周佛海抵滬，延攬人才，我因他深諳法文，與法租界方面以及上海各階層都熟悉，就去邀他參加，不料他已經由其同鄉孫時霖的介紹，與李士群發生了關係。但是我認為他既不是過去幫會中的所謂大亨之流，以他的家世、學識、性格，更不宜與特工有聯繫。當佛海左右有十人組織時，我就拉他在內，可是他既不能與佛海作進一步的接近，而士群的部屬，因過去的地位都遠不如他，深恐他會後來居上，暗中阻止他與士群的接近。他雖與汪方發生了關係，在雞犬皆仙的環境中，竟是斯人獨憔悴。

績之似乎太好客了！在民國三十年前後這一段時期中，上海暗殺事件幾於無日蔑有，汪方的人都蟄居不敢外出。那時還是租界時代，因他與法捕房有多年的淵源，可以派警獲得充分的保護，他在勞爾東路一號佈置了一所精美的房子，讓朋友們可以有消遣的地方，那裡有十餘名侍役供差遣，常備著精美的煙酒、點心、飯食，誰去就隨便要，不必付錢。晚上人頭擠擠，四五桌麻雀，以黃金的價值來說，八圈的輸贏，可以從最小的黃金二十兩到六百兩。名妓、交際花、舞女、女伶、影星，以及鉅室婦女，都會在那裡出現。賭錢終局了，賬房上來記賬，贏的人明天向他取現，輸的人如從此不理，他既不追索，也不問訊。這一派豪俠的氣概，充滿海派的作風，使別人瞠目結舌；但是使績之的債台，卻越築越高了。

以後汪政權收回租界，法租界改為上海市第八區，論他的資望以及與法租界的淵源，他應該出任第八區區長的。但因為有人中傷他，說他開賭抽頭，目的就是為活動出任區長之用。結果由「上海市長」陳公博自兼了區長，而他只擔任了裡面的一個處長職務。屈居下位，使他更鬱鬱不得志。經濟情況也一天一天走向下坡，迫他不能不有所營謀。剛好米糧統制，日本人又劃定了軍米區，汪政府招商承辦日本軍米區以外的採購事務。績之去包了松江青浦幾縣。他自己不大管事，就派了他手下的幾個人負責去做，這批人的弄得不乾不淨，也是事實，但我相信績之全不知道這類情形。

在卅三年的年底，績之一度顯得很興奮，因為佛海召他去談話，告訴了他部份的秘密，為了策應反攻，要他聯絡表面上是法國貝當政府份子而實際是反軸心的法國人，以及浦東部份的軍隊。吳鐵城與俞鴻鈞，也托人有信給他，說總反攻在即，要他好好的相機報國，他忙碌著從事一切準備的工作。

到三十四年舊曆剛過完元宵的時候，蘇州的日本憲兵隊忽然派人通知績之，說他破壞了日軍的米糧統制政策，限他翌日早車赴蘇投案。他鑑於京蘇兩個糧食局長胡政、后大椿因糧食問題已遭槍決，知道情形嚴重，但他仍能不動聲色。當晚因褚民誼赴粵任「省長」，他還在勞爾東路為他餞行；又因他辭去了第八區處長的職務，同僚們在福煦路為他宴別。他照常酬酢，一樣談笑，誰也不知道大禍臨頭，他將以自己的手來結束他自己的生命。

等賓客散盡了，他回到臥室閉上了門，寫了兩厚本的遺囑，他要把自殺的那枝手槍，於身後送給陳公博，生平無數女人送給他的照片與寫給他的情書，在火爐中一起焚毀。欠他錢的人也不少，他把借據等分別封好，無條件退還別人。有幾個他的膩侶，他答應她送東西去而未送的，也一一預備好，要人於第二天送去。遺囑上寫好指定我為他的遺囑執行人，料理他的身後之事。最後留了一封信給警察局，聲明是自殺，不要連累他人。

那時已經天明了，他還要下人給他一杯牛奶。臨出門時，告訴他一個姓顧的賬房，說他去了近在咫尺的自己有時留宿的西愛咸斯路的公寓，要他隔二十分鐘去看他，臨走還望著所有的下人笑了一下，誰也不知他這一笑是在向他們訣別。

二十分鐘以後，賬房遵囑去看他了，房門虛掩著，門外就聞到沉重的喘息聲。推門一看，績之已倒臥在床前地氈上的血泊中，嘴裡含的一支香菸，餘煙裊裊，還未熄滅。手槍落在身旁，彈自右太陽穴射入，左邊穿出，等打電話報警，救傷車來送往廣慈醫院，終於不治身死。

在績之生前，他曾經有一次和我談起，他說：「我只幫汪先生搞和平運動，我不與日本人合作。如其有一天日人要對我加以侮辱時，每一間房內，我都放著一枝手槍，我會毫不遲疑地用槍自殺。」我以為這是一時憤激之談，隨便說說罷了。以後我為他料理身後事，檢查遺物時，真的發現每間屋內的抽屜中，都有一枝實彈手槍。可見他不受日人凌辱的心，確是非常堅決。

績之是一個外圓內方的人，外表上是生活浪漫，而又事事隨便，其實內心裡則有其一定的分寸。這次的事，他即使投案了，情節既並不嚴重，我們也一定全力營救，決不至有生命危險。而他毅然以不受日人的凌辱而吞槍自殺，而又死得那樣從容、那樣悲壯。我以有他這樣一個剛毅的朋友而引為光榮，感到痛悼。

另一個被迫自殺而也是周系十人組織之一的是周樂山。他本是上海教育界的人士，因與羅君強是大夏大學的同學而參加了「和平運動」，汪政府還沒有建立，羅君強丁默邨就不斷在佛海面前說他的壞話，預定在汪政權中的職位，為教育部的司長，而不像別的弟兄的預定為次長，這使他面子上很難堪，正在侘傺無聊之際，以受重慶特工的誘勸，而想改圖，竟與原已參加「七十六號」工作，以前是潘公展的舊部的湯增敭、徐則驤兩人，於二十九年的春季，離滬搭輪赴港，並在報上繼高陶而發表反汪宣言。而一到香港，就因失去了利用價值，再也無人理睬。他屢屢寫信給我表示中悔，我與佛海說通了不再追問往事，又讓他回滬。迨回抵上海，一直閒廢無事。君強出任「安徽省長」，他又要求君強為他安插。等他告訴我將任安徽明光區專員時，事情已經決定了。我力勸他不要去，我認為君強一向對他不好，而君強又是一個反面無情的人，他歡喜殺自己人來表示他的公正廉潔，結果一定不會好，而樂山不聽我的勸告，終於走馬上任去了。

也就在耿績之自殺後的兩三個月，一天，正在上海我的銀行裡辦公，有一封從安徽專差來的信送給我，拆開一看，上面寫著：

○○兄：

弟悔不聽我兄之言，已為人成功犧牲品。弟上有老母，下有妻孥，身後一切，請兄照應些。弟樂山絕筆。

我叫專差進來一問，他說：「周專員因公到南京去時，羅省長指明光專署的一個科長與一個秘書，有移用公款購買物資嫌疑，把他們拘解到蚌埠省府去。周專員聞訊由南京趕往蚌埠，當晚見羅省長，羅省長還說沒有什麼問題。不料第二天清晨，對派了一排兵把周專員像江洋大盜一樣的拘捕起來了，與太太一起關在省政府招待所。前兩天，羅省長親自提秘書科長審問，教周專員立在一旁。因為羅省長是兼綏靖主任的，所以用軍法從事，把秘書科長用軍棍當堂打得皮開肉綻。以後每天派人向周專員逼取口供，說要送到南京特種刑庭去重辦。周專員覺得羅省長將不會放過他，已經預備一死。」

我聞言大驚，一面打電報給君強，一面找佛海要他去電制止，下午就接君強覆電，樂山已經自盡身死了。

事後我知道樂山因不堪逼供，決以一死了事。他雖失去了自由，但伴著他的太太還可以隨便進出，他要她去買來了鴉片吞服，同歸於盡。樂山是和著高粱一起吃了下去，當場身死。他太太吃得分量少了一些，又沒有和酒，結果經救治後挽回了一命。君強毒死士群以外，又逼死了樂山。周系的兩次十人組職中，李士群、耿嘉基與周樂山，不待勝利，已有三人不獲善終。但是，幾條人命還不過是大悲劇中的小悲劇而已。

一〇〇、一搞政治就淹沒了人性

如上面的種種事實，不問為朋友或為同志，一旦參加了政治，磨擦、傾軋，甚至鬥爭，什麼最卑鄙最毒辣的手段都會做出來了。李士群、吳四寶、周樂山等的死，不問其平時的行為如何，而出之於自己人的排佈，總覺太殘忍了一些。在汪政權幾年之中，佛海是想拉攏各方面的，也肯虛心接受人家的意見的，而與公館派之間，既不斷有不愉快的小事發生，即周系十人組職，也搞得煙霧瘴氣。

為佛海招怨樹敵，羅君強不能不負其相當的責任。我很奇怪於為什麼人們一搞政治，都就會像把人性淹沒了似的？即君強與我，也始終並不曾真正融洽過。但是，當年許多人都認為我與君強是一搭一檔的夥伴，所以造成這樣錯誤的觀念，因為一開始我與君強同住一屋，以後凡是佛海所經營的有關機構，也必然同時有我與君強。譬如佛海到滬以後首先組職的「學藝研究社」，就以君強為總秘書，以我為總幹事，南京的「中報」，上海的「平報」，君強為社長，我為副社長。我所一手創辦的南京興業銀行，最先以君強為董事長，而我則自退為常務董事。君強任「邊疆委員會委員長」，我又做了常務委員。而且出則同車，宴則同席，難怪別人會有那樣的看法。其實君強最初對我並不壞，他希望我幫他的忙，而不是直接幫佛海的忙。換句話說，他是要我成為羅系的人。偏我不識抬舉，於是引起了他的不滿，以後的發展，也不能不說意氣之外，雜有一些權利之爭。

在前面說過，當佛海抵滬要我參加「和平運動」的時候，我所提出條件之一是不辦報，詎當「中報」籌備剛開始，主辦的葉如音攜了佛海所交給他的近十萬元報款，不別而去。佛海左右，又並無第二人有辦報經驗。這責任結果就落在我身上，而使我無可推辭。在我看，這是一種義務，也是對友誼的犧牲。雖然君強對辦報並無經驗，我還是為了滿足他而讓他當社長。但是「中報」受了葉如音的影響，經費並不充裕，購買機器、鉛字、設備，以及在南京朱雀路蓋造房屋，且在待遇菲薄下延聘內行人才，都由我在捉襟見肘中獨力做去。而跟著在籌備期間，林柏生希望改為「中央日報」，佛海則無可無不可，而君強則堅決拒絕，報紙未出版，就先引起了我與柏生之間的誤會。

在剛創刊時，我又兼了總編輯的職務，辛勞忙碌，在我認為是一件苦事。我只知怎樣先把報紙辦好，忽略了足以讓君強認為我有心把持的嫌疑。以後丁默邨在上海購下了文匯報，他所委任的兩個負責籌備的人，劉吶鷗與穆時英，又先後為重慶的特工所擊斃，沒有人再敢於去接手，默邨順手推舟的送給了佛海。佛海事前沒有徵求我的意見，就貿然接受了下來，決定開辦「平報」。結果當然要我去主持出版，而且時間只限定了二十天。那時上海正在暗殺盛行時代，我偏偏有一顆好勝之心，我同意了，去了，而且如期出版了。更意外的是，在租界中抗日氣氛很濃厚中，銷路居然也不壞。而社長一職，我又讓給了君強，我自己則以副社長兼任了總經理與總編輯。君強鞭長莫及，更因為「平報」有過兩次被人投彈，一次放火，地址又在上海繁盛的福州路，他秉著不立巖牆之義，不履報社一步，但在他的心裡，我獨斷獨行，又是一件使他極不痛快的事。

然而這還僅是權之爭，尚不是利之攘。當我與佛海在民二十八年見面以後，我已知道他將確定出任「財政部長」，同時我也知道他對於重慶的態度，以及對於蔣先生的懷念。搞政治，必需有經濟為後盾。我建議由我來創設一家商業銀行，利用他的職權，給我全力支持，我也向他保證，如其有盈餘，供他作政治上的運用。我們之間有了這個默契，因此當財政部成立的第一天，我就送進了創立銀行的聲請書，我取得了第一號的銀行執照。股本五十萬元法幣，絕大部份真是南京商界的股款。

而我是一個荒唐鬼，以這區區五十萬元的股本，卻以四十八萬元在南京中華路建築了一所南京戰後最堂皇的大廈（勝利後被接收為中央信託局），那時「中央儲備銀行」還未成立，南京僅有陳公博有關的農商銀行一家，「財政部」的公款，很多就存在我的那家「南京興業銀行」裡，那時在股款之下，我送了一些給羅君強與楊惺華。於是該行組織，以君強為董事長，惺華與我，暨南京商界中的其他兩人為常務董事。任何人一看這名單，就意味著這是周佛海銀行。大家認為只要汪政權不倒，存款就不必耽心落空，因此銀行的業務，一開張就生涯鼎盛。誰知開辦不久，汪政權一聲令下，公務員不得兼營商業，君強不能不辭職，董事長當然由我繼任，而我還兼任著總經理的職務，君強曾經向我開口，要由他推薦一個他親信的人來做總經理，我又婉拒了。

積累了許多因素，也許君強已認為忍無可忍。在民國二十九年的秋天，他去了一次日本回來，忽然暗中召集了與他接近的三十幾個人，其中有楊惺華、孫濟武、葛偉昶、蔡羹舜等在內，組織了一個「力行社」，目的就是為了對付我。有人告訴了我這個消息，我也不好，憑一時的衝動，就在「中報」上寫了一篇冷嘲熱諷的文章，以為報復。中間有兩句這樣的話：「有人想藉團體之『力』，『行』其鬼蜮」，特別把「力行」兩字排了較大的一號字體。君強看到了，明白是我向他反擊，事態也自然惡化了。

這樣雙方暗中的磨擦，經了幾月之久。以後李士群與朱樸之把這事告訴了佛海，由他出任調停，一面要君強把「力行社」解散，一面要我退出「中報」。要君強退出「平報」，由我接任「社長」。兩人分了家，表面上才算平靜了。但經此一來，我們心中各自有了一個疙瘩，彼此見面，也只是一味假意敷衍。君強後來當了「司法行政部長」，要我當「政務次長」，他調任「安徽省長」，又要我當「民政廳長」，我對做官既無興趣，對君強也怕與合作，大家既再無權利上的衝突，總算能於表面上保持和平。當時我並不覺得與君強鬧，會有什麼後果，直至李士群周樂山死後，乃有些不寒而慄了。

一〇一、從頭溯說當年一段淵源

我個人對於汪先生，雖然可以說除了汪政權一段時期而外，過去絕無淵源。即使在那一段時期中，因為我並沒有擔任什麼實際職務，加之我僅是直接對佛海幫忙，因之就很少有機會與他單獨談話。但是，即此寥寥幾面、他的儀態、他的談吐，他的懷抱，已足夠使我留著欽敬的與永遠不可磨滅的印象。

從民國廿一年「九一八」事變以後，汪氏以「跳火坑」而由海外歸來赴京出任行政院長時，我因往意國郵船「康脫羅素」號去接曾仲鳴，曾再見過他一次。此後因執行律師業務，新聞記者職業，已成為我的副業，我就一直沒有再看到過他。民國二十八年，他離渝後由越南來滬了，我以佛海之約而參加了「和平運動」，並遷住到愚園路，於是很容易會不時遇到。那時他事實上已經五十七歲的高齡，而溫文俊朗，其神采還是值得別人看煞。

汪氏也確有其天生吸引別人的本事，許多人都這樣說過：即使怎樣不滿於他的人，只須與他作一次談話，就往往會立時化除成見，油然而起敬意。對於這種傳說，過去我還以為傳者言之過甚，在將信將疑之間。民二十九年政權創立後不久，在他南京頤和路廿三號的寓邸，分批宴請比較重要的人士。我以「中央委員」的關係，有一次也在被邀之列。每次被邀的只有十個人，以便分別談話。在我們進入會客室時，汪氏早已立候在那裡了，面上堆滿著笑容，殷勤地招待來客入座。從談笑風生中發揮他對時局的觀點，間以輕鬆幽默的語句。再分別徵詢別人的意見；也逐個詢問他的近狀，以及職務上的有何困難。他周旋於十人之間，處處表露他的親切與誠摯，使場面完全不顯得冷落。他也隨便得不像是一個政權的領袖，使客人解除了顧忌的心理。半小時的閒談，事實上已博得了每個人的好感。

我剛好坐在靠近他左邊的沙發椅上，中間僅隔著一張矮几。他把全場的人都應酬過了，回過頭來，向我端詳了一下，他開口說：「×先生！你和我似乎曾在那裡常見的；而且你的名字我也非常熟悉，好似與我一件什麼事有過關連，而我竟然已完全記不起原因了。」我回答他說：「當您於民國十六年由武漢來滬，住在善鐘路七十七號時，因我擔任報館職務，而又因常看曾仲鳴先生，曾不時見過您。」他恍然若有所悟地問道：「那麼，那次桂系的想不利於我，而迫使我赴法的消息，是你透露給仲鳴的了？」我點著頭說：「是，這不過是我無意中得來的。」他立刻改容相向，說道：「啊！××先生，非常感激！非常感激！是當時仲鳴告訴我的，我還沒有機會向你道謝。」

人們也說給我聽過，汪氏對他的左右，依著親疏的關係，而有五種不同的稱呼：最普通的稱××先生，進一步則去姓用號，而稱為××先生，再進一步則稱為××同志，至有相當關係時，則稱為××兄，到了真是引為腹心的時候，就呼為××弟了。當汪氏由渝赴越，林柏生在香港為他主持「南華日報」時，於民二十八年夏，行經德輔道中現在的歷山大廈門口，被暴徒用利斧頭砍傷頭部。汪氏聞訊，立即去電慰問，電文一開始就稱為「柏生弟」。柏生第一次見到那樣親密的稱呼，竟然忘了身受的創痛，躊躇於汪氏所給他的恩寵。那天，汪氏於三分鐘之內，對我的稱呼就有了變易，可以證實了人們的傳說為不虛。也可見汪氏的搞政治，連極小的細節，也樣樣留意到了。

至於汪氏和我談話中所指桂系的事，多少關係到一些近代的史實，這裡不妨先加以簡單的補敘。民十六，北伐底定南京，汪氏也與武漢政府分離而行抵上海，民十七的一月，中國國民黨第三屆第四次中央全會，首次在南京舉行，而國民黨內部已經開始分裂，桂系與「粵方委員」有了很深的磨擦。那時所指的「粵方委員」，事實上即以後被稱為「改組派」的前身，人物包括汪精衛、陳璧君、何香凝、王樂平、朱霽青、陳樹人、經亨頤等幾個中央委員而言。會後大家又回到了上海，桂系的首領李濟琛住在海格路南洋兄弟煙草公司簡照南的住宅「南園」裡，而汪氏夫婦與何香凝則住於法租界善鐘路七十七號。當時的淞滬警備司令是桂系的白崇禧，也可說上海的實力，控制在桂系之手。

我因為擔任「時報」的採訪主任，為了獲得新聞來源，必須與各方面都取得密切聯繫。汪氏方面我與曾仲鳴比較相熟，而李濟琛方面，則其表弟黎民任與我發生了較好的友誼（黎民任於民國三十八年共軍南下前，在廣州沙面為李搞「民革」工作，為國府保密人員拘捕後秘密槍殺）。一天晚上，我到南園去看民任。那天月色正好，我們在園中散步，仰挹清光，塵襟盡滌。

我問他這幾天有沒有特殊的消息，他說：「消息倒有，可是為一則不能發表的驚人消息，假如你答應我不披露，我可以告訴你作為私人的談話。」我答應了他，他接著說；「任公（李濟琛字任潮）等認為汪精衛慣於翻雲覆雨，留之且為後患，健公（白崇禧字健生）已在準備把粵方委員拘捕，為一網打盡之計。你等著瞧吧！好戲就要開場。」

我與民任分別後回到報社，對他所說的發生了懷疑，認為革命尚未成功，內部何至遽爾火拼？

為了證實這一個消息，我又驅車去看曾仲鳴。我問仲鳴：「汪先生與桂系之間如何？」

他說：「雖有歧見，總望不致決裂。」

我說：「不見得吧！桂系已準備對汪先生立刻動手了，你又何必瞞我？」接著我就把黎民任告訴我的話，和盤托出地轉述給他聽。

我當時的本意，不過想激使他透露出汪方的反應，除了忠於採訪的職務以外，其實我毫無其他作用。不料仲鳴聽到我的消息以後，急急於追問我的來源，我說是黎民任告訴我的。他沉吟了半晌，他說：「是他講的，不會全假，此事必須立刻報告汪先生。究竟真相如何，明天我再與你談吧！」

第二天傍晚，我再到善鐘路汪宅時，司閽告訴我曾先生出去了，留有一封信給我，我拆開看時，只有曾仲鳴給我的一張簽名的照片。而我為一個採訪政治新聞的記者，竟然糊塗得並未察覺仲鳴送照片給我作為辭別的暗示。到了第二天，才證實汪氏夫婦、仲鳴與鄭毓秀四人，已漏夜登舟，又離滬赴法去了。汪氏等的遠行，也證明了黎民任告訴我的話確是事實。假如不是我無心透露，破壞了桂系的謀略，汪氏一生的歷史，勢將完全重寫。

不料十二年前的事，在那次私宴中，再勾起了汪氏的回憶，並向我殷殷致謝。那天宴罷辭歸，到第二天的下午，忽然汪氏派了一個副官送給我四樣東西：親筆簽名的照片一張，自書立軸一幅，「憲政實施委員會委員」的特任狀一張，與第一個月的薪俸八百元。我接受了照片立軸與委任狀三樣，璧回了月俸，我告訴副官：「請報告汪先生，我已領了中政會法制專門委員會副主任委員的薪俸，照例兼職是不許兼薪的。」誰知來人說：「主席知道的，他吩咐過請你照收。」

我雖不像柏生那樣受寵若驚，只是使我深深地感覺到汪氏確有其精細體貼之處，陳公博追隨數十年而甘為犧牲；周佛海以一朝遇合而感恩知己，都不是全無道理。汪氏那天送給我的一幅立軸，是寫的二十八年六月，他由滬赴日途中去晤平沼首相籌備組府時舟夜口占之作，原詩云：

臥聽鐘聲報夜深，海天殘夢渺難尋。
柁樓欹仄風仍惡；鐙塔微茫月半陰。
良友漸隨千劫盡，神州重見百年沉！
淒然不作零丁嘆，檢點生平未盡心。

這首詩裡已充滿了衰颯之氣，汪政權尚未建立，而汪氏目擊了淪陷區的慘狀；更發現了日人的洶洶之勢，慨念生平，已大有英雄末路之嘆了！

一〇二、永別了這半壁破碎河山

從汪政權建立以後，汪氏的心境日趨惡劣，屢屢在公開場合中，不期而涕泗滂沱，在會議桌上，偶有悵觸，以無法自制而至於拍檯擲椅，肝火熾盛到極點，遂使心境影響了他的形態。三數年間，我看到他漸漸地蒼老了、憔悴了！尤其在閱讀文件時，架上了一副老花眼鏡，已無復如前之翩翩丰度。況且糖尿病一直困擾著他，環境的不如意，使他有機會時就借酒澆愁，更增深了他的病況。而八年前在中央黨部遇刺時所留於他體內的一顆子彈，終於成為他致命的直接原因。

民國二十四年（一九三五）十一月一日，中國國民黨在南京丁家橋中央黨部舉行五中全會。開幕式後，照例在大禮堂前石階上全體攝影，除了蔣先生那天意外地留在辦公室未曾參加而外，汪氏中立，等照畢大家預備退入時，槍聲突作，暴徒乘混亂之際，向汪氏出槍猛擊。汪氏立時身被三槍，一中左臂穿過，一在左顴部（即左邊之耳門骨），一由臂部再射入背部。暴徒尚欲再發第四槍，張學良突起而前，從後將暴徒緊緊抱住，張繼也舉腳用力把他踢倒。在場衛隊始拔槍轟擊，暴徒當場重傷，送至鼓樓醫院後不久斃命。周佛海當時以中央執行委員出席會議，身親其事。後於其所寫「盛衰閱盡話滄桑」一文中，述當時目擊之經過情形云：

「我要特別詳述的，就是二十四年十一月一日汪先生在中央黨部被刺時，我所經歷的情形。在大禮堂舉行了全會開幕典禮之後，便齊集到中央會議廳大門前去拍照。我站在汪先生左側後面第二或第三排。當時新聞記者非常之多，秩序混亂極了。記得照相的說：『各位預備，要照了。』這時不知道是誰說：『蔣先生還沒有來。』隨著吳鐵城大聲道：『蔣先生不來照。』照畢之後，大家轉身拾級而上，我行了兩三步後，忽聞背後槍聲一響，聲音甚小，以為是放爆竹慶祝。但是接著槍聲又起，形勢大亂。我回頭一看，只見一個穿灰大衣的人，拿著槍向人叢中轟擊，於是大家向鐵柵門內急跑。

我看見朱騮先（家驊）在我面前向地伏下，我也隨著他伏身而臥。剎那間，忽想這不是辦法，再立起奔入鐵柵門，站在門內牆角隱身之處。這個時候，人聲嘈雜，槍聲大起。說時遲，那時快，忽見一人倒在我的面前，滿臉是血。當時驚魂未定，也沒有去細看是誰。忽聽見有人說：『汪先生受傷了。』我仔細一看，原來倒在地下的，就是汪先生，已經身中數槍了。事起倉卒，變生肘腋，所以那時震動、驚惶、懷疑等情緒，不僅充滿了我心中，且支配了全場的空氣。同時一面接醫生，一面查緝兇手的餘黨，混亂、忙迫、而且緊張萬分。好容易醫生來了，把汪先生護送到醫院，這才開會。這一幕驚心動魄的情形，我畢生不能忘記。」

自汪氏再任行政院長，這幾年蔣汪之間，仍然是貌合神離。論黨中資歷，自然汪高於蔣，但論當時的地位與實權，又是蔣高於汪。當民十四春中山先生病逝北平，至秋間，國民黨中央政治會議通過改組大本營為國民政府，公推汪氏出任第一屆國民政府主席，兼中央黨部常委會主席與軍事委員會主席。汪氏將駐粵軍之番號，重予更改，以原任粵軍總司令許崇智之參謀長蔣中正，任為國民革命軍第一軍長（二軍譚延闓、三軍朱培德、四軍許崇智）。故蔣先生曾是汪先生的部屬。而此時則顯然蔣氏的位望，都遠在汪氏之上。故蔣之對汪，則尊而不重，汪之對蔣，亦從而不服。

在汪氏尚能顧全大體，周旋之際，能持以禮貌，而汪夫人陳璧君有時恃其革命之功勛，對蔣氏竟也時常不假辭色，積嫌本已非一日。那天蔣氏聞耗，出來撫慰，審視傷勢。而陳璧君以蔣氏獨不參加攝影，疑為由其主使，憤然向蔣氏曰：「蔣先生，用不著這樣做的。有話可以慢慢商量，何必如此！」蔣氏聞言，亦怫然不悅，立刻下令軍警，限期十日破案。而當場被擊傷的兇手送至鼓樓醫院後，不久重傷斃命（兇手的得以混入會場，係以一通訊社記者身分於會前領得入場證）。而兇手的不治，當時且謠傳為當局滅口之舉。以後雖在上海曾拘獲過兩個同謀人犯，而當局卒未宣布幕後主使者之究為何人。

據事後傳說：實際教唆的是陳銘樞。當民國二十年，胡漢民被蔣氏扣留於湯山，胡系要人古應芬曾策動陳濟棠舉兵反蔣。先是，汪氏與李宗仁張發奎有護黨救國軍之組織，至此，古汪合作，兩廣獨立，另立國民政府，對抗南京。以陳濟棠為第一集團軍總司令，李宗仁為第四集團軍總司令，特留第二第三兩個集團軍之番號，以與華北之閻馮。俄而九一八瀋陽之變起，外侮臨頭，寧粵亦由分而復合。汪氏宣導共赴國難，精誠團結，蔣汪合作又復實現。民廿一，汪精衛赴京，出任行政院長兼中央黨部政治會議主席，其間事前奔走拉攏者為陳銘樞。詎汪氏登場後，陳銘樞原任之行政院副院長（時院長為孫科）、交通部長，暨京滬衛戍司令各職，因「一二八」淞滬之戰之故，概被免除，遠戍福建。其後閩變又歸失敗，陳銘樞遂以怨憤交併，謀刺汪以稱快一時。

汪氏受傷後，初送鼓樓醫院，由衛生署長劉瑞恆等親為施行手術。左顳部之碎骨與彈片，於受傷後之七日內取出。而背部槍彈，則夾於脊椎骨之第五節旁，流血過多，體弱不能動手術。迨汪氏體氣稍復，出鼓樓醫院由南京神策門登車，赴滬就診於上海著名德醫骨科專家牛惠霖處（牛惠生牛惠霖兄弟之母與宋慶齡蔣夫人之母太夫人為同胞姐妹。時牛氏昆仲在上海楓林橋設有上海骨科醫院），曾一度再為開刀，仍以未能取出而罷。牛醫生當時曾謂，彈留背部，一時雖無大礙，但十年後子彈勢將發銹，如銹毒入血，可能危及生命。以後汪氏雖赴法靜養，表面上健康業已恢復，而背部仍時感痹痛。更以「九一八」以後，國家憂患重重，汪氏處理政務，既感繁劇，自創政權，益多煩擾，積勞過甚，更感不支。至民國卅二年八月間，背部痹痛，發展至胸部及兩脅同時發痛，至十二月，更日益加劇。離他中彈之時起，為時亦已將近十年。

汪氏病況的惡化，而又不容他有休養的時間。乃商請日本陸軍醫官作縝密檢查，斷定為背部留彈影響所致。遂於十二月十九日晨，在南京由日本著名外科軍醫後藤部隊長施行手術。於二十分鐘內，即將留於背部八年之久的子彈取出，當時經過極為良好。

當汪氏外科割治完畢，創口平復以後，並繼續內科之調治，而未得充分之休養，即須力疾視事。至民國卅三年一月中旬，寒熱復作，創痛再起，形神既日見憔悴，病體亦已臥床不能行動。如此延續兩個月有餘，一面須臥榻批閱公事，一面並須隨時召見部屬，更日趨委頓，寒熱始終亦未全退。復經醫生診察，斷為壓迫性脊髓症，有待於專家之割治。醫生認為汪氏如仍留南京，勢不能完全擺脫公務，則在如此形神兩瘁情況之下，前途更為堪慮，堅勸其易地療養。

所謂壓迫性脊髓症，自為留彈所引起，但是否為銹毒流入血液所致，則無從斷定。而一般人則以為汪氏之病係骨痨或稱骨癌。病勢既已如此，心境又復如彼，汪氏之終將不起，早在意中。但當時猶不能不作萬一之望，故於民國三十三年三月三日，用專機送往日本，入名古屋帝國大學附屬醫院療治。汪氏於是日上機之前，囑左右取紙筆倚枕力疾作書，以汪政權之一切職務交付陳公博周佛海會同辦理。此為汪氏對其所手創政權最後之手令，亦其一生中最後之遺墨也。時間為是日上午十一時，病亟腕弱，字跡潦草，殊不類其平日所書。謹將原文照錄如下：

銘患病甚劇，發熱五十餘日，不能起床，盟邦東條首相派遣名醫來診，主張遷地療養，以期速痊，現將公務交由公博佛海代理，但望速早日痊癒，以慰遠念。兆銘。

汪氏此去，與他追隨中山先生所創建的中華民國從此永別了；與他想從頭收拾起的東南半壁的破碎山河也從此永別了！但當時淪陷區內的民間，還根本並不曾知道汪氏的病勢，已到了生命的盡頭。

一〇三、新愁舊創汪氏客死東瀛

汪氏飛抵日本以後，立即送入名古屋帝國大學附屬醫院。無論汪氏在淪陷區創建政權以後，日本對他的觀感如何；但在日人眼光中，總不失為當代最重要的人物，所以對汪氏的治療，也真是全力以赴。當時由日本醫學界最高權威數人，專任診治，盡了近代醫學上的一切可能方法。在汪氏留醫期間，病狀時進時退，尚無急劇變化。中經酷暑，陳璧君體肥畏熱，又只注意了流通空氣，常把病室窗戶洞開，汪氏每受風寒，即感不適。自三月三日赴日，經過半年以後，始終並無起色。迨九月下旬至十月初旬間，略有微熱，體溫曾超過攝氏三十七度五分，惟尚未發現其他病象，食欲亦仍良好。據說汪氏曾以血液不夠，需要輸血，初擬由陳君慧（時由行政院參事廳廳長調任「實業部部長」，梅思平則改任為「內政部部長」）輸血，旋以君慧為B型而汪氏為O型，因而作罷。由醫院購血輸入，則於輸血後每發生反應，而其長公子孟晉與汪氏適同為O型，乃每次輸二百CC，前後達十餘次之多。而汪氏病況，與抵日時仍無大異。對脊椎及骨盤部，前後經七次之X光施治，背腰部份的疼痛，亦見輕鬆，食欲漸次增進。不過因臥床過久，身體衰弱愈甚。逐漸腰背疼痛復作，又加咳嗽頻作，以致影響睡眠。

從九月初旬起，忽然有了呃逆現象，本來以一般病人而論，一有呃逆，即已到了危險關頭，汪氏既有此種病狀，徒恃醫學，實已難有回天之力。日醫當然更知道病況已轉入於危殆之境，為防止有肺炎、心臟衰弱，或其他病症的同時併發，為他注射了強心針及吸入酸素，但仍無絲毫效果。

如此又纏綿兩月，至十一月九日，美國飛機飛向名古屋實行空襲。帝大醫院為汪氏安全計，匆遽中將其連人帶床由升降機急降地下防空室。那時日本已極嚴冷，地下室中，又並無暖氣設備，寒氣澈骨，常人已難抵受，況汪以久病之軀，虛弱本已達於極點，外受寒氣之侵襲；又因病床移置而震動，病勢乃至劇變。空襲過後，雖立即遷回病室，迨至翌日上午六時，熱度高至攝氏四十度六分，脈膊增至每分鐘一百二十八次，呼吸困難，食欲全無，人亦陷於昏迷狀態，延至下午四時二十分乃撒手西歸。時為中華民國卅三年（一九四四）十一月十日，隨侍在側者僅汪之夫人陳璧君及幼公子文悌兩人。

汪氏番禺捕屬人，於一八八三年五月四日巳時生於廣東三水縣縣衙門（時汪氏尊翁汪琡，字玉叔，號竺生，又號省齋，方在作幕，汪氏繼出，生母為吳氏），享年六十二歲。後中山先生十七年而生，後中山先生十九年而死。一生從事革命，遜清宣統二年，偕黃復生陳璧君，由日赴京，行刺攝政王載灃事件，震動全國，已身亦陷刑部獄。在刑部時兩次親筆作供，直認為振奮人心，圖謀行刺不諱；並痛斥君主立憲之弊，歸結於革命有其必要（汪氏兩次親供，舊藏刑部檔案中，此為民國史上最有價值之文獻）。

中山先生病逝北京後，民十四在粵出任第一屆國民政府主席。抗戰前後，為國民黨之副總裁，為中央政治會議主席，為行政院院長，為國民參政會議長，高唱「一面抵抗，一面交涉」之政策。迨國府播遷重慶，戰局陷於不利，英國又封鎖唯一國際通道滇緬公路，汪氏既惑於近衛三原則之非亡國條件，更因左右高宗武陶希聖輩之浸潤，對未來國際局勢之演變，乃有悲觀之看法。以至脫離中樞，發表豔電。卒以在河內時遭人襲擊，曾仲鳴以此殞命，激於一時之意氣，東下建立政權。五年之中，與敵周旋，心力交瘁，至引起舊創復發，經年患病，客死異國。蝶戀花詞中曾有句云：「一寸山河，一寸傷心地」，汪氏對此故國河山，亦從此一瞑不視。如汪氏者，定知其目之不瞑，精衛填海，終成冤禽，何其命名之竟爾成讖耶？

汪氏臨終前有無遺囑，迄今還是一個謎。論理，當中山先生在協和醫院病革之際，汪氏且曾一再進言，請預立遺囑，並代中山先生起草，終使國父遺囑永成為歷史上最重要之文獻。汪氏纏綿已非一日，赴日療病，勢已嚴重，更安有不自知病況與不自為之備之理？但據傳說，汪氏在病榻中確曾一再擬早日簽立，無如汪夫人以為汪氏尚有回生之望，而又不願有此不祥之物，以至因循未果。當汪氏臥病期間，陳璧君之族侄陳春圃（時為廣東省長，勝利後判處無期徒刑，繫上海提籃橋獄，前數年已瘐死囚室），曾赴日探望，陳璧君且恐有礙汪之病體，阻不令入。則遺囑之簽立，因受汪夫人之影響而止，衡情亦極可能。以後也曾有人以此詢之汪夫人，她搖首不願置答。或者汪氏確曾預為簽立，其中多難言之痛，乃秘不欲為世人知耶？汪氏遺有兩子三女，長子文嬰（孟晉），次子文悌，現均在港經商。長女文惺（適何），三女文恂，在港服務於教育界。二女文彬，在美為女修士。

汪政權接到汪氏在日逝世之噩耗後，一度陷於慌亂失措之中。那時日本在太平洋戰爭中的節節挫敗，已成為無可掩飾之事實，汪政權中人也清楚知道同歸於盡之期，已為日無多。而陳公博以汪氏對他的知遇之隆，他對汪氏的知己之感，本抱著殉葬的精神而來。日本擬利用汪氏國內的位望，促成全面和平。而五年之中，以重慶之堅持，終難實現。太平洋戰爭以後，反軸心之盟國間，又有不得單獨媾和的協議，更完全關閉了和談之門，而且汪氏生前，雖稱與日本「同生共死」，但有關國家主權與民生疾苦之處，則於其生前五年之中，與日方作不斷抗爭。

有一次，日軍的參謀長板垣去見汪氏，希望由汪政權的部隊與日軍並肩對重慶作戰。汪氏只說了一句話：「如此則我們的軍隊，必反轉槍口來打日本軍了。」板垣默然而退。另有一次，日本人要汪氏同意某一件事，而汪氏又只有一句話：「即使我汪精衛同意了，百姓不同意還是沒用的。」以汪氏如此的態度，日方對他的失望與不滿的情緒，也與日俱增。而且公博佛海等與重慶暗通款曲，日人又豈真一無所知？故當汪氏撒手塵寰之際，日方對汪政權今後的態度，無法懸揣，汪政權中人，頗引以為慮。

當汪氏赴日治病以後，汪政權本已由陳公博代理「主席」，此時公博表示將不顧前途的生死禍福，繼汪氏擔當大任，願為蔣先生鋪平戰後統一中國之道路。但以不欲觸怒日本，所發表汪氏的逝世聲明，極為委婉，首段頌揚汪氏，謂其「一生由翊贊國父而至繼承遺志，領導國民，致力革命，其目的在求中國之自由平等與亞洲之獨立解放。『還都』以來，為調整中日邦交，為促進和平統一……卒以內定復興建設之始基，外結平等互助之盟約。不幸中途殂逝，賚志以歿。同人誓當繼承遺志，賡續努力……與日本願相提攜，救中國保東亞之初衷決不稍渝。」云云。一派官樣文章，亦在冀日方之不變。而陳公博、周佛海、梅思平、林柏生等在共同擬稿之時，確有下筆躊躇之苦。

而值得注意的則是日本政府對汪氏逝世所發表的聲明，大足以覘汪氏逝世後對汪政權的態度，原文抄錄如下：

「中華民國國民政府主席汪精衛閣下，為治療舊創，於本年三月來日，即在名古屋療養。後以病勢突變，竟爾溘然長逝。回顧汪主席閣下，夙具復興中國建設大東亞之偉大理想，繼承中國國父孫先生遺訓，為和平建國復興東亞而奮鬥，以迄今日。其豐功偉績，將永垂青史。今乃於中道崩殂，喪此偉人，誠不勝哀悼！惟在中日兩國之間，已確立善鄰友好之關係，奠定東亞復興與保衛之基礎。中日兩大民族，深知其使命與責任而益固團結，在此重大時期，中國當能善體汪主席閣下遺志，愈益努力，東亞之將來，益加奮起。帝國亦必堅持既定方針，加強中日兩國結盟，互相提攜，以完遂大東亞戰爭，努力實現最高理想，特此聲明。」

日本既有此明朗聲明，表明日本不擬改變對汪政權之既定方針，於是汪政權也於彌留狀態中又苟延了九個月的殘喘。

一〇四、緊急警報中遺骸歸國土

汪政權對汪氏逝世的消息一經公佈，淪陷區的民間，就紛紛有了一個傳說，確信汪氏是為日人所毒斃而非由於病死。這傳說本是無稽之談，但到今天，甚至原在抗戰區的人士，也仍作如此的看法。此點足以反映出在民眾的認識上，汪氏與日人之間相處是怎樣的情形，為什麼會有日人對汪去之而後快的謠傳？汪氏九泉之下，所能引以為慰者，恐亦僅此人民對他的認識而已！

汪氏的遺體，於十一月十二日由日本名古屋移送歸國。依據當時汪政權宣傳部所公佈在日啟靈情形之公報，照錄如次：

「是日晨六時起。名古屋帝大醫院特別病室中，即擠滿了日方文武長官。上午七時二十分，駐日大使蔡培首先進入靈堂。七時四十分由侍從武官凌啓榮捧持日皇敬贈之菊花頸飾，引導出室，繼即以國旗掩覆靈櫬。於汪夫人等隨侍下，移至靈車。八時正，於日本勝治、藤齋、名倉、高木、黑川五醫博士，及醫院全體人員垂首恭送中，靈車緩緩開出，汪夫人及家屬親友亦分別登入汽車。八時七分，一般交通均行斷絕，先導車前行，隨後為靈車、家屬車，其後為行政院秘書長周隆庠及侍從官蔡培大使扈從車，再後為日本小磯首相、重光大東亞相、石渡藏相、近衛前首相、東條大將，陸軍次官柴山中將，及以次文武長官等數百人之隨送車輛。九時五十分，靈車駛抵飛機場，早有大隊恭送者垂首行最敬禮，隨即由日本海陸軍人代表、汪夫人、孝子汪文悌扶靈安放在座駕機『海鶼號』上。機聲轟轟作響之時，日本小磯首相、近衛前首相、大條前首相及各大臣，均恭行九十度之最敬禮。座駕機緩緩上升，隨行護送機兩架，亦一齊開動，於空中作一大迴旋後，向南京飛去，時為上午九時十二分。」

那天，南京方面是夠忙碌夠熱鬧的，事前由汪政權通知了外國使節、文武百官、團體學校，馬路上到處見到迎靈的行列，金陵城中，也充滿了一片哀悼的氣氛。在我短短的一生中，參加如此的喪儀，已經是第二次了。十五六年前，中山先生的遺櫬，由北平西山的碧雲寺起運南下，在京舉行奉安大典，我以新聞記者採訪的關係，由下關隨著一直步行到紫金山。八八六十四人由北平雇來的獨龍槓，槓夫穿著一式的喪服，一個領導者在擊竹的托托聲中，用齊一的步伐，在新築的中山路上，緩緩前進。從下關一直到紫金山，夾道都是肅立無嘩的民眾，宋慶齡一身黑色的喪服，由外表十分英俊的黃琪翔，穿了全白的中山裝，色調見得十分明顯，扶住她一步一步的走著。我看她，面上像很嚴肅，但不是悲戚。孔祥熙那天也穿了淺色的中山裝，手裡持著短棒，在中山先生的靈柩前倒退著走，指揮槓夫們的進止。

因為汪氏的喪儀，無端勾起了我十餘年前的回憶，這印象還新得像昨天一樣。但是兩個對創造民國的偉人，飭終之典，雖一樣哀榮，而其身後是非，將完全異致。

我在默默地念著：「汪先生畢竟到了蓋棺論定的時候了！太平洋戰爭的局勢，日本已經從『大東亞聖戰』而在準備作本土保衛戰了。美國空軍向日本大城市作地氈式的轟炸，隆隆之聲，也就是日本與汪政權哀樂的預奏。汪先生在這五年中的一切，雖然我是目擊的。也儘管他以汪政權為基督的十字架！後人會對他原諒嗎？歷史能對他原諒嗎？成敗是功罪的定評，他竟由志士而被稱為『國賊』！『一死心期總未了』，『邦殄更無身可贖』，他自己早就說過了，還是讓他早點離開齷齪的塵世吧！」

我在如此想，似太荒唐，但凡是人，總應有些感情，他這幾年間的悲聲淚影，的確曾經多次讓我感動。當我參加汪政權時，是萬分勉強的，而在面臨覆亡的現在，我反而坦然毫無一絲的悔意。

飛機降落的地點，是南京明故宮的日本軍用飛機場，機場上齊集了幾千人，所有汪政權的重要人物，幾於沒有人不到的。記得那天周佛海正發著高燒，病勢很沉重，橫臥在自己的車廂裡，身上蓋了一張厚氈，哼哼唧唧地面上燒得通紅。汽車與人，把所有來往飛機場的通道都阻塞了。到下午五時，離「海鶼號」座駕機的降落，還有半小時。突然緊急警報嗚嗚大鳴。機場上初時有一些輕微的騷動，每個人面上都露出一些驚惶之色。看著日軍的防空人員，在奔走佈置，電話鈴聲不絕，指揮著防空哨嚴密監視。但是陳公博以次汪政權的巨頭們，都仍然直立著場邊，日本的駐華派遣軍總司令、大使，以及將級以上的日軍，與德國、義大利等承認汪政權的各國大使，也仍安閒地坐在貴賓席上。其實在場的每個人都會感覺到，這時太危險了！美國的飛機如與「海鶼號」遭遇，一定會把它擊落；如其向機場投彈，因為道路被車輛阻塞住了，無從逃避，所有在場的人，勢必同歸於盡。有人在接耳輕談，是否重慶知道了這個消息，因此派機突襲的？幸而十分鐘以後，警報突然解除了！大家才算鬆了一口氣。

五時三十分，「海鶼號」經過龍蟠虎踞的石頭城上，略一盤旋，安全降落於明故宮機場。樂隊奏了國歌，機門開處，首先出現的是汪夫人陳璧君，平時她本已面挾重霜，此際更顯出悲涼之色，望而生畏。陳公博率同褚民誼、林柏生、徐蘇中、陳君慧、何炳賢等上機，於哀樂聲中，舁櫬下機。隨即換乘靈車啟行，前為開導車，繼為靈車，陳公博車則隨於靈車之後，再次為儀仗車，以後為外國使節暨汪政權中人，共達四百餘輛。由光華門、經中山路、新街口、中山北路、鼓樓、保泰街，歷一小時餘，至七時許，抵達「國民政府」，將遺櫬安置於大禮堂。由陳公博領導行禮，始完成迎靈之一節。

至翌日正午，將汪氏遺體重行大殮。汪政權也忙成一片，成立了「汪主席哀典委員會」，由陳公博任委員長，王克敏、周佛海、褚民誼為副委員長。以一個元首應有的喪儀，制定了哀典條目。下半旗、停宴會、纏黑紗、輟樂等，應有盡有。

在汪氏停靈期內，汪夫人及其家屬，均宿於大禮堂內之一室，她整日於靈堂臥室之間，進進出出。這幾天，她好似以盛怒來替代了哀慟，什麼事都會引起她的詬責，為汪氏停靈的位置，東向與南向，她都要堅持，除了她的長公子孟晉還可勸她幾句以外，其餘的人，只有唯唯聽命、不敢辯，當然更不敢爭。汪政權雖然有「哀典委員會」的組織，但一切喪葬之儀，等於由她一人指揮決定。她要「哀典委員會」指定陪靈人員：黨，中委以上；政，部長以上，要分班輪流值夜，從黃昏以迄黎明。到了午夜，她還不時出來巡視，每個人也都到了動輒得咎的地步。見人交談，她以怒目相向；如有瞌睡，則厲聲喚醒；帶了食物來點饑的，她橫眉凝視，使你不能下嚥。

時南京天氣已極寒冷，夜風料峭，陣陣襲來，有人帶了毛氈擁坐著，她更不客氣地上前說：

「汪先生一生為了國家，死且不懼，你們只陪靈一夜，而竟不耐些微饑寒。要舒服，索性不要裝什麼樣子了，何不回公館去納福？」誰都會對哀傷中的未亡人要退讓幾分，何況陳璧君平素的脾氣；更何況她有「國母」的身分，還有誰敢與她頂撞？丁默邨、傅式說等，都曾挨過她一頓似譏似嘲的痛罵。最可憐的是褚民誼，他與陳氏有姻婭之誼，所以被推為「哀典委員會」的副委員長，讓他負起汪政權與陳璧君的直接聯繫者，在任何事作出決定以前，先由褚向陳請示，這原是一項苦差使，而褚也就成為她的出氣筒。我看到他時常哭笑不得的面孔，他不失為一個老好人，我也為他難過。

一〇五、梅花山巔黃土一抔瘞骨

汪政權中人對汪氏之喪，最初不能不焦慮於日本的態度，及至日政府發表聲明，謂「關係既已確立，結盟將愈加強」，既有這樣明朗的表示，只有硬著頭皮再幹下去。但陳公博以次，也明知這只是苟延一時，而且已為日無多了。故對汪氏身後之事，不得不急求料理，乃決定先為擇地安葬。汪政權先於十一月十四日明令公佈，舉行國葬。十八日，又召開「中央政治委員會第一四二次會議」商討此事。而陳璧君起立發言，反對國葬之舉，她說：

「汪先生生前曾有遺言，死後切勿有國葬儀典。革命黨員身許黨國，死後之哀榮，應非所計。而且勞民傷財，襲用往昔封建帝王之惡習，尤為汪先生生平所痛憎。當清末革命初期，汪先生曾與革命同志數人，於廣州白雲山麓，合購墓地七畝，相約以此為革命成仁後共同長眠之所。此數同志不幸均先後謝世，汪先生生前曾言，此數同志有生之日，既為革命而生，余縱不能共死，但死後亦必埋骨一處，償此宿諾。又謂墓旁但植梅花數株，墓碑亦不需有官職，書『汪精衛之墓』五字，於願已足。其後於民國二十六年三月六日，朱培德上將逝世時，中央對國葬問題頗多爭議。會議之後，汪先生心有所感，即書一紙，重申前意，以授之其摯友某氏」云云。

既然陳璧君以汪氏遺言如此堅決，乃決定在紫金山麓之梅花山先為卜葬，不用國葬儀式。該地在中山陵園之側，明孝陵之前，有梅柏、桃林、櫻花、紅葉，景物幽麗，堪作佳城，陳璧君亦予同意。葬典事宜，始行大定。同日，「宣傳部」發表公報云：「本日中央政治委員會第一四二次會議，決追認『國府』明令國葬汪主席案。並以汪主席遺囑願與已死之革命同志，葬於廣東，故已在廣州白雲山下，擇定葬地。為兼顧主席遺囑及『國府』命令，擬暫行安葬南京明孝陵前梅花山，俟全面和平實現後，再奉行國葬。」會議中並決定了陳公博十一月二十日正式就任「代理主席」，二十三日正式舉行葬禮。從上面「宣傳部」的公報來看，汪政權事實上已到了日暮窮途之境，而猶念念不忘於全面和平之實現，可笑，亦可慨矣！

十一月二十三日汪氏的葬典之期，倒是晴朗的一天，不過山城的南京，已進入於隆冬的氣候。所有汪政權的高級人員，規定需於上午六時前抵達靈堂。我們都通宵未寐，凌晨五時許，曙色未開，而街道上已有幢幢人影。我們衝著曉寒，準時趕往。靈堂中燈火通明，群情肅穆，許多人想到汪氏階前的淒酸之淚；繞耳的悲哽之音；誰無銅駝荊棘之思？誰無身世茫茫之感？現在，汪氏不但蓋棺論定，而且埋骨今朝，人孰無情？詎能免於黯然之慨？

六時三十分，在靈堂舉行了移靈祭，「代理主席」陳公博主祭，「參謀總長」楊揆一讀祭文，祭文本是千篇一律的東西，原無足觀，而對汪氏，則別有一番意義，可以見當時公博等內心之反映，文云：

「維中華民國卅三年十一月二十三日，奉移國民政府主席汪公靈輿，哀典委員會委員長陳公博，副委員長王克敏、周佛海、褚民誼，謹率全體委員，告祭於我公之靈曰：嗚呼！自公上殂，淹逾浹旬。百僚失仰，哀慟群倫。輿悲罷社，引慕乘城。庶民子幼，朝夕瞻臨。非公盛德，曷克臻？惟靈永護，載妥山陵。應鐘戒律，玄冥司晨。鵷行肅穆，貔貅駿奔。霜嚴纁旆，日曜旝旌。靈馭載啓，攀挽何勝！敢申祖奠，罄此哀情。尚饗！」

七時正，靈柩發引，首為騎兵長官一員，乘黑馬，擎開導旗。後隨騎兵兩員，乘黑馬，背騎槍，槍尖向地，分任護旗。繼復有騎黑馬之騎兵兩員，分執黨國旗。其後復有騎黑馬之騎兵二員任護旗。後為第一方面軍軍樂隊，緊接其後的為中央陸軍軍官學校騎兵一大隊，各倒背騎槍，再後為花圈隊、「國民政府」軍樂隊、中央軍校步兵一連。再後為「主席旗」，由一陸軍軍官執持，護旗兵五名，左右各一，旗後三名。汪氏之佩刀、勛章等九件，由侍從室人員捧持隨於「主席旗」之後，分兩列前進。再次由陳公博率領汪政權中重要人員、學生代表等全體步行。陳璧君及汪氏遺屬，穿喪服，列於靈車前後。靈車上覆國旗，用白馬八匹載引，前為遺像，左右為黨國旗。靈車之後，為中央軍校學生一連，衛士大隊一隊。再後為外交團代表、外賓以及民眾團體代表等十餘萬人。

十時正，靈柩抵達梅花山麓墓地，隨即改用六十四抬獨龍京槓，移至山巔墓園，停放於墓穴之上。用六十四抬京槓，為汪夫人陳璧君所堅持，她以為中山先生奉安紫金山時，用的是六十四抬京槓，所以一定要依照中山先生的體制辦理，於是由哀典委員會致電王克敏，將槓夫用專車由北平運送南下。

那天自梅花山的山麓以迄山巔，均用黑白布相間紮結，山路兩側山腰，搭松柏牌樓，墓門正中，懸「汪主席之墓」布幕，四周環掛輓聯，墓穴前供汪氏遺像。日大使谷正之、德大使韋爾曼，日總司令畑俊六，暨汪政權重要人員，依次序立。十時卅分，行安葬典禮，仍由陳公博主祭，並將黨國旗覆於靈柩之上。至正午十二時正，入墓式開始，由陳公博、周佛海、褚民誼、林柏生、陳君慧、陳春圃等六人，面對靈柩而立，兩旁為家屬等，舁棺人員，以帶繫棺，徐徐放入墓穴。首由陳璧君灑土穴內，繼為各家屬、各首長、及軍校一二三期學生代表，陸續覆土，迄十二時半，葬禮始告完畢。

自汪氏於民國二十七年十二月十八日脫出重慶，至其黃土瘞骨，不足六年的時間。以捨身建立民國之志士，卒蒙垢受叛逆之罪名！儘管他抱著「士為天下生，亦為天下死」的宏願，千秋萬世，其誰知之！然而「落落死生原一瞬，悠悠成敗亦何常！」汪氏生前早已自詠及之，則又何恨於九原哉！

關於汪氏的家世，這裡也可以附帶一談。查汪姓相傳為周公之後裔，周公封於魯，魯成公生一子，其左掌紋曰水，右掌紋曰王，及長，封於魯之汪邑，後人即以汪為姓。至魯哀公時，童子汪踦與齊師戰於郎而死，仲尼曰：「能執干戈以衛社稷，雖欲勿殤也，不亦可乎？」汪氏之雙照樓詩詞稿中，亦曾有句云：「生慚鄭國延韓命，死羨汪踦作魯殤。」

汪氏出身於詩書之家，代有名儒，其十二世祖明代汪應軫，以翰林出為泗洲知州，官至江西提學，若有青湖文集十四卷，其行誼見之明史。高祖倫秩，字幼湖，乾隆丁卯科舉人，初官江西新喻縣知縣，後調廣東長寧縣，卒於官。曾祖炌，字明之，歷佐督撫大幕。祖雲，字曼亭，道光壬午科舉人，官浙江遂昌縣訓導，著有《枕上吟草》兩卷。父𤥭，字玉叔，原籍為浙江紹興，咸豐年間，洪楊起事，漸次波及浙東，乃隻身由海道乘帆船至粵。咸豐十年，佐四會縣幕。值縣城被洪楊所圍，前後十閱月，四鄉紳耆，被洪楊脅迫署名，後清廷援兵至，圍始解。清兵檢獲名冊，送縣究辦。玉叔知諸紳係被脅從，非出本願，漏夜將名冊焚毀，所全以萬計。娶浙紹同鄉盧氏為室，生一子三女。子兆鏞，字伯序，號憬吾，中光緒己丑恩科舉人，曾官湖南知縣，是為汪氏之長兄。

玉叔中歲悼亡，娶吳氏為繼，又生三子三女，次子兆鋐，字仲器，曾以番禺縣案首入庠。三兆鈞，字叔和，早世。四即汪氏，名兆銘，字季恂，用精衛的別號，本為光緒乙巳年在日本創刊民報時的筆名，後即以此為號。幼年考取廣州府案首，與胞兄仲器同案入庠。汪氏與其嫡出之長兄伯序，相差達二十餘歲，故其胞侄祖澤（字通甫），年尚長於汪氏者三齡。伯序之次子宗洙（字道源）則與汪氏同庚，且同出朱孝臧（祖謀）侍郎門下同案入庠。三子宗澧，早死。四子宗準，字蟄菴。五子宗藻，字希文。仲器亦早卒，僅一子，名宗湜，字彥方。汪氏兩子，長文嬰，字孟晉；次子文悌，均尚未有男孫。現蟄菴、希文、彥方、孟晉、文悌五人，均在港。

一〇六、陳公博以殉葬精神繼位

誰也料不到汪氏卜葬未及一年，以太平洋戰爭日軍節節潰敗，美國又在廣島長崎投擲原子彈爆炸，日皇不得不下詔投降，抗戰終於贏得最後勝利。而接收人員，或許因突然的勝利而忘形失常，竟將梅花山的汪墓炸至粉碎。是誰授意？是誰主動？也許政府也認為這是一件並不太文明與並不太光榮的事，固諱莫如深，而據外間傳說，實施者為新一軍廖耀湘部六十四師的兩個工兵排。以汪墓用鋼骨水泥所築成，乃以大量炸藥爆破，至使汪氏遺骨化為灰燼。在汪氏早已一瞑不視，又何惜於其身後之皮囊？即其生前吟詠之中，亦似若有前知。

民國紀元前二年汪氏在北京刑部獄中被逮，口占中有一絕句云：「留得心魂在，殘軀付劫灰。青磷光不滅，夜夜照燕台。」又「百字令」後半闋云：「堪嘆古往今來，無窮人事，幻此滄桑局。得似大江流日夜，波浪重重相逐。劫後殘灰，戰餘棄骨，一例青青覆。鵑啼血淚，花開還照空谷。」詩詞中竟兩次提到「劫灰」字樣，是則怨禽精衛之命名以外，又復成為一項語讖了。但聽到這毀墳消息的人，即使與汪政權毫無關聯，也總會感到有些錯愕難解。在一個號稱文明國家中，即使不念汪氏追隨中山先生建立民國的功勛；即使不問其建立政權的目的何在；就算他「叛國」怎樣的情真罪當，一死也應可以蔽其「辜」了吧！罪及屍骨，何乃太忍！即使是一個微不足道的尋常百姓，毀損屍體，尚且國有常刑。此舉如出於當局之授意，那氣度未免太狹窄；行動未免太任性了！假如是軍人的違法亂紀，胡作非為，又為什麼事後不聽到追究責任呢？勝利後的一切——炸墳、劫收等的怪狀，層出不窮，卒之把留在人們心裡八年抗戰的勛勞，一掃而空；把這大好河山，於短短四年之中，又全部斷送了！

且說當汪氏在南京開刀後把留在體內的子彈取出以後，病勢非但未見減輕，反而日漸加劇，醫生們認為除非再度開刀，否則已經絕望，但要開刀，京滬醫院的設備不夠，非赴日不可。而即使再動手術，也是僅盡人事，寄以萬一之望。陳公博等主張既然希望甚微，不必讓他再受一次旅途的勞頓，以影響病體，如有不測，客死異鄉，以一個元首的地位，也覺不好。而陳璧君堅決主張盡一切可能的挽救方法，飛日作最後之努力。誰又能改變陳璧君的意思？赴日療治終於決定了，而汪氏卻自知此去恐難生還，他在飛日前的兩三日，召公博到他病榻前作了一番叮嚀，他告訴公博說：

「你與我共事最久，你應該最能瞭解我的心境，我病況至此，恐怕已無力再為國盡瘁了。今後，我們的成敗不可知，而責任不容放棄。一切，我付託在你的身上了！對這東南幾省的孑遺，要你挑起這副重擔了。世界無不和之戰，國家也不容許長期的分裂下去。今後怎樣使國家再歸於統一，使黨再能團結，不必斤斤為我的毀譽辯護，盡我們的心力吧！我出國以後，職務由你代理，重要的事，可與佛海和思平共同商量。」

這恐怕是汪氏對汪政權中人的最後遺言了。公博流著淚向汪氏說：「我不會有負先生；也不會有負於先生的付託之重。請先生自己為國珍重！」

等到汪氏逝世以後，而日政府的態度，也有了明朗的表示，汪政權就不能不有一個領導的人，當時公博推周佛海擔任，自己反而願意退為從旁協助的人。但是國內與日本方面，都屬望於公博，形勢上已不容他諉卸，他是反對建立政權的人，那幾天他無限徬徨，而最後慨然地說：「汪先生以跳火坑的精神，來收拾這半壁的破碎河山，我對汪先生有知己之感，時局已竟如此，我應當繼承他的遺志，也抱一個殉葬的決心吧！」

公博的事前一再推辭，倒真是並非諉卸責任，他認為有三點他無法做好的事：第一、以汪氏的才能、聲望、尚且無法使日本人改悔；第二、為了將來國家的統一，與重慶蔣先生的關係之密，他自認不如周佛海；第三、汪政權內派系糾紛，他無力改善，所以他力推佛海繼任。他以為佛海是日本留學生，而又侍從蔣先生多年，所差的就是「公館派」中人，勢必因他的擢居高位而發生更大的磨擦。

當汪氏的遺體運抵南京以後，當晚，許多汪政權中人開了一個重要會議，商量善後問題，即席一致推舉公博繼任主席，而公博則推佛海，最後經不過眾人的苦勸，他答應考慮以後再作決定。事實上，佛海與重慶暗中往來，本已成為盡人皆知的秘密，而公博的與重慶間也通款曲，那就很少人知悉其事。公博任上海市長時的「經濟局長」徐天深，是鄭介民的代表，也是直接為為戴雨農（笠）工作的人，他的參加汪政權，是奉命而來，公博固深知其事，徐天深所建立的兩個秘密電台，都由公博為他掩護，電台直通重慶軍事委員會委員長侍從室，當晚，公博就以繼汪氏而任主席的事，由秘密電台向重慶請示，數天之後，據徐天深出示重慶的覆電，希望公博擔任「主席」並兼「行政院長」。這事與周佛海的出任上海市長前，事先向重慶請示決定，如出一轍。以汪政權中重要人物的出處，而一切取決於形式上敵對的重慶政府，這不是什麼滑稽的把戲，而可以說明中華民族對外能表裡相輔，有人不惜辱身蒙垢，以拯救國家民族於垂危，這正是中華民族的偉大處、可喜處。在這種情形之下，公博雖明知將來之禍福難料，而卒以殉葬精神，由中政會一四二次會議推選代理。

這樣，就在汪氏下葬的前三天，即民國三十三年十一月二十日他就任了代理主席，那天並沒有舉行任何儀式，只發表了一紙宣言。宣言的原文我已無法覓錄，但我清楚記得有幾句重要的話：「國民政府（按即汪政權）還都以來，自始即無與重慶為敵之心。」「黨不可分；國必統一！」這是汪氏的遺志；也是汪政權中有良心的人的老實話。而在當時處身於敵人槍刺下的環境中，公博能坦率地表白他們的心境與立場，也真算是難能而可貴了！

【附錄】

國防最高會議第五十四次常務委員會議紀錄

時間：二十六年十二月六日上午九時
地址：漢口中央銀行
出席：于右任　居　正　孔祥熙　何應欽
列席：陳果夫　陳布雷　徐　謨　翁文灝　邵力子　陳立夫　董顯光
主席：汪副主席
秘書長：張群
秘書主任：曾仲鳴

徐次長謨報告：

「德國駐華大使陶德曼，於上月二十八號，接得德國政府訓令，來見孔院長，二十九號上午，又見王部長，據稱『彼奉政府訓令云：德國駐日大使在東京曾與日本陸軍外務兩大臣談話，探詢日本是否想結束現在局勢，並問日本政府欲結束現在局勢，是在何種條件之下，方能結束；日本政府遂提出條件數項，囑德國轉達於中國當局。其條件為：

（一）內蒙自治。

（二）華北不駐兵區域須擴大；但華北行政權仍全部屬於中央，惟希望將來勿派仇日之人物為華北最高首領。現在能結束，便如此做法。若將來華北有新政權之成立，應任其存在；但截至今日止，日方尚無在華北設立新政權之意。至於目前正在談判中之礦產開發，仍繼續辦理。

（三）上海停戰區域須擴大；至於如何擴大，日本未提及，但上海行政權仍舊。

（四）對於排日問題，此問題希望照去年張群部長與川樾所表示之態度做去，詳細辦法係技術問題。

（五）防共問題，日方希望對此問題有相當辦法。

（六）關稅改善問題。

（七）中國政府要尊重外人在中國之權利云云。

陶大使見孔院長王部長後，表示希望可以往見蔣委員長，遂即去電請示，蔣委員長立即覆請陶大使前往一談。本人乃於三十日陪陶大使同往南京。在船中與陶大使私人談話，陶大使謂：中國抵抗日本至今，已表示出抗戰精神，如今已到結束的時機。歐戰時，德國本有幾次好機會可以講和，但終信自己力量，不肯講和，直至凡爾賽條約簽訂的時候，任人提出條件，德國不能不接受。陶大使又引希特勒意見，希望中國考慮；並謂在彼看，日本之條件並不苛刻。

十二月二日抵京，本人先見蔣委員長，蔣委員長對本人所述加以考慮後，謂要與在京各級將領一商。下午四時又去，在座者已有顧墨三、白健生、唐孟瀟、徐次辰。蔣委員長叫本人報告德大使來京的任務。本人報告後，各人就問有否旁的條件，有否限制我國的軍備。本人答稱：據德大使所說，只是現在所提出的條件，並無其他別的附件，如能答應，便可停戰。蔣委員長先問孟瀟的意見，唐未即答。又問健生有何意見。白謂只是如此條件，那麼為何打仗？本人答：陶大使所提者只是此數項條件。蔣委員長又問次辰有何意見？徐答只是如此條件，可以答應。又問墨三，顧答可以答應。再問孟瀟，唐亦稱贊同各人意見。蔣委員長遂表示：

（一）、德之調停不應拒絕，並謂如此尚不算是亡國條件；

（二）、華北政權要保存。

下午五時，德大使見蔣委員長，本人在旁擔任翻譯。德大使對蔣委員長所說，與在漢口對孔院長王部長所說者相同，但加一句謂：如現在不答應，戰事再進行下去，將來之條件恐非如此。蔣委員長表示（一）對日不敢相信；日本對條約可撕破，說話可以不算數。但對德是好友，德如此出力調停，因為相信德國調停之好意，可以將各項條件作為談判之基礎及範圍。但尚有兩點須請陶大使報告德國政府：（一）關於我國與日談判中，德國要始終為調停者，就是說，德國須任調人到底；（二）華北行政主權須維持到底。在此範圍內，可以將此條件作為談判之基礎。惟日本不可自視為戰勝國，以為此條件乃是哀的美敦書。

德大使乃問：可否加一句？蔣委員長說：可以。德大使說：在談判中，中國政府宜採取忍讓態度。蔣委員長云：兩方是一樣的。蔣委員長又謂：在戰爭如此緊急中，無法調停，進行談判，希望德國向日本表示，先行停戰。陶大使稱：蔣委員長所提兩點，可以代為轉達，如德國願居中調停，而日本願意者，可由希特勒元首提出中日兩方先行停戰。蔣委員長說：如日本自視為戰勝國，並先作宣傳，以為中國已承認各項條件，則不能再談判下去。

在歸途中，陶大使表示，以為此次之談話有希望。離京時，陶大使並對蔣委員長說；此項條件並非哀的美敦書。陶大使在船中即去電東京及柏林，但至今尚未有回覆，此後發展如何，尚不可知。」

附注一：國防最高會議主席是蔣中正，副主席是汪兆銘，當時國府表面上由南京遷往重慶，實際上在武漢辦公，蔣主席因軍事指揮，留在南京，故國防會議由汪副主席代理主席。

附注二：外交部長王寵惠，亦為常務委員之一，是日因感冒請假，故由次長徐謨列席，且徐次長新偕德大使由南京回，亦有列席報告之必要。

附注三：徐次長報告中所說墨三，是顧祝同；健生，是白崇禧；孟瀟，是唐生智；次辰，是徐永昌。

豔電原文

重慶中央黨部，蔣總裁，暨中央執監委員諸同志均鑒：

今年四月，臨時全國代表大會宣言，說明此次抗戰之原因，曰：「自塘沽協定以來，吾人所以忍辱負重與日本周旋，無非欲停止軍事行動，採用和平方法，先謀北方各省之保全，再進而謀東北四省問題之合理解決，在政治上以保持主權及行政之完整為最低限度。在經濟上以互惠平等為合作原則。」自去歲七月蘆溝橋事變突發，中國認為此種希望不能實現，始迫而出於抗戰。頃讀日本政府本月二十二日關於調整中日邦交根本方針的闡明：第一點，為善鄰友好。並鄭重聲明日本對於中國無領土之要求，無賠償軍費之要求，日本不但尊重中國之主權，且將仿明治維新前例，以允許內地營業之自由為條件，交還租界，廢除治外法權，俾中國能完成其獨立。日本政府既有此鄭重聲明，則吾人依於和平方法，不但北方各省可以保全，即抗戰以來淪陷各地亦可收復，而主權及行政之獨立完整，亦得以保持，如此則吾人遵照宣言謀東北四省問題之合理解決，實為應有之決心與步驟。第二點，為共同防共。前此數年，日本政府屢曾提議，吾人顧慮以此之故，干涉及吾國之軍事及內政。今日本政府既已闡明，當以日德義防共協定之精神締結中日防共協定，則此種顧慮，可以消除。防共目的在防止共產國際之擾亂與陰謀，對蘇邦交不生影響。中國共產黨人既聲明願為三民主義之實現而奮鬥，則應即澈底拋棄其組織及宣傳，並取消其邊區政府及軍隊之特殊組織，完全遵守中華民國之法律制度。三民主義為中華民國之最高原則，一切違背此最高原則之組織與宣傳，吾人必自動的積極的加以制裁，以盡其維護中華民國之責任。第三點，為經濟提攜。此亦數年以來，日本政府屢曾提議者，吾人以政治糾紛尚未解決，則經濟提攜無從說起。今者日本政府既已鄭重闡明尊重中國之主權及行政之獨立完整，並闡明非欲在中國實行經濟上之獨佔，亦非欲要求中國限制第三國之利益，惟欲按照中日平等之原則，以謀經濟提攜之實現，則對此主張應在原則上予以贊同，並應本此原則，以商訂各種具體方案。

以上三點，兆銘經熟慮之後，以為國民政府應即以此為根據，與日本政府交換誠意，以期恢復和平。日本政府十一月三日之聲明，已改變一月十六日聲明之態度，如國民政府根據以上三點，為和平之談判，則交涉之途徑已開。中國抗戰之目的，在求國家之生存獨立，抗戰年餘，創鉅痛深，倘猶能以合於正義之和平而結束戰事，則國家之生存獨立可保，即抗戰之目的已達。以上三點，為和平之原則，至其條例，不可不悉心商榷，求其適當。其尤要者，日本軍隊全部由中國撤去，必須普遍而迅速，所謂在防共協定期間內，在特定地點允許駐兵，至多以內蒙附近之地點為限，此為中國主權及行政之獨立完整所關，必須如此，中國始能努力於戰後之休養，努力於現代國家之建設。

中日兩國壤地相接，善鄰友好有其自然與必要，歷年以來，所以背道而馳，不可不深求其故，而各自明瞭其責任。今後中國固應以善鄰友好為教育方針，日本尤應令其國民放棄其侵華侮華之傳統思想，而在教育上確立親華之方針，以奠定兩國永久和平之基礎，此為吾人對於東亞幸福應有之努力。同時吾人對於太平洋之安寧秩序及世界之和平保障，亦必須與關係各國一致努力，以維持增進其友誼及共同利益也。謹此提議，伏祈採納！汪兆銘，豔。（二十七年十二月二十九日）

民國二十八年一月四日汪精衛覆孔祥熙親筆函

庸之先生勛鑒：

漾日賜電，因輾轉周折，直到今晨始獲拜讀，稽答為歉。弟此行目的，具詳豔電，及致中常國防同人函中，無待贅陳。弟此意乃人人意中所有，而人人口中所不敢出者，弟覺得緘口不言，對黨對國，良心上，責任上，皆不能安，故決然言之。

前此秘密提議，已不知若干次，今之改為公開提議，欲以公諸同志及國人，而喚起其注意也。來書謂「此時國際情勢，愛惡益為明顯」，誠然誠然，然此等愛惡，僅能因勢利導，使和平談判有利於我，不能以為各國必出於參戰，此吾兄所洞悉者。然則於相當條件之下，以謀和平，當亦公忠謀國如兄者所不以為河漢也。謹覆，並頌

勳安！

汪兆銘謹啓。一月四日

汪精衛致中央常務委員會暨國防最高會議書

茲有上中央一電，除拍發外，謹再抄呈一紙，以備鑒督。

本月九日，銘謁總裁蔣先生，曾力陳現在中國之困難在如何支持戰局，日本之困難在如何結束戰局，兩者皆有困難，兩者皆自知之及互知之，故和平非無可望。外交方面，期待英法美之協助，蘇聯之不反對，德義之不作難，尤期待日本之覺悟；日本果能覺悟中國之不可屈服，東亞之不可獨霸，則和平終當到來。凡此披瀝，當日在座諸同志所共聞也。

今日方聲明，實不能謂無覺悟。猶憶去歲十二月初南京尚未陷落之際，德大使前赴南京謁蔣先生，所述日方條件，不如此明確，且較此為苛，蔣先生體念大局，曾毅然許諾，以之為和平談判之基礎；其後日方遷延，南京陷落之後，改提條件，範圍廣漠，遂致因循。

今日方既有此覺悟，我方自應答以聲明，以之為和平談判之基礎，而努力折衝，使具體方案得到相當解決，則結束戰事以奠定東亞相安之局，誠為不可再失之良機矣。英法美之助力，今已見其端倪，惟此等助力，僅能用於調停，俾我比較有利；決不能用於解決戰事，俾我得因參戰而獲得全勝，此為盡人所能知，無待贅言。蘇聯不能脫離英美法而單獨行動，德意見我肯從事和平談判，必欣然協助，國際情勢，大致可見。至於國內，除共產黨及惟恐中國不亡，惟恐國民政府不倒，惟恐中國國民黨不滅之少數人外，想當無不同情者。銘經過沉思熟慮之後，始敢向中央為此提議。除已函蔣先生陳述意見外，謹再披瀝以陳。伏望諸同志鑒其愚誠，俯賜贊同，幸甚，幸甚！

專此，敬候公祺。

汪兆銘謹啟（二十七年十二月二十八日）

汪精衛在刑部獄中兩次親筆供辭全文

（供辭親筆真跡原件舊藏北京刑部檔案中）

（一）汪精衛在刑部第一次供辭

汪季恂別號精衛，前在東京留學時，曾為民報主筆。生平宗旨，皆發之於民報，可不多言。丁未年（著者按：即光緒卅三年）孫逸仙在欽州鎮南關起事時，曾與其謀。兵敗後攜炸藥軍器等出，潛以此等物件納入書麓內，寄存友人處。後復在南洋各埠演說，聯絡同志。繼思于京師根本之地，為震奮天下人心之舉。故來。又自以平日在東京交遊素廣，京師如憲政編查館等處，熟人頗多，不易避面，故聞黃君（著者按：即黃復生）有映相館之設，即以三百元入股，至京居其處。黃君等皆不知精衛之目的所在，故相處月餘。後見精衛行止可異，頗有疑心，故映相館中有人辭去。至於今日，思聞价言相館中有事，故即往閱。知事發，不忍連累無「辜」（親筆原供下半張字跡，已漫漶不辨，而抄本則書辜為「股」字，恐為刑部書吏謄寫時之筆誤），故復回寓，擬留書黃君自白。未至寓，遂被收捕。

（二）汪精衛在刑部第二次供辭

自被逮以來，詰者或曰：今中國已立憲矣，何猶思革命而不已？嗚呼！為此言者，以為中國已有長治久安之本，而不知其危在旦夕也。自吾黨人觀之，則數十年以來，其益吾民之悲痛，而不可一日安者，固未稍減於曩昔，且日以加甚者也。今之特立憲之說者，以為立憲則必平滿漢之界，而民族主義之目的可以達。立憲則必予民以權，而民主主義之目的可以達。如是，則雖君主立憲，奚不可以即於治？以吾黨人論之，姑勿論所謂平滿漢之界，與所謂予民以權者，為果有其實否？即以君主立憲之制而言，其不能達濟國之目的，可決言也。談法理者，每謂君主僅國家之最高機關，有憲法以範圍之，則君主無責任，而不可侵犯，故君主立憲，未嘗不可以治國，此于法理則然矣；以事實按之，而有以知其不然也。

大抵各國之立憲，無論其為君主立憲，為民主立憲，皆必經一度革命而後得之。所以然者，以專制之權力，積之既久，為國家權力發動之根本，非摧去此強權，無以收除舊佈新之效故他。法國當路易十六即位之初，蓋已幾樹立憲君主政體矣，而後卒不免於大革命，其故實由於此。此非惟民主國之法國為然，以君主國言，若英，所謂憲法之母者也；若德、若日本，所謂君主立憲政體之強國者也。今之言立憲者，多祖述之。其亦嘗一按此三國之歷史乎？英國無成文憲法，其所謂權利請願，與所謂大憲章者，實由幾度革命所造成，其憲法發達之歷史，蓋遞遷迭變以至於今日者。法學者謂英國之國體，雖為君主制，而以其政治而論，實為民主政治，非虛語也。德國之憲政，由日耳曼諸邦自治制度，夙已發達，足以為其根本，故君主立憲之制，可行之而無礙。至於日本，則所謂最重君權之國也。其憲法上君主之大權，遠非德國可比，微論英國。今中國之言憲政者，或謂宜以日本為法，或謂其君主大權過重，戾於法理，為不足學。吾以為前說固無足論，即後說亦徒為法理之空談，非事實之論也。

夫謂日本憲法，君主大權最重者，于法理上則然耳；至於事實，則大權固不在君主也。維新以前，幕府專制，天皇僅擁虛位，是故倒幕之役，實為日本政治上之大革命。西鄉隆盛以兵東指，德川幕府以兵迎降，政治上之大權，已移于維新黨之手。於是德川歸政，天皇總攬大權，要其實，則天皇高拱，國事皆取決於倒幕黨之手。是故日本之憲法，以法文而言，則大權總攬于君主；而以歷史而言，則其國家權力發動之根本，固已一易而非其故矣。今以此三國立憲之成跡，衡之中國，乃無一相類，既非如英國憲法之以漸發達，又非如德國有自治制度以為根本，而又非如日本之曾經廢藩倒幕之大革命。其專制政體，行之已數千年，自二百六十餘年以來，且日益加厲，而所謂國家權力發動之根本，在於君位，而政府及各省行政官，特為奴僕，供奔走而已！一旦慕立憲之名，而制定憲法大綱，其開宗明義，以為憲法所以鞏固君權。夫各國之立憲，其精神在於限制君權，而此所言立憲，其宗旨在於鞏固君權，然則吾儕謂如此立憲，適為君主權力之保障，為政府之護符，其言有少過乎？嗚呼！如此之立憲，即單以解決政治問題，猶且不可，況欲兼以解決民族問題乎？夫民族主義，與民權主義，有密切之關係。民族主義，謂不欲以一民族受制於他民族之強權。民權主義，謂不欲以大多數之人民受制於政府之強權。然所謂強權者，即政治上之權力。今號稱立憲，而其目的在於鞏固君主之大權，是其強權，較昔加厲，其終為民族民權兩主義之敵，不亦宜乎？

論者又曰：此惟國會未開時為然耳；國會已開，則民權日已發達，故為政治革命計，當以速開國會為惟一之手段。為此言者，可謂惑之甚也！夫立憲所以鞏固君主之大權，上文已言之矣，而國會者，即為此大權所孕育而生，如嬰兒之仰乳哺，得之則生，不得則死。如是，國會而欲其能與政府爭權限，以為人民之代表，庸有望乎？吾敢斷言：國家權力發動之根本，未有所變易，而貿貿然開國會，以生息于君主大權之下者，其結果不出三種：一曰：國會為君主之傀儡，前此之土耳其是也。土耳其嘗立憲矣，其憲法悉模仿歐洲君主立憲國條文。頒佈之後，以親佞之臣，組織內閣，以各省總督為上議院議員；以阿附朝廷之小人為下議院議員，粉飾苟且，殆如一場戲劇。未幾，新內閣頹然而倒，而國會亦閉歇不復開，至昨歲而有少年土耳其黨之大革命。二曰：國會為君主之魚肉，今之俄羅斯是也。俄自與日本戰敗後迫於民變，不得不立憲，其憲法條文之完善，較之憲法大綱，相倍蓰也。其憲法由民黨數少年□□（此二字原本已漫漶不辨）所購得，較之今日所謂立憲，又不可同日而語也。然而國家權力發動之根本，無所變易，國會終不能與政府之威權相敵，故自有國會後，以持正義之故，屢被解散，議員之逮捕者，累累不絕，膿血充塞之歷史如故；革命之風潮亦急激如故。三曰：國會為君主之鷹犬，今之安南議會是也。安南隸屬於法，法欲苛斂其民，而慮以是激民怒，乃開議會，以安南人之有資望者，為豪傑員，為會同員。每欲加稅，輒開議會，使議決號於眾曰：此議會所議決也。故安南有議會，實為法國官吏之鷹犬，協力以搏噬其人民者也。

由是觀之，即如請願國會者之所期，其結果不出此三者，請願諸人，其果有樂於是乎？醉虛名而忘實禍，其罪實通於天也！

立憲之不可望如此，以故革命諸人，以為欲達民主之目的，捨與政府死戰之外，實無他法，此實革命黨所久已決議者也。若夫避戰爭之禍，而求相安之法，則前此革命黨人……（此段原文有遺漏，據前清刑部檔案封皮上之批註，謂係審案時輾轉傳送所散佚。）憲政體，則民族主義與民權主義之目的，皆可以達，而戰爭之禍，亦可以免，誠哉言也！或有慮此為不利於滿人者，不知果不言立憲則已，如其立憲，則無論為君主國體，為民主國體，皆不能不以國民平等為原則。謂民主國體為不利於滿人者，非篤論也。或有慮此不利於君主者，然以較諸鼎革之際，其利害相去當如何？歷史所明示，不待詳言也。所謂願汝生生世世勿在帝王家，及所謂汝奈何生我家者，其言抑何慘也！設不亡於漢人，而亡於鄰國，則法之待安南，與日本之待朝鮮，視去其國王，如一敝屣，而其國王，乃日仰鼻息以求活也。以較之日本德川幕府奉還大政，身名俱泰者，其相去何如乎？

上之所言，於國內現象，略陳之矣。至於國外之現象，其足使中國一亡而不可復存，一弱而不可復強者，尤令人驚心怵目，而不能一刻以安。國人於庚子以來，頗知敵國外患之足懼。至於今日，反熟視若無所駭，此真可為痛哭者也。夫中國自甲午戰敗以來，所以未致於瓜分者，非中國有可以自全之道，特各國平均勢力之結果而已。庚子之役，俄國乘勢進兵於東三省，久駐弗撤，實啟瓜分之局。日本以均勢之故，遂與之戰，戰役既終，而各國之形勢為之一變。前此日英同盟，與俄德法同盟相對抗。迨日俄戰後，而有日俄協約，有日法協約，有英俄協約。所謂協約，質而言之，實協以謀中國而已。前此欲謀中國，而各國自顧其利害，勢有不均，遂相衝突，今則鑑於戰禍，而以協約為均勢之不二法門，一旦各國勢力平均，則保全瓜分，惟其所欲。顧所以苟延至今者，以英法慮德為之梗，而日本又慮美國之議其後也。

比年以來，日美之衝突，日以彌甚，數月前且有日美開戰之說，而日英美同盟之議，囂然大起，日本新聞從而論之曰：日英美同盟成立，則可以制支那老大帝國之死命，其謀我之亟有若是也。夫美富而日強，兩國雖各懷敵意，終不敢遽如日俄之肇釁，則其彼此利害衝突之點，終必以協商定之。誠使英德法俄美日對於中國之均勢政策略定，則自甲午以來中國所賴以苟安偷活者，至是已失其具，保全在人，分割在人，有為波蘭之續而已。分割之慘，夫人而知之矣，抑亦知所謂保全者，其實禍無異於分割，國不能自立，而賴保全於人，已失其所以為國，人為刀俎，我為魚肉，此所謂一亡而不可復存，一弱而不可復強者也。識者有憂於此，乃渴望清美同盟。

夫同盟之目的，在於互相扶助他。故有兩強國同盟者，而決無以強國與弱國同盟者。以強國而與弱國同盟，是必強者以同盟為餌，而釣此弱者也。前此之清俄同盟，是其例矣。夫國不自強，萬無可以與他強國同盟之理，而非於國家權力發動根本上，有大變革，又無可以自強之理，愛國者可由此以知其故矣。今之談國事者，不以此為憂，而顧以邇來中國與外國交際，其體面較優於前，遂怡然用以自慰。夫曩者中國所以不見禮於外國者，以其有賤外排外之思想，然雖如是，而俄人固嘗以深情厚貌相結，而因以攫大利矣。今日國人之思想，已由賤外排外一轉而為媚外，而各國之智，孰不如俄？知中國之所重者，不在主權，不在土地人民，而惟在體面，遂亦競以深情厚貌相結，以期外交上之圓滑，而中國之人，遂以沾沾自喜。間有一二小小權利，得僥倖爭回，則尤大喜欲狂，而於外國之協以謀我，瞠乎若無所見，此真燕雀巢於屋梁，而不知大廈之將傾也。此無它，由人人心目中以為已豫備立憲，凡內治外交諸問題，皆可藉以解決，醉其名而不務其實，如相飲以狂藥。猥曰期以八年，迢迢八年之後，中國之情狀，真有不忍言者矣。

由此言之，則中國之情勢，非於根本上為解決，必無振起之望，及今圖之，其猶未晚，斯則後死者之責也。

汪政權的開場與收場(上)【典藏新版】

作者：朱子家
發行人：陳曉林
出版所：風雲時代出版股份有限公司
地址：10576台北市民生東路五段178號7樓之3
電話：(02) 2756-0949
傳真：(02) 2765-3799
執行主編：朱墨菲
美術設計：吳宗潔
業務總監：張瑋鳳

初版日期：2025年4月
ISBN：978-626-7303-24-5

風雲書網：http://www.eastbooks.com.tw
官方部落格：http://eastbooks.pixnet.net/blog
Facebook：http://www.facebook.com/h7560949
E-mail：h7560949@ms15.hinet.net
劃撥帳號：12043291
戶名：風雲時代出版股份有限公司

風雲發行所：33373桃園市龜山區公西村2鄰復興街304巷96號
電話：(03) 318-1378
傳真：(03) 318-1378
法律顧問：永然法律事務所 李永然律師
北辰著作權事務所 蕭雄淋律師

行政院新聞局局版台業字第3595號 營利事業統一編號22759935

定價：420元

國家圖書館出版品預行編目資料

汪政權的開場與收場 / 朱子家著. -- 典藏新版. -- 臺北市：風雲時代, 2025.04　冊；　公分

ISBN 978-626-7303-24-5 (上冊：平裝).--
1.CST: 汪精衛 2.CST: 傳記

628.594　　112002637